札幌光星高等学校

〈収録内容〉

- 2024年度入試の問題・解答解説・解答用紙・「合否の鍵はこの問題だ!!」、2025年度入試受験
  の「出題傾向の分析と合格への対策」は、弊社HP の商品ページにて公開いた
- 2018年度は、弊社ホームページで公開しております。
  本ページの下方に掲載しておりますQRコードよりアクセスし、データを

2024 年 度 ……………………… 2024年10月 弊社
※著作権上の都合により、掲載できない内容が生じることがあります。

2023 年 度 ……………………… 一般（数・英・理・社・国）

2022 年 度 ……………………… 一般（数・英・理・社・国）

2021 年 度 ……………………… 一般（数・英・理・社・国）

2020 年 度 ……………………… 一般（数・英・理・社・国）

2019 年 度 ……………………… 一般（数・英・理・社・国）

2018 年 度 ……………………… 一般（数・英・理・社）

解答用紙データ配信ページへスマホでアクセス！ ⇒

※データのダウンロードは 2025 年 3 月末日まで。
※データへのアクセスには、右記のパスワードの入力が必要となります。 ⇒ 239567

本書の特長

実戦力がつく入試過去問題集

▶ 問題 …………… 実際の入試問題を見やすく再編集。
▶ 解答用紙 …… 実戦対応仕様で収録。
▶ 解答解説 …… 詳しくわかりやすい解説には、難易度の目安がわかる「基本・重要・やや難」の分類マークつき（下記参照）。各科末尾には合格へと導く「ワンポイントアドバイス」を配置。採点に便利な配点つき。

入試に役立つ分類マーク

基本 確実な得点源！
受験生の 90％以上が正解できるような基礎的、かつ平易な問題。
何度もくり返して学習し、ケアレスミスも防げるようにしておこう。

重要 受験生なら何としても正解したい！
入試では典型的な問題で、長年にわたり、多くの学校でよく出題される問題。
各単元の内容理解を深めるのにも役立てよう。

やや難 これが解ければ合格に近づく！
受験生にとっては、かなり手ごたえのある問題。
合格者の正解率が低い場合もあるので、あきらめずにじっくりと取り組んでみよう。

合格への対策、実力錬成のための内容が充実

▶ 各科目の出題傾向の分析、合否を分けた問題の確認で、入試対策を強化！
▶ その他、学校紹介、過去問の効果的な使い方など、学習意欲を高める要素が満載！

解答用紙ダウンロード 解答用紙はプリントアウトしてご利用いただけます。弊社ＨＰの商品詳細ページよりダウンロードしてください。トビラのＱＲコードからアクセス可。

UD FONT 見やすく読みまちがえにくいユニバーサルデザインフォントを採用しています。

札幌光星高等学校

▶ 交通　地下鉄東豊線
　　　　東区役所前駅　１番出口正面

〒065-0013　札幌市東区北13条東9丁目1-1
☎011-711-7161（代表）
https://www.sapporokosei.ac.jp

アクセス

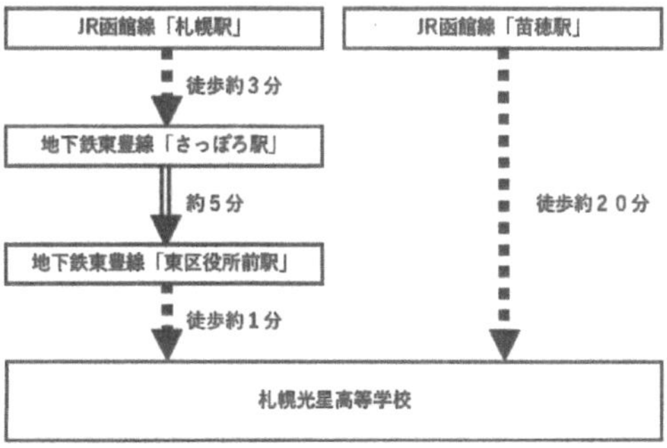

沿　革

1934年、光星商業学校開校。1934年、学校運営がカトリック・マリア会に移管される。1947年、新制中学校となる。1948年、新制高等学校を併置。1970年、中学校募集停止。1994年、中学校再開。2011年、ステラコース開設。2014年、創立80周年記念式典が行われる。2021年、ステラ・マリスコースの2コース制となる。

教育目標

キリスト教の理念に基づいて一人ひとりの個性を尊重し人間の全領域にわたる教育を行う。

1. カトリックの精神に基づいた人間教育を行う
2. 一人ひとりを尊重し、人間の全領域にわたる質の高い教育を行う
3. 愛と尊敬、対話と協力のもとに、家庭の精神の中で教育を行う
4. 人々に奉仕し、正義と平和のために働く人材を育成する教育を行う
5. 時代の変化に適応し、世界を変革する人材を育成する教育を行う

コース制

「ステラコース」

東京大・京都大・国立大学医学部などの最難関大への進学を目指すコース。

・基礎固めから最難関大への進学を意識したハイレベルな授業を展開
・豊富な学習量～放課後に必修講習を実施
・部活動に制限なし

「マリスコース」

北海道大をはじめとした国公立大や難関・有名私立大への進学を目指すコース。

・基礎基本をしっかり固め、着実な学力をつける
・正しい学習観と学習方法の定着を目指した授業を展開
・部活動と学習両立を目指す

進　路

●大学合格実績（2023年）

京都大学（1）・大阪大学(1)・東北大学(1)・東京工業大学(2)・一橋大学（1)・神戸大学（2)・北海道大学（7）（医1名含む）
国公立大学医学部・医学科（5）など国公立大学・大学校合わせて148名合格(現役124名合格)
早稲田大学・慶應義塾大学・上智大学・東京

理科大学・明治大学・青山学院大学・立教大学・中央大学・法政大学・関西大学・関西学院大学・同志社大学・立命館大学合わせて74名合格
他、私立大学500名以上合格
※2023年3月卒業生293名

部活動

○運動系（13団体）

野球(男子)・バスケットボール・卓球・陸上競技部・フェンシング部・サッカー部(男子)・馬術部・柔道部・剣道部・硬式テニス部・バドミントン部・ゴルフ部・女子バレーボール部

○文化系（19団体）

カトリック研究部・放送部・新聞部・図書部・吹奏楽部・美術部・囲碁将棋部・科学部・文芸部・英語研究部・クラシックギター部・パソコン部・写真部・華道茶道部・書道部・鉄道研究同好会・合唱同好会・ディベート同好会・ダンス同好会

主な学校行事

１学期（４月～９月）

・入学式
・学園聖母の祝日
・遠足
・大学進学相談会
・学校祭「光星祭」
・Global Studies Program（希望者対象）
・スポーツデイ

２学期（10月～３月）

・慰霊ミサ
・修学旅行
・クリスマスミサ
・卒業式
・オーストラリア短期語学留学（希望者対象）

◎2023年度入試状況◎

学　科	ステラコース	マリスコース
募集数	40	320
応募者数	非公表	
受験者数	非公表	
合格者数	非公表	

過去問の効果的な使い方

① **はじめに**　入学試験対策に的を絞った学習をする場合に効果的に活用したいのが「過去問」です。なぜならば，志望校別の出題傾向や出題構成，出題数などを知ることによって学習計画が立てやすくなるからです。入学試験に合格するという目的を達成するためには，各教科ともに「何を」「いつまでに」やるかを決めて計画的に学習することが必要です。目標を定めて効率よく学習を進めるために過去問を大いに活用してください。また，塾に通われていたり，家庭教師のもとで学習されていたりする場合は，それぞれのカリキュラムによって，どの段階で，どのように過去問を活用するのかが異なるので，その先生方の指示にしたがって「過去問」を活用してください。

② **目的**　過去問学習の目的は，言うまでもなく，志望校に合格することです。どのような分野の問題が出題されているか，どのレベルか，出題の数は多めか，といった概要をまず把握し，それを基に学習計画を立ててください。また，近年の出題傾向を把握することによって，入学試験に対する自分なりの感触をつかむこともできます。

過去問に取り組むことで，実際の試験をイメージすることもできます。制限時間内にどの程度までできるか，今の段階でどのくらいの得点を得られるかということも確かめられます。それによって必要な学習量も見えてきますし，過去問に取り組む体験は試験当日の緊張を和らげることにも役立つでしょう。

③ **開始時期**　過去問への取り組みは，全分野の学習に目安のつく時期，つまり，9月以降に始めるのが一般的です。しかし，全体的な傾向をつかみたい場合や，学習進度が早くて，夏前におおよその学習を終えている場合には，7月，8月頃から始めてもかまいません。もちろん，受験間際に模擬テストのつもりでやってみるのもよいでしょう。ただ，どの時期に行うにせよ，取り組むときには，集中的に徹底して取り組むようにしましょう。

④ **活用法**　各年度の入試問題を全問マスターしようと思う必要はありません。できる限り多くの問題にあたって自信をつけることは必要ですが，重要なのは，志望校に合格するためには，どの問題が解けなければいけないのかを知ることです。問題を制限時間内にやってみる。解答で答え合わせをしてみる。間違えたりできなかったりしたところについては，解説をじっくり読んでみる。そうすることによって，本校の入試問題に取り組むことが今の自分にとって適当かどうかが，はっきりします。出題傾向を研究し，合否のポイントとなる重要な部分を見極めて，入学試験に必要な力を効率よく身につけてください。

数学

各都道府県の公立高校の入学試験問題は，中学数学のすべての分野から幅広く出題されます。内容的にも，基本的・典型的なものから思考力・応用力を必要とするものまでバランスよく構成されています。私立・国立高校では，中学数学のすべての分野から出題されることには変わりはありませんが，出題形式，難易度などに差があり，また，年度によっての出題分野の偏りもあります。公立高校を含め，ほとんどの学校で，前半は広い範囲からの基本的な小問群，後半はあるテーマに沿っての数問の小問を集めた大問という形での出題となっています。

まずは，単年度の問題を制限時間内にやってみてください。その後で，解答の答え合わせ，解説での研究に時間をかけて取り組んでください。前半の小問群，後半の大問の一部を合わせて50%以上の正解が得られそうなら多年度のものにも順次挑戦してみるとよいでしょう。

英語

英語の志望校対策としては，まず志望校の出題形式をしっかり把握しておくことが重要です。英語の問題は，大きく分けて，リスニング，発音・アクセント，文法，読解，英作文の5種類に分けられます。リスニング問題の有無(出題されるならば，どのような形式で出題されるか)，発音・アクセント問題の形式，文法問題の形式(語句補充，語句整序，正誤問題など)，英作文の有無(出題されるならば，和文英訳か，条件作文か，自由作文か）など，細かく具体的につかみましょう。読解問題では，物語文，エッセイ，論理的な文章，会話文などのジャンルのほかに，文章の長さも知っておきましょう。また，読解問題でも，文法を問う問題が多いか，内容を問う問題が多く出題されるか，といった傾向をおさえておくことも重要です。志望校で出題される問題の形式に慣れておけば，本番ですんなり問題に対応することができますし，読解問題で出題される文章の内容や量をつかんでおけば，読解問題対策の勉強として，どのような読解問題を多くこなせばよいかの指針になります。

最後に，英語の入試問題では，なんと言っても読解問題でどれだけ得点できるかが最大のポイントとなります。初めて見る長い文章をすらすらと読み解くのはたいへんなことですが，そのような力を身につけるには，リスニングも含めて，総合的に英語に慣れていくことが必要です。「急がば回れ」ということわざの通り，志望校対策を進める一方で，英語という言語の基本的な学習を地道に続けることも忘れないでください。

国語

国語は，出題文の種類，解答形式をまず確認しましょう。論理的な文章と文学的な文章のどちらが中心となっているか，あるいは，どちらも同じ比重で出題されているか，韻文(和歌・短歌・俳句・詩・漢詩)は出題されているか，独立問題として古文の出題はあるか，といった，文章の種類を確認し，学習の方向性を決めましょう。また，解答形式は，記号選択のみか，記述解答はどの程度あるか，記述は書き抜き程度か，要約や説明はあるか，といった点を確認し，記述力重視の傾向にある場合は，文章力に磨きをかけることを意識するとよいでしょう。さらに，知識問題はどの程度出題されているか，語句(ことわざ・慣用句など)，文法，文学史など，特に出題頻度の高い分野はないか，といったことを確認しましょう。出題頻度の高い分野については，集中的に学習することが必要です。読解問題の出題傾向については，脱語補充問題が多い，書き抜きで解答する言い換えの問題が多い，自分の言葉で説明する問題が多い，選択肢がよく練られている，といった傾向を把握したうえで，これらを意識して取り組むと解答力を高めることができます。「漢字」「語句・文法」「文学史」「現代文の読解問題」「古文」「韻文」と，出題ジャンルを分類して取り組むとよいでしょう。毎年出題されているジャンルがあるとわかった場合は，必ず正解できる力をつけられるよう意識して取り組み，得点力を高めましょう。

数学

出題傾向の分析と合格への対策

●出題傾向と内容

本年度の出題は，大問数は5題，小問数にして20題で，例年通りであった。

出題内容は，第1問は数式の計算，平方根の計算，因数分解，方程式の応用問題，連立方程式，直線の式，二次方程式の利用，角度，体積などの小問群，第2問は場合の数と確率，第3問は統計でヒストグラムや箱ひげ図の読み取り方，第4問は図形と関数・グラフの融合問題，第5問は空間図形の計量問題であった。

基礎的な問題から思考力を要するものまでバランス良く出題されている。

✔学習のポイント

教科書の基礎事項の学習に力を入れた後，問題を読みながら問題内容を理解できるように読解力を身につけるようにしておこう。

●2024年度の予想と対策

来年度も，出題数，難易度にそれほど大きな変化はなく，全体的に基礎～標準的な問題を中心とした出題になると思われる。中1から中3までの広い分野からの出題になるので，しっかり復習しておく必要がある。

まずは，教科書の内容を理解することが大事である。例題・公式・図・グラフなどをノートにまとめ基本事項を覚えるとともにその使い方をつかんでおこう。

例年，出題パターンに変わりがないので，過去問集を利用して，時間配分に気をつけながら，しっかり演習しておくとよいだろう。

▼年度別出題内容分類表 ……

出題内容			2019年	2020年	2021年	2022年	2023年
数と式		数の性質	○			○	
		数・式の計算	○	○	○	○	○
		因数分解	○	○	○		○
		平方根	○	○	○	○	○
方程式・不等式		一次方程式	○	○	○	○	○
		二次方程式	○	○	○	○	○
		不等式					
		方程式・不等式の応用	○	○	○	○	○
関数		一次関数	○	○	○	○	○
		二乗に比例する関数	○	○	○	○	○
		比例関数		○			○
		関数とグラフ	○	○	○	○	○
		グラフの作成					
図形	平面図形	角度	○	○	○	○	○
		合同・相似			○	○	
		三平方の定理					
		円の性質	○			○	○
	空間図形	合同・相似		○			○
		三平方の定理	○	○		○	○
		切断					
	計量	長さ	○	○	○	○	○
		面積	○	○	○	○	○
		体積				○	○
		証明					
		作図					
		動点		○			○
統計		場合の数		○	○	○	○
		確率	○	○	○	○	○
		統計・標本調査		○		○	○
融合問題		図形と関数・グラフ	○	○	○	○	○
		図形と確率	○				
		関数・グラフと確率					
		その他					
その他				○			

札幌光星高等学校

英語

出題傾向の分析と 合格への対策

●出題傾向と内容

本年度は会話文を含む長文読解問題2題，発音問題，語句補充問題，語句整序問題，語彙問題の計6題が出題された。長文読解は説明文と会話文が出題され，内容に関する設問だけでなく文法に関する問題も含まれている。

語句補充問題や語句整序問題は日本語和訳が与えられている。語彙や文法はいずれも比較的標準的なレベルのものが多く，基礎的な文法の規則と構文を理解しておけば十分に対応できる。

学習のポイント

英単語の復習と共に，発音・アクセントを一緒に確認しておこう。基本的な文法・単語の練習を重ねるとともに，様々なスタイルの文法問題に日頃からチャレンジしておこう。

●2024年度の予想と対策

出題形式や内容に若干の変化が生じる可能性はあるが，難易度の変化は大きくはないだろうと思われる。

長文読解問題に対しては，様々な形式の読解問題を活用して練習を重ねることが大事。基礎的な学力がいろいろな方法で出題されると予想されるので，文法学習を十分に行った後に，様々な形式の問題に数多くチャレンジすること。

発音問題や語彙問題に備えて，単語を覚える際には，発音やスペルまで含めて，しっかりと基礎固めをすること。

▼年度別出題内容分類表 ……

	出題内容	2019年	2020年	2021年	2022年	2023年
話し方・聞き方	単語の発音	○		○	○	○
	アクセント		○			
	くぎり・強勢・抑揚					
	聞き取り・書き取り					
語い	単語・熟語・慣用句	○	○	○	○	○
	同意語・反意語					
	同音異義語					
読解	英文和訳(記述・選択)	○				
	内容吟味	○	○	○	○	○
	要旨把握				○	○
	語句解釈		○	○	○	○
	語句補充・選択	○	○	○	○	○
	段落・文整序					
	指示語			○	○	
	会話文	○	○	○		○
文法・作文	和文英訳					
	語句補充・選択			○	○	○
	語句整序	○	○	○	○	○
	正誤問題				○	○
	言い換え・書き換え	○	○			
	英問英答		○			
	自由・条件英作文					
文法事項	間接疑問文	○			○	○
	進行形				○	○
	助動詞	○	○		○	○
	付加疑問文					
	感嘆文					○
	不定詞	○	○	○	○	○
	分詞・動名詞			○	○	○
	比較	○	○	○	○	○
	受動態		○	○	○	○
	現在完了	○		○	○	○
	前置詞	○	○			○
	接続詞	○	○		○	○
	関係代名詞		○		○	○

札幌光星高等学校

理科

出題傾向の分析と
合格への対策

●出題傾向と内容

問題数は大問が8題で，小問40題程度であった。試験時間は50分で，レベルは標準的な内容であった。

出題範囲に関しては，理科の4分野すべてからの出題で，出題に偏りはない。教科書レベルの問題が大半だが，やや難しい内容も含む。基礎的な知識や応用力がしっかりと身についているかを見る良問であった。各分野で計算問題が出題される。

試験時間は50分で問題数が多く，時間配分に気を配り，できるところから解いてゆくことが重要である。

学習のポイント

教科書の要点をしっかりと理解し，必要な事項は確実に覚えよう。

●2024年度の予想と対策

教科書を中心とした学習をまず行うこと。難問が出題されるというよりも，問題集で必ず取り上げられる内容の問題が出題されるため，教科書やワークレベルの問題を多く解き，標準的な計算や重要語句などをしっかりと覚えることが大切である。物理分野や化学分野での計算問題を正解できることが重要である。

出題範囲は理科全般に及び，偏りはない。それで，苦手分野をつくらないことも重要である。さらに，問題数が多いので，解ける問題から解答し，時間内に1題でも多く解答することも大切である。

▼年度別出題内容分類表 ……

	出題内容	2019年	2020年	2021年	2022年	2023年
第一分野	物質とその変化			○	○	
	気体の発生とその性質	○				○
	光と音の性質					
	熱と温度					
	力・圧力			○	○	○
	化学変化と質量	○	○		○	
	原子と分子					
	電流と電圧	○	○	○	○	
	電力と熱		○	○		
	溶液とその性質	○	○	○		
	電気分解とイオン	○	○			
	酸とアルカリ・中和	○	○		○	○
	仕事	○		○		○
	磁界とその変化					○
	運動とエネルギー	○	○		○	○
	その他					
第二分野	植物の種類とその生活	○	○		○	
	動物の種類とその生活	○	○	○		
	植物の体のしくみ	○		○	○	○
	動物の体のしくみ					○
	ヒトの体のしくみ		○	○		○
	生殖と遺伝	○	○			○
	生物の類縁関係と進化	○		○		
	生物どうしのつながり	○			○	
	地球と太陽系		○		○	○
	天気の変化	○	○	○	○	○
	地層と岩石	○		○	○	○
	大地の動き・地震		○		○	○
	その他			○		

札幌光星高等学校

社会

出題傾向の分析と合格への対策

●出題傾向と内容

本年度は大問が3題で小問数は60問程度，解答形式は記号選択が約40問，語句記入が約20問で，記述問題はなかった。

第1問は地理分野で，日本や世界の地形や産業，貿易などの総合問題が出題された。第2問は歴史分野で，世界史の出題も数問あるものの，日本史が大半を占めた。時代の分け方をテーマに多方面から出題されていた。第3問は公民分野で，2023年に予定される選挙やサミットを題材に，政治・経済が幅広く出題された。どの分野も教科書の太字レベルが多いものの，正誤の組み合わせなどの難問もそれなりにあり，特に時間配分には注意を要した。

✔学習のポイント

地理：地形や産業の基本を確認しよう。
歴史：日本史と世界史を横断的に整理。
公民：時事問題と絡めて学習していく。

●2024年度の予想と対策

大問数・小問数に大きな変更はないと思われる。制限時間は長いものの，小問の数が多いので，正誤の組み合わせなど，難しいと感じたり時間がかかると思ったりした場合はいったん飛ばしたうえで最後に落ち着いて解くなどの訓練を過去問で積み重ねよう。

地理分野は日本地理・世界地理ともに地形や位置関係，産業について多く出されると予想される。普段から地図帳・資料集を熟読しておく。歴史分野・公民分野は，教科書に太字で書かれている部分が多く出される。自分で年表や表にしてまとめておこう。時事問題についても日ごろから興味を持っていきたい。

▼年度別出題内容分類表……

出題内容			2019年	2020年	2021年	2022年	2023年
地理的分野	（日本）	地形図					
		地形・気候・人口	○	○		○	○
		諸地域の特色				○	
		産業	○	○	○	○	○
		交通・貿易					○
	（世界）	人々の生活と環境	○	○	○	○	○
		地形・気候・人口	○	○	○	○	○
		諸地域の特色		○		○	○
		産業	○	○	○	○	○
		交通・貿易		○			
	地理総合				○		
歴史的分野	（日本史）	各時代の特色					
		政治・外交史	○	○	○	○	○
		社会・経済史	○	○	○	○	○
		文化史	○	○	○	○	○
		日本史総合					
	（世界史）	政治・社会・経済史	○	○	○	○	○
		文化史		○	○		○
		世界史総合					
	日本史と世界史の関連		○	○		○	○
	歴史総合						
公民的分野	家族と社会生活		○				
	経済生活		○	○		○	○
	日本経済			○		○	○
	憲法（日本）		○	○		○	○
	政治のしくみ		○	○	○	○	○
	国際経済		○			○	○
	国際政治		○	○	○	○	○
	その他						○
	公民総合						
各分野総合問題							

札幌光星高等学校

国語

出題傾向の分析と合格への対策

●出題傾向と内容

本年度の読解問題は，昨年・一昨年と同じく論説文と古文からの出題であった。この他に，国語知識の独立問題があり，合計3つの大問からなる。

論説文は，空欄補充などによる文脈把握の力，キーワードをもとに筆者の主張を的確に読み取る力，それを簡潔にまとめる力が試される内容であった。語句の意味を問う問題も出題されている。

古文は和歌，漢文を含む『古今和歌集』の「仮名序」「真名序」からの出題。返り点や仮名遣い，文学史などの古典知識のほか，文章の要旨を問う問題が出題された。

✔学習のポイント

記述で答える問題が比較的多く，文章の内容を自分でまとめる力が試される。時間内で的確に書けるようにしたい。

●2024年度の予想と対策

今後も，本年度のような読解問題の大問2題，語句の知識の大問1題の構成が続くのではないかと思われる。

論説文の読解問題では，語句の意味をとらえたうえで，文脈を追い，キーワードをとらえて筆者の主張を読み取ることが必要だ。普段からコラムやいろいろな文章に触れ，現代的な話題に関する予備知識をつけておきたい。長い文章を限られた時間内で整理して読み解く練習を重ねておく必要がある。

古文は，できるだけ多くの問題にあたって，知識を広げ，読むのに慣れておくことが大切。読解問題では解答を記述でまとめる問題が毎年3～5問出ている。文を簡潔にまとめる力をつけておきたい。

▼年度別出題内容分類表 ……

出題内容			2019年	2020年	2021年	2022年	2023年
内容の分類	読解	主題・表題					
		大意・要旨	○	○	○	○	○
		情景・心情					
		内容吟味	○	○	○	○	○
		文脈把握	○	○	○	○	○
		段落・文章構成					
		指示語の問題					
		接続語の問題	○	○	○	○	
		脱文・脱語補充	○	○	○		○
	漢字・語句	漢字の読み書き	○	○	○	○	○
		筆順・画数・部首					
		語句の意味	○	○		○	○
		同義語・対義語					
		熟語			○	○	○
		ことわざ・慣用句	○	○			○
	表現	短文作成					
		作文(自由・課題)					
		その他			○		
	文法	文と文節					
		品詞・用法					○
		仮名遣い		○			○
		敬語・その他			○		○
	古文の口語訳		○		○		○
	表現技法						○
	文学史				○	○	○
問題文の種類	散文	論説文・説明文	○	○	○	○	○
		記録文・報告文					
		小説・物語・伝記					
		随筆・紀行・日記					
	韻文	詩					
		和歌(短歌)					○
		俳句・川柳					
	古文		○	○	○	○	○
	漢文・漢詩				○	○	○

札幌光星高等学校

2023年度 合否の鍵はこの問題だ!!

数学 第4問

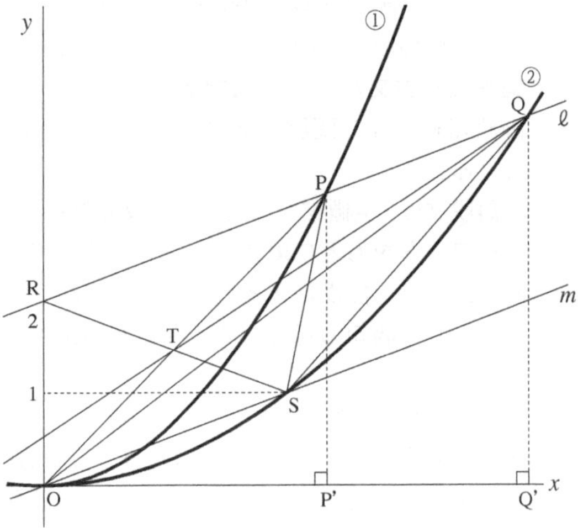

問1 OP'：OQ'＝RP：RQ＝2：(2＋3)＝2：5
OQ'＝4より，OP'＝4×$\frac{2}{5}$＝$\frac{8}{5}$ 点Pのx座標は$\frac{8}{5}$ △OPR＝$\frac{1}{2}$×2×$\frac{8}{5}$＝$\frac{8}{5}$
△OPR：△OQP＝RP：PQ＝2：3
△OQP＝$\frac{8}{5}$×$\frac{3}{2}$＝$\frac{12}{5}$ ℓ//mから，
△SQP＝△OQP＝$\frac{12}{5}$

問2 ②にx＝4を代入して，y＝$\frac{1}{4}$×4^2＝4
Q(4，4) 直線ℓの式をy＝bx＋2として点Qの座標を代入すると，4＝4b＋2，b＝$\frac{1}{2}$ 直線ℓの式は，y＝$\frac{1}{2}x$＋2…③
点Pのx座標をpとすると，△SQP＝△OQP＝△OQR－△OPR＝$\frac{1}{2}$×2×4－$\frac{1}{2}$×2×p＝4－p，4－p＝2から，p＝2 ③にx＝2を代入すると，y＝$\frac{1}{2}$×2＋2＝3 P(2，3) ①に点Pの座標を代入して，3＝a×2^2，a＝$\frac{3}{4}$

問3 直線mの式は，y＝$\frac{1}{2}x$…④ ④にy＝1を代入すると，1＝$\frac{1}{2}x$，x＝2 S(2，1) 点PとSのx座標が等しいので，PS//RO よって，四角形OSPRは平行四辺形になる。平行四辺形の2本の対角線の交点をTとすると，点TはOPの中点だから，T$\left(1，\frac{3}{2}\right)$ 直線QTは平行四辺形OSPRの面積を二等分する。求める直線の式をy＝mx＋nとして点Q，Tの座標を代入すると，4＝4m＋n…⑤，$\frac{3}{2}$＝m＋n…⑥ ⑤－⑥から，$\frac{5}{2}$＝3m，m＝$\frac{5}{6}$ ⑤にm＝$\frac{5}{6}$を代入すると，4＝4×$\frac{5}{6}$＋n，n＝$\frac{2}{3}$
よって，求める直線の式は，y＝$\frac{5}{6}x$＋$\frac{2}{3}$

◎平行四辺形の面積を二等分する直線は，平行四辺形の2本の対角線の交点を通る。このことは，よく出題されるのでなぜそうなるのか理解したうえで，覚えておこう。

英語 第2問

第2問の会話文中挿入問題を取り上げる。

文中にはA～Eまでの5箇所の空所が設けられており，各空所に対して4つの英文が選択肢として挙げられている。配点は20点である。

空所の前後の英文から文脈を把握して，正しい挿入文を選択することになる。その際，正しい選択肢を探す作業と同時に，消去法を通じて，該当しない選択肢を除去する方法を用いると良いだろう。

挿入文には，一部会話でよく用いられる慣用表現が含まれることがあるので，注意が必要である。したがって，日頃より，会話文に接するように心がけよう。

理科　第5問

大問が8題で，各分野からの出題であった。問題のレベルは標準からやや難しい内容であり，しっかりとした知識が求められる問題である。試験時間が50分で，問題数が非常に多く計算問題もあるので時間の余裕はない。時間内にどれだけ多くの問題を正解できるかが鍵となる。今回合否を分ける鍵となった問題として，第5問を取り上げる。誘導電流に関する問題である。

問4　問題文の説明にもある通り，磁石をコイルに近づけると磁界が変化し，磁界の変化を打ち消すように電流が流れる。電流の向きと磁力線の向きの関係は右ねじの法則より，磁力線が向かう方向に対して右ねじが進む向きに電流が流れる。図2で棒磁石をコイルに近づけると，コイルの上側がN極になるように電流が発生する。それで図の矢印の方向に電流が流れる。問4で棒磁石のS極を遠ざけると，コイルの上側がN極になるように電流が流れるので，電流の向きは図2と同じになる。

問5　コイルを図5のように棒磁石に近づけると，コイルの上側がN極になるように電流が流れるので，図2と同じ向きに電流が流れる。

問6　ICカードの円形コイルをリーダに近づけるとコイルの下側がN極になり，磁力線は上から下に向かう。このとき発生する誘導電流は時計回りに流れる。

試験は全般的に教科書の内容に沿った問題の出題が大半である。難問はないが，しっかりとした理解がないと容易には解けないレベルの問題が大半である。合格点に達するには，理科全般の基本知識が必要であり，単に知識を増やすだけでなく，原理を明確に理解することが欠かせない。また，時間に対して問題数が多く計算問題も多いので，解ける問題から解答することが大切である。

社会　第3問 問1

地方自治で認められている直接請求権は以下のようになる。注釈の部分はそこまで問われることはないものの，下の表については最低限の知識として把握しておこう。

内容	署名数	請求先	その後の扱い
条例の制定・改廃	有権者の50分の1以上	首長	首長が議会に付議→議会で議決して結果を公表
監査請求		監査委員	請求事項を監査→結果を公表・報告
首長・議員の解職 (下記注1参照)	有権者の3分の1以上 (下記注2参照)	選挙管理委員会	住民投票で過半数の賛成があれば解職・解散
議会の解散			

注1） 解職（リコール）に関して，住民により選挙で選ばれた首長や地方議会議員の解職請求は上記の流れとなるが，副知事や副市長，行政委員会の委員など，住民の選挙で選ばれていない主な公務員に関しては，有権者の3分の1以上の署名を集めて首長に提出し，総議員の3分の2以上が出席する議会において，4分の3以上の賛成があると解職が成立する。

注2） 解職や議会解散について必要な署名数は，有権者人口が40万人以上の場合と80万人以上の場合は必要な署名数にそれぞれ違いがある。

国語 第2問 問六 1

★なぜこの問題が合否を分けるのか

設問をしっかりと読む注意力と要約力が試される設問である。問いの答えに該当する箇所を的確に把握して解答しよう！

★こう答えると合格できない

「点字を理解する」ことについては，【問題文B】に「現在一般に使われている点字には，一定のルールがあります。つまりパターンがあるのです。しかもそのパターンがわかりやすいように，点を盛り上げる高さや点と点の間隔が人工的にデザインされている。この人工的にデザインされたパターンを認識することが点字を理解することです」とあることから，この部分を使って要約しないようにしよう。問六は，「点字を理解する能力は，触るというより読む能力」について説明された部分に関する問題なので，「パターンを認識することが点字を理解すること」という説明は的外れになってしまうので注意しよう。

★これで合格！

【問題文B】の「しかも……」で始まる段落に「点字は『触る』ものではなく『読む』ものなのです。……そこで行っている作業は，もともと頭の中に持っているパターンと，いま指で触っている点の配置を照合することです。配置のパターンを把握して，……と理解していく」と説明されているので，この部分を使って要約すればよい。もともと頭の中に持っているパターンと，いま指で触っている点の配置を照合することで，そのパターンを把握して理解する，という点を押さえてまとめよう。

MEMO

大切なことはメモしておこう才！

ダウンロードコンテンツのご利用方法

※弊社 HP 内の各書籍ページより，解答用紙などのデータダウンロードが可能です。

※巻頭「収録内容」ページの下部 QR コードを読み取ると，書籍ページにアクセスが出来ます。（Step 4 からスタート）

Step 1 東京学参 HP（https://www.gakusan.co.jp/）にアクセス

Step 2 下へスクロール『フリーワード検索』に書籍名を入力

Step 3 検索結果から購入された書籍の表紙画像をクリックし，書籍ページにアクセス

Step 4 書籍ページ内の表紙画像下にある『ダウンロードページ』を

クリックし，ダウンロードページにアクセス

Step 5 巻頭「収録内容」ページの下部に記載されている

パスワードを入力し，『送信』をクリック

解答用紙・+αデータ配信ページへスマホでアクセス！ ⇒

＊データのダウンロードは 2024 年 3 月末日まで。

＊データへのアクセスには，右記のパスワードの入力が必要となります。 ⇒ ●●●●●●

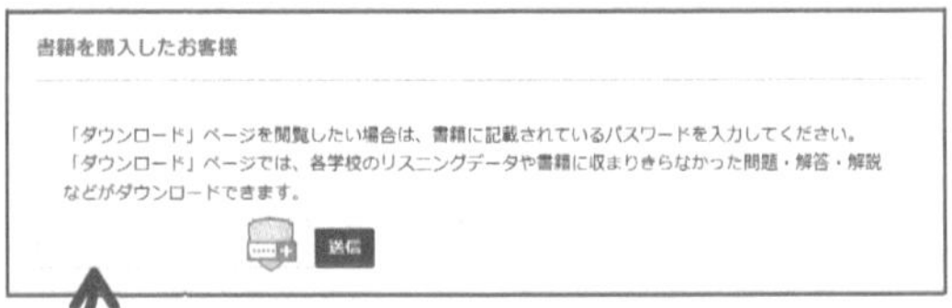

Step 6 使用したいコンテンツをクリック

※ PC ではマウス操作で保存が可能です。

2023年度

★★★★★★★★★★★★★★★★★★★★★★★

入　試　問　題

2023年度

札幌光星高等学校入試問題

【数　学】（50分）　＜満点：100点＞

第１問　次の問いに答えなさい。

問１　$7-2^2-(-12)\div(-2)^2$ を計算しなさい。

問２　$\dfrac{3x-5y}{4}-\dfrac{3x-6y}{6}$ を計算しなさい。

問３　$(1-\sqrt{3})^2-\dfrac{3-2\sqrt{3}}{\sqrt{3}}$ を計算しなさい。

問４　x^2y-4y を因数分解しなさい。

問５　６％の食塩水が300ｇあります。この食塩水に水を加えて４％の食塩水をつくるには，水を何ｇ加えればよいか答えなさい。

問６　連立方程式 $\begin{cases} 3x-2y=13 \\ 5x+4y=7 \end{cases}$ を解きなさい。

問７　２点（１，７），（－２，－５）を通る直線の式を求めなさい。

問８　右の図のような直角三角形ABCがあります。点Ｐは辺AB上を秒速１㎝でＡからＢまで動きます。また，点Ｑは点ＰがＡを出発するのと同時にＢを出発し，辺BC上を秒速２㎝でＣまで動きます。四角形ＡＰＱＣの面積が最初に61㎠になるのは点ＰがＡを出発してから何秒後かを求めなさい。

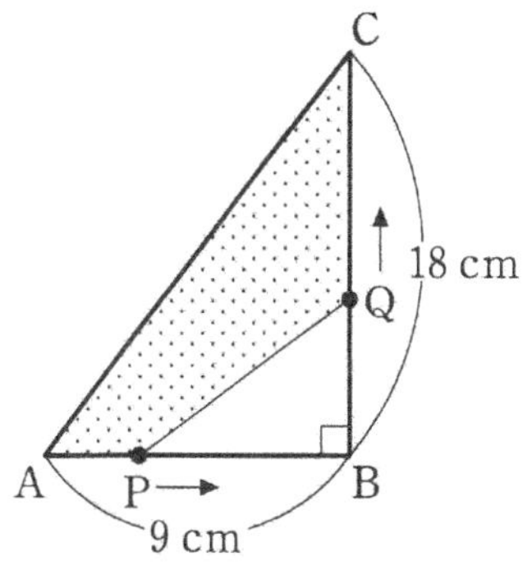

問９　右の図で，$\angle x$ の大きさを求めなさい。
ただし，点Ｏは円の中心です。

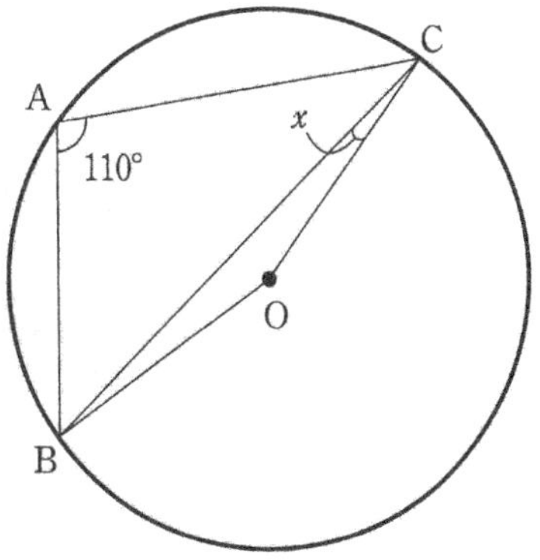

問10　右の図のような台形ABCDがあります。
この台形を，直線CDを軸として１回転させてできる立体の体積を求めなさい。ただし，円周率はπとします。

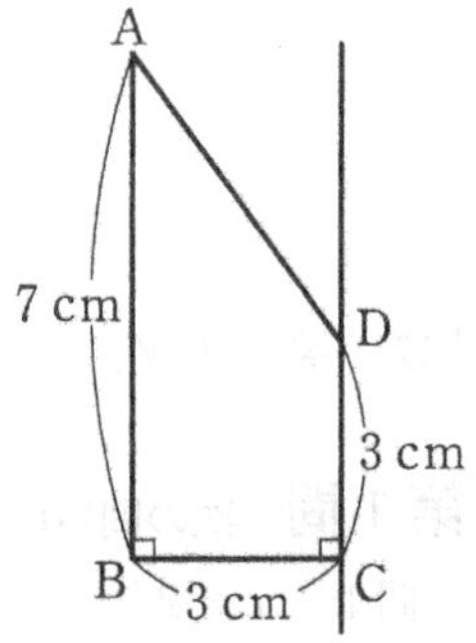

第２問　１個のさいころを２回投げ，１回目に出た目の数をa，２回目に出た目の数をbとします。このとき，次の問いに答えなさい。ただし，さいころの１から６までのどの目が出ることも同様に確からしいものとします。

問１　$a-b$が正の数で奇数になる目の出方は何通りあるか求めなさい。

問２　次の文章を読み，［ア］，［イ］にはa, bを使った式，［ウ］にはあてはまる数をそれぞれ答えなさい。

aを十の位の数，bを一の位の数とし，２けたの自然数をつくると，この自然数は［ア］と表されます。また，この自然数の十の位の数と一の位の数を入れかえてできる２けたの自然数は［イ］と表されます。これらのことから，［ア］から［イ］を引いた値が正の数で奇数になる確率は［ウ］となります。

第３問　あるクラスの生徒30人が数学，国語，英語の小テストを受験しました。それぞれの小テストの得点を度数分布表でまとめ，階級を変えずにヒストグラムに表しました。数学と国語（次のページ）のヒストグラムは下の図のようになりました。次のページの問いに答えなさい。

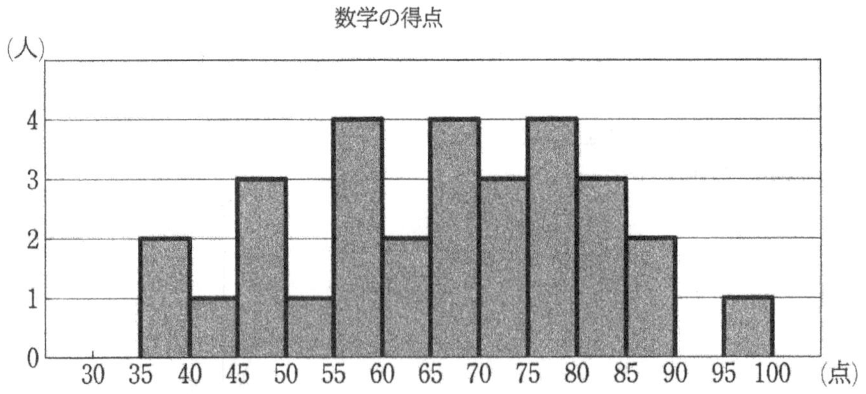

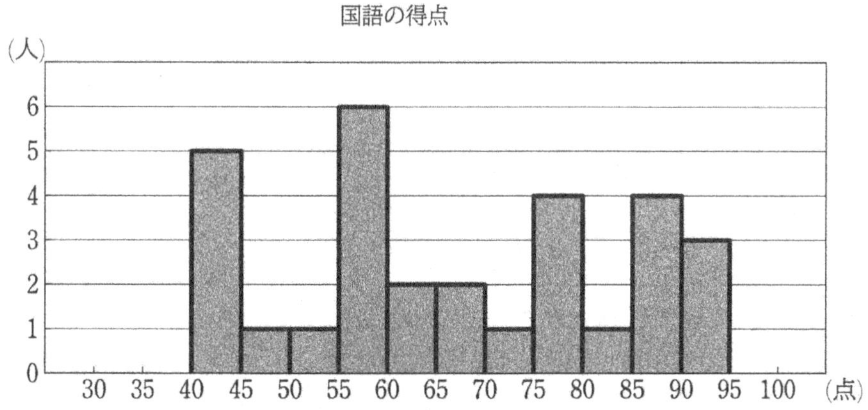

問１　数学の得点の中央値はどの階級に入りますか。下の選択肢①～⑬の中から１つ選び，番号で答えなさい。

［選択肢］

①　35以上40未満	②　40以上45未満	③　45以上50未満	④　50以上55未満
⑤　55以上60未満	⑥　60以上65未満	⑦　65以上70未満	⑧　70以上75未満
⑨　75以上80未満	⑩　80以上85未満	⑪　85以上90未満	⑫　90以上95未満
⑬　95以上100未満			

問２　数学，国語の得点を箱ひげ図で表したものを下のア～オの中からそれぞれ１つずつ選び，記号で答えなさい。

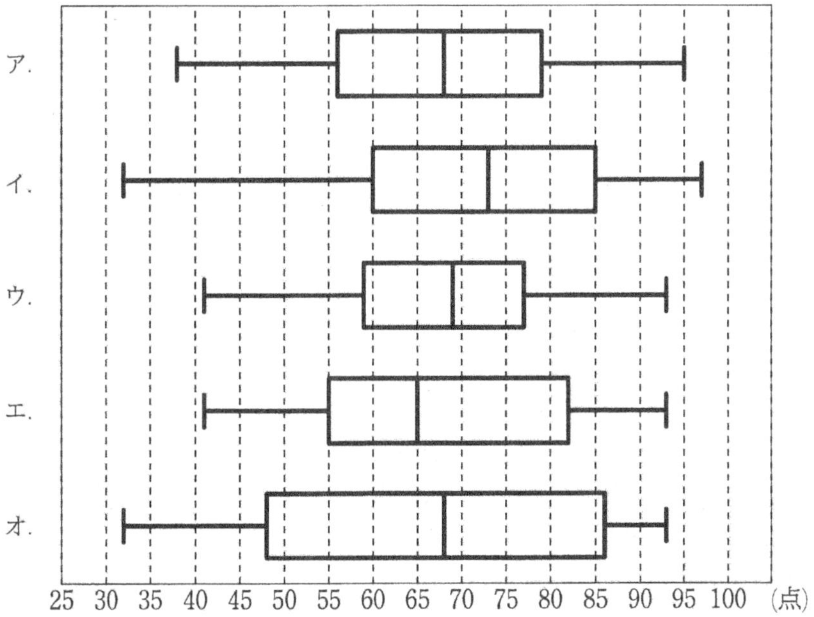

問３　次のページの図は，英語の得点を箱ひげ図で表したものです。光さんと星さんが小テストの結果について会話をしています。次のページの会話文を読み，［ア］～［オ］にあてはまるもの

を下の選択肢①～⑦の中からそれぞれ１つずつ選び，番号で答えなさい（ただし，同じ番号をくり返し選んでもかまいません）。また，[カ] にあてはまる数を答えなさい。

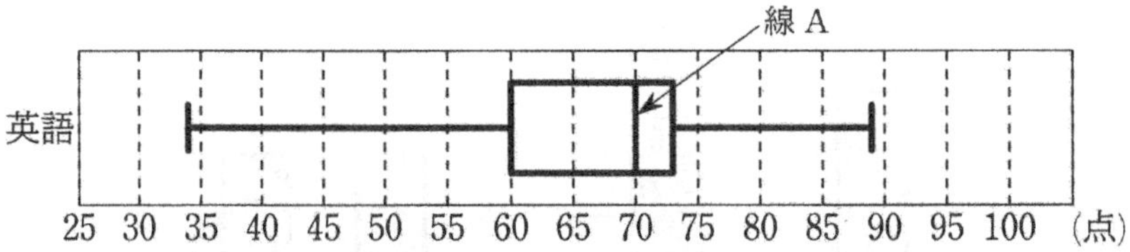

光さん：３教科の箱ひげ図を比べて，テストの結果を分析してみよう。
星さん：まず，３教科の最大値はどうなっているかな。
光さん：３教科の最大値を比べると，一番大きいのは [ア] の最大値だね。
星さん：範囲が一番大きい教科は [イ] で，四分位範囲が一番大きい教科は [ウ] だよ。
光さん：箱ひげ図から，英語の平均点は70点かな。
星さん：ちょっと待って。この箱ひげ図からは，平均点を読み取ることはできないよ。
光さん：そうだった。箱の中にある線Ａは [エ] を表しているんだったね。
星さん：そのとおり。よく間違えやすいところだから気を付けないとね。
光さん：第３四分位数が一番大きい教科は [オ] だね。
星さん：[オ] のテストの中で，第３四分位数より得点が高い人は多くて [カ] 人と考えられるね。
光さん：ということは，80点以上の得点を取った人が一番多い教科は [オ] だね。

［選択肢］
① 数学　② 国語　③ 英語
④ 第１四分位数　⑤ 第２四分位数　⑥ 第３四分位数　⑦ 最頻値

第４問　次の【問題】について，あとの問いに答えなさい。

【問題】
右の図は，２つの関数 $y = ax^2$ …①，$y = \frac{1}{4}x^2$ …②のグラフと２つの直線 ℓ，m です。ただし，$a > \frac{1}{4}$ とします。点Ｐ，Ｑはそれぞれ直線 ℓ と①，②のグラフとの交点です。点Ｒは直線 ℓ と y 軸との交点です。点Ｑの x 座標は４で，点Ｒの y 座標は２です。また，直線 m は原点を通り，ℓ に平行な直線です。点Ｓは直線 m と②のグラフとの交点で，y 座標は１です。あとの問いに答えなさい。

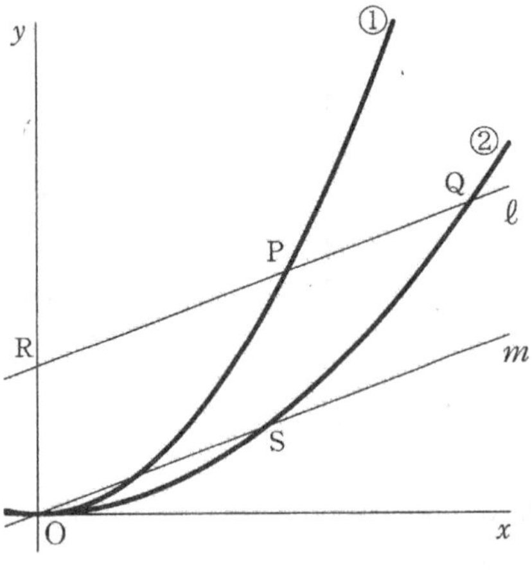

(1)　RP：PQ＝2：3となるとき，△SQPの面積を求めなさい。
(2)　△SQPの面積が2となるとき，aの値を求めなさい。
(3)　(2)のとき，点Qを通り，四角形OSPRの面積を二等分する直線の式を求めなさい。

問1　光さんと星さんは【問題】の(1)について話しています。次の会話文を読み，［ア］～［カ］にあてはまる数をそれぞれ答えなさい。

光さん：この問題，まずは何から考えたらいいかな。
星さん：そうだね，まずは点Pのx座標がわかりそうだから，そこから求めてみようか。
光さん：点P，Qとx座標が等しいx軸上の点を，それぞれP′，Q′とすると，RP：PQ＝2：3より，OP′：OQ′＝［ア］：［イ］であることがわかるね。また，OQ′＝［ウ］よりOP′＝［エ］が求められるから，点Pのx座標は［エ］ということでいいかい？
星さん：いいよ。そうすると△OPRの面積も求められるね。
光さん：△OPRの面積は［オ］になったよ。
星さん：さらに，RP：PQ＝2：3より，△OQPの面積が求められる。
光さん：そうすると，直線ℓ，mは平行だから，△SQPの面積は［カ］だ。星さんありがとう。

問2　【問題】の(2)の答えを求めなさい。
問3　【問題】の(3)の答えを求めなさい。

第5問　右の図のように，1辺の長さが6cmの立方体ABCD－EFGHがあります。辺EF，EHの中点をそれぞれP，Qとし，この立方体を平面BDQPで2つに分けます。このとき，次の問いに答えなさい。

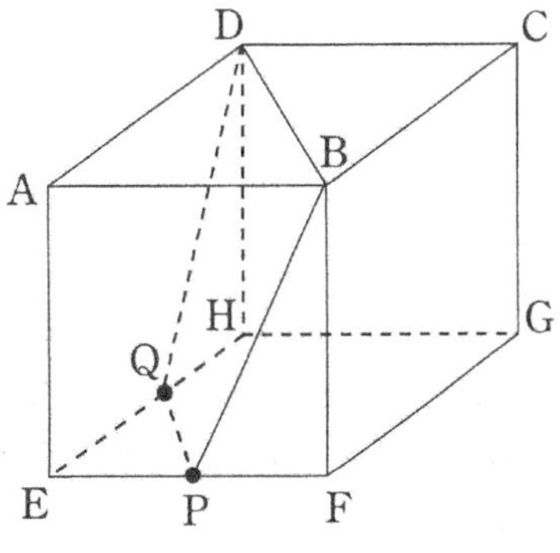

問1　点Aを含む立体の表面積と体積を次のように求めました。次の文章を読み，［ア］～［ク］にあてはまる数をそれぞれ答えなさい。

BD＝［ア］cm，BP＝［イ］cm，PQ＝［ウ］cmであるから，点Pから線分BDに垂線を引き，線分BDと垂線の交点をRとするとPR＝［エ］cmとなります。よって，四角形BDQPの面積は［オ］cm^2であるから，求める表面積は［カ］cm^2となります。

また，3つの直線AE，BP，DQの交点をSとすると，AS＝［キ］cmであるから，求める体積は［ク］cm^3となります。

問2　点Aから平面BDQPへ引いた垂線の長さを求めなさい。

【英　語】（50分）　<満点：100点>

第1問 次の英文を読み，後の問いに答えなさい。

Cathy is 18 years old. One day, she went to see her grandmother, Julia, in the hospital. She was very sick. Her doctor said to Cathy's mother, "Your [A] will not live long."

Cathy loved her grandmother. When she went to see her, she always【 1 】her a violet. Julia asked her to do so. Cathy did not know why her grandmother loved the flower. So she asked her, "Why do you always ask me to【 2 】a violet?" Julia answered, "I love the flower. I know you are a good girl. I have never【 3 】this story to anybody, not even your mother. I have good memories of this flower. I will tell you my secret because I know I will not live long."

When Julia was young, she had a friend named Ben. They knew each other from when they were young. They were good friends. They always met at the same place after school. They talked about school, their families, and their friends. They laughed a lot. They studied together. They looked at the sky and talked about their dreams. Julia knew deep inside that she【 4 】in love with Ben. When Ben met Julia, he always gave her a beautiful violet.

One day, Julia met Ben at the same place, but he looked *strange. Suddenly, he said, "This will be the last flower I can give you." ①Julia didn't understand what he was trying to say it. The next day, he went to the war and never returned.

Julia was very sad. She cried and cried. She cried for over a month. She did nothing all day. She didn't go out of her room. Then in the dark late night at 10 o'clock, someone knocked at the door. She didn't know who it was. It was Ben's mother. She had ②something black in her hand. She said to Julia, "This is Ben's diary. It is important to me. But I want you to keep it." Julia began reading the diary. It started with the day Ben and Julia first met. Ben wrote about the everyday things they did. At the bottom of every page, he wrote, "I'm happy when Julia is smiling with a violet. I love her." On the last page, it said, "I wanted to tell her many times, but ③I was afraid. But if you see this, I hope you know how much I love you".

Julia said to Cathy, "Ten years later, I met John, your grandfather. I *married him. We made a happy family. John was a very good man. But, everybody has one or two secrets. [B] is still living in my heart as my first pure love. *Nobody knows. Only Ben and I know what the flower means. You should tell someone important to you about your feelings. I【 5 】someone important to me when I was as old as you. So, don't miss the chance!"

Two days later, Julia went to Ben. She was sleeping peacefully with a [C].

*strange 変な　*marry ～と結婚する　*nobody 誰も…ない

問1　本文中の空所 [A] ～ [C] に入れるのにもっとも適切な単語をそれぞれ本文中より抜き出しなさい。

問2　本文中の空所【1】～【5】に入れるのにもっとも適切な単語をそれぞれ下の［　］内から選びなさい。なお，必要があれば適切な形に直して答えなさい。

［ bring / fall / lose / take / tell ］

問3　下線部①を「ジュリアは彼が何を言おうとしているのか分からなかった。」という意味の文にしたい。それには不要な単語が1語含まれています。その語を答えなさい。

問4　下線部②は具体的に何を指していますか。本文中から2語で抜き出しなさい。

問5　下線部③は「何が恐かった」と言っているのか，もっとも適切なものをア～エの中から選び，記号で答えなさい。

ア　ジュリアと別れて戦争に行って戦うこと。
イ　ジュリアに自分の本当の気持ちを伝えること。
ウ　ジュリアがあまり長く生きられそうにないこと。
エ　ジュリアに自分の日記を見られること。

問6　本文の内容と合っているものをア～エの中から1つ選び，記号で答えなさい。

ア　キャシーは毎日のようにおばあさんのお見舞いに行っていた。
イ　ジュリアは花が好きで，ベンはいつも様々な花を彼女に渡していた。
ウ　ある日の晩，ジュリアはベンの母親から日記を渡された。
エ　ジュリアはキャシーに秘密の1つや2つを持つように言った。

第2問　会話文中の空所 [A] ～ [E] に入れるのにもっとも適切なものをア～エの中からそれぞれ1つ選び，記号で答えなさい。

James : Excuse me. Do you speak English?
Keiko : Yes, a little. Do you need any help?
James : Yes. Could you tell me the way to the Sapporo Hotel?
Keiko : The Sapporo Hotel? Sure. It's about a ten-minute walk from here. [A] I'm going in the same direction.
James : Oh, you're very kind. Thank you so much.
Keiko : My pleasure.

They begin walking.

Keiko : Well, my name is Keiko. And you...
James : I'm James. I'm from Santa Barbara, California. I just arrived in Japan yesterday.
Keiko : Is that so? I have been to San Diego.
James : Oh, have you?
Keiko : Yes. It was a beautiful place.

James : Yes, it's a wonderful city.

Keiko : [B]

James : I'm going to teach English at Kosei College.

Keiko : Kosei College? My father teaches English there!

James : Really? I would like to meet him.

Keiko : I'm sure he would, too.

A few minutes later...

Keiko : This is the Sapporo Hotel.

James : Oh, thank you for your kindness.

Keiko : [C] Can I call you later?

James : Of course. Here's my phone number.

Keiko : Thanks. OK. Goodbye.

After Keiko gets home, she talks with James on the phone.

Keiko : Hello, James? This is Keiko.

James : Hi, Keiko.

Keiko : I told my father about you just now, and he would like to meet you.

James : Really?

Keiko : Yes. Do you have any plans for tomorrow or the day after tomorrow?

James : Well, it's Wednesday today, right? I have plans for tomorrow. But [D]

Keiko : Great. Would you like to eat dinner together at our house?

James : That sounds great. [E]

Keiko : How about meeting at the hotel at four?

James : That sounds good. Thank you for calling. See you then.

Keiko : OK. See you.

[A] ア May I ask you a favor? イ Shall I take you there?
ウ Can you help me? エ I've never been to the hotel.

[B] ア Where are you going?
イ I would like to visit the city again.
ウ What are you going to do there?
エ May I ask you why you came to Japan?

[C] ア No problem. イ Pardon me?
ウ That's a good idea. エ What's wrong?

[D] ア I'll be busy on Thursday. イ I'll be free on Friday.
ウ I'll be busy on Friday. エ I'll be free on Thursday.

[E] ア I like that music.
イ When will dinner be ready?

ウ I'm really looking forward to it.
エ Would you like me to tell you the time?

第3問 下線部の発音が英文中の発音と同じものをそれぞれ下のア～エの中から1つ選び，記号で答えなさい。

1．Have you ever read this book?
ア heavy　イ eat　ウ peace　エ break

2．Do you know which team won first prize?
ア cold　イ open　ウ go　エ love

3．We have climbed Mt. Fuji twice.
ア list　イ child　ウ fifth　エ activity

4．I thought that Mike was right.
ア show　イ though　ウ August　エ through

5．There are many bikes in the park.
ア bicycles　イ trips　ウ buses　エ cars

第4問 日本語の意味に合う英文を完成させるとき，空所（A）・（B）に入るものの組み合わせとしてもっとも適切なものをそれぞれ下のア～エの中から1つ選び，記号で答えなさい。

1．私はこの映画があの映画と同じくらい人気があると聞いてうれしいです。
I am glad (A) that this movie is as popular (B).
ア （A） hearing　（B） that as one
イ （A） to hear　（B） than that one
ウ （A） hearing　（B） than that movie
エ （A） to hear　（B） as that one

2．もしあなたが忙しいのなら，私がパンフレットを配ります。
If you (A) busy, I will hand (B) these pamphlets.
ア （A） are　（B） in
イ （A） were　（B） out
ウ （A） are　（B） out
エ （A） were　（B） in

3．彼女のアドバイスのおかげで，私たちは無事に電車を乗り換えられました。
(A) to her advice, we were able to change (B) without any trouble.
ア （A） Thanks　（B） trains
イ （A） Because　（B） train
ウ （A） Thank　（B） train
エ （A） Because　（B） trains

4．私は若い頃この街に5年間住んでいました。
I (A) in this town (B) five years when I was young.
ア （A） have lived　（B） since

イ （A） have been living （B） since
ウ （A） have lived （B） for
エ （A） lived （B） for

5．これはなんて難しい問題だ！解くのを手伝ってくれますか。
（ A ）a difficult question this is! Would you help me （ B ）it?
ア （A） How （B） answer
イ （A） What （B） answering
ウ （A） How （B） answering
エ （A） What （B） answer

第5問 日本語の意味に合うように，（ ）内の語（句）を並べかえて英文を完成させるとき，（ ）内で３番目と５番目にくるものをそれぞれ記号で答えなさい。

1．父は私にテレビをつけさせてくれなかった。
My father（ア on イ me ウ turn エ the television オ did カ let キ not ）.

2．トムが私にくれた本は何度も読む価値があります。
The book（ア me イ gave ウ is エ reading オ Tom カ again キ worth ）and again.

3．自分の部屋をきれいにしておくのは私には大変です。
It is（ア my room イ me ウ for エ keep オ clean カ to キ hard ）.

4．机の下にあるその箱は壊れたおもちゃでいっぱいです。
The box under（ア is イ broken ウ of エ toys オ full カ the desk ）.

5．鳥のように自由に飛べたらいいのに。
I（ア like イ wish ウ I エ fly freely オ a bird カ could ）.

第6問 絵を参考にして，（ ）に入れるのにもっとも適切な単語を答えなさい。ただし，（ ）内にある文字で書き始めること。

1．A: When is your birthday?
B: My birthday is（F ）14.

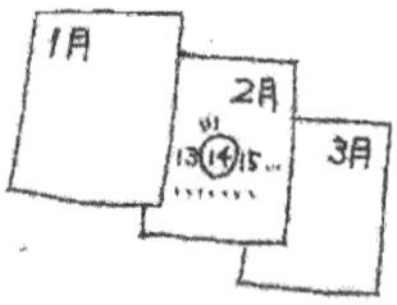

2．A: Good painting! Who（d ）this picture?
B: Mary did.

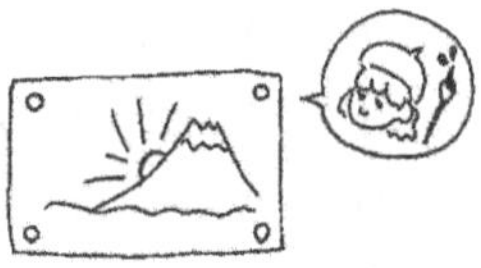

3．All the（v ）this restaurant uses are grown in our town.

4．A: Which do you like better, (c　　　) or beef?
　 B: I like beef better.

5．A: When was this (b　　　) built?
　 B: It was built in 1890.

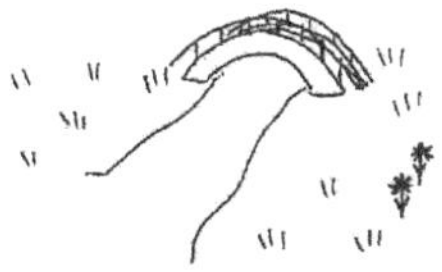

【理　科】（50分）　＜満点：100点＞

第１問　次の［Ⅰ］・［Ⅱ］について，下の各問いに答えなさい。

［Ⅰ］次の動滑車を用いた実験について，下の各問いに答えなさい。

《実験》図１のように質量の無視できる動滑車の個数を変えて，重さ40Nの物体をゆっくりと0.20m持ち上げるためのひもを引く力の大きさとひもを引く距離の関係について調べたところ，下の表のような結果となった。

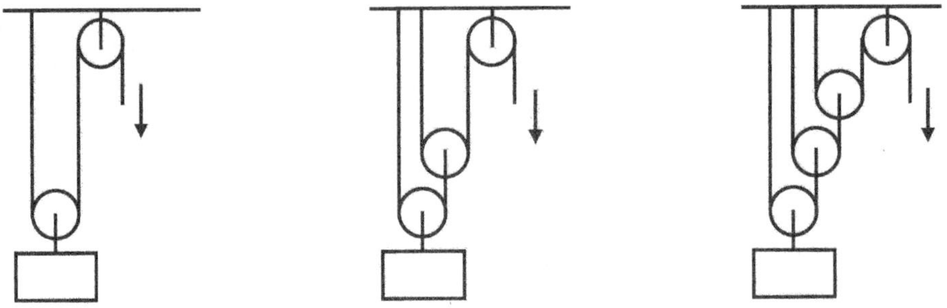

図１

実験結果

動滑車の数〔個〕	1	2	3
引く力〔N〕	20	10	5
引く距離〔m〕	0.4	0.8	1.6

問１　加えた力によって物体が**仕事をされていないもの**を次のア～エからすべて選び，記号で答えなさい。

ア．物体に右向きの力を加え，右向きに動かした。

イ．物体を地面から上に持ち上げた。

ウ．物体に大きな力を加えたが，物体は動かなかった。

エ．物体を持ったまま，高さを変えずに一定の速さで右向きに歩いた。

問２　重さ40Nの物体をゆっくりと0.20m持ち上げたとき，人に物体がされた仕事は何Ｊですか。また，動滑車を用いても，用いずに持ち上げた場合と仕事の量は変わらないことを何といいますか。それぞれ答えなさい。

問３　図１について，動滑車を５個に増やし0.20m持ち上げるとき，人がひもを引く力の大きさは何Nになりますか。また，ひもを引く距離は何mになりますか。それぞれ答えなさい。

［Ⅱ］図２のように斜面で鉄球が滑り出したときの運動の様子を調べました。斜面①は角度を自由に変えることができ，斜面①，②および水平な部分に摩擦はなく，斜面①，水平な部分，斜面②はなめらかに接続されています。次のページの各問いに答えなさい。

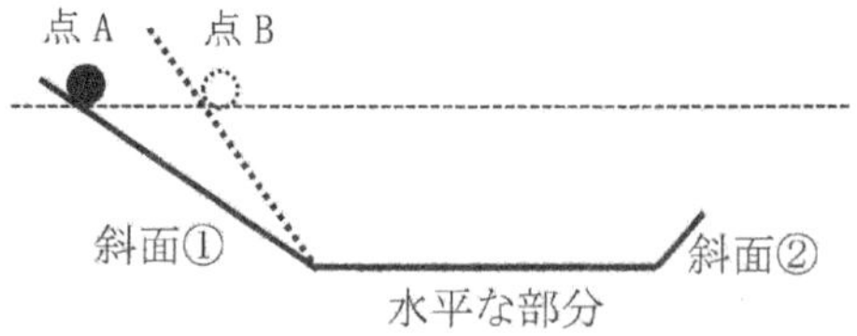

図２

問４　前のページの図２のように斜面①の角度を調整して，点Ａおよび点Ｂに鉄球を静かに置きました。鉄球が受ける重力の斜面に平行な分力の大きさの大小関係として最も適当なものを次のア～ウから１つ選び，記号で答えなさい。

ア．Ａ＝Ｂ　　イ．Ａ＞Ｂ　　ウ．Ａ＜Ｂ

問５　点Ａから滑り出した鉄球が水平な部分に達するまでの時間をt_1，そのときの速さをv_1，点Ｂから滑り出した鉄球が水平な部分に達するまでの時間をt_2，そのときの速さをv_2としたとき，t_1，t_2，v_1，v_2の大小関係として最も適当なものを次のア～キから１つ選び，記号で答えなさい。

ア．$t_1 = t_2$，$v_1 = v_2$　　イ．$t_1 < t_2$，$v_1 = v_2$　　ウ．$t_1 > t_2$，$v_1 = v_2$

エ．$t_1 < t_2$，$v_1 < v_2$　　オ．$t_1 < t_2$，$v_1 > v_2$　　カ．$t_1 > t_2$，$v_1 < v_2$

キ．$t_1 > t_2$，$v_1 > v_2$

問６　点Ａから滑り出した鉄球も，点Ｂから滑り出した鉄球もともに斜面②から飛び出しました。斜面②から飛び出した後の鉄球の運動を説明した次の文のａ～ｃの｛　｝に当てはまる語句として正しいものをア・イからそれぞれ選び，記号で答えなさい。

　力学的エネルギーはａ｛ア：減少し，イ：保存され｝，飛び出した鉄球は最高点に達した後，床に落下した。このとき，点Ａ，点Ｂを滑り出した鉄球はｂ｛ア：点Ｂの方が高い，イ：どちらも同じ高さの｝最高点に達し，点Ａ，点Ｂともに最高点の高さは，滑り出した点の高さｃ｛ア：よりも低かった，イ：と同じ高さだった｝。

第２問　次の［Ⅰ］・［Ⅱ］について，下の各問いに答えなさい。

［Ⅰ］気体Ａ，Ｂ，Ｃ，Ｄは水素，アンモニア，酸素，二酸化炭素のいずれかであることがわかっています。これらの気体Ａ～Ｄを見分ける実験１～４を行いました。下の各問いに答えなさい。

《実験１》気体Ａ～Ｄのにおいを確認したところ，気体Ｂには刺激臭があった。

《実験２》気体Ａ～Ｄに水で湿らしたリトマス紙を入れたところ，気体Ｂと気体Ｄで変化が見られた。

《実験３》気体Ａ～Ｄを試験管に集めて，試験管の口にマッチの火を近づけたところ，気体Ａは音を立てて燃えた。また，試験管の口に線香の火を近づけたところ，気体Ｃでは線香が激しく炎を出して燃えた。

《実験４》気体Ａ～Ｄを石灰水に通じたところ，気体Ｄで変化が見られた。

問１　《実験１》について，気体Ｂの化学式を答えなさい。

問２　《実験２》について，気体Ｄが水に溶けたときのリトマス紙の変化とpHの大きさを説明した文として最も適当なものを次のア～エから１つ選び，記号で答えなさい。

ア．赤色リトマス紙が青色に変化したため，pHは７より小さいことがわかる。

イ．赤色リトマス紙が青色に変化したため，pHは７より大きいことがわかる。

ウ．青色リトマス紙が赤色に変化したため，pHは７より小さいことがわかる。

エ．青色リトマス紙が赤色に変化したため，pHは７より大きいことがわかる。

問３　気体Ｃが発生する反応をあとのア～カから３つ選び，記号で答えなさい。

ア．亜鉛に塩酸を加える。

イ．塩化アンモニウムと水酸化カルシウムを混ぜて加熱する。

ウ．二酸化マンガンに過酸化水素水を加える。

エ．炭酸水素ナトリウムを加熱する。

オ．酸化銀を加熱する。

カ．水酸化ナトリウム水溶液を電気分解する。

［Ⅱ］炭酸水素ナトリウムと塩酸との反応について，下の各問いに答えなさい。

《実験》

手順１：100 g の塩酸が入ったビーカーＡ～Ｆを用意した。

手順２：ビーカーＢ～Ｆに，炭酸水素ナトリウムの質量を変えて加え，二酸化炭素を発生させた。

手順３：二酸化炭素が完全に発生し終えてから，反応後のビーカーの内容物の質量を測定し，結果を次の表にまとめた。

表　炭酸水素ナトリウムの質量と反応後の質量の関係

ビーカー	A	B	C	D	E	F
炭酸水素ナトリウムの質量〔g〕	0	2.1	4.2	6.3	8.4	12.6
反応後のビーカーの内容物の質量〔g〕	100	101.0	102.0	103.0	104.55	108.75

問４　ビーカーＡ～Ｆと同じ100 g の塩酸の入ったビーカーに10.5 g の炭酸水素ナトリウムを加えたとき，発生する二酸化炭素の質量は何 g ですか。また，このときの塩酸と炭酸水素ナトリウムの量の関係として最も適当なものを次のア～ウから１つ選び，記号で答えなさい。

ア．すべての炭酸水素ナトリウムが反応した。

イ．塩酸と炭酸水素ナトリウムは過不足なく反応した。

ウ．すべての塩酸が反応した。

問５　この実験で用いた塩酸と過不足なく反応する炭酸水素ナトリウムの質量は何 g ですか。最も適当な値を次のア～カから１つ選び，記号で答えなさい。必要があれば，下の方眼紙にグラフを作成して求めなさい。

ア．6.3　　イ．7.35　　ウ．8.4　　エ．9.45　　オ．10.5　　カ．11.55

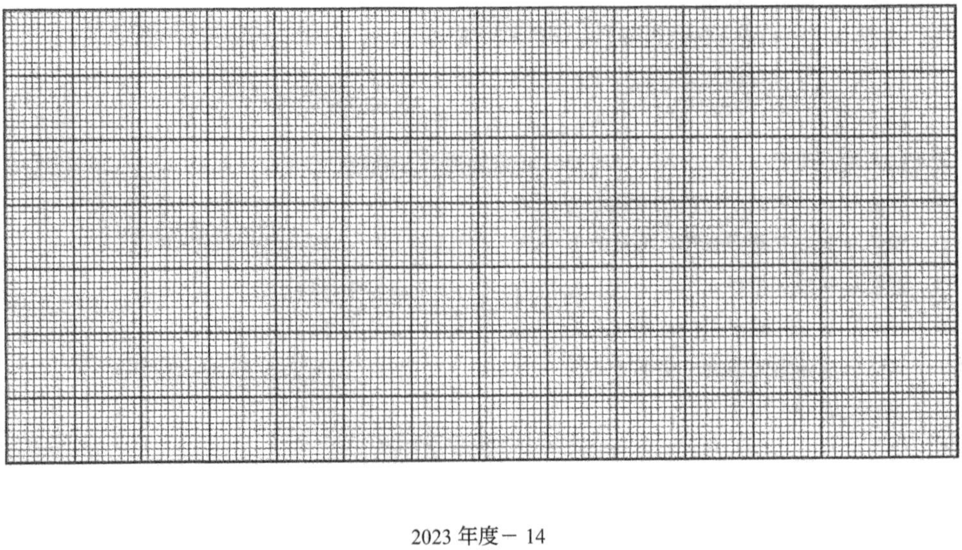

第３問　次の文を読み，下の各問いに答えなさい。

地球上には，人間によって確認され，名前が付けられた生物だけでも約190万種いる。それらは特徴をもとに①分類されている。環境と生物の集まり全体を②生態系という。生物は生活環境と密接に関係しながら生活してきた。現在多くの生物がいるのは，祖先の生物が環境に合わせて③進化してきたからである。現在まで，生物は④生殖によって親から子へDNAを受け継いできた。これを遺伝といい，⑤エンドウを用いて遺伝のしくみを考えたのがメンデルである。

問１　下線部①について，次の文の（ａ），（ｂ）に当てはまる言葉の組み合わせとして最も適当なものを下のア～エから１つ選び，記号で答えなさい。

生物は共通する特徴を元に分類されている。例えば，脊椎動物は脊椎があるという共通点をもち，その他の特徴によってさらに，（　ａ　）種類に分類されている。植物の分類には，次の図のように網状脈の葉脈，維管束が輪状に並んだ茎，主根と側根に分かれた根という特徴を同時にもつ（　ｂ　）がある。

	a	b
ア	5	双子葉類
イ	5	単子葉類
ウ	7	双子葉類
エ	7	単子葉類

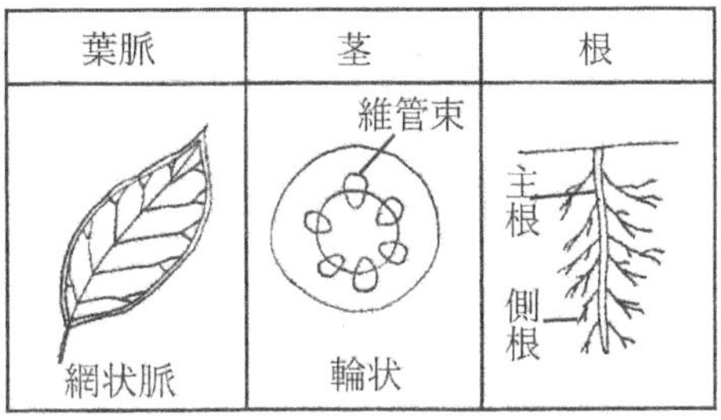

問２　下線部②について，生態系の中で生物どうしは食べる・食べられるの関係でつながっています。この関係を**漢字４文字**で答えなさい。

問３　下線部③について，脊椎動物の肺は単純なつくりから複雑なつくりへと進化し，肺胞を得ました。この進化は肺でのガス交換が効率よく行われるための変化です。このようなつくりになることでガス交換が効率よく行われる理由を簡単に答えなさい。

問４　下線部④について，次の文のａ～ｄの｛　｝に当てはまる語句として正しいものをア・イからそれぞれ選び，記号で答えなさい。

有性生殖は，体細胞に比べて染色体数がａ｛ア：２倍，イ：半分｝になった卵や精子などの生殖細胞がｂ｛ア：受精，イ：分裂｝する生殖である。生殖細胞は，ｃ｛ア：減数，イ：体細胞｝分裂によってつくられ，受精卵はｄ｛ア：減数，イ：体細胞｝分裂によって細胞の数を増やし，細胞が成長することでからだが大きくなっていく。

問５　下線部⑤について，種子の形が「丸」と「しわ」の対立形質をもつエンドウの種子をまいて育て，できた種子の形質を調べた次の実験を読み，下の各問いに答えなさい。ただし，エンドウはすべて自家受粉するものとします。

《実験１》丸い種子を植え，次の代の種子をつくると，すべて丸い種子ができた。

《実験２》しわのある種子を植え，次の代の種子をつくると，すべてしわの種子ができた。

《実験３》丸い種子を植え，次の代の種子をつくると，丸：しわ＝３：１の割合で種子ができた。

(1)　種子を丸くする遺伝子をＡ，種子をしわにする遺伝子をａとすると，《実験３》で最初に植えた種子の遺伝子はどのように表せますか。次のア～オから１つ選び，記号で答えなさい。

ア．Ａ　　イ．ａ　　ウ．ＡＡ　　エ．Ａａ　　オ．ａａ

(2) 《実験１》～《実験３》では，１粒の種子からそれぞれ120粒の種子が得られました。《実験１》～《実験３》でできた合計360粒の種子の形質の割合（丸：しわ）はどのようになりますか。簡単な整数比で答えなさい。

(3) 《実験３》でできた種子から適当に３粒とって植えると，１粒の種子から120粒の種子ができ，合計360粒の種子ができました。できた種子の形質の割合が丸：しわ＝11：１だったとき，最初に植えた３粒の遺伝子の組み合わせとして最も適当なものを次のア～コから１つ選び，記号で答えなさい。

	AA	Aa	aa
ア	0粒	0粒	3粒
イ	0粒	3粒	0粒
ウ	3粒	0粒	0粒
エ	0粒	1粒	2粒
オ	0粒	2粒	1粒
カ	1粒	2粒	0粒
キ	2粒	1粒	0粒
ク	1粒	0粒	2粒
ケ	2粒	0粒	1粒
コ	1粒	1粒	1粒

第４問　次の文を読み，下の各問いに答えなさい。

日本は大きな大陸と海洋にはさまれた位置にある。冬になると，大陸に寒冷で乾燥したシベリア高気圧ができるため，大陸側から日本に向かう北西の（　①　）が吹く。この（　①　）が，日本海を通過するときに②水蒸気を含み，日本海側の地域に雨や雪をもたらす。日本海側に雨や雪をもたらした空気は，山脈を越えると乾燥した空気となって太平洋側に吹き下りる。そのため，太平洋側では乾燥した晴れの日が続く。また，③冬は夏に比べて夜の長さよりも日中の長さの方が短い。④これは地球の地軸が傾いているからである。春になると，移動性高気圧と⑤温帯低気圧が日本を通過するようになる。

問１　(①) に当てはまる風を何といいますか。また，日本付近の冬の典型的な気圧配置を何といいますか。それぞれ答えなさい。

問２　下線部②について，右のグラフのＡ～Ｆから湿度約50%のものを２つ選び，記号で答えなさい。

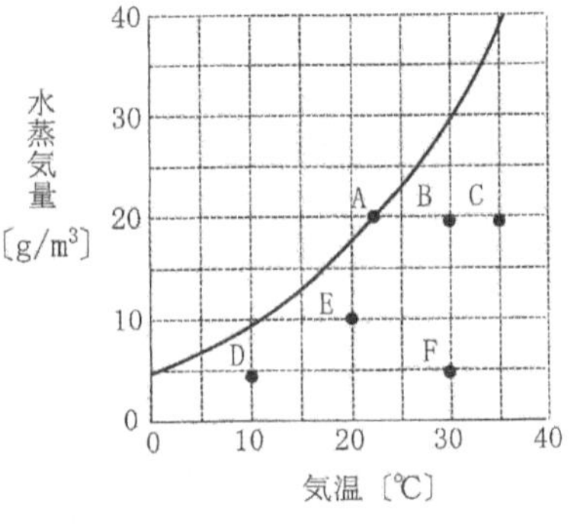

問３　下線部③について，札幌での冬の太陽の日周運動を表す経路を図１のａ～ｃから１つ選び，記号で答えなさい。また，下線部④について，もし地軸が公転面に対して垂直であるとき，赤道地域での太陽の日周運動を表す経路はどのようになりますか。最も適当なものを図２のｄ～ｆから１つ選び，記号で答えなさい。

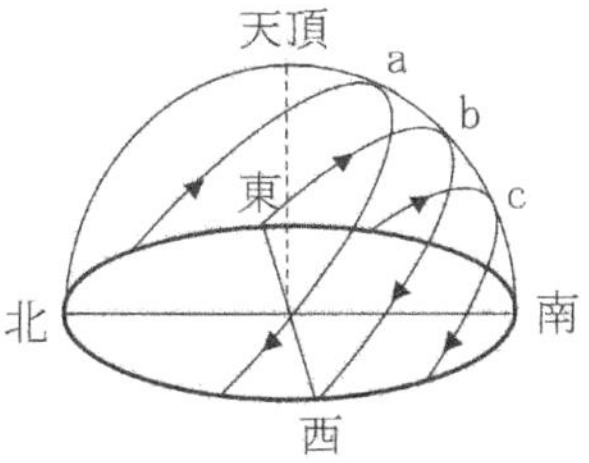

図１

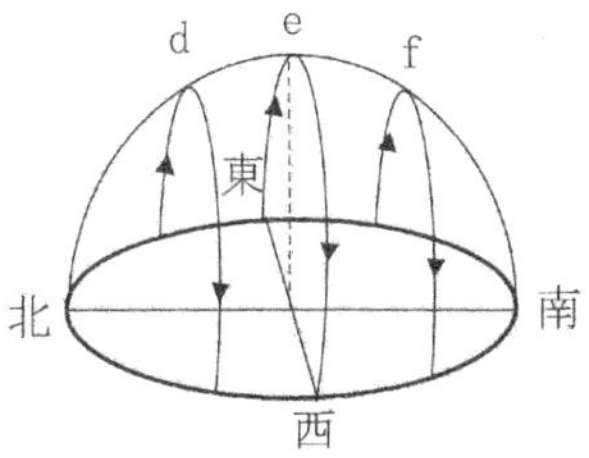

図２

問４　下線部⑤について，日本を通過する温帯低気圧を表す図として最も適当なものを次のア～エから１つ選び，記号で答えなさい。また，寒冷前線付近にできやすい雨をもたらす雲の名称として最も適当なものを下のオ～クから１つ選び，記号で答えなさい。

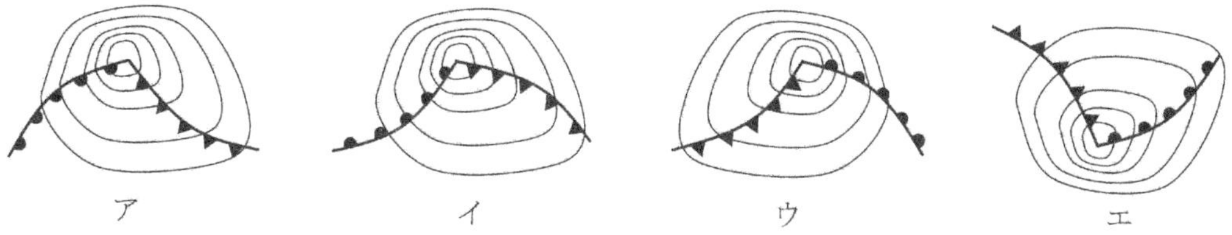

オ．層積雲　　カ．巻層雲　　キ．積乱雲　　ク．乱層雲

問５　下線部⑤について，次の天気図のＸが天気図記号から低気圧であると判断した下の文のａ～ｅの｛　｝に当てはまる語句として正しいものをア・イからそれぞれ選び，記号で答えなさい。

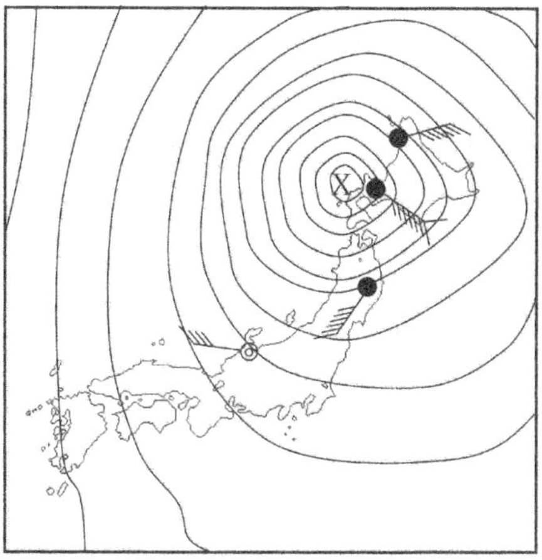

低気圧はａ｛ア：時計，イ：反時計｝回りに吹きｂ｛ア：込む，イ：出す｝風となるので，天気図記号の風向きから低気圧と判断できる。また，低気圧はｃ｛ア：上昇，イ：下降｝気流を伴うため，雲ができｄ｛ア：やすく，イ：にくく｝，天気がｅ｛ア：晴れ，イ：雨｝になりやすいので，天気図記号の天気からも低気圧と判断できる。

第５問 次の［Ⅰ］・［Ⅱ］について，下の各問いに答えなさい。

［Ⅰ］電流に関して，次の各問いに答えなさい。

問１　図１のように，10Ωの抵抗器を２個と電流計，電源装置を用いて回路をつくりました。電源装置の電圧を15Ｖにしたとき，電流計は何Ａを示しますか。答えなさい。

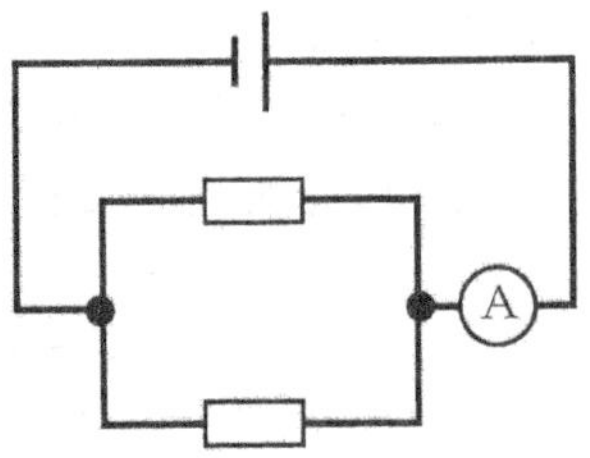

図１

問２　1200Wの電気ストーブを，家庭のコンセントにつないで２時間使用しました。次の各問いに答えなさい。

(1) 家庭のコンセントから流れる電流のように，周期的に向きが変わる電流の名称を答えなさい。

(2) この電気ストーブを２時間使用したときの電力量は何Ｗｈですか。答えなさい。

［Ⅱ］次の文を読み，あとの各問いに答えなさい。

私たちは，電子マネーや公共交通機関などで非接触型ICカードを使っています。非接触型ICカードでは，電磁誘導が利用されています。この非接触型ICカードの仕組みについて考えてみましょう。

①今，コイルと棒磁石を用意し，図２のようにＮ極を下にした棒磁石をコイルに近づけると，電流が図の向きに流れました。このように，棒磁石をコイルに近づけたときにコイルの中の磁界が変化し，コイルに電圧が生じて電流が流れます。この現象を詳しく見ていきましょう。図３のようにＮ極を下にした棒磁石をコイルに近づけるとコイルの中を貫く磁力線の本数が増えます。このように「コイルの中を貫く磁力線の本数が変化した」とき，「コイルの中の磁界が変化した」といいます。コイルは，磁界の変化を打ち消すような電流を流す性質をもっています。図３は，コイルの中を貫く下向きの磁力線の本数が増えたので，コイルは上向きの磁力線を発生させて増えた分を打ち消そうとします。よって，図４のようにコイルに電流が流れることで上向きの磁力線が発生し，増えた分の磁力線が打ち消されます。これをレンツの法則といいます。この法則から，磁石を動かさなくてもコイルの中の磁界を変化させることができれば，電磁誘導は起こることがわかります。たとえば，図５では図２とは反対に，コイルをＮ極を下にした棒磁石に近づけても，コイルの中の磁界が変化し，②コイルに電流が流れます。

図６のように，非接触型ICカードには円形コイルが入っています。この円形コイルに電流が流れると，カード内のICチップが起動して改札を通過できます。円形コイルに電流が流れる仕組みは，駅の改札に設置されたリーダという装置を，Ｎ極を上にした磁石とみなすと③レンツの法則で説明できます。しかし，この場合，非接触型ICカードを動かさなければ円形コイルに電流が流れないということになりますが，④実際はカードを動かさなくても円形コイルに電流が流れる工夫がされています。

（図２～図６は次のページにあります。）

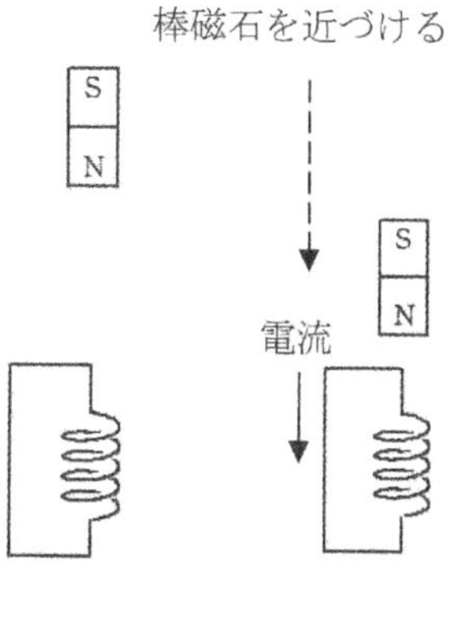

図２

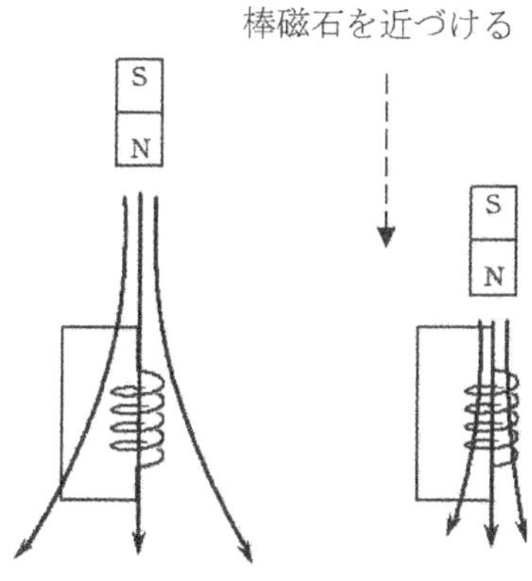

図３

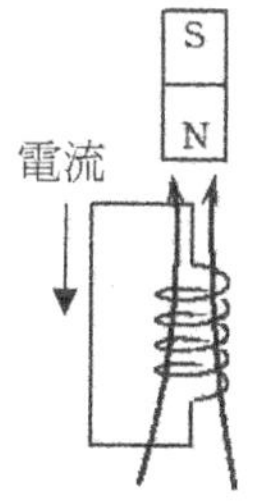

図４

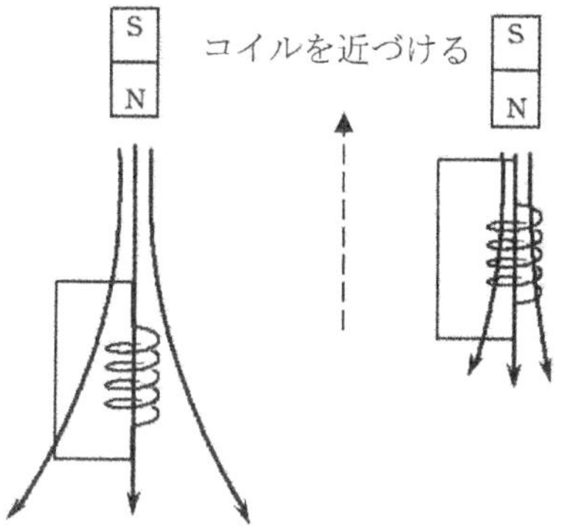

図５

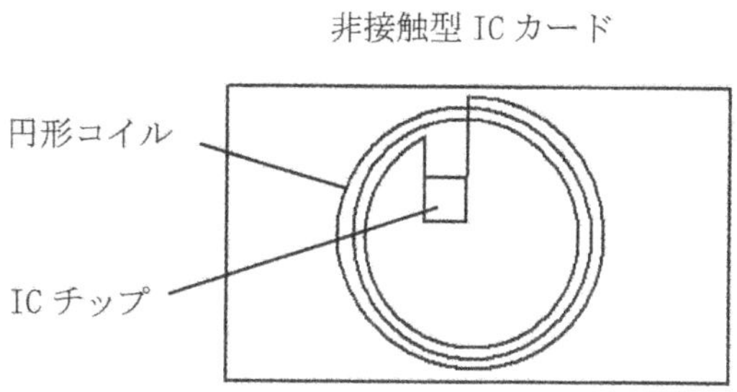

図６

問３　下線部①について，このとき流れる電流を何といいますか。答えなさい。

問４　下線部①について，Ｓ極を下にしてコイルの真上から棒磁石を遠ざけたときにコイルに流れる電流は，図２の電流と比べてどうなりますか。最も適当なものを次のア～ウから１つ選び，記号で答えなさい。

ア．同じ向きに流れる　　イ．逆向きに流れる　　ウ．流れない

問５　下線部②について，図５のようにコイルを棒磁石に近づけると，コイルの中を貫く下向きの磁力線が増え，増えた分の磁力線を打ち消すために，コイルは上向きの磁力線を発生させます。このとき，コイルに流れる電流は図２の電流と比べてどうなりますか。最も適当なものを次のア～ウから１つ選び，記号で答えなさい。

ア．同じ向きに流れる　　イ．逆向きに流れる　　ウ．流れない

問６　下線部③について，次の文は，非接触型ICカード内の円形コイルに電流が流れる仕組みの説明です。（ａ），（ｂ）に当てはまる言葉の組み合わせとして最も適当なものをあとのア～エから１つ選び，記号で答えなさい。

　次のページの図７のように，非接触型ICカード内の円形コイルを，リーダに近づけたとき，円形コイルの中を図の（　ａ　）に向かう向きに貫く磁力線の数が増えることになる。増えた分の磁力線を打ち消すために，円形コイルが（　ａ　）の向きとは逆向きの磁力線を発生させ，円形

コイルを上から見たときに電流が（　b　）の向きに流れる。

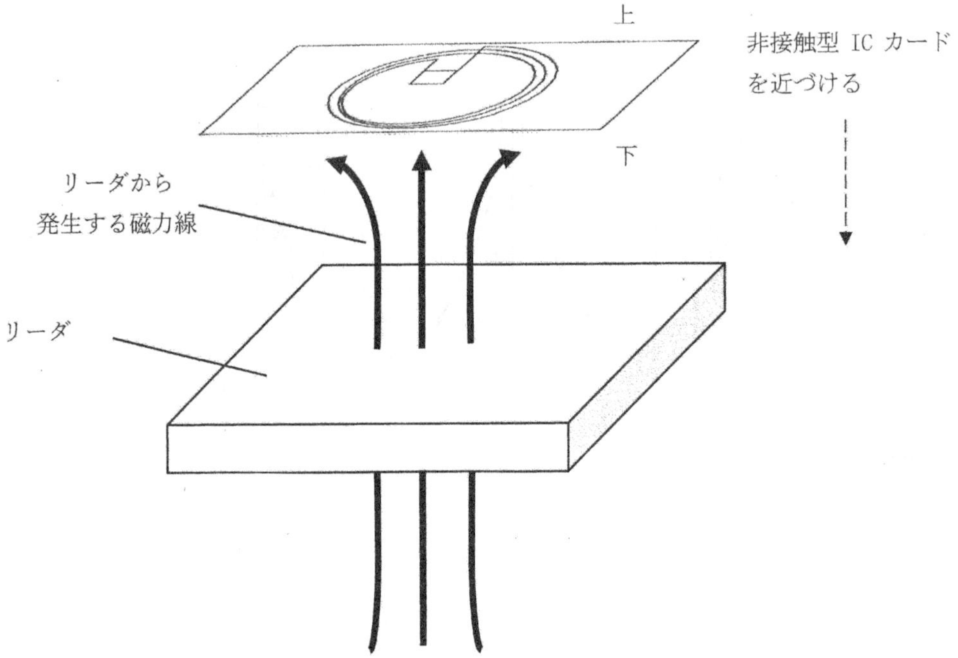

図 7

	a	b
ア	上から下	時計まわり
イ	上から下	反時計まわり
ウ	下から上	時計まわり
エ	下から上	反時計まわり

問 7　下線部④について，実際には，リーダの中にも円形コイルが入っており，このコイルに電流を流すことでリーダは電磁石としてはたらいています。カードを固定した状態でカードのコイルに電流を流すための工夫として最も適当なものを次のア～エから１つ選び，記号で答えなさい。

ア．ICカードのコイルに鉄心を入れる。

イ．ICカードのコイルの巻き数を増やす。

ウ．リーダのコイルの巻き数を増やす。

エ．リーダのコイルに流れる電流を常に変化させる。

第６問　次の実験について，あとの各問いに答えなさい。

《実験》ある濃度のうすい塩酸Ａとうすい水酸化ナトリウム水溶液Ｂを過不足なく中和させました。次のグラフは，そのときのうすい塩酸Ａとうすい水酸化ナトリウム水溶液Ｂの体積の関係を示したものです。

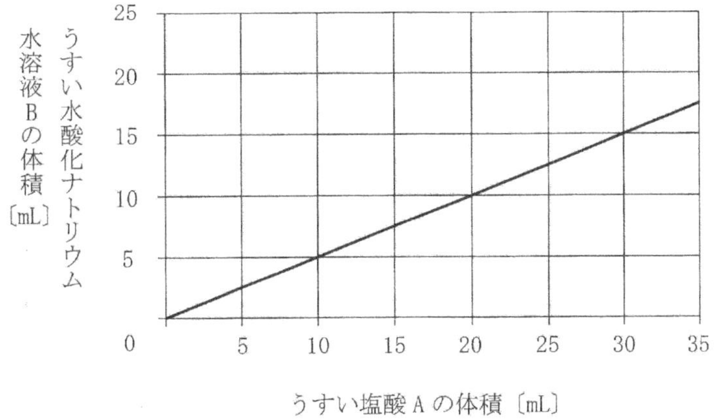

問１　塩酸と水酸化ナトリウム水溶液を見分けるための実験とその結果として**誤っているもの**を次のア～エから１つ選び，記号で答えなさい。

ア．フェノールフタレイン溶液を入れると赤く色が変化するのは，水酸化ナトリウム水溶液のみである。

イ．電流が流れるのは，塩酸のみである。

ウ．水を蒸発させたときに固体が残るのは，水酸化ナトリウム水溶液のみである。

エ．マグネシウムと反応して気体が発生するのは，塩酸のみである。

問２　中和について正しく述べているものを次のア～ウから１つ選び，記号で答えなさい。

ア．酸の水素イオンとアルカリの水酸化物イオンが結びつく変化を中和という。

イ．酸の陽イオンとアルカリの陰イオンが結びついてできたものを塩という。

ウ．塩はすべて水に溶けやすい性質をもつ。

問３　塩酸と水酸化ナトリウム水溶液の中和を表す化学反応式を書きなさい。

問４　45mLのうすい塩酸Ａと過不足なく中和するうすい水酸化ナトリウム水溶液Ｂは何mLですか。答えなさい。

問５　うすい塩酸Ａの濃度を半分にしたものをＣとします。20mLのうすい水酸化ナトリウム水溶液Ｂと過不足なく中和するＣは何mLですか。答えなさい。

問６　20mLのうすい塩酸Ａと20mLのうすい水酸化ナトリウム水溶液Ｂを反応させたあとの水溶液に含まれるイオンの数の大小関係として最も適当なものを次のア～オから１つ選び，記号で答えなさい。

ア．$Na^+ > Cl^- = OH^-$

イ．$Na^+ > Cl^- > OH^-$

ウ．$Na^+ = Cl^- > OH^-$

エ．$OH^- = Na^+ > Cl^-$

オ．$OH^- > Na^+ > Cl^-$

第７問　ヒトの唾液のはたらきを調べる次の実験１・２を行いました。あとの各問いに答えなさい。

《実験１》

手順１：35℃にあたためた，うすいデンプンのり，唾液，水をそれぞれ用意し，試験管Ａには，うすいデンプンのりと唾液を入れ，試験管Ｂには，うすいデンプンのりと水を入れて，それぞれ35℃に保ちました。

手順２：４℃に冷やした，うすいデンプンのり，唾液，水をそれぞれ用意し，試験管Ｃには，うすいデンプンのりと唾液を入れ，試験管Ｄには，うすいデンプンのりと水を入れて，それぞれ４℃に保ちました。

手順３：しばらくした後，試験管Ａ～Ｄにヨウ素液を少量加えて，色の変化を調べたところ，試験管Ａは色の変化は見られず，試験管Ｂ～Ｄは（　ａ　）色に変化しました。

《実験２》

手順１：35℃にあたためた，うすいデンプンのり，唾液，水をそれぞれ用意し，セロハンの袋Ｅには，うすいデンプンのりと唾液を入れ，セロハンの袋Ｆには，うすいデンプンのりと水を入れました。それぞれのセロハンの袋を，右図のように水の入ったビーカーに別々に入れ，35℃に保ちました。

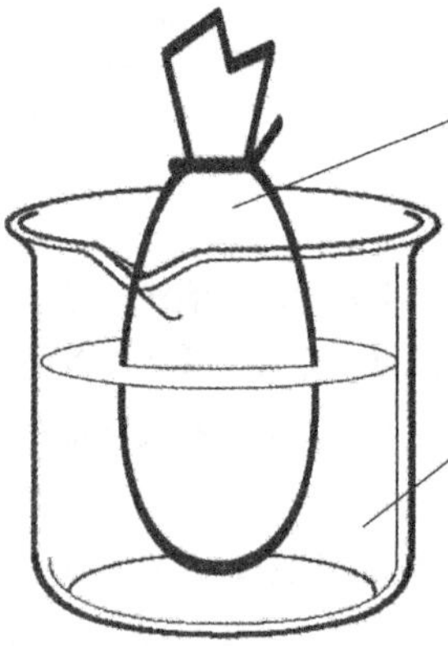

手順２：しばらくした後，それぞれのビーカーの液を別々の試験管にとり，それぞれにヨウ素液を少量加えて，色の変化を調べました。その結果，どちらも色の変化は見られませんでした。

手順３：再びそれぞれのビーカーの液を別々の試験管にとり，それぞれにベネジクト液を加えて加熱したところ，セロハンの袋Ｅを入れたビーカーの液は色が（　ｂ　）色に変化しました。

問１　《実験１》の（ａ）に当てはまる色を答えなさい。

問２　《実験１》について，次の各問いに答えなさい。

(1)　唾液のはたらきによってデンプンが分解されたことを確かめるには，試験管Ａ～Ｄのどの試験管とどの試験管を比較すればよいですか。適当な試験管をＡ～Ｄから２つ選び，記号で答えなさい。

(2)　試験管Ａと試験管Ｃの比較から，唾液の中に含まれる酵素のはたらきについて，どのようなことがわかりますか。最も適当なものを次のア～エから１つ選び，記号で答えなさい。

ア．唾液の中に含まれる酵素は温度に関係なく，はたらきが活発になる。

イ．唾液の中に含まれる酵素は恒温動物の体温付近で，はたらきが活発になる。

ウ．唾液の中に含まれる酵素は低温であればあるほど，はたらきが活発になる。

エ．唾液の中に含まれる酵素は高温であればあるほど，はたらきが活発になる。

問３　《実験２》の（ｂ）に当てはまる色を答えなさい。

問４　《実験２》の結果から，セロハンの袋には目に見えない小さな穴が空いていることがわかります。セロハンの袋の穴の大きさをＸ，デンプンの粒の大きさをＹ，唾液のはたらきによってできた物質の粒の大きさをZとしたとき，それぞれの大きさにはどのような関係があると考えられますか。X，Y，Zを用いて，小さいものから順に書きなさい。

問5　35℃にあたためた，うすいデンプンのり10mLと唾液10mLをそれぞれ用意し，試験管に入れて，それぞれ35℃に保ちました。右のグラフの実線はこのときの「実験開始からの時間」Tと「唾液のはたらきによってできた物質の量」Pとの関係を表したものです。これと同じ実験を，1つだけ条件を変えて行ったところ，実験結果は下のグラフの破線のようになりました。変えた条件について最も適当なものを次のア～エから1つ選び，記号で答えなさい。

ア．実験温度を20℃にした。
イ．唾液の量を2倍にした。
ウ．うすいデンプンのりの量を2倍にした。
エ．うすいデンプンのりの量を半分にした。

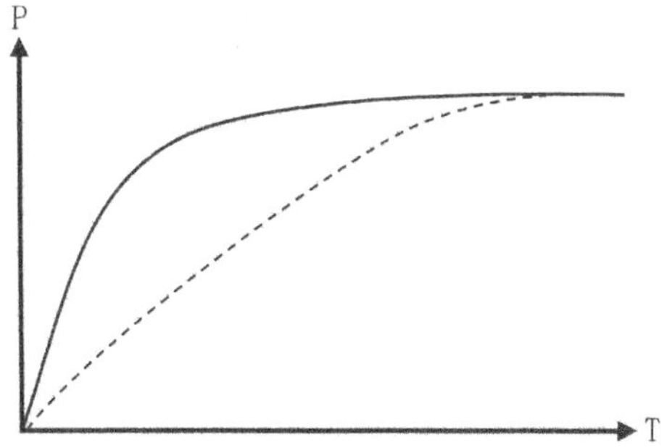

第8問　次の文を読み，あとの各問いに答えなさい。

星くんは，近くにあるX山へ登山に行きました。そのときの様子をまとめたものが次のメモです。

○メモ	・山の形：傾斜が急で盛り上がった形をしている。 ・頂上（火口）付近に見られる岩石：白っぽい色をしていて，ごつごつしている。 ・頂上（火口）付近のにおい：卵がくさったようなにおいがする。

次に，X山の頂上付近に見られる岩石を採取して，次の手順で詳しく調べました。

手順1：岩石の破片の一面を平らにし，スライドガラスに接着する。
手順2：光学顕微鏡で観察できる厚さになるまで，接着した岩石を耐水ペーパーで丁寧にけずる。
手順3：光学顕微鏡で作成したプレパラートを観察し，スケッチをする。

その結果，採取した岩石は，比較的大きな鉱物とそれを取り囲む部分からなることがわかりました。このことから，岩石の組織は（　a　）組織であり，大きな鉱物の1つは，六角板状の黒色をした鉱物である（　b　）であることがわかりました。よって，この岩石の名称は（　c　）であると考えられます。

岩石について調べていると，星くんの携帯電話に緊急地震速報が届きました。その知らせの17秒後に大きな揺れが起こりました。後日，この地震について調べると，P波とS波の速さがそれぞれ5km/秒と3km/秒でした。また，そのときの緊急地震速報は，震源から20km離れた場所で初期微動を観測してから3秒後に発令されていました。これらの情報から，星くんは揺れを感じた場所から震源までの距離を，緊急地震速報が発令されたと同時に知らせが届くと考えて計算してみました。その結果，震源までの距離は（　d　）kmと求めることができました。

問1　X山と同じ形をした火山について，その噴火の様子として最も適当なものは次のページのアとイのどちらですか。記号で答えなさい。また，その形をした代表的な火山として最も適当なものを下のウ～カから１つ選び，記号で答えなさい。

ア．穏やかな噴火　　イ．爆発的な噴火

ウ．富士山　　エ．昭和新山　　オ．マウナロア山　　カ．羊蹄山

問２　Ｘ山がどのようにつくられたのかを確かめるための実験として，最も適当なものを次のア～エから１つ選び，記号で答えなさい。

ア．生クリームを泡立て，粘り気の異なるホイップクリームをつくり，絞り袋と同じ大きさの穴をあけた厚紙の下から押し出し，厚紙の上につくられたホイップクリームの様子を観察する。

イ．２つのビーカーにお湯を入れてミョウバンを十分に溶かし，１つは氷水の中に，もう１つは湯を張った容器の中にしばらく置き，ビーカーの中の様子を観察する。

ウ．この山の火山灰を蒸発皿に入れ，水で湿らせ，親指の腹でよくこね，水を加えてごみや汚れをなくし，双眼顕微鏡や磁石の先を薬包紙で包んだものを近づけるなどして観察する。

エ．旗を立てたかたい羊羹（ようかん）とやわらかいプリンを同じ皿の上にのせ，皿を左右に揺らし，羊羹とプリンの様子を観察する。

問３　（ａ），（ｂ），（ｃ）に当てはまる語句を答えなさい。

問４　（ｄ）に当てはまる数値を答えなさい。

問５　下線部について，東北地域で起きたマグニチュード４以上の地震の震源の場所をまとめました。次の東北地域にある東西断面図Ａ－Ｂの震源の場所の様子として最も適当なものを下のア～エから１つ選び，記号で答えなさい。また，そこからわかることとして最も適当なものを次のページのオ～クから１つ選び，記号で答えなさい。

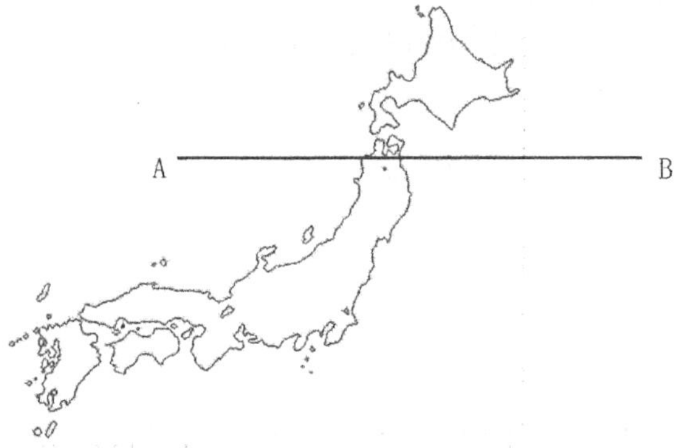

東北地域の東西断面図

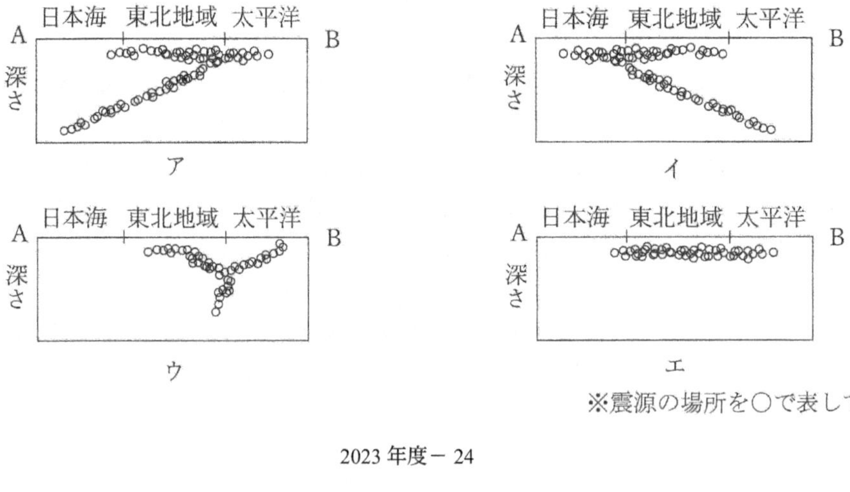

※震源の場所を○で表しています。

オ．海洋プレートが大陸プレートの下に沈みこんでいる。
カ．大陸プレートが海洋プレートの下に沈みこんでいる。
キ．直下型地震を起こす内陸型地震だけが見られ，海溝型地震は起きていない。
ク．日本海では地震が起きていない。

【社　会】(50分)　＜満点：100点＞

第１問　日本の県について説明した文Ⅰ～Ⅵを読んで，あとの問いに答えなさい。

Ⅰ．東北地方の日本海側に位置している。県の面積の70％以上を森林が占め，隣県との県境には奥羽山脈が連なっている。自然環境を生かした①農業がみられ，豊富な雪解け水を利用した稲作では，「はえぬき」などの銘柄米の生産に力を入れている。また，盆地での果樹栽培もさかんであり，さくらんぼと西洋なしの都道府県別生産量が第１位である。②日本国内でも③少子高齢化が進行している県の一つであり，その対策が重要な課題となっている。

Ⅱ．北部に3000m級の山々からなる山岳地帯がみられ，これらの山地から天竜川や④大井川，富士川などの河川が⑤太平洋に向かって流れている。この県にある工業地域は，製造品出荷額に占める機械工業の割合が最も大きく，ピアノなどの楽器やオートバイの生産でも知られている。また，豊富な水資源を利用した製紙・パルプ工業がさかんであり，パルプ・紙・紙加工品の都道府県別生産額が第１位である。⑥工業がさかんな県であるため，第二次産業で働く人の割合が他の都道府県よりも大きくなっている。

Ⅲ．離島の数が日本で最も多く，その島々は県の面積の約40％を占めている。大陸棚が広がる東シナ海に近いことなど，⑦漁業をおこなう上での好条件に恵まれ漁獲量も多い。また，古くからヨーロッパや⑧中国と交流してきた歴史がある。そうした歴史や文化が反映された遺産や施設が多く，⑨キリスト教の教会群や関連遺産は世界文化遺産にも登録されており，多くの観光客が訪れている。他にも，世界新三大夜景に指定された稲佐山（いなさやま）などからの夜景のように，多くの観光資源に恵まれ，観光業が重要な産業と位置づけられている。

Ⅳ．この県の内陸部には，険しい山々が連なる四国山地が広がり，近畿以西の西日本において最高峰である石鎚山（いしづちさん）がある。山地・丘陵が海岸に迫っている地域が多く，瀬戸内海に面した平野部に人口が集中している。⑩南部の宇和海では，岬と湾が入り組んだ海岸線の特徴を生かした養殖業がさかんであり，この県で生産される柑橘類（かんきつるい）の皮をエサとして与えるタイやブリの養殖がみられる。タオルの産地としても有名であり，近年は高い技術を生かしてブランド化を進め，日本国内だけでなく外国に向けても製品を販売している。

Ⅴ．県の西部が東京湾に面している。北部には⑪台地が広がり，隣県との県境を利根川が流れている。国内最大の消費地である東京都に近く，野菜や鶏卵などの新鮮な農産物を出荷しており，都道府県別の農業産出額が第４位である。多くの人口が集中する東京大都市圏に含まれており，1970年代から80年代にかけて，⑫大都市圏の過密状態を緩和するために多くの住宅地が建設された。東京都に通勤・通学する人が多く，この県の人口は，昼間人口よりも夜間人口の方が多くなっている。

Ⅵ．北は日本海，南は瀬戸内海に面しており，本州では２つの海に面する数少ない県である。海岸に近い山地の一部を削って住宅地を建設し，削った土砂を埋め立てに利用して人工島をつくるという特徴的な都市開発がおこなわれた。また，1868年に県庁所在地に港が開かれると，すぐに外国人居留地が設けられるなど，古くから外国と交流してきた歴史がある。この港は，現在も国際的な⑬貿易港として北アメリカやヨーロッパ，⑭オーストラリア，⑮アジア各地との間に定期航路網を持ち，日本の国民生活や産業に欠かすことのできない役割を担っている。

問１　文Ⅰ～Ⅵの県のうち，県名と県庁所在地名が異なる県の組み合わせとして正しいものを，下のア～カから１つ選び，記号で答えなさい。

ア．Ⅰ・Ⅲ　　イ．Ⅱ・Ⅴ　　ウ．Ⅳ・Ⅵ

エ．Ⅰ・Ⅳ・Ⅵ　　オ．Ⅱ・Ⅲ・Ⅴ　　カ．Ⅲ・Ⅳ・Ⅴ

問２　下線部①について，次の表は，世界で栽培されるいくつかの農作物の国別生産量世界上位５位までとそれらが世界全体に占める割合をあらわしています。オリーブにあてはまるものを，表中のア～エから１つ選び，記号で答えなさい。なお，それ以外は，油やし（パーム油），小麦，トウモロコシのものです。

（単位：％）

	ア		イ		ウ		エ	
第１位	アメリカ合衆国	30.2	インドネシア	56.8	スペイン	30.6	中　国	17.4
第２位	中　国	22.7	マレーシア	27.3	イタリア	11.3	インド	13.5
第３位	ブラジル	8.8	タ　イ	3.9	モロッコ	9.8	ロシア	9.7
第４位	アルゼンチン	5.0	コロンビア	2.3	トルコ	7.8	アメリカ合衆国	6.8
第５位	ウクライナ	3.1	ナイジェリア	1.6	ギリシャ	6.3	フランス	5.3

（データブック・オブ・ザ・ワールド　２０２２）

問３　下線部②について，次の(1)・(2)に答えなさい。

(1)　熊本県を流れる河川と平野の組み合わせとして正しいものを，次のア～エから１つ選び，記号で答えなさい。

ア．球磨川－八代平野　　イ．最上川－庄内平野

ウ．長良川－濃尾平野　　エ．信濃川－越後平野

(2)　香川県の県庁所在地の月平均気温と月降水量をあらわしているものを，次のア～エから１つ選び，記号で答えなさい。

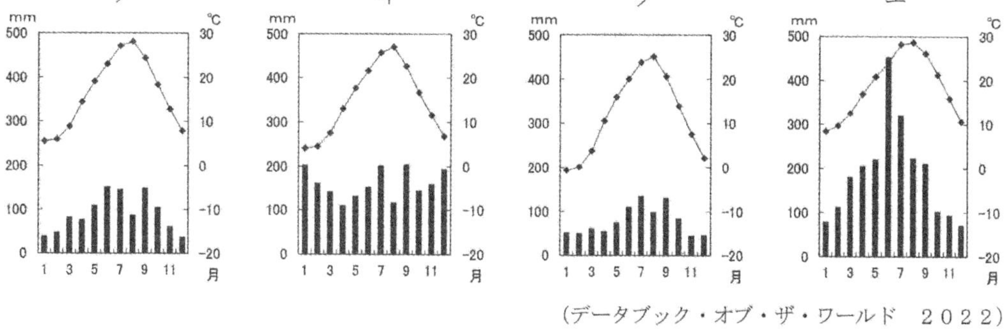

（データブック・オブ・ザ・ワールド　２０２２）

問４　下線部③について，次のページの表は，65歳以上の人口割合が大きい都道府県と小さい都道府県をあらわしています。表中の空欄（Ａ）・（Ｂ）にあてはまる都道府県の組み合わせとして正しいものを，次のア～エから１つ選び，記号で答えなさい。

ア．Ａ－高知県　　Ｂ－北海道　　イ．Ａ－高知県　　Ｂ－愛知県

ウ．Ａ－宮城県　　Ｂ－北海道　　エ．Ａ－宮城県　　Ｂ－愛知県

（単位：%）

６５歳以上の人口割合が大きい都道府県		６５歳以上の人口割合が小さい都道府県	
秋田県	37.2	沖縄県	22.4
（　Ａ　）	35.1	東京都	22.7
山口県	34.4	（　Ｂ　）	25.0
島根県	34.1	神奈川県	25.2
山形県	33.7	滋賀県	26.1

（データブック・オブ・ザ・ワールド　２０２２）

問５　下線部④について，これの下流西岸に広がる牧之原台地が日本有数の生産地となっている農作物を，次のア～エから１つ選び，記号で答えなさい。

ア．ぶどう　　イ．茶　　ウ．りんご　　エ．サツマイモ

問６　下線部⑤について，これについて説明した次の文ａとｂの正誤の組み合わせとして正しいものを，下のア～エから１つ選び，記号で答えなさい。

ａ．三大洋の中で最も面積が大きく，全ての大陸に接している。

ｂ．この大洋を取り囲むように環太平洋造山帯が分布し，多くの火山が連なっている。

ア．ａ－正　ｂ－正　　イ．ａ－正　ｂ－誤　　ウ．ａ－誤　ｂ－正　　エ．ａ－誤　ｂ－誤

問７　下線部⑥について，北関東工業地域について説明した次の文ａとｂの正誤の組み合わせとして正しいものを，下のア～エから１つ選び，記号で答えなさい。

ａ．高速道路が整備され，インターチェンジ付近に大規模な石油化学コンビナートが建設されたため，製造品出荷額に占める化学工業の割合が最も大きい。

ｂ．近年，ブラジルやベトナムなどからの外国人労働者が増えているため，外国語の案内表記を設置したり，外国語の生活ガイドブックを作成したりしている地方自治体もある。

ア．ａ－正　ｂ－正　　イ．ａ－正　ｂ－誤　　ウ．ａ－誤　ｂ－正　　エ．ａ－誤　ｂ－誤

問８　下線部⑦について，次の表は，魚種別の都道府県別漁獲量上位５位までをあらわしています。かつお類にあてはまるものを，表中のア～エから１つ選び，記号で答えなさい。なお，それ以外は，いわし類，かに類，さけ・ます類のものです。

	ア	イ	ウ	エ
第１位	北海道	茨城県	北海道	静岡県
第２位	鳥取県	長崎県	青森県	東京都
第３位	兵庫県	宮城県	岩手県	宮城県
第４位	新潟県	鳥取県	宮城県	高知県
第５位	島根県	三重県	秋田県	三重県

（農林水産省　令和２年海面漁業生産統計調査）

問９　下線部⑧について，この国の出身で，移住先の国の国籍を取得した人々を何というか答えなさい。

問10　下線部⑨について，このような世界の宗教について説明した次の文ａとｂの正誤の組み合わせとして正しいものを，下のア～エから１つ選び，記号で答えなさい。

ａ．キリスト教の信者数が世界で最も多く，その次に仏教の信者数が多い。

ｂ．イスラム教では，牛を神聖な動物とするため，牛肉を食べることが禁じられている。

ア．ａ－正　ｂ－正　　イ．ａ－正　ｂ－誤　　ウ．ａ－誤　ｂ－正　　エ．ａ－誤　ｂ－誤

問11　下線部⑩について，このような海岸線を何というか答えなさい。また，この海岸線が発達する地域で養殖業がおこなわれやすい理由を，下のア・イから１つ選び，記号で答えなさい。

ア．湾の内部で，波がおだやかであるため。

イ．湾の内部に，潮目が形成されやすいため。

問12　下線部⑪について，この台地の地層の一部を構成する，周辺の火山からの火山灰が堆積した赤土の層を何というか答えなさい。

問13　下線部⑫について，東京都の多摩地域や大阪府の千里地域などに建設された，このような住宅地を何というか，カタカナで答えなさい。

問14　下線部⑬について，次の表は，日本の輸出品・輸入品の上位５品目とそれぞれの総額に占める割合をあらわしています。表中の空欄【Y】と空欄（A）にあてはまるものの組み合わせとして正しいものを，下のア～カから１つ選び，記号で答えなさい。なお，表中の空欄【X】・【Y】には，輸出品か輸入品のいずれかがあてはまります。また，表中の空欄（A）～（C）には，衣類，機械類，自動車のいずれかがあてはまります。

（単位：%）

	【　X　】		【　Y　】	
第１位	（　A　）	26.1	（　A　）	35.7
第２位	原　油	6.8	（　C　）	18.9
第３位	液化天然ガス	4.7	精密機械	6.0
第４位	医薬品	4.6	鉄　鋼	3.8
第５位	（　B　）	4.1	化学薬品	3.4

（データブック・オブ・ザ・ワールド　２０２２）

ア．Ｙ－輸出品　　Ａ－衣　類　　イ．Ｙ－輸出品　　Ａ－機械類

ウ．Ｙ－輸出品　　Ａ－自動車　　エ．Ｙ－輸入品　　Ａ－衣　類

オ．Ｙ－輸入品　　Ａ－機械類　　カ．Ｙ－輸入品　　Ａ－自動車

問15　下線部⑭について，次の(1)・(2)に答えなさい。

(1)　この国で1970年代に撤廃されるまで長く続いた，白人以外の移民を厳しく制限した政策を何というか答えなさい。

(2)　次のページの地図中の▲印は，この国とブラジルの２国で世界の50%以上を産出する鉱産資源の分布をあらわしています。この鉱産資源にあてはまるものを，下のア～エから１つ選び，記号で答えなさい。

ア．石　炭　　イ．石　油　　ウ．鉄鉱石　　エ．ボーキサイト

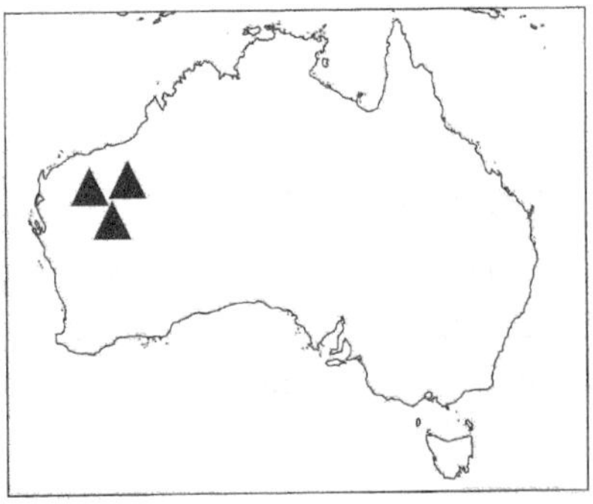

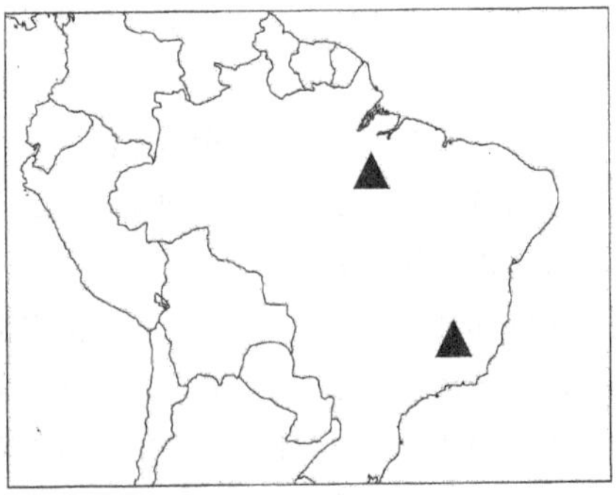

問16　下線部⑮について，次のアジアの地図をみて，下の(1)～(3)に答えなさい。

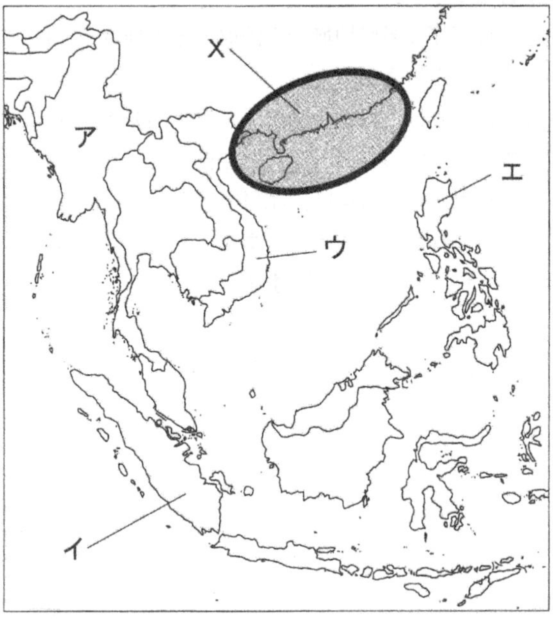

(1)　地図中のX地域では，温暖な気候を生かした稲作がさかんであり，年に2回，同じ農地で稲を栽培して米を収穫している。このような栽培方法を何というか答えなさい。

(2)　次の文は，アジアのある国について説明しています。この説明にあてはまる国を答えなさい。また，この国を地図中のア～エから1つ選び，記号で答えなさい。

> この国には，スペインとアメリカ合衆国の2つの国の植民地であった歴史があり，その影響から国民の90%以上がキリスト教を信仰し，英語が公用語の1つになっています。この国では，熱帯の気候を生かしたプランテーション作物の栽培が伝統的にさかんであり，ココヤシやバナナなどが栽培されています。近年は，周辺の国と同様に，外国企業を積極的に招いて工業化を進めており，都市部を中心に産業が発展しています。

(3)　1980年代後半から，日本企業が安い賃金で働く労働者などを求めてアジア諸国に工場を移転したため，日本国内で工業生産の停滞がみられました。このような現象を何というか答えなさい。

第２問　次のⅠ・Ⅱは中学生のミツキさんと先生の会話です。これを読んで，あとの問いに答えなさい。

Ⅰ．次の会話は，ミツキさんと先生が歴史について話したものです。

ミツキ：歴史の勉強をしていると，時代区分がいろいろあることに気づきました。

先　生：確かにそうですね。小学校の授業ではどのような説明をされていましたか？

ミツキ：縄文時代や江戸時代，明治時代など……，なぜこのような名前がついているのですか？

先　生：時期によって名前のつけかたに違いがあるので，古い順から説明すると，旧石器時代，縄文時代，弥生時代は使用された石器や土器の名前からつけられています。

ミツキ：それは授業で習いました。旧石器時代は打製石器，縄文時代は縄文土器からですね。また，縄文時代が，打製石器に加え（　①　）石器も使用していたので新石器時代とよばれることも習いました。弥生時代も使われた土器が②弥生土器とよばれていたからです。

先　生：その通りです。次の古墳時代は日本中に古墳がつくられたことから名づけられました。

ミツキ：日本で一番大きな古墳は大阪府にある大仙古墳ですね？

先　生：世界遺産にも登録されています。大仙古墳と同じ形の古墳が各地に広まったことは，当時の政権の力が全国に及ぶようになったからだと考えられています。

ミツキ：古墳時代から全国を支配する政権があったということですね。

先　生：③ヤマト王権（政権）です。古墳時代の次の飛鳥時代から，④奈良時代，平安時代，⑤鎌倉時代，⑥室町時代，安土桃山時代，⑦江戸時代までは，その時の政治の中心地の名前がつけられています。

ミツキ：室町はどこの地名ですか。

先　生：京都です。足利尊氏の孫にあたる３代将軍（　⑧　）が御所を室町通に面して作り，そこで政務をとりました。桃山も現在の京都の地名ですが，豊臣秀吉がつくった伏見城の跡地に桃の木が植えられたことから，桃山とよばれています。

ミツキ：京都はたびたび政治の中心地だったのですね。そういえば，平安京に都が移ってから⑨明治維新まで，天皇は京都にいたという話を聞いたことがあります。

先　生：明治維新の話が出てきたので，江戸時代のあとの時代を説明します。明治以降は元号で時代をよぶことが一般的です。

ミツキ：明治時代，⑩大正時代，昭和時代……，平成時代や令和時代とはあまり言いませんね。

先　生：まだまだ歴史が浅いからです。もう少し時間が経つとなじんでくると思います。このような時代区分は，江戸時代の日本史研究から始まっています。

問１　文中の空欄（①）にあてはまる語句を答えなさい。

問２　下線部②について，これの説明として正しいものを，次のア～エから１つ選び，記号で答えなさい。

ア．燃え上がる炎のような形のものもある。

イ．のぼりがまの技術が伝わったため，薄手で灰色である。

ウ．収穫した米の保存や煮たきに適している。

エ．豊作を神に祈るための祭りの道具として，土中に埋められていた。

問３　下線部③について，これについて説明した次のページの文ａとｂの正誤の組み合わせとして正しいものを，あとのア～エから１つ選び，記号で答えなさい。

a．ヤマト王権の長である大王の墓には武器や装飾品などの数々の副葬品が入れられ，古墳の上にはさまざまな形の埴輪がならべられた。

b．ヤマト王権は隋の皇帝にたびたび使いを送り，朝鮮半島北部にある鉄資源を確保するために力を借りて，朝鮮半島諸国に対して優位に立とうとした。

ア．a－正　b－正　　イ．a－正　b－誤　　ウ．a－誤　b－正　　エ．a－誤　b－誤

問4　下線部④について，743年に出された，新たに開墾した土地をいつまでも自分のものにしてよいと朝廷が認めた法令を答えなさい。

問5　下線部⑤について，次の史料は，この時代に尼(あま)将軍とよばれた北条政子が話したとされるものです。次のa～dの文のうち，この史料を説明したものの組み合わせとして正しいものを，下のア～エから1つ選び，記号で答えなさい。

> 故右大将軍が朝廷の敵をたおし，幕府を鎌倉に開いてから，（御家人たちに）官位や土地を与えるなど，その御恩は山よりも高く海よりも深い。…しかし，逆臣が告げ口をしたせいで，朝廷は正義にそむく命令を出してしまった…。（『吾妻鏡』より，一部改変）

a．「故右大将軍」とは源実朝のことである。

b．「故右大将軍」とは源頼朝のことである。

c．この史料は文永の役について書かれたものである。

d．この史料は承久の乱について書かれたものである。

ア．a・c　　イ．a・d　　ウ．b・c　　エ．b・d

問6　下線部⑥について，この時代にはじまった日明貿易の説明として誤っているものを，次のア～エから1つ選び，記号で答えなさい。

ア．倭寇の取り締まりを明に求められたことが，貿易開始のきっかけとなった。

イ．日本が朝貢し，それに対し明が品物を返礼する形でおこなわれた。

ウ．明からの輸入品は，生糸や絹織物，陶磁器，銅銭などが中心であった。

エ．15世紀後半から，対馬の宗氏が貿易を独占するようになった。

問7　下線部⑦について，この時代につくられた，幕府や藩に税を納めるかわりに独占的に営業をおこなう特権を得た同業者組合を何というか答えなさい。

問8　文中の空欄（⑧）にあてはまる人名を答えなさい。

問9　下線部⑨について，この時期には，富国強兵のためにさまざまな政策がおこなわれました。それらの政策の説明として正しいものを，次のア～エから1つ選び，記号で答えなさい。

ア．地券所有者には納税の義務があり，地価の３％を米で納めた。

イ．学制が公布され，男子だけが無料で小学校に通うことを義務づけられた。

ウ．満20歳以上のすべての男子は帯刀し，兵役を課せられた。

エ．近代的な設備を整えた製糸工場のモデルとして，群馬県に富岡製糸場がつくられた。

問10　下線部⑩について，この時代に世界で起こったできごとについて説明した次の文a～cが年代の古い順にならべられたものを，次のページのア～カから1つ選び，記号で答えなさい。

a．国際紛争を解決するための機関として国際連盟が設立された。

b．レーニンらが，社会主義をめざしてロシア革命をおこした。

c．オーストリアの皇太子が，サラエボでセルビアの青年によって暗殺された。

ア．a→b→c　　イ．a→c→b　　ウ．b→a→c
エ．b→c→a　　オ．c→a→b　　カ．c→b→a

問11　次の文は，ある時代について説明しています。この時代があてはまる時期を，下の年表中のア～エから１つ選び，記号で答えなさい。

後醍醐天皇が吉野に逃れて自らの正統性を主張する一方，京都には新しい天皇が即位している状況となり，全国の武士が２つの勢力に分かれて60年近く争いを続けた。

西　暦	できごと
８９４年	遣唐使の停止が発表される
	↕ ア
１０８６年	白河上皇が院政を開始する
	↕ イ
１２３２年	御成敗式目が制定される
	↕ ウ
１４２８年	正長の土一揆がおこる
	↕ エ
１５９２年	文禄の役がはじまる

Ⅱ．次の会話は，Ⅰの会話のあとで，ミツキさんと先生がかわしたものです。

先　生：他にも，原始，古代，中世，近世，近代，現代と歴史を６つに分ける方法があります。

ミツキ：その分け方も聞いたことがあります。

先　生：原始は人類の誕生から，文字や金属器が使われ始め，文明が成立するまでの時代です。古代は，日本では支配者が登場する時代から，天皇や貴族を中心に政治がおこなわれた平安時代までをさします。

ミツキ：どの時代が原始と古代の境目となるのですか？

先　生：古墳時代までを原始としたり，弥生時代を古代のはじまりとしたり，研究者によって意見が分かれるところです。

ミツキ：古代のはじまりはこの時代からだとは，はっきりと言えないのですね。

先　生：同様に，このあとの中世，近世についてもいろいろな説があります。中世は，⑪平清盛による武士政権が成立した平安時代末期からはじまるとされ，近世は，武士による天下統一が進んだ時代から，政治や商業が発達した江戸時代までをさします。

ミツキ：中世と近世では何が違うのですか？

先　生：どちらも武士が治めた時代ですが，中世は争いが続く時代，近世は争いが終わり安定した社会がつくられた時代といいかえられます。近代については，日本では江戸時代末期からとするのが一般的です。その後，天皇中心の政府が新たに成立して，近代的な社会や生活が西洋から導入される一方，権益をめぐって⑫海外での争いが何度も起きた時代でもありました。

ミツキ：近代はどの時期まで続くのですか？

先　生：日本では⑬第二次世界大戦までとするのが一般的です。その後，民主主義国家・平和国家として日本が歩んだ時代を現代とします。こうすると，昭和時代は戦前が近代，⑭戦後が現代になります。

ミツキ：なぜこのように分けられたのですか？

先　生：⑮14～16世紀，西洋ではそれまでの価値観から人々を解放し，ギリシャ・ローマ文化の復興を目指す運動がおきました。このとき，運動に関わった人々は，これから始まる新しい時代を「近代」とし，彼らが模範とするギリシャ・ローマ時代を「古代」，そしてこれらの間にある⑯キリスト教中心の時代を「中世」とよぶことにしたのです。

ミツキ：最初は古代・中世・近代の３つだったのですね。

先　生：はい。この分け方が明治時代に日本に伝わり，日本史も３つの区分に分けられました。その後，ヨーロッパと違い日本史では中世から近世が分離して４つになり，さらに原始と現代が加わり６つの区分となっています。

ミツキ：なるほど。ヨーロッパでの歴史の分け方がもとになっているのですね。

先　生：ですから，時代ごとの分け方より⑰世界史とのつながりを意識しやすい特徴があります。

ミツキ：他にはどのような歴史の分け方があるのですか？

先　生：文化史だと「弘仁・貞観」などの元号や「⑱東山」などその文化の代表的建物があった場所，「国風」などの文化の特色が，名前の由来になっています。歴史の分け方を複数知ることで，歴史をさまざまな角度から見ることができるようになります。

ミツキ：さらに歴史に興味がわいてきました。今度，世界史の歴史の分け方について調べてみます。

問12　下線部⑪について，この人物について説明した次の文ａとｂの正誤の組み合わせとして正しいものを，下のア～エから１つ選び，記号で答えなさい。

ａ．娘を天皇にとつがせて生まれた子を天皇にし，朝廷とのつながりを強めた。

ｂ．大輪田泊を修築し，瀬戸内海の航路を整えることに力をそそいだ。

ア．ａ－正　ｂ－正　　イ．ａ－正　ｂ－誤　　ウ．ａ－誤　ｂ－正　　エ．ａ－誤　ｂ－誤

問13　下線部⑫について，これについて説明した次の文ａとｂのできごとに，地図中のⅠ～Ⅳのいずれかの場所でおこりました。ａとｂのできごとがおこった場所の組み合わせとして正しいものを，下のア～エから１つ選び，記号で答えなさい。

ａ．日露戦争の講和条約で日本の支配下となった。

ｂ．鉄道の線路が爆破される柳条湖事件がおこった。

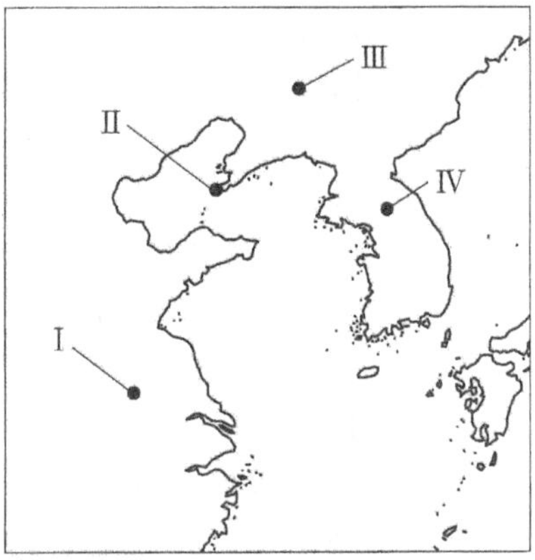

	ａの場所	ｂの場所
ア	Ⅰ	Ⅲ
イ	Ⅰ	Ⅳ
ウ	Ⅱ	Ⅲ
エ	Ⅱ	Ⅳ

問14　下線部⑬について，これについて説明した次の文中の空欄（A）・（B）にあてはまる語句の組み合わせとして正しいものを，下のア～エから１つ選び，記号で答えなさい。

> 日本は，開戦翌年の1940年，ドイツ・イタリアと日独伊三国同盟を結び，ヨーロッパとアジアでそれぞれ支配的地位につくことを約束し合いました。これらの国々を（　A　）といいます。これに対しアメリカやイギリスは反発し，1941年，（　B　）を発表し，民主主義を守り，領土の拡張や変更を否定する考えを示しました。

ア．A－連合国　　B－大西洋憲章　　イ．A－連合国　　B－ポツダム宣言
ウ．A－枢軸国　　B－大西洋憲章　　エ．A－枢軸国　　B－ポツダム宣言

問15　下線部⑭について，1951年に日本が独立を回復するために結んだ条約を答えなさい。また，次の図を参考にして，この条約の講和が全面講和か単独講和のどちらであったか答えなさい。

＜条約をめぐる日本国内での対立＞

「全面講和」側の意見		「単独講和」側の意見
ソ連・中華人民共和国をふくむ，すべての交戦国と講和すべきだ。単独講和では，日本はアメリカの言いなりになってしまう。	⇔	ソ連・中華人民共和国との調整は難しいため全面講和は難しい。アメリカ側の国々と早期に講和して，経済の再建をはかりたい。

問16　下線部⑮について，これを何というか，カタカナで答えなさい。

問17　下線部⑯について，これについて説明した次の文ａ～ｃが年代の古い順にならべられたものを，下のア～カから１つ選び，記号で答えなさい。

ａ．ローマ教皇が，イスラム勢力からエルサレムを奪い返すために十字軍を派遣した。
ｂ．スイスのカルバンが，人は神の救いを信じて自らの仕事にはげむべきであると主張した。
ｃ．島原の乱がおこった後，宗門改めが強化されるなど日本国内での禁教政策が強まった。

ア．ａ→ｂ→ｃ　　イ．ａ→ｃ→ｂ　　ウ．ｂ→ａ→ｃ
エ．ｂ→ｃ→ａ　　オ．ｃ→ａ→ｂ　　カ．ｃ→ｂ→ａ

問18　下線部⑰について，紀元前３世紀にはじめて皇帝を名乗った人物が統一した中国の国を，次のア～エから１つ選び，記号で答えなさい。

ア．殷　　イ．秦　　ウ．漢　　エ．周

問19　下線部⑱について，東山文化を代表する建物である，慈照寺銀閣や東求堂同仁斎に用いられている建築様式を答えなさい。

問20　会話文Ⅰ・Ⅱの内容を参考にして，次の文ａとｂの正誤の組み合わせとして正しいものを，下のア～エから１つ選び，記号で答えなさい。

ａ．時代区分は古代・中世・近代で分けられ，日本史では近代から近世が分離した。
ｂ．日本史での中世には，鎌倉時代と室町時代が含まれている。

ア．ａ－正　ｂ－正　　イ．ａ－正　ｂ－誤　　ウ．ａ－誤　ｂ－正　　エ．ａ－誤　ｂ－誤

第３問　次の文Ⅰ・Ⅱを読んで，下の問いに答えなさい。

Ⅰ．2023年４月９日，北海道知事選挙と北海道議会議員選挙，札幌市長選挙，札幌市議会議員選挙が同じ日におこなわれます。また，4月23日には，函館市や室蘭市などの市長選挙や北海道内120以上の市町村議会議員選挙がおこなわれる予定です。これらは「統一地方選挙」とよばれ，多くの①地方公共団体で首長や議会議員の②選挙がおこなわれます。2019年におこなわれた北海道議会議員選挙では，定数100名のうち35名が，選挙をすることなく無投票で当選が決まりました。首長や議会議員のなり手が少ないことは，地方公共団体が抱える大きな課題の一つです。それ以外にも，少子化や地方から都市への人口移動による過疎の問題，働く世代の住民が減ることによって③税の収入も減る④財政の問題など解決すべき課題がたくさんあります。

また，地方活性化を目指す政策の一つとして，2023年，⑤文化庁が京都に移転します。⑥行政機関の機能が首都以外の都市に移ることは，⑦日本国憲法が施行されてから初めてのことで，東京一極集中を解消するねらいがあります。それだけではなく，文化財が多く集まる京都に移転することで，⑧日本の文化について世界に向けた発信力を高め，多くの観光客に訪れてもらうことも期待されています。

問１　下線部①について，地方自治の説明として正しいものを，次のア～エから１つ選び，記号で答えなさい。

ア．条例の制定・改廃請求は，有権者の50分の１以上の署名を首長に提出する。

イ．市長や副市長の解職請求は，有権者の３分の１以上の署名を選挙管理委員会に提出する。

ウ．住民が都道府県知事と市町村長の２種類の首長を選ぶことを二元代表制という。

エ．市町村合併をするときには，必ず住民投票をおこなわなければならない。

問２　下線部②について，これの課題である「一票の格差」について説明した次の文ａとｂの正誤の組み合わせとして正しいものを，下のア～エから１つ選び，記号で答えなさい。

ａ．最高裁判所が，日本国憲法に定める「法の下の平等」に反しているという判決を出したことがある。

ｂ．格差を解消するために，参議院議員選挙の選挙区は都道府県ごとにおかれている。

ア．ａ－正　ｂ－正　　イ．ａ－正　ｂ－誤　　ウ．ａ－誤　ｂ－正　　エ．ａ－誤　ｂ－誤

問３　下線部③について，この説明として正しいものを，次のア～エから１つ選び，記号で答えなさい。

ア．所得の高い人ほど，税率が高くなることを逆進性という。

イ．消費税や酒税などの間接税は，すべて地方公共団体の収入になる。

ウ．所得税や法人税などの直接税は，すべて累進課税の方法がとられている。

エ．宿泊税などのように，地方公共団体が独自に税を課すことができる。

問４　下線部④について，日本の財政政策について説明した次の文ａとｂの正誤の組み合わせとして正しいものを，下のア～エから１つ選び，記号で答えなさい。

ａ．不景気のときは，増税することで社会保障費を増やす。

ｂ．市場経済における競争をうながすため，独占や寡占を規制する。

ア．ａ－正　ｂ－正　　イ．ａ－正　ｂ－誤　　ウ．ａ－誤　ｂ－正　　エ．ａ－誤　ｂ－誤

問５　下線部⑤について，これは文部科学省のもとに置かれています。省とそのもとに置かれている庁の組み合わせとして誤っているものを，次のページのア～エから１つ選び，記号で答えなさい。

ア．国土交通省－観光庁　　イ．厚生労働省－スポーツ庁
ウ．法務省－検察庁　　　　エ．財務省－国税庁

問６　下線部⑥について，この役割や改革の説明として誤っているものを，次のア～エから１つ選び，記号で答えなさい。

ア．国会議員が提出する法案よりも内閣が提出する法案の方が多く成立している。
イ．公務員は，一部の人々のためではなく，全体の奉仕者として仕事をおこなう。
ウ．行政が企業などに出す許認可権を見直す動きを規制緩和という。
エ．国の政治を監視するためのオンブズマン制度が整えられている。

問７　下線部⑦について，次の日本国憲法の条文中の空欄（Ａ）・（Ｂ）にあてはまる語句の組み合わせとして正しいものを，下のア～エから１つ選び，記号で答えなさい。

第53条 内閣は，国会の（　Ａ　）会の召集を決定することができる。いづれかの議院の総議員の（　Ｂ　）以上の要求があれば，内閣は，その召集を決定しなければならない。

ア．Ａ－特別　　Ｂ－三分の二　　イ．Ａ－特別　　Ｂ－四分の一
ウ．Ａ－臨時　　Ｂ－三分の二　　エ．Ａ－臨時　　Ｂ－四分の一

問８　下線部⑧について，この説明として誤っているものを，次のア～エから１つ選び，記号で答えなさい。

ア．富士山は，世界自然遺産として登録されている。
イ．日本人の伝統的な食文化である「和食」は，無形文化遺産である。
ウ．アイヌ民族は，先住民族として法的に位置づけられている。
エ．初詣や節分，七五三などは年中行事とよばれる。

Ⅱ．2023年５月，アメリカ，イギリス，フランス，ドイツ，日本，イタリア，（　⑨　）と⑩EU（ヨーロッパ連合）が参加するＧ７サミットが広島でおこなわれます。この会議では，自由，民主主義，⑪人権などの基本的価値を共有する首脳らが集まり，⑫世界経済，地域情勢，⑬さまざまな地球規模の課題について，率直な意見交換をおこないます。昨年，ロシアがウクライナに侵攻したことや各地で発生している紛争など，⑭世界の平和が脅(おびや)かされている現状があります。そのため，広島でサミットを開催することで，⑮核兵器や武力攻撃に対して反対する姿勢を世界に向けて発信していきます。これまで日本で開催されたサミットは６回あり，東京，九州・沖縄，北海道洞爺湖，伊勢志摩でそれぞれおこなわれました。今回も開催国である日本は，強いリーダーシップを発揮することが求められています。

問９　文中の空欄（⑨）にあてはまる国を，次のア～エから１つ選び，記号で答えなさい。

ア．中　国　　イ．インド　　ウ．カナダ　　エ．オランダ

問10　下線部⑩について，これについて説明した次の文ａとｂの正誤の組み合わせとして正しいものを，下のア～エから１つ選び，記号で答えなさい。

ａ．財政危機を背景に，ギリシャがEUを離脱した。
ｂ．日本との間にEPA（経済連携協定）を結んでいる。

ア．ａ－正　ｂ－正　　イ．ａ－正　ｂ－誤　　ウ．ａ－誤　ｂ－正　　エ．ａ－誤　ｂ－誤

問11　下線部⑪について，次の(1)・(2)に答えなさい。

(1)　日本国憲法において基本的人権は幅広く保障されていますが，公共の福祉による制限を受ける場合があります。この制限を受ける可能性がある基本的人権の組み合わせとして正しいものを，次のア～エから１つ選び，記号で答えなさい。

ア．職業選択の自由－財産権　　イ．思想・良心の自由－学問の自由

ウ．信教の自由－団結権　　エ．表現の自由－生存権

(2)　日本国憲法に定められた基本的人権の説明として正しいものを，次のア～エから１つ選び，記号で答えなさい。

ア．外国人は，参議院議員選挙の比例代表制のみ投票することができる。

イ．勤労は権利であり，義務でもある。

ウ．奴隷的拘束・苦役からの自由は，精神の自由の一つである。

エ．裁判を受ける権利は，被告人だけにあたえられている。

問12　下線部⑫について，バングラデシュなどでみられる貧困対策の一つで，貧しい人々が事業をはじめるために，低い金利での貸し出しをおこなうことを何というか，カタカナで答えなさい。

問13　下線部⑬について，エネルギー問題について説明した次の文ａとｂの正誤の組み合わせとして正しいものを，下のア～エから１つ選び，記号で答えなさい。

ａ．天然ガスなどの化石燃料は，再生可能エネルギーである。

ｂ．東日本大震災以降，日本では原子力発電がおこなわれていない。

ア．ａ－正　ｂ－正　　イ．ａ－正　ｂ－誤　　ウ．ａ－誤　ｂ－正　　エ．ａ－誤　ｂ－誤

問14　下線部⑭について，国家が自国の国民と領土を守る「国家の安全保障」という従来の考え方に対して，世界の平和を実現するために，一人一人の人間の生命や人権を大切にしていくという考え方を何というか答えなさい。

問15　下線部⑮について，これに関するできことを説明した次の文ａ～ｃが，年代の古い順にならべられたものを，下のア～カから１つ選び，記号で答えなさい。

ａ．長崎に原子爆弾が投下された。

ｂ．広島で第１回原水爆禁止世界大会が開催された。

ｃ．第五福竜丸がビキニ環礁で被ばくした。

ア．ａ→ｂ→ｃ　　イ．ａ→ｃ→ｂ　　ウ．ｂ→ａ→ｃ

エ．ｂ→ｃ→ａ　　オ．ｃ→ａ→ｂ　　カ．ｃ→ｂ→ａ

を経ても変わらないものと変わりやすいものを対比しながら、人間の五感と心情とを結びつけて詠んだ歌である。

問九 『古今和歌集』の編者である紀貫之の作品を次の中から一つ選び、記号で答えなさい。

ア 『方丈記』　イ 『伊勢物語』　ウ 『今昔物語集』

エ 『土佐日記』　オ 『平家物語』

は志に生り、⑥詠形於言。是を以ちて、＊1逸せる者は其の声楽しみ、怨ぜる者は其の吟悲しむ。以ちて懐を述べつべく、以ちて憤を発しつべし。天地を動かし、［Y］を感ぜしめ、＊2人倫を化し、夫婦を和ぐること、［Z］より宜しきはなし。

【C 和歌】

ア 人はいさ心も知らずふるさとは花ぞ昔の香ににほひける

イ 思ひつつ寝ればや人の見えつらむ夢と知りせば覚めざらましを

ウ 天の原ふりさけ見れば春日なる三笠の山にいでし月かも

エ あさぼらけ有明けの月と見るまでに吉野の里に降れる白雪

オ 五月待つ花橘の香をかげば昔の人の袖の香ぞする

＊1 逸せる者……安心して楽しむ者。

＊2 人倫を化し……人道を厚くし。

問一 ［X］～［Z］に入る語として適切なものを次の中からそれぞれ一つ選び、記号で答えなさい。

ア 言の葉　イ 言霊　ウ 男女　エ 鬼神

オ 思ひ　カ 心　キ 和歌　ク 漢詩

問二 傍線①「ことわざ繁きものなれば」・④「いづれか歌をよまざりける」の本文中での意味として適切なものを次の中からそれぞれ一つ選び、記号で答えなさい。

① 「ことわざ繁きものなれば」

ア 多様な思いを持っているので

イ 様々な教訓に左右されるので

ウ いろいろな出来事に接するので

エ いろいろなことわざを知っていると

オ もし事件などに遭遇したとしたら

④ 「いづれか歌をよまざりける」

ア どちらも歌を詠んだはずだ

イ 誰もが歌を詠むべきである

ウ 誰もが歌を詠まなかった

エ どちらが歌を詠まなかったのか

オ 誰も歌を詠まないものはいない

問三 傍線②「言ひ出せるなり」の主語はだれですか。文章Aから抜き出しなさい。

問四 傍線③「かはづのこゑ」を現代かなづかいに改め、すべてひらがなで答えなさい。

問五 文章Aから「やまとうた」のはたらきが述べられた部分を抜き出し、初めと終わりの五字で答えなさい。

問六 傍線⑤「無為なること能はず」は、「何もしない状態でいることはできない」という意味です。これを参考にして、解答欄の白文に返り点をつけなさい（送りがなは不要）。

問七 傍線⑥「詠形於言」を、訓点に従って書き下し文にしなさい。

詠ハ 形（あらハル）二 於 言ニ一

問八 Cのア～オの和歌について、次の問いに答えなさい。

1 句切れのない歌を二首選び、記号で答えなさい。

2 次の鑑賞文に当てはまる和歌を一首選び、記号で答えなさい。

この歌は、昔からなじみのある場所や自然を題材にしている。時

必ずしも善意として受け取られないことがあるのはなぜですか。【問題文A】からその理由を五十字以内で抜き出し、解答欄に合うように初めと終わりの五字で答えなさい。

問七　次に示すのは、本文を読んだ生徒たちが自分の感想を述べている場面です。生徒A～Fの中で本文の内容を正しく理解して会話している生徒を二人選び、A～Fの記号で答えなさい。

A　今回の文章を読むまで目の見えない人はみんな点字を読めると思っていたな。点字を習得することが難しいなら、点字は現代においては意味のない劣った言語ということだよね。インターネットも普及しているし、点字を習得する必要がなくなって良かったね。

B　そうかな？　たしかに点字を習得するのは難しいけど、使いこなせるようになったら意味のある言語なんじゃない？　点字を読めない人は読める人より触覚が鋭くないから大変そうだね。それより、見えない人が触って情報を得ていないって方が驚いたな。

C　触ることが楽しくないって書いてあるだけで触ることで情報を得ていると思うよ。確かにベタベタ触るのって一般的にあまり良くないイメージだよね。見えない人は公共の場では常に「触らないで認識しよう」と気をつかって生活していることが分かって大変だなと思ったよ。

D　見えない人は触ることではなく、触ることによって得られた情報が楽しいという部分が印象に残ったよ。確かに、見える人って触覚を快感と結びつける価値観があるよね。だから、見えない人も触ることが楽しいはずだと思ってしまうんだね。

E　私は五つの感覚の優劣を語った部分が気になったかな。味覚って生きることに必要な感覚だから、本文に書いてある「精神的な活動」って言えるよね。だったら味覚は「もっとも『優れた』感覚」と言えるよ。実際は四位だと知って驚いたな。筆者による優劣の説明に納得がいかない。

F　「精神的活動」は生きることに必要な活動とは書いてなかったよ。Cさんが「ベタベタ触るのって一般的にあまり良くないイメージ」と言っていた通り、嗅覚や味覚や触覚は対象と物理的な接触が生じるから、劣った感覚と認識されているんだね。

第3問

次の文章Aは古今和歌集にある仮名で書かれた序文で、文章Bは漢文で書かれた序文の書き下し文、Cは古今和歌集に載せられている和歌です（なお、文章Aと文章Bは内容的にも重なるところが多くなっています）。それぞれ読んで、後の問いに答えなさい。

【文章A　仮名序（紀貫之）】

やまとうたは、人の心を種として、万の［　X　］とぞなれりける。世の中にある人、①ことわざ繁きものなれば、心に思ふことを、見るもの聞くものにつけて、②言ひ出せるなり。花に鳴く鶯、水に住む③かはづのこゑを聞けば、生きとし生けるもの、④いづれか歌をよまざりける。力をも入れずして天地を動かし、目に見えぬ鬼神をもあはれと思はせ、男女の中をも和らげ、猛き武士の心をも慰むるは歌なり。

【文章B　真名序（紀淑望）】

夫れ和歌は、其の根を心地に託け、其の花を詞林に発くものなり。人の世に在るや、⑤無為なること能はず。思慮遷り易く、哀楽相変ず。感

エ　新たに生み出される。

③「杓子定規」

ア　定規で測るように正確かつ丁寧に判断すること。

イ　一般的な考え方に基づいて問題に対処すること。

ウ　自分勝手な判断で色々なことを決めてしまうこと。

エ　ある考えや形式にとらわれて応用がきかないこと。

問二　傍線②「見えない人の中で点字が読める人はわずか一割程度しかいないのです」とありますが、点字識字率が低い理由として**誤っているもの**を次の中から一つ選び、記号で答えなさい。

ア　成人してから事故や病気で視力を失ってしまった人は、点字の仕組みを理解することができないから。

イ　自分で点字を打つときには、読むときとパターンを反転させなければいけないという難しさがあるから。

ウ　電子化したテキストの音声読み上げソフトの開発が進み、点字を身につける必要性が減少したから。

エ　若い世代を中心に、パソコンやスマートフォンを使いこなし情報を収集する視覚障害者が増えたから。

問三　本文中の Z に入る表現として適切なものを次の中から一つ選び、記号で答えなさい。

ア　点字を理解する能力と、タオルを触り分ける能力はほぼ同じなのです。

イ　点字を理解する能力より、タオルを触り分ける能力を身に付ける方が、努力を要するのです。

ウ　点字を理解する能力がなければ、タオルを触り分ける能力は得られないのです。

エ　点字を理解する能力と、タオルを触り分ける能力は、全く別物なのです。

問四　傍線④「図形や絵の情報を伝えるために、それを立体コピーして見えない人に渡したとします」とありますが、筆者は「立体コピー」を「見えない人に渡」す時、どのような問題が生じると述べていますか。九十字以内で説明しなさい。

問五　傍線⑤「上位感覚」とありますが、その説明として適切なものを次の中から一つ選び、記号で答えなさい。

ア　上位感覚は他の感覚より多くの情報を一気に処理できる点で優れた感覚である。

イ　上位感覚は精神や理性と密接に関わり認識に大きな影響を与える感覚である。

ウ　上位感覚は物理的な接触をせずに認識できるので多くの人々に好まれている。

エ　上位感覚はその優位性がことわざなどで語られるほど古くから認識されている。

問六　【問題文B】は【問題文A】二重傍線X「点字を理解する能力は、触る能力というより読む能力」について筆者が詳しく説明した文章です。次の問いに答えなさい。

1　筆者はどのような行為によって「点字を理解する」と述べていますか。【問題文B】の表現を用いて六十五字以内で説明しなさい。

2　【問題文B】二重傍線Y「『何でも触れるようにしてあげるのがいいのだ』といった先入観」に基づいた行動が、視覚障害者にとって

これら二つの感覚が圧倒的に優位な⑤上位感覚で、これに嗅覚、味覚、触覚が続きます。「視覚／聴覚」と「嗅覚／味覚／触覚」という二つのカテゴリーを分ける基準は、対象に接触しているかどうかです。視覚や聴覚においては、知覚している対象、たとえば見ている本や聞いているピアノと、目あるいは耳は接触していません。器官と対象のあいだには距離があり、離れています。

それに対して、嗅覚や味覚や触覚においては、対象との物理的な接触が生じます。触覚はまさに対象に触ることによって生じますし、味覚においては舌が食べ物に触れます。嗅覚は微妙ですが、対象から発せられた粒子が化学的に作用していることを考えれば、広義の接触といえます。

いずれにせよ、伝統的な考え方に従えば、序列の最高位に視覚が、そして最低位に触覚が位置しているのです。触覚を重視する思想家もいましたが、その場合にも触覚はあくまで「視覚に対するアンチ」の地位しか与えられていませんでした。

（伊藤　亜紗『目の見えない人は世界をどう見ているか』による）

【問題文B】

話はふたたび先ほどの方程式「点字＝触覚」に戻ります。この方程式こそ、「見えない人は特殊な触覚を持っている」Y「何でも触れるようにしてあげるのがいいのだ」といった先入観のもとになっているものでした。しかし、点字を純粋な触覚の働きとみなすのは、実はどうやら間違っているらしい。そこのところを見ていきたいと思います。

現在一般に使われている点字には、一定のルールがあります。つまりパターンがあるのです。しかもそのパターンが分かりやすいように、点を盛り上げる高さや点と点の間隔が人工的にデザインされている。この人工的にデザインされたパターンを認識することが、点字を理解することです。

しかし、点字以外のもの、たとえば先ほどあげたタオルの毛のようなものには、そうしたパターンはありません。製造工程において特定の製法にのっとって織られてはいても、人間が「読む」対象となるような分節やルールがそこには存在しない。肌触り、手触り、舌触り、見える人が通例触覚の対象として思い描いている対象はどれもアナログで切れ目がなく、点字のようにデジタルな「単位」を持たないのです。しかも触覚は、同じ場所を何度も反復的に触りながら、ひとつの感触を長く味わおうとする。これは、意味を理解したらどんどん次へ進んでいく点字を触る行為とは全く異なっています。そう、一言で言ってしまえば、点字は「触る」ものではなく「読む」ものなのです。確かに点字はその上に指を乗せ、その凸凹によって感じていきます。しかしながら、そこで行っている作業は、もともと頭の中に持っているパターンと、いま指で触っている点の配置を照合することです。配置のパターンを把握して、「あ、この形は『ま』だな、次は『か』だな」と理解していく。

（伊藤　亜紗『目の見えない人は世界をどう見ているか』による）

問一　傍線①「助長される」・③「杓子定規」の本文中での意味として適切なものを次の中からそれぞれ一つ選び、記号で答えなさい。

①「助長される」

ア　多くの人に語り継がれる。

イ　ひんぱんに更新される。

ウ　より一層印象づけられる。

する印刷技法で、エンボスとも言われます。立体化された図形などを触って観察することを「触察」と言い、教育現場にも導入されるなど有用な場面もたくさんありますが、細かい図になってくると、見えない人であっても、理解するのは容易ではありません。線が混ざって模様のようになってしまう。

けれどもこうしたケースでは、「分からない」とはなかなか言いだしにくいものです。「わざわざ立体コピーをしてくれたのに悪い」と感じてしまう人もいるでしょう。それではますますディスコミュニケーションが深まってしまいます。図形の「情報」そのものではなく、やわらかい、楽しそう、などその「意味」を伝える方法もあるはずです。

それに、根本的な問題ですが、見えない人にとって、触ること自体が楽しいわけではありません。おそらくそこには触覚を快感と結びつける、見える人の側の価値観があります。確かに、毛皮に触れたり、逆に肌を撫でられることは、親密さやエロティックな感情を喚起しうるものです。でも、見えない人が行う「触察」は、撫でることとは違います。物に触ることと、立体化された情報を触ることは違うからです。触ることによって得られた内容が楽しいのであって、触る行為が楽しいのではありません。見える人にとって見る行為が楽しいわけではないのと同じです。

さらに見えない人の中には、公共の場では触覚がネガティブな印象を与えることを気にしている人もいます。確かに、お店などで子どもが商品にベタベタと触りまくったら、注意されることが多いでしょう。このように、見える人の価値観を知っているから、「いかに触らないで把握するか」に配慮している視覚障害者もいるわけです。そのような人に向かって「見えないなら触れるようにしてあげるのがいい」という態度でのぞんだらどうでしょう。その善意はすれ違ってしまうのではないでしょうか。

公共の場で触覚がネガティブな印象を与えることと密接に関わっているのが、「感覚にはヒエラルキーがある」という伝統的な考え方です。つまり人間にあるとされる五つの感覚は、それぞれ対等なものではなく、優れたものと劣ったもの、価値の優劣があるというのです。この感覚の序列という今でも根強く残っている考え方について、少し補足しておきましょう。

五つのうちのもっとも「優れた」感覚は何か。ご推察のとおり、それは視覚です。時代による多少の変遷はありますが、視覚は基本的に「感覚の王」の座に君臨してきました。ただし、これは私たちが視覚からもっとも多くの情報を得ているということではなくて、視覚がその機能においてより「精神的」であるという意味です。事の真偽はさておき、見ることと認識することを結びつける考え方は洋の東西を問わず広く見られます。「Seeing is believing」や「百聞は一見に如かず」という言いまわしが象徴的です。

視覚に次いで高次の感覚は聴覚です。聴覚も精神的な活動と結びつけられます。「神のお告げ」と言われるように、私たちの日常的な領域を超えた、超越的な経験とも結びつきやすいのが聴覚の面白いところ。目が理性だとすれば、耳は魂といったところでしょうか。最近ではボーカロイドのような人工的な声に接する機会が増えています。二次元のキャラクターを見ても生身の人間と錯覚することはありませんが、その声には、時として「魂」を感じてしまうのは聴覚ならではの特徴でしょう。

さにつながるわけではありません。つまり、「見えない人＝点字」と「点字＝触覚」という二つの方程式は、二つともかなりあやしい、信用できない方程式なのです。

まず「見えない人＝点字」の方程式について。少し古いデータですが、二〇〇六年に厚生労働省が行った調査によれば、日本の視覚障害者の点字識字率は、一二・六パーセント。つまり、②見えない人の中で点字が読める人はわずか一割程度しかいないのです。

この低識字率の理由は、ひとつには点字を習得することの難しさがあげられます。英語を小さいうちに学んでおくとLとRの発音が上手にできるようになるよ、なんて言いますが、同じように、点字も小学校高学年くらいまでに習わないと、なかなか速く読めるレベルに達することができないと言われています。成人してから事故や病気で視力を失った人にとって、これはかなりのハードルです。

また、読めたとしても自分で点字を打つとなるとさらにハードルが上がります。点字は、手で打つときと読むときでは、紙を裏返します。するとパターンが左右反転してしまう。他の言語にはないこの特性も、点字習得を難しくしている原因のひとつでしょう。もちろん点字には点字ならではの文化があり、難しいからといって劣った言語である、ということにはなりません。しかし現実問題として、使いこなせるようになるにはそうとうの努力が必要とされるようです。

もうひとつの理由は、電子化とインターネットの発達によって、点字を身につける必要性が減少していることです。電子化されたテキストなら、音声読み上げソフトによって耳で聞くことができます。「サピエ」というインターネット図書館を利用すれば、月刊誌や週刊誌もほぼ時差なく読むことができますし、データをボイスレコーダーにダウンロードして持ち歩けば、通勤通学の途中でも読書することが可能。全国のボランティアの尽力のたまものです。こうなると、点字ができる人であっても、「日々の生活で使うのは整理整頓用のラベルくらい」というのが実際のところなのかもしれません。

さらに深刻なことに、こうした電子化の影響は、若い世代ほど強く受けています。見える世界でも若者の「活字離れ」が叫ばれて久しいですが、見えない世界でも同じように「点字離れ」が進んでいます。若い世代は電子化の波をダイレクトに受けていて、パソコンや携帯を駆使して見える人と同じように情報を収集します。スマートフォンを使いこなす視覚障害者も増えています。タッチパネルも、もちろん使いこなします。

さらに、もう一つの方程式、「点字＝触覚」の方も、実は信用できるものではありません。「点字離れ」は想像できても、こちらの方はかなり意外な印象を与えるかもしれません。たとえば、点字が読める人に二枚のタオルを渡し、その質感の違いを感じられるかと聞いてみると……答えは必ずしもイエスとはなりません。要するに［　Z　］。詳しくはあとでお話ししますが、X点字を理解する能力は、触る能力というより読む能力、つまり見える人が目でやっている仕事に近いのです。

このようなことを知らずに、「見えない人＝点字＝触覚」の方程式で状況を解こうとしてしまうと、「見えない人にとって、必要な情報は何でも触れるようにしてあげるのがいい」と③杓子（しゃくし）定規に考えがちです。たとえば、④図形や絵の情報を伝えるために、それを立体コピーして見えない人に渡したとします。立体コピーとは線の部分が浮き出るように加工

【国　語】（五〇分）　〈満点：一〇〇点〉

第1問　次の各問いに答えなさい。

問一　次の①～⑥の傍線部の漢字をひらがなに、カタカナを漢字に直しなさい。

① 神社の境内。
② 本を著す。
③ 森の中はセイジャクに包まれた。
④ 美術に関するテンラン会。
⑤ 多大なコウセキを残す。
⑥ 強豪校に勝ち、カンキした。

問二　次の①～③の熟語の構成を説明したものとして適切なものを、次の中から一つ選び、記号で答えなさい。

① 国立　② 決心　③ 価値

ア　上の漢字が下の漢字を修飾するもの。
イ　意味の似た漢字を並べたもの。
ウ　上の漢字と下の漢字が主語と述語の関係にあるもの。
エ　下の漢字が上の漢字の目的・対象を示すもの。
オ　三字以上の熟語が省略されたもの。

問三　次の文章の傍線①～③の品詞として適切なものを、次の中からそれぞれ一つ選び、記号で答えなさい。

突然「①ちょっと!」と②大きな声で呼び止められて、びっくりし③た。

ア　副詞　イ　形容詞　ウ　動詞　エ　感動詞
オ　形容動詞　カ　連体詞　キ　助詞　ク　助動詞

問四　次の①～③のことわざの意味として適切なものを、ア・イから一つ選び、記号で答えなさい。

① 情けは人のためならず
ア　人に親切にすれば、やがて自分によいことが返ってくる。
イ　人に親切にすると、かえって相手のためにならない。

② 浮足立つ（うきあしだつ）
ア　楽しみで落ち着かない。
イ　不安で落ち着かない。

③ 気の置けない人
ア　遠慮したり気をつかったりしなくてよい人。
イ　気配りや遠慮をしなくてはならない人。

第2問　次の文章を読んで、後の問いに答えなさい（出題にあたり本文を一部改めました。）

【問題文A】

「見えない人の特別でなさ」について、ひとつ例をあげましょう。彼らの触覚についてです。「見えない人は点字を触れるんだから、何でも触れば分かるんだろう、すごいな」――。私も見えない人と関わるまでは、そんなふうに思っていました。見えない人といえば点字、点字といえば触覚。見える人はついついそんな方程式をイメージしがちです。点字は駅の案内板などいろいろな場所で目にする機会が多いので、そういうイメージが①助長されるのでしょう。

　しかし実際は、見えないからといってみんながみんな点字が読めるわけではないし、仮に点字が分かったとしても、それがただちに触覚の鋭

2023年度

解 答 と 解 説

《2023年度の配点は解答欄に掲載してあります。》

＜数学解答＞

第1問 問1 6 問2 $\frac{x-y}{4}$ 問3 $6-3\sqrt{3}$ 問4 $y(x+2)(x-2)$ 問5 150g
問6 $x=3$，$y=-2$ 問7 $y=4x+3$ 問8 4秒後 問9 20度
問10 $51\pi\ \text{cm}^3$

第2問 問1 9通り 問2 ア $10a+b$ イ $10b+a$ ウ $\frac{1}{4}$

第3問 問1 ⑦ 問2 数学 ア 国語 エ 問3 ア ① イ ① ウ ②
エ ⑤ オ ② カ 7

第4問 問1 ア 2 イ 5 ウ 4 エ $\frac{8}{5}$ オ $\frac{8}{5}$ カ $\frac{12}{5}$ 問2 $a=\frac{3}{4}$
問3 $y=\frac{5}{6}x+\frac{2}{3}$

第5問 問1 ア $6\sqrt{2}$ イ $3\sqrt{5}$ ウ $3\sqrt{2}$ エ $\frac{9\sqrt{2}}{2}$ オ $\frac{81}{2}$ カ 117
キ 12 ク 63 問2 4cm

○配点○

第1問 各4点×10 **第2問** 問1 2点 問2 各2点×3
第3問 問1 2点 問2 各2点×2 問3 ア～オ 各1点×5 カ 2点
第4問 問1 ア・イ 2点(完答) ウ 1点 エ～カ 各2点×3 問2・問3 各5点×2
第5問 問1 ア～ウ 各1点×3 エ・オ・キ 各2点×3 カ・ク 各3点×2 問2 5点
計100点

＜数学解説＞

基本 **第1問** （数・式の計算，平方根の計算，因数分解，方程式の応用問題，連立方程式，直線の式，2次方程式の利用，角度，回転体の体積）

問1 $7-2^2-(-12)\div(-2)^2=7-4-(-12)\div4=3+3=6$

問2 $\frac{3x-5y}{4}-\frac{3x-6y}{6}=\frac{3(3x-5y)-2(3x-6y)}{12}=\frac{9x-15y-6x+12y}{12}=\frac{3x-3y}{12}=\frac{x-y}{4}$

問3 $(1-\sqrt{3})^2-\frac{3-2\sqrt{3}}{\sqrt{3}}=1-2\sqrt{3}+3-\frac{3\sqrt{3}-6}{3}=4-2\sqrt{3}-\sqrt{3}+2=6-3\sqrt{3}$

問4 $x^2y-4y=y(x^2-4)=y(x+2)(x-2)$

問5 食塩の量は$300\times\frac{6}{100}=18$ 加えた水の量をxgとすると，$\frac{18}{300+x}=0.04$ $18=0.04(300+x)$ $300+x=18\div0.04=450$ $x=150$ よって，150g

問6 $3x-2y=13$…① $5x+4y=7$…② ①×2＋②から，$11x=33$ $x=3$ ②に$x=3$を代入して，$5\times3+4y=7$ $4y=-8$ $y=-2$

問7 傾きは，$\frac{7-(-5)}{1-(-2)}=\frac{12}{3}=4$ 求める直線の式を$y=4x+b$として，(1，7)を代入すると，$7=4\times1+b$ $b=3$ よって，$y=4x+3$

問8 点PがAを出発してからx秒後のPB，BQの長さは，$\text{PB}=9-x$，$\text{BQ}=2x$ よって，四角形

APQCの面積は，△ABC－△PBQ＝$\frac{1}{2}\times9\times18-\frac{1}{2}\times(9-x)\times2x=81-9x+x^2$　$81-9x+x^2=61$から，$x^2-9x+20=0$，$(x-4)(x-5)=0$，$x=4$，5　よって，四角形APQCの面積が最初に61cm^2になるのは点PがAを出発してから4秒後

問9　円周角の定理から，点Aを含まない方の弧BCの中心角は，$110^\circ\times2=220^\circ$　$\angle BOC=360^\circ-220^\circ=140^\circ$　△OBCは二等辺三角形だから，$\angle x=\frac{180^\circ-140^\circ}{2}=20^\circ$

問10　点Aから直線CDへ垂線AHとひくと，DH＝7－3＝4　求める立体の体積は，底面が半径3cmの円で高さが7cmの円柱の体積から，底面が半径3cmの円で高さが4cmの円すいの体積をひいたものになるから，$\pi\times3^2\times7-\frac{1}{3}\times\pi\times3^2\times4=63\pi-12\pi=51\pi\ (\text{cm}^3)$

第2問　(場合の数と確率)

問1　$a-b$が正の数で奇数になる目の出方は，$(a,\ b)=(2,\ 1)$，(3，2)，(4，1)，(4，3)，(5，2)，(5，4)，(6，1)，(6，3)，(6，5)の9通り

問2　2回のさいころの目の出方は全部で，6×6＝36(通り)　aを十の位の数，bを一の位の数とし，2けたの自然数をつくると，この自然数は$10a+b$と表され，この自然数の十の位の数と一の位の数を入れかえてできる2けたの自然数は$10b+a$と表される。$10a+b-(10b+a)=9a-9b=9(a-b)$　$9(a-b)$が正の数で奇数になるのは，$a-b$が正の数で奇数になる場合だから，問1より9通り　よって，求める確率は，$\frac{9}{36}=\frac{1}{4}$

第3問　(統計－ヒストグラム，中央値，箱ひげ図の読み取り方)

基本　問1　得点が低い方から数えて15番目と16番目の平均が中央値になる。数学の得点の低い方から数えて15番目と16番目の得点は65点以上70点未満の階級に入っている。

問2　数学の中央値は問1から，$\frac{65+70}{2}=67.5$，最小値は，35点以上40点未満だから，選ぶ箱ひげ図はア　国語の得点が低い順から15番目は60点以上65点未満の階級に入っていて，16番目は65点以上70点未満の階級に入っているので中央値は65点　よって，選ぶ箱ひげ図はエ

問3　数学の最大値は95点，国語の最大値は93点，英語の最大値は89点だから，最大値が一番大きい教科は数学　数学の範囲は95－38＝57，国語の範囲は93－41＝52，英語の範囲は89－34＝55だから，範囲が一番大きい教科は数学　数学の四分位範囲は79－56＝23，国語の四分位範囲は82－55＝27，英語の四分位範囲は73－60＝13だから，四分位範囲が一番大きい教科は国語　線Aは平均値ではなく，第2四分位数を表している。数学の第3四分位数は79，国語の第3四分位数は82，英語の第3四分位数は73だから，第3四分位数が一番大きい教科は国語　第3四分位数は得点の高い方から数えて8番目の得点だから，第3四分位数より得点が高い人は多くて7人である。よって，80点以上の得点を取った人が一番多い教科は国語

第4問　(図形と関数・グラフの融合問題)

問1　OP'：OQ'＝RP：RQ＝2：(2＋3)＝2：5　OQ'＝4より，OP'＝$4\times\frac{2}{5}=\frac{8}{5}$　よって，点Pのx座標は$\frac{8}{5}$　△OPR＝$\frac{1}{2}\times2\times\frac{8}{5}=\frac{8}{5}$　△OPR：△OQP＝RP：PQ＝2：3　よって，△OQP＝$\frac{8}{5}\times\frac{3}{2}=\frac{12}{5}$　$\ell /\!/ m$から，△SQP＝△OQP＝$\frac{12}{5}$

問2　②に$x=4$を代入して，$y=\frac{1}{4}\times4^2=4$　よって，Q(4，4)　直線ℓの切片は2だから，直線ℓの式を$y=bx+2$として点Qの座標を代入すると，$4=4b+2$　$4b=2$　$b=\frac{1}{2}$　よって，直線ℓの式は，$y=\frac{1}{2}x+2$…③　点Pのx座標をpとすると，△SQP＝△OQP＝△OQR－△OPR＝$\frac{1}{2}\times2\times4-\frac{1}{2}\times2\times p=4-p$　$4-p=2$から，$p=2$　③に$x=2$を代入すると，$y=\frac{1}{2}\times2+2=3$　よって，P(2，3)　①に点Pの座標を代入して，$3=a\times2^2$　$4a=3$　$a=\frac{3}{4}$

重要　問3　直線mの式は，$y=\frac{1}{2}x$…④　④に$y=1$を代入すると，$1=\frac{1}{2}x$　$x=2$　よって，S(2，1)

点PとSのx座標が等しいので，PS//RO　よって，四角形OSPRは平行四辺形になる。平行四辺形の2本の対角線の交点をTとすると，点TはOPの中点だから，T$\left(1,\ \frac{3}{2}\right)$　直線QTは平行四辺形OSPRの面積を二等分する。求める直線の式を$y=mx+n$として点Q，Tの座標を代入すると，$4=4m+n$…⑤　$\frac{3}{2}=m+n$…⑥　⑤－⑥から，$\frac{5}{2}=3m$　$m=\frac{5}{6}$　⑤に$m=\frac{5}{6}$を代入すると，$4=4\times\frac{5}{6}+n$　$n=\frac{2}{3}$　よって，求める直線の式は，$y=\frac{5}{6}x+\frac{2}{3}$

第5問 (空間図形の計量問題－三平方の定理，表面積，平行線と線分の比の定理，体積)

問1　BDは一辺が6cmの正方形の対角線だから，BD$=6\sqrt{2}$cm　PF$=3$　△BPFにおいて三平方の定理を用いると，BP$=\sqrt{6^2+3^2}=\sqrt{45}=3\sqrt{5}$(cm)　EP$=EQ=3$より，PQ$=3\sqrt{2}$cm　BR$=\frac{6\sqrt{2}-3\sqrt{2}}{2}=\frac{3\sqrt{2}}{2}$　△PBRにおいて三平方の定理を用いると，PR$=\sqrt{(3\sqrt{5})^2-\left(\frac{3\sqrt{2}}{2}\right)^2}=\sqrt{45-\frac{9}{2}}=\sqrt{\frac{81}{2}}=\frac{9}{\sqrt{2}}=\frac{9\sqrt{2}}{2}$(cm)　よって，四角形BDQPの面積は，$\frac{1}{2}\times(6\sqrt{2}+3\sqrt{2})\times\frac{9\sqrt{2}}{2}=\frac{81}{2}$(cm^2)　したがって，求める表面積は，△ABD＋△EPQ＋(四角形ABPE)＋(四角形ADQE)＋(四角形BDQP)$=\frac{1}{2}\times6\times6+\frac{1}{2}\times3\times3+\frac{1}{2}\times(6+3)\times6+\frac{1}{2}\times(6+3)\times6+\frac{81}{2}=18+\frac{9}{2}+27+27+\frac{81}{2}=117$(cm^2)　平行線と線分の比の定理から．AS：ES＝AB：EP＝2：1　よって，AE：ES＝1：1から．ES＝AE＝6　AS＝6×2＝12(cm)　求める体積は，三角錐S－ABDの体積から三角錐S－EPQの体積をひいたものだから，$\frac{1}{3}\times18\times12-\frac{1}{3}\times\frac{9}{2}\times6=72-9=63$(cm^3)

重要 問2　(四角錐A－BDQP)＝(立体ABD－EPQ)－(三角錐A－EPQ)$=63-\frac{1}{3}\times\frac{9}{2}\times6=63-9=54$

求める長さを$h$cmとすると，(四角錐A－BDQP)$=\frac{1}{3}\times\frac{81}{2}\times h=\frac{27}{2}h$　$\frac{27}{2}h=54$から，$h=54\times\frac{2}{27}=4$

★ワンポイントアドバイス★

第5問　問2は，四角錐A－BDQPの体積は，問1で求めた体積から三角錐A－EPQをひいたものになることに気づくことがポイントである。

＜英語解答＞

第1問　問1　A　mother　B　Ben　C　violet　問2　1　took　2　bring　3　told　4　fell　5　lost　問3　it　問4　Ben’s diary[the diary]　問5　イ　問6　ウ

第2問　A　イ　B　エ　C　ア　D　イ　E　ウ

第3問　1　ア　2　エ　3　イ　4　ウ　5　イ

第4問　1　エ　2　ウ　3　ア　4　エ　5　エ

第5問　1　3番目　カ　5番目　ウ　2　3番目　ア　5番目　キ　3　3番目　イ　5番目　エ　4　3番目　オ　5番目　イ　5　3番目　カ　5番目　ア

第6問　1　February　2　drew[did]　3　vegetables　4　chicken　5　bridge

○配点○

第1問　問1・問4～問6　各3点×6　他　各2点×6　**第2問**　各4点×5

第3問　各2点×5　**第4問**　各3点×5　**第5問**　各3点×5(各完答)　**第6問**　各2点×5

計100点

＜英語解説＞

第1問 （長文読解問題・物語文：語句補充・記述，単語・語形変化，正誤問題，語句解釈，内容吟味，要旨把握，進行形，現在完了，比較，間接疑問文，不定詞，助動詞，接続詞）

（全訳） キャシーは18歳だった。ある日，病院に，彼女の祖母のジュリアに会いに行った。彼女は重病だった。彼女の医師はキャシーの母に「あなたのAお母さんは長くは生きないでしょう」と告げた。

キャシーは彼女の祖母を愛していた。彼女が彼女に会いに行く時には，彼女は常に彼女にスミレ1を持って行った。ジュリアは彼女にそうするように依頼したのである。キャシーには，なぜ彼女の祖母がその花をそれほど好むのかがわからなかった。そこで，彼女は彼女に尋ねた。「なぜいつもわたしにスミレ2を持ってくるように頼むのですか」ジュリアは答えた。「私はこの花が大好きです。あなたが良い少女であることがわかっています。私はこの話を誰にも3しゃべったことがありません。あなたのお母さんにさえも，話したことはありません。私にはこの花に良い思い出があります。私は長く生きることはない，とわかっているので，私の秘密をあなたに話しましょう」

ジュリアが若かった頃，彼女にはベンという名前の友人がいた。幼い頃より，互いを知っていた。彼女らは親友同士だった。彼女らは放課後，いつも同じ場所で会った。彼女らは，学校，自分らの家族，そして，彼女らの友達について話した。彼女らは沢山笑った。彼女らは一緒に勉強した。空を見て，自分らの夢を語った。ベンを好きに4なったことがジュリアには心の奥底でわかっていた。ベンはジュリアに会う時には，常に美しいスミレを彼女に渡した。

ある日，ジュリアはいつもの場所でベンに会ったが，彼はいつもと違って奇妙だった。突然，彼は「これは私があなたにあげることができる最後の花となるでしょう」と言った。①ジュリアには，何を彼が言おうとしているのかがわからなかった。翌日，彼は戦争へ赴き，二度と戻ることはなかった。

ジュリアは非常に悲しかった。彼女は泣き続けた。彼女は1ヶ月以上泣いた。彼女は1日中何もしなかった。彼女は自分の部屋から外へ出なかった。そして，夜遅く10時に暗闇の中で，誰かがドアをノックした。それが誰だか彼女にはわからなかった。それはベンの母親だった。彼女は手に②何か黒いものを持っていた。彼女はジュリアに言った。「これはベンの日記です。私にとって重要なものです。でも，あなたにこれを持っていて欲しいと思います」ジュリアは日記を読み始めた。それは，ベンとジュリアが初めて会った日から始まっていた。ベンは彼らがした毎日の出来事を綴った。各ページの下に，彼は次のように書いた。「ジュリアがスミレを持って微笑んでいる時に，私は幸せです。私は彼女を愛しています」最後のページには次のように書かれていた。「私は何度も彼女に告げたかったけれども，③怖かった。でも，あなたがこれを見れば，私があなたをどんなに愛しているかということが，あなたにわかってもらえるでしょう」

ジュリアはキャシーに言った。「10年後に，私はあなたの祖父であるジョンと出合った。私は彼と結婚した。私達は幸福な家庭を築いた。ジョンはとても善良な人だった。でも，誰でも1つや2つの秘密を持っているわ。Bベンは未だに最初の純潔な恋人として，私の心の中に生きているの。誰も知らない。ベンと私だけが，その花が何を意味するかを知っているの。あなたは自身の感情をあなたにとって大切な人に告げるべきだわ。私があなたと同じ年だった時に，私にとって重要な人5を失った。だから，機会を失わないでね」

2日後，ジュリアはベンの元へ旅立った。彼女はCスミレを持って，安らかに眠っていた。

やや難 問1 「あなたの［A］は長くは生きないだろう」ジュリアは重病で長生きしない，と医師がキャシーの母親に告げた言葉。キャシーの祖母のジュリアは，キャシーの母親からすると，`母'(mother)に該当する。 「［B］は私の最初の純潔な恋人として，未だに私の心の中で生きている」ジュリアのせりふであるが，空所Bには，ジュリアの最初の恋人である‘ベン’(Ben)が当てはまる。is still living ← <be動詞 ＋ 現在分詞[原形 ＋ －ing]>進行形 「2日後，ジュリアはベンの元へ旅立った。彼女は［ C ］を持って，安らかに眠っていた」ベンが会うたびにジュリアに手渡していたもの，また，ジュリアがキャシーに病院に持ってくるように依頼していたものが，それぞれ何であったか，から考えること。正解は，violet「スミレ」。

重要 問2 【1】When she went to see her, she always 1 took her a violet. 正解は，「～を持って行く」take の過去形の took。 【2】Why do you always ask me to 2 bring a violet? 正解は，「～を持ってくる」の bring。 【3】I have never 3 told this story to anybody, not even your mother.正解は，「告げる」tell の過去分詞形 told。<have ＋ 過去分詞>現在完了(完了・経験・結果・継続) 【4】Julia knew deep inside that she 4 fell in love with Ben. fall in love with「～に恋をする」の fall を過去形 fell にする。 【5】I 5 lost someone important to me when I was as old as you.「失う」lose の過去形 lost が当てはまる。as old as you「あなたと同じ年」← <as ＋ 原級 ＋ as>「…と同じくらい～［原級］」

重要 問3 文中で，understand の目的語は what he was trying to say までで良くて，it は不要。疑問文(What was he trying to say?)が他の文に組み込まれる[間接疑問文]と，<疑問詞 ＋ 主語 ＋ 動詞>の語順になる。was trying ← 過去進行形

基本 問4 She had ②something black in her hand. She said to Julia, “This is Ben’s diary. ～” 以上の文脈から，下線部②の「何か黒いもの」は，Ben’s diary[the diary]を指す。

やや難 問5 「私は何度も彼女に告げたかったけれども，③怖かった。でも，あなたがこれを見れば，私があなたをどんなに愛しているかということが，あなたにわかってもらえるだろう」以上の文章から，日記を見せなければベンのジュリアに対する気持ちは伝わらず，ベンはジュリアに愛を告白できずにいた，ということがわかる。ベンは，愛を告白するのが怖かったのである。

重要 問6 ア(×)キャシーは毎日祖母の見舞いに行っていた，という記述なし。 イ(×)第2段落第2文に，When she[Cathy]went to see her[her grandmother], she always took her a violet. とあり，持参する花は常にスミレだった。ウ(○)第5段落の記述に一致。I want you to keep it.「あなたにそれを持っていてもらいたい」← <want ＋ O ＋ 不定詞[to ＋ 原形]>「Oに～［不定詞］して欲しい」 エ(×)記述ナシ。ジュリアがキャシーに言ったことは，You should tell someone important to you about your feelings.／So, don’t miss the chance. である。should「～すべきである，するはずだ」so「だから，そういうわけで，それで」

重要 第2問 (会話文問題：文挿入，進行形，助動詞，現在完了，間接疑問文，不定詞，接続詞，動名詞)

(全訳) ジェームズ(以下J)：すみませんが，あなたは英語を話せますか。／ケイコ(以下K)：はい，少しだけ話せます。何かお困りですか。／J：はい。札幌ホテルへの行き方を教えていただくことはできますか。／K：札幌ホテルですか。もちろんです。ここから歩いておよそ10分です。A イあなたをそこまでお連れしましょうか。私は同じ方角へ向かっているところです。／J：あっ，とても親切ですね。どうもありがとうございます。／K：どういたしまして。

彼らは歩き始めた。

K：あのー，私の名前はケイコです。あなたは…／J：私はジェームズです。私は，カリフォルニアのサンタバーバラから来ました。昨日，日本へ到着したばかりです。／K：そうなのですか。私はサンディエゴへ行ったことがあります。／J：あっ，あなたは行ったことがあるのですね。／K：はい。美しい場所でした。／J：ええ，素晴らしい都市です。／K：B エなぜ日本へやって来たのか，尋ねてもよいですか。／J：私はコウセイ大学で英語を教えることになっています。／K：コウセイ大学ですか？ 私の父はそこで英語を教えています。／J：本当ですか？ 彼に会いたいで

すね。／K：きっと彼もそうだと思います。

数分後…

K：ここが札幌ホテルです。／J：あっ，親切にしていただき，ありがとうございました。／K：C ア どうしたしまして。後で，電話をしても良いですか。／J：もちろんです。これが私の電話番号です。／K：ありがとうございます。それでは，さようなら。

ケイコは帰宅すると，電話でジェームズと話します。

K：もしもし，ジェームズですか？　こちらはケイコです。／J：こんにちは，ケイコ。／K：私はたった今，私の父にあなたのことを話しました。彼はあなたと会いたいそうです。／J：本当ですか？／K：ええ。明日，ないしは，明後日，何か予定はありますか。／J：えーと，今日は水曜日ですよね。明日は予定があります。でも，D イ 金曜日には予定が空いています。／K：良いですね。私達の家で夕食を一緒に食べるのはいかがですか。／J：それは素晴らしいですね。E ウ そのことを本当に楽しみにしています。／K：ホテルで4時に会うのはいかがですか。／J：良いですね。電話をしてくれて，ありがとうございます。それでは，その時に。／K：わかりました。また会いましょう。

A ホテルへの道を尋ねられていることと，後続文から，考えること。正解は，イ「あなたをそこまでお連れしましょうか」。Shall I ～?「～し(てあげ)ましょうか」(申し出)<Could you ＋ 原形 ～?>「～していただけませんか」(依頼)I'm going ～ ← <be動詞 ＋ 現在分詞[原形 ＋ －ing]>進行形　ア「お願いをしてよろしいでしょうか」 ウ「私を助けていただけますか」 エ「そのホテルへ行ったことがありません」<have been to>「～へ行ったことがある」

B 空所Bを受けて，ジェームズが来日目的を答えていることから考えること。正解は，エ「なぜ日本に来たのか尋ねてもよいですか」。May I ask you why you came to Japan? ← may「～かもしれない，してもよい」／疑問文(Why did you come to Japan?)が他の文に組み込まれる[間接疑問文]と，<疑問詞 ＋ 主語 ＋ 動詞>の語順になる。I'm going teach English ～「英語を教えることになっている」← <be動詞 ＋ going ＋ 不定詞[to ＋ 原形]>「～するつもりである，しそうである」 ア「あなたはどこへ向かっていますか」Where are going? ← 進行形<be動詞 ＋ 現在分詞[原形 ＋ －ing]>　イ「その都市を再び尋ねたいです」I would like to visit ← <would like ＋ 不定詞[to ＋ 原形]>「～したい」(話し手の希望・願望を控えめに述べる表現)　ウ「そこで何をするつもりですか」<be動詞 ＋ going ＋ 不定詞[to ＋ 原形]>「～するつもりである，しそうである」

C 空所の前で，thank you for your kindness. と礼が述べられているので，正解は，その返答としてふさわしい ア No problem.「どういたしまして」。No problem.「(依頼・許可の求めに対して)喜んでやりましょう，いいですとも／(お礼・お詫びに対して)どういたしまして，かまいませんよ／(不安に対して)大丈夫ですよ，まったく問題ありません」 イ「もう一度言っていただけませんか」cf. Pardon me.「失礼，すみません／お言葉ですが」 ウ「それは良い考えです」エ「どうしたの，何かあったの」

D 明日か明後日[木曜日か金曜日]の予定を聞かれて，「えーと，今日は水曜日ですね。明日は予定があるが， D 」という文脈から当てはまる選択肢を選ぶこと。正解は，イ「金曜日は予定が空いている」。逆接の but「しかし」。　ア「木曜日は忙しい」 ウ「金曜日は忙しい」 エ「木曜日は予定が空いている」

E ケイコ：<夕食への招待> → ジェームズ：That sounds great. E → ケイコ：<時間の提案> 正解は，ウ「それを本当に楽しみにしています」。I'm really looking forward to it. → 進行形<be動詞 ＋ 現在分詞[原形 ＋ －ing]> look forward to「～を楽しみに待つ，期待[予期]する」Would you like to eat ～? ← <would like ＋ 不定詞[to ＋ 原形]>～したい」(話し手の希望・願望を控えめに述べる表現)How about meeting ～?「会うのはいかがですか」← <How about ＋ 動名詞[原形 ＋ －ing]?>「～してはどうか」(提案・勧誘) ア「私はその音楽が好きです」 イ「いつ夕食が準備できますか」 エ「その時間を言って欲しいですか」Would you like me to tell you the time? <would like ＋ 人 ＋ 不定詞[to ＋ 原形]>「人に～［不定詞］して欲しい」

基本 **第3問** (話し方・聞き方：単語の発音，現在完了，間接疑問文)

1. Have you ever read this book?「この本を読んだことがありますか」← <have ＋ 過去分詞>現在完了(完了・経験・結果・継続)ここでの read は過去分詞であることに注意。read [e] <read「読む」の過去分詞>と同じ発音は，ア heavy「重い」。イ eat [iː]「食べる」ウ peace [iː]「平和」エ break [ei]「こわす，こわれる」
2. Do you know which team won first prize?「どのチームが一等賞に輝いたか知っていますか」疑問文が他の文に組み込まれた形(間接疑問文)。won [ʌ] <win「勝つ」の過去形>と同じ発音は，エ love「愛」。ア cold [ou]「寒い」イ open [ou]「を開ける，開く」ウ go [ou]「行く」
3. 「私達は2度富士山に登ったことがある」have climbed ← <have ＋ 過去分詞>現在完了(完了・経験・結果・継続) climbed [ai] <climb「登る」の過去分詞>と同じ発音は，イ child「子供」。ア list [i]「リスト」 ウ fifth [i]「5番目」 エ activity [i]「活動」
4. 「マイクが正しいと私は思った」thought [ɔː] <think「思う」の過去形>と同じ発音は，ウ August「8月」。ア show [ou]「示す」イ though [ou]「～にもかかわらず」 エ through [uː]「～を通り抜けて，のあちこちに，の間ずっと」
5. 「公園には多くの自転車がある」bikes [s]「自転車」の複数形と同じ発音は，イ trips「旅行」の複数形。<There ＋ be動詞 ＋ S>「Sがある，いる」ア bicycles [z]「自転車」の複数形 ウ buses [iz]「バス」の複数形 エ cars [z]「車」の複数形

重要 **第4問** (文法：語句補充・選択，不定詞，比較，語彙・慣用句，助動詞，前置詞，完了，接続詞，感嘆文)

1. I am glad $_{A}$ to hear that this movie is as popular $_{B}$ as that one.<感情を表す語 ＋ 不定詞[to ＋ 原形]>「～［不定詞］してある感情が沸き上がる」<as ＋ 原級 ＋ as>「同じくらい～［原級］」one ― 前で使われた<a[an]＋ 単数名詞>の代用。that one はここでは that movie の代用として one が使われている。
2. If you $_{A}$ are busy, I will hand $_{B}$ out these pamphlets. 時や条件を表す副詞節では，内容が未来であっても，現在時制で代用するので，空所Aは are が正しい。hand out「～を配る」hand in「～を提出する」
3. $_{A}$ Thanks to her advice, we were able to change $_{B}$ trains without any trouble. thanks to「～のおかげで，せいで」because of「～のために」change trains「列車を乗り換える」<be動詞 ＋ able ＋ 不定詞[to ＋ 原形]>「～できる」without「～なしで」
4. I $_{A}$ lived in this town $_{B}$ for five years when I was young. <接続詞 when ＋ 主語 ＋ 過去形>「主語が～した時に」のように過去の一時点を表す場合には，主節の動詞は，過去完了形ではなくて，過去時制を使うので，空所Aは lived が正しい。<for ＋ 時間>「～の間」(時間の範囲)since「～から，以来」(過去の始点)
5. $_{A}$ What a difficult question this is ! Would you help me $_{B}$ answer it? 空所Aの次には，形容詞で修飾された名詞(a difficult question)が来ているので，空所Aには what が当てはまる。感嘆文「何と～なのだろう」<What ＋ 形容詞 ＋ 名詞 ＋ 主語 ＋ 動詞 !>／<How ＋ 形容

詞／副詞 ＋ 主語 ＋ 動詞 !>「人[A]が～するのを助ける」<help A ＋(to)原形>／「(…のことで／…して)人[A]を手伝う>」<help A with／in(doing)> help me answering という形は不可。<Would you ＋ 原形 ～?>「～してくださいませんか」(依頼・勧誘)

重要 第5問 (文法・作文：語句整序，関係代名詞，動名詞，不定詞，分詞，仮定法)

1. (My father)did not let me turn on the television(.)<let ＋ 人 ＋ 原形>「人が～［原形］するのを許す，許可する」turn on「(電気・ガス・エアコンなど)をつける」
2. (The book)Tom gave me is worth reading again(and again.) the book Tom gave me「トムが私にくれた本」← <先行詞(＋ 目的格の関係代名詞)＋ 主語 ＋ 動詞>「主語が動詞する先行詞」目的格の関係代名詞の省略　<be動詞 ＋ worth ＋ 動名詞[原形 ＋ －ing]>「～する価値がある」again and again「何度も」
3. (It is)hard for me to keep my room clean(.)<It is ＋ 形容詞 ＋ for ＋ S ＋ 不定詞[to ＋ 原形]>「Sにとって～［不定詞］することは…［形容詞］だ」keep O C「OをCの状態に保つ」
4. (The box under)the desk is full of broken toys(.)the box under the desk「机の下の箱」が文全体の主部。<be動詞 ＋ full of>「～で一杯である」broken toys ← 過去分詞の形容詞的用法<過去分詞 ＋ 名詞>「～された名詞」
5. (I)wish I could fly freely like a bird(.)<wish ＋ 主語 ＋ 過去形(仮定法の過去)>「(実際ではそうでないが)～であればよいのにと願う」現在の事実に反することを希求する表現。前置詞の like「～のような，に似ている」

基本 第6問 (語彙：単語，関係代名詞，受動態，比較)

1. A：「あなたの誕生日はいつですか」／B：「私の誕生日は2月14日です」「2月」February
2. A：「良い絵です。誰がこの絵を描いたのですか」／B：「メアリーです」「描いた」drew[did]
3. 「このレストランが使うすべての野菜は，私達の町で育てられている」「野菜」vegetables be動詞が are なので，呼応させて 主語の vegetable は複数形にすること。all the vegetables this restaurant uses ← <先行詞(＋ 目的格の関係代名詞)＋ 主語 ＋ 動詞>「主語が動詞する先行」目的格の関係代名詞の省略　are grown ← 受動態<be動詞 ＋ 過去分詞>「～される，されている」
4. A：「鶏と牛肉ではどちらが好きですか」／B：「私は牛肉の方が好きです」「鶏」chicken better「より良い[良く]」← good／well の比較級
5. A：「いつこの橋は建設されましたか」／B：「それは1890年に建てられました」「橋」bridge was built ← 受動態<be動詞 ＋ 過去分詞>「～される，されている」

★ワンポイントアドバイス★

第3問の発音問題を取り上げる。扱われている単語は基本的なものが中心となっているが，その発音に関して，どこまで身についているかが問われている。単語を覚える際には，発音やアクセントまで注意を払うことが肝要である。

＜理科解答＞

第1問　問1　ウ，エ　問2　（仕事）　8.0J　（名称）　仕事の原理
問3　（力の大きさ）　1.25N　（距離）　6.4m　問4　ウ　問5　ウ
問6　a　イ　b　イ　c　ア

第2問　問1　NH_3　問2　ウ　問3　ウ，オ，カ　問4　（質量）　3.85g　（関係）　ウ
問5　イ

第3問　問1　ア　問2　食物連鎖　問3　表面積が大きくなるため。　問4　a　イ
b　ア　c　ア　d　イ　問5　(1)　エ　(2)　丸：しわ＝7：5　(3)　キ

第4問　問1　（風）　季節風　（気圧配置）　西高東低　問2　C，D　問3　（札幌）　c
（赤道地域）　e　問4　（図）　ウ　（雲）　キ　問5　a　イ　b　ア　c　ア
d　ア　e　イ

第5問　問1　3.0A　問2　(1)　交流電流　(2)　2400Wh　問3　誘導電流　問4　ア
問5　ア　問6　ウ　問7　エ

第6問　問1　イ　問2　ア　問3　$HCl + NaOH \rightarrow NaCl + H_2O$　問4　22.5mL
問5　80mL　問6　ア

第7問　問1　青紫　問2　(1)　A，B　(2)　イ　問3　赤褐　問4　Z＜X＜Y
問5　ア

第8問　問1　（噴火）　イ　（火山）　エ　問2　ア　問3　a　斑状　b　黒雲母
c　流紋岩　問4　72　問5　（図）　ア　（わかること）　オ

○配点○
第1問　問2，問4　各1点×3　他　各2点×5(問6完答)
第2問　問3，問4関係　各1点×4　問5　3点　他　各2点×3
第3問　問1，問5(1)　各1点×2　問5(3)　3点　他　各2点×4(問4完答)
第4問　問1，問3　各1点×4　他　各2点×4(問2，問4，問5a・b・c・d・e完答)
第5問　問2(1)，問3～問5　各1点×4　他　各2点×4　**第6問**　各2点×6
第7問　各2点×6(問2(1)完答)　**第8問**　問1　1点(完答)　他　各2点×6(問5完答)
計100点

＜理科解説＞

第1問　（力・圧力―動滑車・仕事）

基本　問1　仕事は，力の大きさと力の向きに移動した距離をかけて求める。力が働いていなかったり，力の向きに移動しない場合は仕事の大きさは0になる。エでは物体に下向きに重力がかかるが，移動したのは水平方向なので仕事はされていない。

重要　問2　40Nの力で0.20m移動するので，仕事の大きさは40×0.20＝8.0(J)である。動滑車などを用いて力を小さくしても移動する距離が長くなり，行った仕事の大きさが変わらないことを仕事の原理という。

重要　問3　動滑車の数を1個増やすごとに力の大きさは半分になる。動滑車が4個のとき引く力は2.5Nになり，5個のときには1.25Nになる。引く力が半分になると，引く距離は2倍になる。4個のとき引く距離は3.2m，5個では6.4mになる。

問4　斜面の角度が急になるほど，斜面に平行な分力は大きくなる。

重要 問5　Bから滑り出した鉄球の方が，移動距離が短いので時間t_2はt_1より短い。しかし，A，Bは同じ高さなので位置エネルギーは同じであり，運動エネルギーも同じになるため速度v_1，v_2は等しい。

問6　位置エネルギーと運動エネルギーを合わせて力学的エネルギーという。力学的エネルギーは保存される。どちらの鉄球も飛び出すときに同じ速度であり，同じ高さまで達する。飛び出した小球は放物線運動をするので，最高地点は滑りだした地点よりは低い。

重要 第2問　（気体の発生とその性質―気体の発生・性質）

問1　気体Bには刺激臭があるので，アンモニアである。化学式はNH_3である。

問2　気体BとDはリトマス紙を変色させるので，Dが二酸化炭素とわかる。二酸化炭素の水溶液は炭酸水と呼ばれ，酸性を示す。酸性の水溶液は青色リトマス紙を赤くする。酸性の物質のpHは7より小さい。

問3　気体Cは線香を激しく燃やすので酸素である。酸素は，二酸化マンガンに過酸化水素を加えることや，酸化銀を加熱すること，水酸化ナトリウム水溶液を電気分解することで生じる。

問4　反応前後の質量の合計は等しくなるが，気体が発生するとその分の質量が失われて軽くなる。Bでは2.1gの炭酸水素ナトリウムと100gの塩酸が反応し，反応後に101.0gになる。その質量差の1.1gが発生した二酸化炭素の質量である。同様にCでは2.2g，Dでは3.3gの二酸化炭素が発生する。Eでは$8.4+100-104.55=3.85$(g)，Fでも$12.6+100-108.75=3.85$(g)の二酸化炭素が発生する。これは加えた炭酸水素ナトリウムの方が塩酸より過剰量になり，塩酸がすべて反応し，炭酸水素ナトリウムの一部が反応しないで残ったからである。よって10.5gの炭酸水素ナトリウムを加えたときも，二酸化炭素は3.85gしか発生しない。

問5　横軸に炭酸水素ナトリウムの質量，縦軸に発生する二酸化炭素の質量をとると，グラフははじめ傾きのある直線になるが，途中で横軸に平行な直線になる。この2本の直線の交点が炭酸水素ナトリウムと塩酸が過不足なく反応するときである。グラフより読み取るこの点は7.35g付近になる。

第3問　（植物の種類とその生活―植物の分類と遺伝）

重要 問1　脊椎動物には，魚類，両生類，ハ虫類，鳥類，ほ乳類の5種類がある。図のように網状脈の葉脈を持ち，維管束が輪のように並び，根が主根と側根からできる植物を，双子葉植物という。

基本 問2　生態系の中の食う・食われるの関係を，食物連鎖という。

重要 問3　肺胞は肺の中にある小さなまるい袋で，ガス交換が行われる。肺胞は小さくて数が多く，球形で表面積が大きいので，効率よくガス交換ができる。

基本 問4　生殖細胞の染色体数は体細胞の半分である。受精によって，親と同じ数の染色体数になる。生殖細胞をつくる分裂を減数分裂という。受精卵は体細胞分裂によって細胞の数が増える。

問5　(1)　実験3で丸い種子を自家受粉させて丸：しわ＝3：1となったので，親の遺伝子型はAaであったことがわかる。　(2)　実験1でできた120個の種子はすべて丸である。実験2では120個すべてがしわになった。実験3では120個のうち4分の3の90個が丸，4分の1の30個がしわになる。丸：しわ＝210：150＝7：5である。　(3)　3粒から360個の種子ができる。このうち丸は$360\times\frac{11}{12}=330$(個)，しわは30個である。親の遺伝子型がAAのものが2個から丸の子供が240個できる。さらに1個のAaから丸が90個，しわが30個できるので，丸：しわ＝330：30＝11：1となる。

第4問　（地球と太陽系・天気の変化―太陽系の惑星・気象）

基本 問1　大陸と海の温度差によって生じる季節に特有の風を季節風という。日本列島では冬の時期に大陸の冷たい高気圧から北西の季節風が吹く。冬の時期の特長的な気圧配置は，西高東低である。

問2　グラフの曲線は，各温度における飽和水蒸気量を示す。湿度が50%のときは，実際の水蒸気量がその温度の飽和水蒸気量の半分の時である。

問3　冬至の時の太陽の南中高度が1年で最も低い。cが太陽の日周運動を示す。地軸が公転面に垂直であれば，太陽は赤道上を移動する。その経路はeになる。

重要 問4　温帯低気圧は，温帯地方の暖気と寒気が接するところに発生する。南東方向に温暖前線，南西方向に寒冷前線を伴う。図ではウの形になる。

重要 問5　低気圧は反時計回りに風が吹き込み，上昇気流によって水蒸気を含む空気が上空に運ばれ，上空で冷やされて雲ができる。そのため低気圧が近づくと雨が降りやすい。

第5問 （電流と電圧・磁界とその変化―オームの法則・電磁誘導）

基本 問1　回路全体の抵抗の大きさは5Ωであり，15Vの電圧がかかるので，回路を流れる電流は15÷5＝3.0(A)である。

問2　1200Wを2時間使用するので，電力量は1200×2＝2400(Wh)である。

問3　磁界の変化によって電流が流れる現象を電磁誘導といい，このときの電流を誘導電流という。

重要 問4　磁力線の増加を打ち消す方向に磁力線を発生させるように誘導電流が流れる。図2でN極が近づくので，コイルの上側がN極になるように電流が流れる。右ねじの法則より，電流は図2の矢印の方向に流れる。磁石のS極を遠ざけるとき，コイルの上側がN極になるように電流が発生するので，図2と同じ方向に電流が流れる。

重要 問5　コイルを磁石に近づけても，上向きの磁力線が生じる。つまりコイルの上側がN極になるので，図2の時と同じ向きの電流が流れる。

問6　ICカードをリーダに近づけると，下から上に向かう磁力線が増えるので，それを減らすように上から下に磁力線が発生する。このとき，上から見て時計回りに電流が流れる。

問7　リーダのコイルに流れる電流の大きさを変化させるとリーダの磁力線が変化するので，ICカードを動かさなくてもカードの円形コイルに電流が流れる。

第6問 （酸とアルカリ・中和―中和反応）

基本 問1　ともに水に溶かすとイオンに電離するので，電流が流れる。

重要 問2　酸の水素イオンとアルカリの水酸化物イオンが反応する反応を中和反応という。多くの場合，水が生じる。酸の陰イオンとアルカリの陽イオンが結びついたものを塩という。塩の多くは水に溶けるが，水に溶けない塩もある。

重要 問3　化学反応式は，$HCl + NaOH \rightarrow NaCl + H_2O$である。

問4　グラフより，10mLの塩酸と5mLの水酸化ナトリウム水溶液がちょうど反応する。45mLの塩酸と反応する水酸化ナトリウム水溶液の体積をx(mL)とすると，10：5＝45：x　x＝22.5(mL)。

問5　塩酸の濃度を半分にすると，水酸化ナトリウム水溶液とちょうど中和するのに必要な塩酸の体積が2倍になる。20mLの水酸化ナトリウムとちょうど中和する薄める前の塩酸の体積は40mLなので，半分に薄めた塩酸の必要量は80mLである。

重要 問6　20mLの塩酸と20mLの水酸化ナトリウム水溶液を混合すると，塩酸はすべて反応し水酸化ナトリウムは10mLが反応せずに残る。はじめの塩酸中に含まれる水素イオン，塩化物イオンをn個とすると，水酸化ナトリウム水溶液中のナトリウムイオン，水酸化物イオンは$2n$個である。反応後の水溶液には，塩化物イオンn個，水酸化物イオンn個，ナトリウムイオン$2n$個が含まれる。よって，$Na^+ > Cl^- = OH^-$である。

第7問 （ヒトの体のしくみ―消化酵素）

基本 問1　試験管Aにはうすいデンプンのリと唾液を入れ，35℃で温めた。唾液中の糖の分解酵素によってデンプンが分解され糖ができる。しかし，その他の試験管では，唾液がなかったり，温度が低いのでデンプンが分解されず，ヨウ素液を入れると青紫色になる。

重要 問2　試験管A，Cにはともにデンプンと唾液が入っている。しかし，Aではデンプンは分解するが，Cでは分解しない。これはCでは温度が低すぎるので消化酵素が十分働かないためである。消化酵素は恒温動物の体温付近でよく働く。

重要 問3　ベネジクト液は還元性を持つ糖の検出試薬で，糖があると赤褐色になる。

問4　どちらのセロハンの袋を入れたビーカーの水も，ヨウ素液で色が変化しなかった。これから，デンプンはセロハン膜を通過できないことがわかる。これは，セロハンの袋にある穴の大きさより，デンプンの分子の方が大きいためである。しかし，だ液を入れたセロハン袋Eの外側のビーカーの水は，ベネジクト液で赤褐色になった。これは，デンプンが分解してできた糖がセロハン袋の穴を通って外に出たことを示す。よって，だ液の働きでできた物質(デンプンの分解でできた糖)の大きさはセロハン袋の穴より小さい。

問5　温度が低くなると，消化酵素の働きが鈍くなり，デンプンの分解に時間がかかるようになる。そのため，グラフの傾きが小さくなる。横軸に時間をとり，縦軸に物質の量をとると曲線の接線のかたむきは反応の速さを意味する。

第8問　(大地の動き・地震―火山・地震)

問1　火山の形が盛り上がったような形のものは，マグマの粘り気が大きく，噴火が激しく爆発的に噴火する。昭和新山や雲仙普賢岳などはその例である。

問2　噴火の激しさは，マグマの粘り気の強さと関係する。アのように粘り気の異なるホイップクリームで実験すると，その違いがわかりやすい。

問3　(a)　マグマが冷えてできた岩石を火成岩といい，そのうち急激に冷やされてできるものを火山岩，地下の深いところでゆっくり冷えてできるものを深成岩という。火山岩の特長は，大きい鉱物(斑晶)とそれを取り囲むガラス質の石基からなる斑状組織である。深成岩は鉱物の大きさがそろった等粒状組織である。　(b)　六角板状で黒っぽい鉱物なので，黒雲母である。　(c)　この岩石は火山岩で，白っぽい色をしているので流紋岩である。別の火山岩には，安山岩，玄武岩がある。徐々に色の黒さが増す。

重要 問4　地震の発生から星君に主要動が伝わるまでの時間を求める。震源から20km離れた場所に初期微動が到達するのにかかる時間は$20\div5=4$(秒)である。その3秒後に緊急地震警報が発令された。これを聞いて17秒後にS波が星君のところに到達するので，地震発生から$3+4+17=24$(秒)後にS波が届いた。S波の速度は3km/秒なので，震源からの距離は$24\times3=72$(km)である。

問5　東北地域では，海洋プレートが大陸プレートの下に沈み込んでいる。大陸プレートが海洋プレートに引きずられてひずみのエネルギーが溜まり，それが限界に達すると岩石が破壊され巨大地震が発生する。断面図ではアのようになっており，海洋プレートが大陸プレートの下に沈み込んでいて，プレートの境目付近で多くの地震が発生していることがわかる。

★ワンポイントアドバイス★

全分野において，総合問題の形で出題されている。理科全般の幅広く，確実な知識が求められる問題である。問題数が多いので解ける問題から解答すること。

<社会解答>

第1問 問1 ウ　問2 ウ　問3 (1) ア　(2) ア　問4 イ　問5 イ
問6 ウ　問7 ウ　問8 エ　問9 華人　問10 エ
問11 (海岸線) リアス海岸　(理由) ア　問12 関東ローム(層)
問13 ニュータウン　問14 イ　問15 (1) 白豪主義　(2) ウ
問16 (1) 二期作　(2) (国名) フィリピン　(場所) エ
(3) 産業の空洞化

第2問 問1 磨製(石器)　問2 ウ　問3 イ　問4 墾田永年私財法　問5 エ
問6 エ　問7 株仲間　問8 足利義満　問9 エ　問10 カ　問11 ウ
問12 ア　問13 ウ　問14 ウ　問15 (条約) サンフランシスコ平和(条約)
(講和) 単独(講和)　問16 ルネサンス　問17 ア　問18 イ
問19 書院造　問20 ウ

第3問 問1 ア　問2 イ　問3 エ　問4 ウ　問5 イ　問6 エ　問7 エ
問8 ア　問9 ウ　問10 ウ　問11 (1) ア　(2) イ
問12 マイクロクレジット　問13 エ　問14 人間の安全保障　問15 イ

○配点○
第1問 問9・問12・問13・問15(1)・問16(1)・(3) 各1点×6　他 各2点×14(問11,問16(2)各完答)
第2問 問1・問4・問7・問8・問15・問16・問19 各1点×8　他 各2点×13
第3問 各2点×16　計100点

<社会解説>

第1問 (地理－各地域の地形や産業などの総合問題)

基本 問1 Ⅰは山形県，Ⅱは静岡県，Ⅲは長崎県，Ⅳは愛媛県，Ⅴは千葉県，Ⅵは兵庫県である。このうち，県名と県庁所在地名が異なるのはⅣの松山市とⅥの神戸市となる。

重要 問2 オリーブは，高温かつ乾燥した土地が栽培に適しており，地中海沿岸での生産量が多い。よってスペイン，イタリアなどの地中海に面した国が上位にあるウが正しい。なお，アはトウモロコシ，イは油やし，エは小麦である。

基本 問3 (1) 球磨川は，熊本県南部から八代平野へ流れる川で，日本三大急流の一つでもある。八代平野はたたみ表の原料であるい草の産地としても知られる。なお，庄内平野は山形県，濃尾平野は愛知県や岐阜県など，越後平野は新潟県にある平野である。 (2) 香川県高松市は，年間を通して降水量が少なく，冬でも比較的温暖な瀬戸内気候なので，アが正しい。なお，イは日本海側の気候，ウは中央高地の気候，エは太平洋側の気候である。

やや難 問4 65歳以上の人口割合が大きい都道府県は，秋田県や山口県，島根県など，人口が多くない都道府県という共通点があり，選択肢の高知県と宮城県だと，高知県がふさわしい。また，65歳以上の人口割合が小さい都道府県は，沖縄県を除くと東京都や滋賀県など，人口が多い都道府県やその周りという共通点があるので，選択肢の北海道と愛知県だと，愛知県がふさわしい。

基本 問5 大井川の下流部に広がる牧之原台地は，日本有数の茶の産地である。なお，茶の生産量は，静岡県，鹿児島県，三重県，宮崎県，京都府の順に多い(2021年)。

重要 問6 太平洋は三大洋の中で最も面積が大きいが，アフリカ大陸には面していないのでaは誤り。また，太平洋を取り囲むように環太平洋造山帯が分布しているのでbは正しい。

問7　北関東工業地域は，茨城県・栃木県・群馬県の内陸部に形成された工業地域で，海に面していないため，石油化学工業を含めた化学工業は盛んではないのでaは誤り。また，日本人に比べて人件費の安い技能実習生などの外国人労働者が増えているため，外国語の案内やガイドブックなどを作成する地方自治体もあるので，bは正しい。

問8　かつおは水温の高い南洋に生息するため，暖流の日本海流[黒潮]が沿岸を流れる都道府県での漁獲量が多いので，エが正しい。なお，アはかに類，イはいわし類，ウはさけ・ます類である。

重要 問9　中国出身で，移住先の国の国籍を取得した人々のことを華人という。また，国籍を取得していない人々は華僑というので，本問では華人のみが正答である。

重要 問10　各宗教の信者のうち，最も人口が多いのはキリスト教で，イスラム教，ヒンドゥー教，仏教と続く。よってaは誤りである。また，牛を神聖な動物とし，牛肉食を禁じているのはヒンドゥー教であるのでbも誤りである。なお，イスラム教では豚肉食を禁じている。

基本 問11　岬と湾が入り組んでいて，海岸線が複雑な地形をリアス海岸という。リアス海岸は，三方を陸地に囲まれていて，波がおだやかなので，漁港や養殖場に適している反面，津波の被害を受けやすい欠点もある。

基本 問12　千葉県北部などに広がる関東地方の台地は，周辺の火山からの火山灰が堆積して形成されている。この赤土の層を関東ローム層という。

問13　東京や大阪などの大都市圏の過密状態を緩和するために，都心周辺部には新たにニュータウンと呼ばれる大規模な住宅地が建設された。例として，多摩ニュータウン，千里ニュータウン，千葉ニュータウンなどがある。

重要 問14　Xの品目に，原油や液化天然ガスがあることから，Xが輸入，Yが輸出だと判断できる。また，近年の輸出入品第一位はどちらも機械類なので，イの組み合わせが正しい。なお，Bには衣類，Cには自動車があてはまる。

問15　(1)　かつてオーストラリアでは，白人以外の移民を厳しく制限する政策が取られ，これを白豪主義という。白豪主義は1970年代に撤廃され，その後は先住民族も含めた多民族・多文化国家をめざしている。　(2)　オーストラリアとブラジルの2国で世界の50%以上を産出する鉱産資源は鉄鉱石である。なお，オーストラリアの西部は鉄鉱石，東部は石炭の産出が多い。

重要 問16　(1)　年に2回，同じ農地で同じ作物(稲など)を栽培する方法を二期作という。　(2)　アジアの国で，キリスト教徒が多いのはフィリピンである。フィリピンは，かつてスペイン，後にアメリカの植民地であった影響でキリスト教徒が多く，英語が公用語の一つとなっている。なお，アはミャンマー，イはインドネシア，ウはベトナムである。　(3)　日本企業は1980年代後半から，人件費の安いアジア諸国に工場を盛んに移転した。この結果，日本国内の工業生産が停滞する産業の空洞化が起こった。

第2問　(日本と世界の歴史－時代区分をテーマにした総合問題)

基本 問1　旧石器時代では，石を打ちかいただけの打製石器が用いられていたが，新石器時代では，石器を磨いて切れ味を増した磨製石器も用いられた。日本では縄文時代が新石器時代に区分される。

基本 問2　弥生土器は，従来の縄文土器とは異なり，表面の文様がほとんどなくなった。当時の人びとは，稲作で得た米を土器に入れて貯蔵したり，煮たきをしたりしたのでウが正しい。なお，イののぼりがまは，古墳時代に渡来人によって伝えられた新しい土器の製造技術である。エについては，弥生土器の使い方として適切ではない。

重要 問3　ヤマト王権の大王の古墳内部からは，武器や装飾品が見つかっており，古墳の上や周りには，埴輪と呼ばれる土の人形が置かれたので，aは正しい。また，ヤマト王権は，朝鮮半島諸国に対して優位に立つために，たびたび中国に使いを送ったが，隋はまだ成立しておらず，当時は南北朝時代（ヤマトが使いを送ったのは南朝の宋王朝）だったのでbは誤りである。

基本 問4　奈良時代，土地の開墾を促すために，723年に三世一身法が出されたものの効果は少なかった。その後，新たに開墾した土地をいつまでも自分のものにしてよいと認める墾田永年私財法が，743年に聖武天皇によって出された。

基本 問5　この史料は，1221年に起こった承久の乱のさい，鎌倉幕府初代将軍源頼朝の妻である北条政子が話したものとされる。史料内に「故右大将軍が幕府を鎌倉に開いてから」とあるので，故右大将軍は源頼朝である。よって正しいのは，bとdの組み合わせである。

問6　中国の明より倭寇の取り締まりを求められたことをきっかけに，日本が明に朝貢してその返礼を受け取るという形で行う勘合貿易を始めた。日本は銅や硫黄などを輸出し，明から生糸や絹織物，銅銭などを輸入した。1467年の応仁の乱後は，大内氏や堺・博多の商人が貿易を行うようになった。よってエが誤っている。

基本 問7　江戸時代，幕府や藩に税を納めるかわりに独占的に営業をおこなう特権を得た同業者組合を株仲間という。なお，同様の同業者組合として座があるが，これは鎌倉～室町時代のものである。

基本 問8　室町幕府初代将軍足利尊氏の孫で，3代将軍となったのは足利義満である。足利義満は京都の室町に花の御所という邸宅を建てて政務を行ったことから，この時代を室町時代と呼ぶ。

問9　明治維新・富国強兵の一環として，政府は群馬県に官営の富岡製糸場を1872年に建設したので，エが正しい。なお，ア～ウに関して，1872年の学制は，6歳以上の男女が小学校に通うことを義務としたうえ，当初は有料だった。1873年に，満20歳以上のすべての男子に兵役の義務を課した徴兵令と，地主が地価の3％（のちに2.5％）を現金で納める地租改正が実施された。1876年には，武士（士族）の特権だった帯刀を禁止する廃刀令が出された。

重要 問10　年代の古い順に，cのサラエボ事件（1914年）をきっかけに第一次世界大戦が始まり，大戦中の1917年にbのロシア革命が起こった。そして1918年に第一次世界大戦が終結した後の1920年に，aの国際連盟が設立されたので，c→b→aの順となる。

基本 問11　1333年，後醍醐天皇は建武の新政を始めたが，新政に不満を持つ足利尊氏と対立し，1336年に吉野（現在の奈良県）へ逃れた（南朝）。一方の足利尊氏は，京都（北朝）で新しい天皇を即位させ，これにより南北朝時代が始まった。南北朝時代は，1392年に足利義満によって統一された。

問12　平安時代末期，平清盛は自分の娘を天皇にとつがせて生まれた子を次の天皇とした。また，大輪田泊（現在の神戸市）を修築して瀬戸内海航路を整備し，日宋貿易を盛んに行って巨額の利益を得たので，aもbもどちらも正しい。

重要 問13　a　1905年のポーツマス条約では，ロシアは朝鮮半島や満州（中国東北部）での日本の優越を認め，日本は地図中のⅡを含む遼東半島を支配下に置いた。　b　1931年，地図中のⅢ付近で南満州鉄道の線路を爆破するという柳条湖事件をきっかけに日本は満州事変を起こし，翌年の1932年に一方的に満州国を建国した。よってウの組み合わせが正しい。

やや難 問14　1940年，日独伊三国同盟が結ばれ，この3国を「枢軸国」，これに対抗する米英仏中ソなどを「連合国」と呼んだ。連合国側のアメリカとイギリスは，1941年に大西洋憲章を発表し，民主主義を守り，ファシズムを否定する考えを世界に示した。なお，選択肢のポツダム宣言は，1945年7月に発表された，日本に対する無条件降伏の勧告である。

問15　1951年に結ばれた，日本の独立を回復するための条約をサンフランシスコ平和条約という。この条約は，アメリカなど48か国と締結したものの，アメリカと冷戦で対立するソ連や，成立して間もない中華人民共和国とは結ばれず，これらの国と講和し，国交を回復するのはまだ先のこと（1956年日ソ共同宣言，1972年日中共同声明）なので，この条約は単独講和だったと言える。

基本 問16　14世紀～16世紀ごろ，イタリアから西ヨーロッパに広がったギリシャ・ローマ文化の復興をめざす運動をルネサンス(文芸復興)といい，レオナルド・ダ・ヴィンチなどが活躍した。

重要 問17　年代の古い順に，aの十字軍派遣が11世紀～13世紀，bのカルバンによる宗教改革が16世紀前半～半ば，cの島原の乱や，禁教政策は17世紀前半なので，a→b→cのアが正しい。

問18　紀元前3世紀，秦が中国全土を統一し，始皇帝がはじめて皇帝を名乗った。なお他の選択肢は，古い順に殷(紀元前17世紀ごろ～)，周(紀元前11世紀ごろ～)，漢(秦滅亡後の紀元前3世紀～3世紀)である。

基本 問19　室町時代後半の，東山文化の代表建築物である慈照寺銀閣や東求堂同仁斎に用いられている建築様式を書院造という。書院造は畳敷きやふすまなど，現在の和室の原型となった。

問20　aについて，会話Ⅱの最後の方で，先生が「日本史では中世から近世が分離して4つになり」と発言しているので誤りである。bについて，会話Ⅱの前半で，先生が「中世は，平清盛による武士政権が成立した平安時代末期からはじまるとされ，近世は，武士による天下統一が進んだ時代から」や，会話Ⅱの半ばで「中世は争いが続く時代，近世は争いが終わり安定した社会がつくられた時代」と発言しているので正しいと判断できる。

第3問 (公民－日本の政治や経済，国際政治など)

重要 問1　地方自治における直接請求権のうち，条例の制定・改廃は，有権者の50分の1以上の署名を首長に提出したあと，地方議会にて審議が行われるので，アが正しい。なお，イについて，解職請求(リコール)のうち，市長など選挙で選ばれた人物の解職請求は，有権者の3分の1以上の署名を選挙管理委員会に提出するが，副市長など，選挙で選ばれていない主な公務員の解職請求は方法が異なる。ウについて，二元代表制とは，地方自治体の首長と地方議会議員のどちらも住民が直接選挙で選ぶことを表す。エについて，市町村合併をするときは，住民の意思を問うために住民投票が行われることがあるが，必ず住民投票をしなければならないという決まりはない。

やや難 問2　居住地の違いなどにより，有権者一人の一票の価値が平等でないことを「一票の格差」「一票の価値の不平等」と呼ぶ。この問題に対し，これまで最高裁判所では，「違憲」「違憲状態」という判決が出されたことがあるのでaは正しい。また，参議院議員選挙の選挙区は原則として都道府県ごとにおかれているが，2016年の選挙から，人口の少ない鳥取県と島根県，高知県と徳島県はそれぞれ合わせて一つの選挙区(合区という)となったのでbは誤りである。

問3　地方自治体は，法定外税という独自の税を課すことができ，例としては宿泊税や遊漁税などがある。なお，アとウに関して，所得の高い人ほど税率が高くなることを累進性といい，累進課税制度がとられているのは所得税や相続税など一部の税であり，すべての直接税ではない。また，イに関して，間接税には国に納めるものもあれば地方に納めるものもある。

重要 問4　一般的に，不景気のときは減税をするのでaは誤りである。また，独占や寡占は市場経済における競争を阻害し，消費者の不利益となるため，独占禁止法で規制されるのでbは正しい。

問5　スポーツ庁は，文部科学省のもとに置かれている外局である。なお，国土交通省の外局である，国土地理院，気象庁，海上保安庁，観光庁は入試に頻出である。

問6　オンブズマン[オンブズパーソン]制度は，外部の第三者機関が行政機関などを監視・調査する制度で，日本では地方自治体単位で行われるのでエは誤りである。

重要 問7　国会のうち，内閣が必要と認めたとき，もしくはいずれかの議院の総議員の4分の1以上の要求があった時に開かれる国会を臨時国会という。なお，特別国会は，衆議院が解散された後の衆議院議員総選挙の日から30日以内に開かれ，内閣総理大臣を指名するための国会である。

やや難 問8　富士山は，「信仰の対象と芸術の源泉」として世界遺産に登録されているが，自然遺産ではなく，文化遺産であるのでアは誤りである。なお，2023年2月現在，日本には自然遺産が5か所，文化遺産が20か所の計25か所が世界遺産に登録されている。

問9　2023年5月，広島でG7サミットが開催された。正式参加国の7か国は，アメリカ，イギリス，フランス，ドイツ，日本，イタリア，そしてカナダである。なお，ロシアも正式参加国であったが，2014年のクリミア半島併合問題のため，2014年のサミットからは除外されている。

やや難 問10　EU(ヨーロッパ連合)の参加国は最大で28か国だったが，これまで離脱したのは2020年に正式離脱したイギリスのみで，ギリシャは2023年2月時点でも加盟国なのでaは誤りである。また，日本とEUとのEPA(経済連携協定)は，2019年に発効しているのでbは正しい。

問11　(1)　経済活動の自由の一つである職業選択の自由については，医師や教員など，資格を持たないとなれない職業がある。これは，多数の国民の生存権や社会権を守るため，個人の自由権が公共の福祉による制限を受けている例といえる。　(2)　日本国憲法の第27条では，「すべて国民は，勤労の権利を有し，義務を負う。」と定められているのでイが正しい。なお，アについて，国政選挙においては外国人の選挙権は認められていない。ウについて，奴隷的拘束・苦役からの自由は身体の自由の一つである。エについて，裁判を受ける権利はすべての人に与えられている。

やや難 問12　バングラデシュなどでみられる貧困対策の一つとして，貧しい人々が事業を始めるために，少額のお金を低金利で貸し出すことをマイクロクレジットという。なお，マイクロクレジットの普及に貢献したグラミン銀行は，2006年にノーベル平和賞を受賞した。

問13　再生可能エネルギーとは，回復量が使用量を上回り，半永久的に使えるエネルギーのことで，風力・太陽光・地熱などがある。化石燃料は，使用しても回復せず，再生可能エネルギーではないのでaは誤り。また，2011年の東日本大震災に伴う福島第一原発事故の影響で，日本の原子力発電量はいったんゼロになったものの，その後少しずつ稼働を再開しているのでbも誤り。

やや難 問14　従来は，国家が自国の国民と領土を守る「国家の安全保障」の考え方が中心的だったが，現在の国際社会では，世界の平和を実現するために，一人一人の人間の生命や人権を大切にしていくという考え方が広まっている。この考え方を，「人間の安全保障」という。

重要 問15　年代の古い順に，aの長崎に原子爆弾が投下されたのは1945年8月9日，cの第五福竜丸がビキニ環礁で被ばくしたのは1954年，この事件をきっかけに，bの広島で第1回原水爆禁止世界大会が開催されたのが1955年で，a→c→bとなる。

★ワンポイントアドバイス★

制限時間の割に小問の数が多いので，効率的に処理していく必要がある。正誤の組み合わせなどの，難しいと思う問題はひとまず飛ばしたほうがよい。記号選択の方が語句記入よりも配点が高いので，最終的には全部埋めきろう。

＜国語解答＞

第1問　問一　①　けいだい　②　あらわ(す)　③　静寂　④　展覧　⑤　功績　⑥　歓喜　問二　①　ウ　②　エ　③　イ　問三　①　エ　②　カ　③　ク　問四　①　ア　②　イ　③　ア

第2問　問一　①　ウ　③　エ　問二　ア　問三　エ　問四　(例)　立体コピーされたものが細かい図になってくると，理解することが難しくなるが，「分からない」と言い出すことができず，ディスコミュニケーションが深まってしまうという問題。
問五　イ　問六　1　(例)　もともと頭の中に持っているパターンと，いま指で触っている点の配置を照合することで，そのパターンを把握して，意味を理解する行為。　2　(初め)　見える人の　(終わり)　害者もいる(ため。)　問七　D・F

第3問　問一　X　ア　Y　エ　Z　キ　問二　①　ウ　④　オ
問三　世の中のある人　問四　かわずのこえ
問五　(初め)　力をも入れ　(終わり)　をも慰むる　問六　不レ能二無為一
問七　詠は言に形はる　問八　1　ウ・オ　2　ア　問九　エ

○配点○

第1問　各2点×15

第2問　問一　各2点×2　問二・問五　各4点×2　問四・問六Ⅰ　各8点×2　他　各3点×4

第3問　問一～問四・問九　各2点×8　問八1　各1点×2　他　各3点×4　計100点

＜国語解説＞

第1問　(漢字の読み書き，熟語の構成，品詞・用法，ことわざ・慣用句)

問一　①「内」を「ダイ」と読む熟語はほかに「内裏」。音読みはほかに「ナイ」。熟語は「内閣」「内密」など。訓読みは「うち」。　②「著」の訓読みは「あらわ(す)」「いちじる(しい)」。音読みは「チョ」。熟語は「著作」「著名」など。　③「寂」を使った熟語はほかに「寂然」「閑寂」など。音読みはほかに「セキ」。熟語は「寂寞」「寂寥」など。訓読みは「さび」「さび(しい)」「さび(れる)」。　④「展」を使った熟語はほかに「展開」「展示」など。　⑤「功」を使った熟語はほかに「功労」「成功」など。「功徳(くどく)」という読み方もある。訓読みは「いさお」。　⑥「歓」を使った熟語はほかに「歓迎」「歓談」など。訓読みは「よろこ(ぶ)」。

問二　①「国立」は，主語と述語の関係にある漢字による構成で，「国が立てる」と読むことができる。　②「決心」は，下の漢字が上の漢字の目的語になる構成で「心を決める」と読むことができる。　③「価」「値」は，ともに，ねだん，ねうち，という意味を持つ。

問三　①「ちょっと」は，呼びかけを意味する「感動詞」。　②「大きな」は，直後の名詞(体言)「声」を修飾する活用のない自立語なので「連体詞」。　③「た」は，動詞の連用形「し」に接続する，完了を意味する「助動詞」。

問四　①「情けは人のためならず」は，人に情けをかけておけば，めぐりめぐって自分のためになるものだから，人には親切にしておくべきだ，という意味なので，アが適切。　②「浮足立つ」は，不安などでそわそわと落ち着かない状態になること，形勢が不利になって逃げ越しになること，という意味なので，イが適切。　③「気の置けない」は，緊張したり遠慮したりする必要がない，という意味なので，「気の置けない人」とは，緊張したり遠慮したりしなくてもいい人，という意味。

第2問　(論説文―語句の意味，四字熟語，文脈把握，脱文補充，内容吟味，要旨)

問一　①「助長」は，ある働きかけによって，その傾向などがより一層盛んになること，という意味なので，ウが適切。　③「杓子定規」は，一つの見方でしか物事を見ないこと，融通が利かないこと，という意味なので，エが適切。

問二　直後に「理由は，ひとつには点字を習得することの難しさがあげられます。……点字も小学校高学年くらいまでに習わないと，なかなか速く読めるレベルに達することができないと言われています。成人してから事故や病気で視力を失った人にとって，これはかなりのハードルです」「また，読めたとしても自分で点字を打つとなるとさらにハードルは上がります。点字は，手で打つときと読むときでは，紙を裏返します。するとパターンが左右反転してしまう。……点字習得を難しくしている原因のひとつでしょう」「もうひとつの理由は，電子化とインターネットの発達によって，点字を身につける必要性が減少していることです。電子化されたテキストなら，音声読み上げソフトによって耳で聞くことができます」「若い世代は電子化の波をダイレクトに受けていて，パソコンや携帯を駆使して見える人と同じように情報を収集します。スマートフォンを使いこなす視覚障害者も増えています」と説明されているので，「点字の仕組みを理解することができない」とするアは合致しない。

問三　直前の「点字が読める人に二枚のタオルを渡し，その質感の違いを感じられるかと聞いてみると……答えは必ずしもイエスとはなりません」を言い換えているので，エが適切。

問四　この後に「細かい図になってくると，見えない人であっても，理解するのは容易ではありません」「けれどもこうしたケースでは，『分からない』とはなかなか言いだしにくいものです。……それではますますディスコミュニケーションが深まってしまいます」と説明されているので，立体コピーされたものは，細かい図になってくると理解するのが難しい，しかしそれを「分からない」とは言いだしにくいので，ディスコミュニケーションが深まってしまう，という二点を押さえて要約すればよい。

問五　「上位感覚」については，「五つの……」で始まる段落以降に「五つのうちの最も『優れた』感覚は何か。ご推察のとおり，それは視覚です。……ただし，これは私たちが視覚からもっとも多くの情報を得ているということではなくて，視覚がその機能においてより『精神的』であるという意味です」「視覚に次いで高次の感覚は聴覚です。聴覚も精神的な活動と結び付けられます」と説明されているので，イが適切。

やや難　問六　1　「点字を理解する」ことについては，【問題文B】に「点字は『触る』ものではなく，『読む』ものなのです。……もともと頭の中に持っているパターンと，いま指で触っている点の配置を照合することです。配置のパターンを把握して……と理解していく」と説明されているので，もともと認識しているパターンと，いま指で触っている配置を照合することで，配置のパターンを把握して理解していく，という要点を押さえてまとめればよい。　2　【問題文A】に「見えない人の中には，公共の場では触覚がネガティブな印象を与えることを気にしている人もいます」とあり，「見える人の価値観を知っているから，『いかに触らないで把握するか』に配慮している視覚障害者もいる(47字)」と説明されている。

やや難　問七　Aは「点字は……意味のない劣った言語」，Bは「点字が読めない人は……触覚が鋭くない」，Cは「常に『触らないで認識しよう』と気を使っている」，Eは「筆者による優劣」が適切でない。Dは，「それに……」で始まる段落に「見えない人にとって，触ること自体が楽しいわけではありません。おそらくそこには触覚を開館と結びつける，見える人の価値観があります」とあることと合致する。Fは，「これら二つの……」で始まる段落に「『視覚／聴覚』と『嗅覚／味覚／触覚』という二つのカテゴリーを分ける基準は，対象に接触しているかどうかです」とあることと合致する。

第3問　（古文・和歌・漢文─脱語補充，口語訳，文脈把握，仮名遣い，返り点，文学史）

〈仮名序　口語訳〉　やまとうたと申しますものは，人の心を種にたとえますと，それから生じ，口に出た無数の葉のようなものであります。この世に暮らしている人々はいろいろな出来事に接するので，その見たこと聞いたことに託して心に思ったことを言い表したものが歌であります。花の間にさえずる鶯，清流に住む河鹿の声を聞けば，自然の間に生を営むものにして，誰も歌を詠まないものはいない。力も入れないで天地を動かし，目に見えない鬼神の心をも感激させ，男女の間の親密さも加え，いかつい武人の心さえもなごやかにするのが歌なのです。

〈真名序　口語訳〉　我らが「和歌」と呼ぶものは，その根を心という大地にしっかりと下ろし，ことばという森林に吹き出た一種の花なのである。人として世にある以上，何もせぬ状態にあるというのは考えられないことである。思考は絶えず変転し，哀歓は互いにいれかわる。心に感動が起こると，歌となってことばに表れるのである。このゆえに，安心して楽しむ者の声は楽しみに満たされ，怨みをもつ者の歌は悲しみがこもっている。だから，歌によってわが想いを述べ，わが憤りを示すことが可能となるのである。天地を動かし，鬼神を感激させ，人道を厚くし，夫婦に和をもたらすこと，和歌よりもまさるものはない。

問一　X　直前の「種」につながるものとして「葉」が適切なので，「言の葉」が入る。　Y　直前に「天地を動かし」とあり，【文章A】にも同様の表現があることに着目する。【文章A】には「力をも入れずして天地を動かし，目に見えぬ鬼神をもあはれと思はせ」とあるので，「天地を動かし」と対になる表現として「鬼神(を感じせしめ)」とするのが適切。　Z　【文章A】の最後の「……猛き武士の心をも慰むるは歌なり」と対応する表現になっていると考えられるので，「和歌(より宜しきはなし。)」とするのが適切。

やや難　問二　①「ことわざ」は，すること，行為，出来事，事件，という意味がある。「繁し」には，多くてわずらわしい，うるさい，などの意味があるので，「いろいろな出来事に接する」とするウが適切。　④　係助詞「か」は，問いかけの形で反語表現になる。歌を詠まない者があろうか，いやない，という意味になるので，オが適切。

問三　前の「世の中にある人」が「言ひ出せるなり」にかかる主語。

問四　語頭以外の「はひふへほ」は，現代仮名遣いでは「わいうえお」となるので，「は」は「わ」に直す。「づ」「ゑ」は，現代仮名遣いでは「ず」「え」となるので，「かわずのこえ」となる。

問五　文末の「～は歌なり。」の直前までが，「やまとうた」のはたらきに該当するので，直前の「力をも入れずして天地を動かし，目に見えぬ鬼神をもあはれと思はせ，男女の中をも和らげ，猛き武士の心をも慰むる」を抜き出す。

問六　「無為なること能はず」と読むためには，「無為能不」の順にすることが必要なので，「不」にレ点をつけて最後に読むようにし，「能」を3番目に読むために「能」に二点，其の前にくる「為」に一点をつける。

やや難　問七　一点の後に二点を読むので，「詠　於　言　形」の順になり，「於」は「置き字」で，訓読の際は読まない。「詠　言　形」に送り仮名を付して「詠は言に形はる」となる。

やや難　問八　1　アは，「心もしらず」で句切れる「二句切れ」。イは，「見えつらむ」で句切れる「三句切れ」。エは，「あさぼらけ」で句切れる「初句切れ」。ウ・オは「句切れなし」。　2　アの歌意は，「人の心はどうでしょうか。わかりません。しかし，なじみのあるこの里の花は，昔のままの香りを香らせています。」というもので，移ろいやすい人の心と，花の香りの変わらなさを対比させているので，アが適切。

問九　紀貫之は平安時代の歌人で『古今和歌集』の撰者の一人でもある。女性に仮託する形で『土佐日記』を書いたとされる。『方丈記』は鎌倉時代に成立した鴨長明による随筆。『伊勢物語』は平安時代前期に成立した歌物語。『今昔物語集』は平安時代末期に成立した説話集。『平家物語』は鎌倉時代に成立した軍記物語。

★ワンポイントアドバイス★

現代文の読解は，長めの文章を読みこなす力や要約力が求められるので，高度な読解力を養おう！　古文・漢文は，仮名遣いや返り点などの知識だけでなく，本文を口語訳できる力をつけよう！

2022年度

★★★★★★★★★★★★★★★★★★★★★★★★

入　試　問　題

2022年度

札幌光星高等学校入試問題

【数　学】（50分）　＜満点：100点＞

第１問　次の問いに答えなさい。

問１　$6\times(-3^3)+(-2)^2\times 7$　を計算しなさい。

問２　$2\sqrt{6}(\sqrt{3}-\sqrt{2})-(\sqrt{3}+\sqrt{6})^2$　を計算しなさい。

問３　連立方程式 $\begin{cases} x-3y=7 \\ 3x-2y=7 \end{cases}$ を解きなさい。

問４　方程式 $x^2-4x+2=0$ の大きい方の解を a とするとき，a^2 の値を求めなさい。

問５　関数 $y=2x^2$ について，x の変域が $-1\leqq x\leqq\frac{3}{2}$ のとき，y の変域を求めなさい。

問６　４個の数字０，１，２，３のうち，異なる３個を使って３けたの整数を作るとき，何通りの整数ができますか。

問７　下のデータは，札幌市の最高気温を２週間にわたって毎日観測したものです。このデータの中央値を求めなさい。

17	17	27	28	25	26	30	
26	25	21	19	21	17	18	(℃)

問８　右の図の円において，$\angle x$ の大きさを求めなさい。

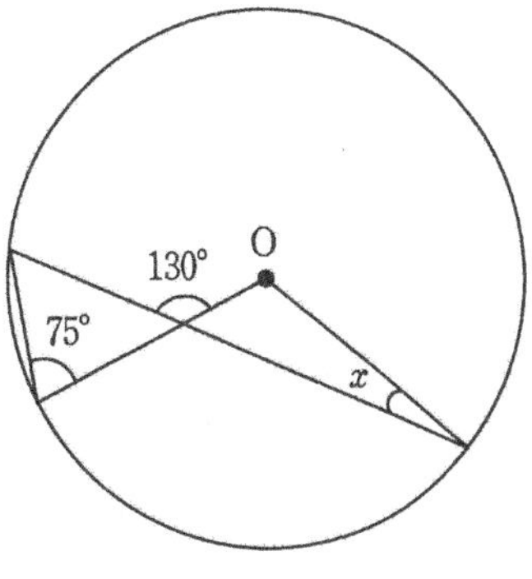

問９　右の図のような，底面の半径が３cm，ABの長さが７cmの円錐があります。

　この円錐の体積は何cm³ですか。ただし，円周率は π とします。

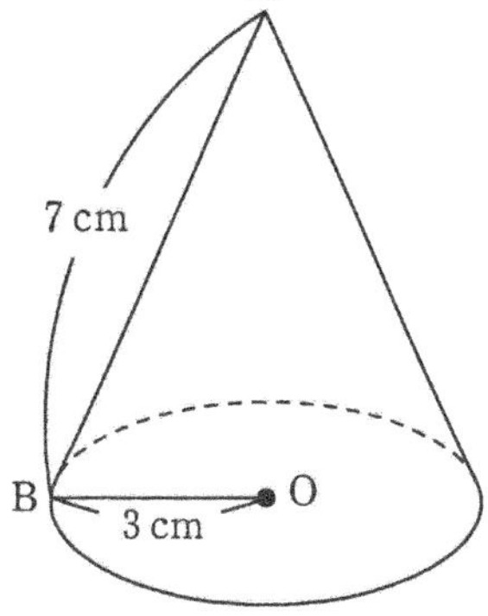

第２問　下の図のように，箱Ａ，箱Ｂがあります。箱Ａには，１，２，３，４，５の数が書かれた玉が１個ずつ入っており，箱Ｂには，１，２，３，４，５，６の数が書かれた玉が１個ずつ入っています。箱Ａから玉を１個取り出し，書かれている数を a，箱Ｂから玉を１個取り出し，書かれている数を b とします。このとき，次の問いに答えなさい。ただし，箱Ａ，箱Ｂそれぞれにおいて，どの玉の取り出し方も同様に確からしいものとします。

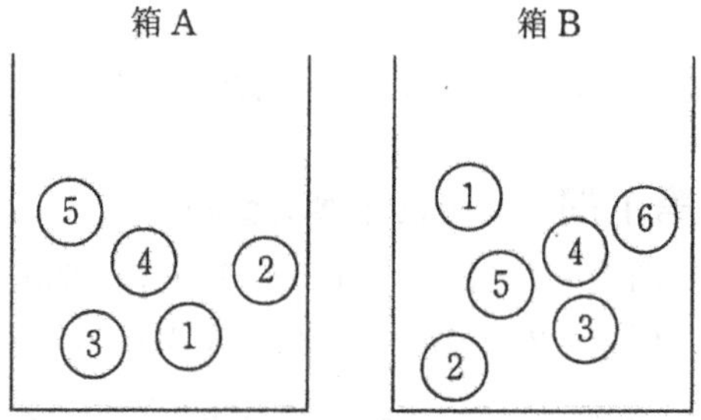

問１　$a > b$ となる確率を求めなさい。

問２　$(a-2)(b-3)=2$ となる確率を求めなさい。

第３問　Ａ，Ｂ，Ｃの容器があります。いま，Ａには濃度が３％の食塩水が100ｇ，Ｂには濃度が８％の食塩水が100ｇ入っており，Ｃは空になっています。次の問いに答えなさい。

問１　濃度が３％の食塩水を80ｇと濃度が８％の食塩水を20ｇを混ぜあわせると，この食塩水の濃度は何％になりますか。

問２　ＡとＢの食塩水を合わせて100ｇをＣに入れます。この食塩水の濃度を５％にするには，Ａの食塩水を何ｇ入れればよいですか。

問３　問２において，Ｃに作った食塩水の一部をＡに入れると，その食塩水の濃度が４％になりました。このとき，Ａに入っている食塩水は何ｇですか。

第４問　下の図のように，２つの関数 $y=x^2$……①，$y=ax^2$……②のグラフがあります。点Ａは関数①のグラフ上にあり，Ａの x 座標は－１です。２点Ｂ，Ｃは関数②のグラフ上にあり，Ｂの x 座標は３，Ｃの x 座標は－６です。

また，直線ＡＢは原点Ｏを通ります。

このとき，次の問いに答えなさい。

問１　a の値を求めなさい。

問２　直線ＢＣの式を求めなさい。

問３　原点Ｏを通り，△ＡＢＣの面積を２等分する直線の式を求めなさい。

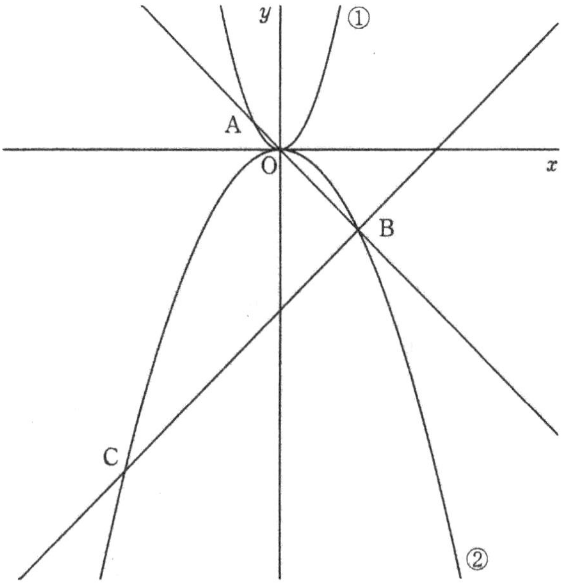

第５問　下の図のように，△ABCの辺AB上に点P，辺BC上に点Rを，∠BPR＝∠ACBとなるようにとると，AP＝２，RC＝８となりました。さらに，∠ABCの二等分線とPR，ACの交点をそれぞれQ，Sとすると，PQ＝３，QR＝２となりました。BP＝３xとおくとき，次の問いに答えなさい。

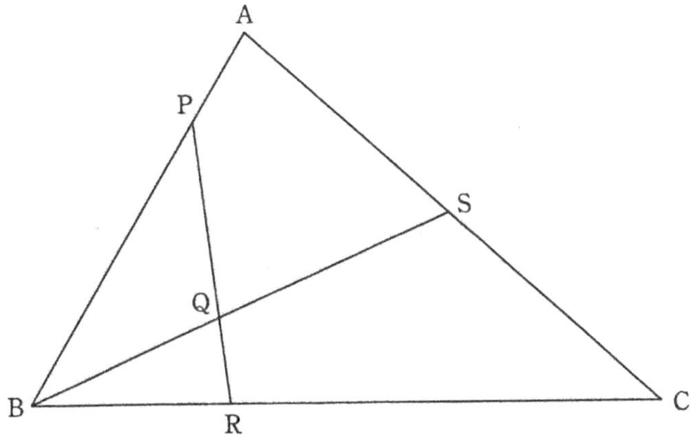

問１　△PBRと相似な三角形を答えなさい。

問２　xの値を求めなさい。

問３　BQ：QSを求めなさい。

【英　語】（50分）　<満点：100点>

第1問 次の英文を読み，下の問いに答えなさい。

We know that color makes the world more beautiful, but ①<u>it</u> is also able to show emotion. Colors also have different meanings in different cultures. When scientists found the *psychological effects of colors in the 20th century, everyone from police officers to school teachers started [1] color to influence our feelings and actions.

Which color do you think shows fire, love, and anger? Most people will probably answer "red." In Asian cultures, this color also means luck, wealth, and success. 【 ア 】 When some people are angry or *embarrassed, for example, their faces turn red, and it is a clear sign of how they are feeling. British scientists found that when two sports teams are [2] as each other, the team in the red uniform usually wins. Why? According to them, "in all animals, red *seems to be the color that shows greater power." 【 イ 】 This may explain why teams in red are more successful. In many animal species (including humans), contact with this powerful color makes the heart beat faster. However, pink, *which is a lighter shade of red, can have the opposite effect on people. ②<u>Scientists have found that when the walls of *prisons are painted in pink, 【　　　　　　　　　　】</u>.

Yellow, the color we most often connect with sunshine, is a color that catches our attention in both nature [3] human society. It is actually the easiest color to see. 【 ウ 】 This bright color can be seen on everything from school buses to traffic signs. Students also use this color pen to *highlight important information in their notebooks. 【 エ 】 Yellow cards, for example, are shown to soccer players when they don't play fairly. Yellow can also have a positive effect in schools. Studies have shown that it helps children to focus on their work and do better during lessons.

In many cultures, blue, the color of sky and sea, is connected with knowledge and holy objects. For example, in Christianity, the mother of Jesus, Mary, is always seen in a blue coat in art. Darker shades of the color [4] a sense of calm and power. Dark blue is the color of the business suit and police uniforms. It tells others, "You can trust me" and "I am in a position of power." In other cultures, blue means sadness. 【 オ 】 In English, people say "feeling blue" when they are feeling sad or low. Also, in Islam, people may wear blue when a person dies. Like pink, blue makes people calm. Rooms painted blue help people to relax or sleep. 【 カ 】 The color also *makes people feel less hungry. You may eat less when you use blue plates. It is not [5] to see blue food in nature. Such food is probably not healthy to eat any more.

【　キ　】 So if you want to lose weight, you should put a blue light in your refrigerator because it will *make the food inside look less delicious.

③ These are just some of the examples of the power that [lives / everyday / color / our / in / has]. ④ What color do you like and how do you feel when do you see the color?

注）psychological：心理的な　embarrassed：気まずい　seem to be ～：～であるようだ
which is ～：それは～であるのだが　prison：刑務所，牢屋　highlight：～を目立たせる
make 人／物～：人／物に～させる

問1　次の3つの英文(1)～(3)を本文中の空所【ア】～【キ】のいずれかに入れるとき，もっとも適切な場所を1つずつ選び，記号で答えなさい。なお，同じ記号を2度以上選んではいけません。

(1) For the same reason, this color is often used for medicine for good sleep.
(2) The color is also used to make people more careful.
(3) In humans, the color can send different messages.

問2　下線部①の it が指す内容としてもっとも適切なものを下のア～エの中から1つ選び，記号で答えなさい。

ア　color　　イ　the world
ウ　that color makes the world more beautiful　　エ　to show emotion

問3　本文中の空所 1 ～ 5 に入るものとしてもっとも適切なものをそれぞれ下のア～エの中から1つ選び，記号で答えなさい。

1	ア use	イ to use	ウ used	エ to using
2	ア good	イ better	ウ the best	エ as good
3	ア and	イ or	ウ but	エ so
4	ア give	イ gives	ウ are given	エ is given
5	ア colorful	イ important	ウ usual	エ beautiful

問4　下線部②の空所［　］に入るものとしてもっとも適切なものを下のア～エの中から1つ選び，記号で答えなさい。

ア　prisoners make more trouble　　イ　prisoners make the more trouble
ウ　prisoners make less trouble　　エ　prisoners make the most trouble

問5　下線部③について，本文の内容に合う英文となるように［　］内の語を並べかえなさい。

問6　下線部④について，文法・語法・文脈上不要な1語とその直前の1語を答えなさい。なお，不要な1語が文頭にある場合は，直前の語の解答欄には×と記入しなさい。

第2問 Read the following dialogue and answer the questions below (Q1&Q2).

Olivia and Kenji are talking at school.

Olivia : Do you have any plans for the winter vacation, Kenji?
Kenji : Actually, I'm going to join a short-term exchange program in your home country, Australia.
Olivia : Oh, really? Lucky you! [　A　]?
Kenji : Four weeks. And I'm starting out on my trip on December 17.

Olivia : It's coming up soon! Then, you will be able to enjoy Christmas there.
Kenji : I'm looking forward to it.
Olivia : And you can pick up some bargains on Boxing Day.
Kenji : Boxing Day? Is there a special boxing match at the end of the year?
Olivia : No, that's not what I mean. Boxing Day is [B]. And it's on December 26.
Kenji : I didn't know that!
Olivia : On that day, many stores open earlier than usual and have a big sale. Things are really cheap. So, some customers go to stores very early in the morning to buy things they want. Stores and shopping malls are so crowded every year.
Kenji : Really. I'm very lucky to be there on such a special day! By the way, [C]?
Olivia : There are many stories about it. Some people say that *servants and *mail carriers who worked on Christmas Day were given presents by their *employers on the 26th. They received their gifts in boxes and didn't have to work. So they could enjoy time with their families on this special day.
Kenji : That's interesting. The name "boxing" comes from boxes for presents, right?
Olivia : Exactly. And just like this year, when Christmas Day is on a Saturday and Boxing Day on a Sunday, people have *substituted public holidays on the following days, a Monday and a Tuesday, in Australia. It means that people there can enjoy a four-day holiday from the 25th to the 28th.
Kenji : Sounds good! I wish we had such nice holidays in Japan.

注） servant：使用人　mail carrier：郵便配達員　employer：雇い主
substituted public holiday：振替休日

Q1 Choose the best answer from the options below（ア～オ）to fill in each blank in the dialogue.

[A]
ア When are you going to stay there
イ What time are you going to stay there
ウ How often have you stayed there
エ How long are you going to stay there
オ How are you going to stay there

[B]
ア a special event held at a church on 26th of each month
イ a national holiday in some countries like Australia
ウ a big boxing event which many boxers from foreign countries meet and

fight at in Australia
エ a national holiday on December 31
オ a sports event in some countries like Australia

C

ア what do you call the stories of "Boxing" Day
イ how do you call it "Boxing" Day　ウ when do you call it "Boxing" Day
エ who called it "Boxing" Day　オ why is it called "Boxing" Day

Q2 Choose the best answer from the options below (ア～オ) to fill in each blank of the answers.

(1) Why do some customers go to stores very early in the morning on Boxing Day?
— Because many stores open earlier than usual and sell things at (　　　) prices.
ア high　イ low　ウ expensive　エ short　オ big

(2) What day of the week is Kenji going to leave for Australia to join the exchange program?
— On (　　　).
ア Tuesday　イ Thursday　ウ Friday　エ Saturday　オ Monday

第３問 下線部の発音が英文中の発音と同じものをそれぞれ下のア～エの中から１つ選び，記号で答えなさい。

1．I bought three comic books the other day.
ア those　イ they　ウ there　エ bath

2．Our classmates always enjoy swimming in the pool.
ア foot　イ food　ウ cook　エ book

3．My brother has enough money to buy a car.
ア high　イ taught　ウ ghost　エ tough

4．He liked playing soccer when he was a child.
ア played　イ passed　ウ invented　エ called

5．A new stadium is being built in Kitahiroshima, Hokkaido.
ア language　イ ankle　ウ parent　エ cake

第４問 日本語の意味に合う英文を完成させるとき，空所（A）・（B）に入るものの組み合わせとしてもっとも適切なものをそれぞれ下のア～エの中から１つ選び，記号で答えなさい。

1．父と私は次の日曜日に釣りに行く予定です。
My father and I (A) going to go (B) next Sunday.
ア （A） am　（B） fishing　イ （A） am　（B） to fish
ウ （A） are　（B） fishing　エ （A） are　（B） to fish

2．彼はそのCDを買うのではなく，だれかから借りるつもりだ。

He won't buy the CD, (A) he will (B) it from someone.

ア (A) or (B) lend　イ (A) or (B) borrow

ウ (A) but (B) lend　エ (A) but (B) borrow

3．彼の木製の机は私たちのより古いと思う。

I think his wooden desk is (A) than (B).

ア (A) older (B) our　イ (A) older (B) ours

ウ (A) oldest (B) our　エ (A) oldest (B) ours

4．ケンはビリーの宿題を手伝う必要がない。

Ken (A) help Billy with his (B).

ア (A) doesn't have to (B) homework

イ (A) doesn't have to (B) homeworks

ウ (A) mustn't (B) homework

エ (A) mustn't (B) homeworks

5．勉強しなさい。そうすれば試験に受かるでしょう。

(A) hard, (B) you will pass the examination.

ア (A) Study (B) and　イ (A) Study (B) or

ウ (A) To study (B) and　エ (A) To study (B) or

第5問 日本語の意味に合うように（ ）内の語（句）を並べかえて英文を完成させるとき，（ ）内で3番目と5番目にくるものをそれぞれ記号で答えなさい。ただし，（ ）内には不要なものが1つ含まれているので使用しないこと。なお，文頭にくるものの最初の文字も（ ）内では小文字で示してある。

1．私は彼女に郵便局の場所を教えました。

I (ア place イ was ウ her エ where オ the カ post office キ showed).

2．このポスターを見てください。これは私の兄のデザインなんです。

Look at this poster. (ア brother イ designed ウ it エ by オ designing カ was キ my).

3．私は本屋で買った本を読んでいます。

I'm (ア I イ a bookstore ウ who エ bought オ a book カ at キ reading).

4．あそこで絵を描いている少女はだれですか。

(ア the girl イ painting ウ who エ over オ a picture カ is キ paints) there?

5．私たちは昨年からこの家に住んでいます。

We (ア since イ in ウ have エ for オ last カ lived キ this house) year.

第６問　Ａ－Ｂの関係とＣ－Ｄの関係が同じになるように，Ｄに入る語をそれぞれ答えなさい。

	A		B	C		D
1．	eat	−	eaten	do	−	(　　　)
2．	difference	−	different	tradition	−	(　　　)
3．	large	−	larger	bad	−	(　　　)
4．	foot	−	sock	hand	−	(　　　)
5．	train	−	station	plane	−	(　　　)

【理　科】（50分）　＜満点：100点＞

第１問　次の各問いに答えなさい。

問１　物体のもつ慣性によって起こる現象を説明する文として誤っているものを次のア～オから２つ選び，記号で答えなさい。

ア．バスが出発するとき，バスの床に置いてあるボールは，バスの床をバスの進む向きと逆向きに転がっていく。

イ．ボールを蹴ると，ボールを蹴った足にもボールに加えた力と同じ大きさの力が加わる。

ウ．机にテーブルクロスを敷き，その上にボールをのせる。テーブルクロスを素早く引くと，ボールは机から落ちずに，机にのったままになる。

エ．ボールを真上に投げると，ボールの速さは小さくなり，最高点で一度止まる。その後ボールの速さは大きくなる。

オ．宇宙空間でボールを投げると，ボールは同じ速さで同じ向きに進み続ける。

問２　次の実験１～３について，下の各問いに答えなさい。

［実験１］　図１のような摩擦のはたらかない斜面に力学台車を置き，力学台車から静かに手をはなして，斜面上を運動させた。このとき，①と②の位置を力学台車が通過する速さを調べた。

［実験２］　図２のような摩擦のはたらかない斜面に力学台車を置き，力学台車から静かに手をはなして，斜面上を運動させた。このとき，③～⑥の位置を力学台車が通過する速さを調べた。

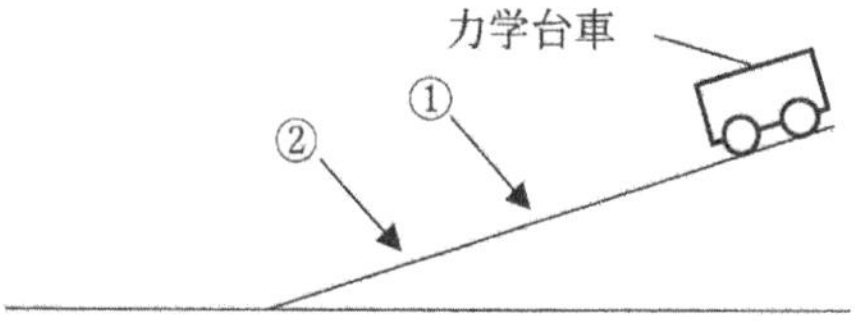

図１

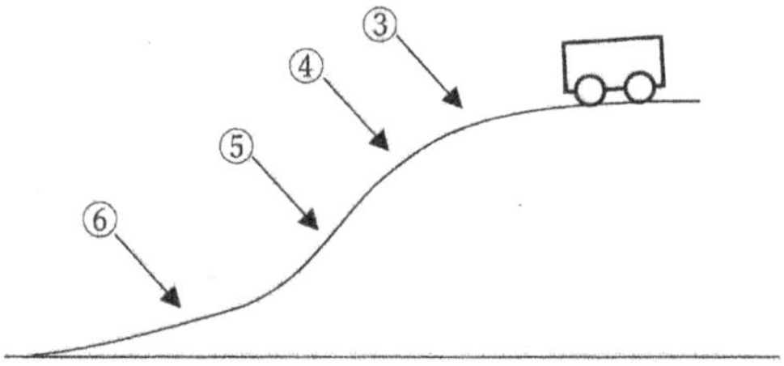

図２

［実験３］　図３のように水平な面に力学台車を置き，一定の力を加え続けたときの速さを１秒ごとに調べた。次に，力学台車におもりをのせ，はじめと同じ大きさの一定の力を加え続けたときの速さを１秒ごとに調べ，それらの結果を表にまとめた。

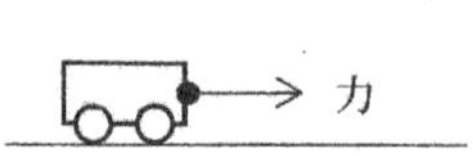

図３

時間（秒）	1.0	2.0	3.0	4.0	5.0
おもりなしの速さ（m/s）	0.12	0.24	0.36	0.48	0.60
おもりありの速さ（m/s）	（ a ）	0.16	0.24	0.32	0.40

(1)　実験１について，力学台車の速さが大きいのは，図１の①と②の位置のどちらか記号で答えなさい。また，力学台車にはたらく重力の斜面に平行な分力の大きさについて述べた文として最も適当なものを，次のア～ウから１つ選び，記号で答えなさい。

ア．②に比べて①のほうが大きさは，大きくなる。

イ．①と②での大きさは，同じである。

ウ．①に比べて②のほうが大きさは，大きくなる。

(2) 実験２について，力学台車の速さが最も大きい位置と，力学台車にはたらく重力の斜面に平行な分力の大きさが最も大きい位置は，図２の③～⑥のどの位置ですか。それぞれ記号で答えなさい。

(3) 実験３の表中の空欄ａに当てはまる数値を答えなさい。

(4) 実験３の結果からわかることを述べた文として最も適当なものを次のア～オから１つ選び，記号で答えなさい。

ア．おもりをのせても，１秒ごとの速さの増え方は変わらない。

イ．おもりをのせたほうが，１秒ごとの速さの増え方が小さい。

ウ．おもりをのせないほうが，5.0秒後の速さが小さい。

エ．加える力が同じであれば，１秒ごとの速さの増え方も変わらない。

オ．加える力を大きくすると，１秒ごとの速さの増え方は大きくなる。

問３　図４のように床に置かれた箱にはたらく重力を作用とすると，反作用はどの力ですか。最も適当なものを次のア～エから１つ選び，記号で答えなさい。

ア．床が箱を押す力　　イ．箱が床を押す力

ウ．地球が箱を引く力　　エ．箱が地球を引く力

図４

第２問　次の実験について，下の各問いに答えなさい。

［実験］　酸化銀を加熱したときの変化の様子を次の手順で調べた。

手順①　酸化銀の粉末を試験管に入れ，ガスバーナーで加熱した。

手順②　発生した気体を，水上置換法でメスシリンダーに捕集した。

手順③　試験管に残った白っぽい物質を観察した。

問１　この実験で起こった変化の化学反応式を書きなさい。

問２　手順③の下線部について，この物質が金属であることを確かめる方法を述べた文として適当なものを次のア～エから２つ選び，記号で答えなさい。

ア．たたくと粉末になることを確かめる。

イ．電流が流れることを確かめる。

ウ．薬さじで強くこすり，光を反射して光沢が出ることを確かめる。

エ．水に溶けることを確かめる。

問３　次の操作ア～オについて，下の各問いに答えなさい。

ア．炭酸水素ナトリウムを加熱する。

イ．オキシドール（うすい過酸化水素水）に二酸化マンガンを入れる。

ウ．塩酸にマグネシウムを入れる。

エ．塩化アンモニウムと水酸化カルシウムの混合物を加熱する。

オ．うすい水酸化ナトリウム水溶液を用いて水を電気分解する。

(1) 酸化銀を加熱したときと同じ気体が発生する操作を上のア～オからすべて選び，記号で答えなさい。

(2) 水上置換法によって捕集できない気体が発生する操作を上のア～オから１つ選び，記号で答えなさい。

問4　20gの試験管に酸化銀の質量を変えてはかり取り，試験管A～Cを用意しました。その後，それぞれの試験管を十分に加熱し，酸化銀を完全に反応させました。下の表は，加熱前と加熱後の試験管の質量を表しています。このとき，酸化銀の質量と生じた金属の質量の比を，最も簡単な整数比で答えなさい。

	試験管A	試験管B	試験管C
加熱前の試験管の質量（g）	21.45	22.90	25.80
加熱後の試験管の質量（g）	21.35	22.70	25.40

問5　酸化銀の質量xと発生した気体の質量yとの関係を表すグラフとして最も適当なものを，次のア～オから1つ選び，記号で答えなさい。

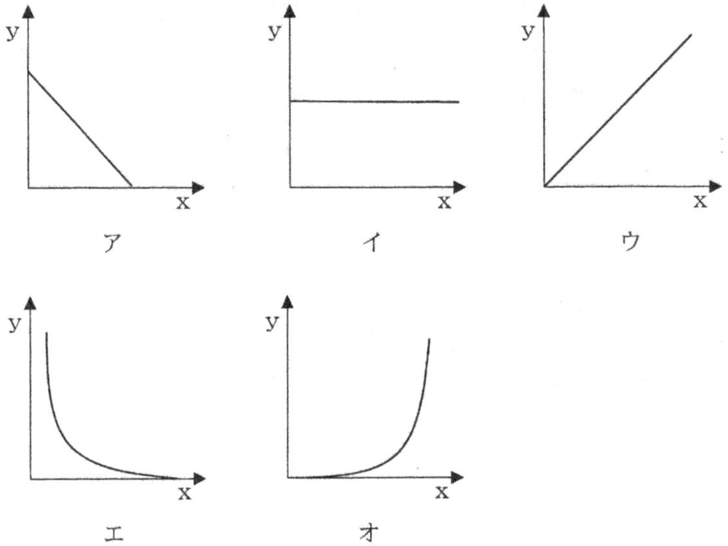

問6　酸化銀5gを上の実験と同様の方法で完全に反応させると，発生する気体は何Lですか。小数第3位を四捨五入して小数第2位まで答えなさい。ただし，発生する気体の密度を1.43g/Lとし，気体は水に溶けないものとします。

第3問　次のレポートを読み，あとの各問いに答えなさい。

○植物について

植物のからだのつくりは，植物細胞，組織，器官，個体（植物体）で成り立っている。植物細胞には，動物細胞にもみられる細胞膜などがある他，動物細胞にはみられない構造がある。細胞膜の外側にある（　①　）と光合成をおこなう（　②　）である。また，成長した細胞には大きな液胞をもつものも多い。組織には，植物の表面をおおう表皮組織や維管束をつくる組織などがあり，それらがまとまって根，茎，葉，花（生殖器官）などの器官をつくる。図1は，双子葉類の茎の断面のス

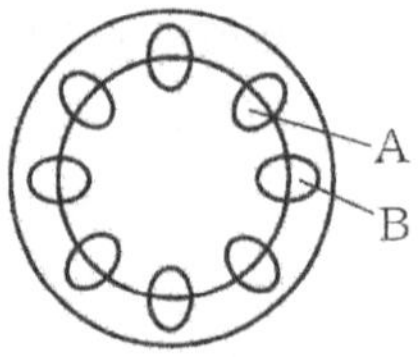

図1

ケッチであり，物質の通り道のAやBの束である維管束が確認できる。図２は葉の断面のスケッチであり，光が良く当たる葉の表側には縦に長く，（　②　）の多い細胞が並んでいることや，葉の裏に多く見られる穴であるCが確認できる。図２にも図１と同じ物質の通り道がある。また，植物は光合成によって栄養分をつくっている。光合成の化学変化を表すと次のように書くことができる。

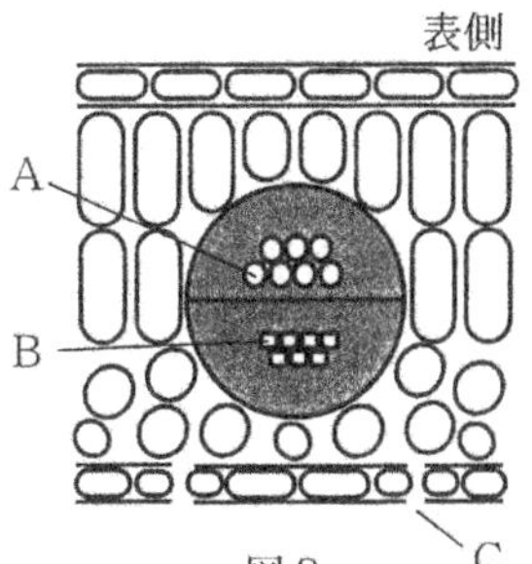

図２

二酸化炭素　＋　水　＋　光エネルギー　→　栄養分　＋　酸素

○呼吸について

呼吸について次のように実験をした。

息をふきこんで緑色にしたうすいBTB溶液を，試験管D～Fに入れた。次に，試験管EとFにオオカナダモを入れ，試験管Fをアルミニウムはくでおおい，３本の試験管それぞれにゴム栓をした。十分な光を１時間当てた後，試験管内の様子と溶液の色を調べて右の表にまとめた。また，試験管Eで発生した気泡は酸素と特定できた。

試験管	試験管内の様子	溶液の色
D	変化なし	緑色
E	気泡が発生した	青色
F	変化なし	黄色

○被子植物の生殖について

花粉がめしべの柱頭につくと花粉管が伸び，その中を精細胞が通っていく。精細胞は，後に種子となる（　③　）の中にある卵細胞と合体することで（　④　）が行われる。

問１　文中の下線部の植物のからだのつくりについて述べた次の文a～cのうち，正しいものとして過不足なく含むものを下のア～キから１つ選び，記号で答えなさい。

a．被子植物と裸子植物の違いは子房の有無である。

b．雄花と雌花に分かれている植物を離弁花という。

c．単子葉類の葉の葉脈は網状脈である。

ア．a　イ．b　ウ．c　エ．a，b　オ．a，c　カ．b，c　キ．a，b，c

問２　文中の空欄①と②に当てはまる語句の組み合わせとして最も適当なものを次のア～クから１つ選び，記号で答えなさい。

	ア	イ	ウ	エ	オ	カ	キ	ク
①	核	核	細胞質	細胞質	細胞壁	細胞壁	葉緑体	葉緑体
②	葉緑体	細胞壁	染色体	核	葉緑体	染色体	細胞壁	核

問３　光合成に使われる二酸化炭素と光合成でつくられる酸素は図１と２のA～Cのいずれかの場所を通ります。その名称を答えなさい。また，光合成によってできる栄養分は図１と２のA～Cのどの場所を通りますか。記号で答えなさい。

問４　呼吸についての実験からわかることを述べた文として，適当なものを次のア～オから２つ選び，記号で答えなさい。

ア．オオカナダモのはたらきによってBTB溶液の色が変わる。

イ．BTB溶液は光が当たると青色になる。

ウ．オオカナダモに光が当たらないときは呼吸をしている。

エ．オオカナダモに光を当てると二酸化炭素が発生する。

オ．光合成をしているときは呼吸もしている。

問５　文中の空欄③と④に当てはまる語句を答えなさい。

第４問　次の文章を読み，下の各問いに答えなさい。

地球は①太陽系の惑星の中で唯一，液体の水が存在します。太陽系の中の衛星や準惑星には，液体の水があると考えられているものもあります。地球は，この液体の水のおかげで様々な生命が存在できています。

地球に存在する水は約13.9億km^3であり，そのうち約97.5％は海水です。淡水の大部分は氷河などの氷の状態で存在しており，私たち②人間が利用しやすい川や湖などに存在する水の量は全体の約0.01％しかありません。

水は形を変えながら地球を循環しています。海や陸地の水は蒸発して大気中に運ばれます。③空気が上昇すると，空気は膨張し，温度が下がります。温度が（　④　）に達すると水蒸気が水滴に変わり，雲になります。そして，雨や雪などとして再び海や陸地に戻っていきます。

問１　文中の下線部①について，地球から金星を観察したときの見え方として最も適当なものを次のア～エから１つ選び，記号で答えなさい。

ア．明け方の東の空に見える。　　イ．正午の西の空に見える。

ウ．夕方の南の空に見える。　　エ．真夜中の北の空に見える。

問２　太陽系の惑星について述べた文として最も適当なものを次のア～エから１つ選び，記号で答えなさい。

ア．金星を含む太陽に近い３個の惑星が地球型惑星である。

イ．太陽系の惑星の個数は９個である。

ウ．小惑星の多くは，木星と土星の間に存在する。

エ．太陽系の惑星の中で最も大きな惑星は，木星である。

問３　文中の下線部②の水の量は，約何km^3ですか。次のア～エから１つ選び，記号で答えなさい。

ア．約1390万km^3　　イ．約139万km^3　　ウ．約13.9万km^3　　エ．約1.39万km^3

問４　文中の下線部③について，空気が上昇するときの様子を述べた文として誤っているものを次のア～エから１つ選び，記号で答えなさい。

ア．地面の一部が強くあたためられる。

イ．空気が山のふもとから山頂に沿って移動する。

ウ．暖気が寒気の上にはい上がる。

エ．明け方，気温が低くなる。

問５　文中の空欄④に当てはまる語句を漢字で答えなさい。

問６　水やそれに関係する現象を述べた文として誤っているものを次のア～オから２つ選び，記号で答えなさい。

ア．生活排水が海や湖に大量に流れ込むと赤潮やアオコと呼ばれる現象が起こることがある。

イ．やかんでお湯を沸かしたときに白い煙のように見える湯気は水蒸気である。

ウ．地球の平均気温が上昇することによって海面が上昇する。
エ．湿度100%とは水中と同じ状態を示す。
オ．乾湿計の湿球は水で湿らせたガーゼが巻かれているため，湿球温度計の値は乾球温度計の値に比べて同じか低くなる。

第５問 次の実験について，下の各問いに答えなさい。

［実験］

手順①　図１の回路をつくり，２種類の抵抗器ＸとＹに加わる電圧と，そのときに流れる電流の大きさをそれぞれ調べた。

手順②　調べた結果をグラフにした（図２）。

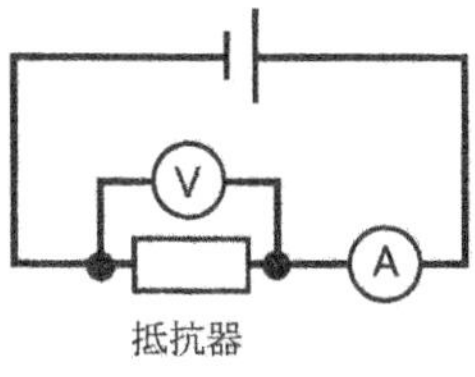

図１

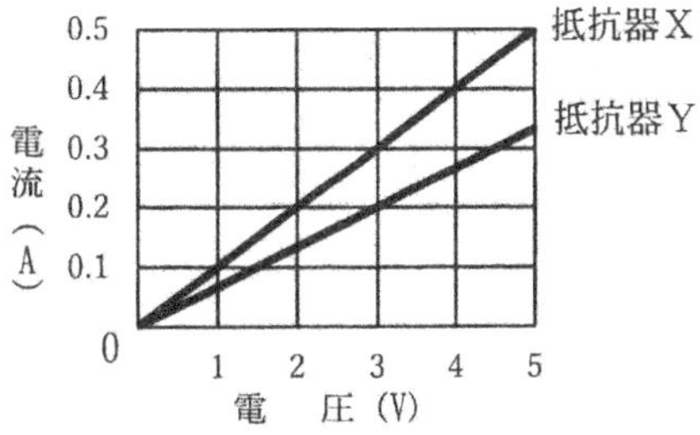

図２

手順③　抵抗器ＸとＹを用いて図３と４の回路をつくり，それぞれの電源装置の電圧を同じにして図中の場所における電流 I_1 ～ I_4 の大きさをそれぞれ測定した。

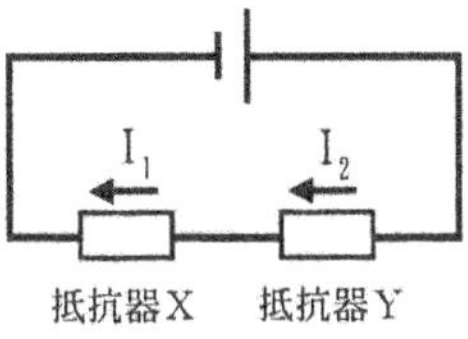

図３

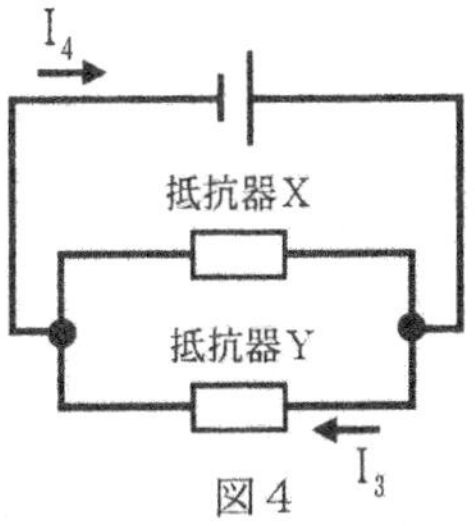

図４

問１　図４のような抵抗器のつなぎ方を何つなぎといいますか。漢字で答えなさい。

問２　抵抗器Ｙの抵抗の大きさは何Ωですか。答えなさい。

問３　手順③で，測定した電流の大小関係を表す次の３つの式Ａ～Ｃの空欄ａ～ｃに当てはまる記号の組み合わせとして最も適当なものを，次のア～クから１つ選び，記号で答えなさい。

Ａ【 I_1（ ａ ）I_2 】　Ｂ【 I_2（ ｂ ）I_4 】　Ｃ【 I_2（ ｃ ）I_3 】

	ア	イ	ウ	エ	オ	カ	キ	ク
a	＝	＝	＝	＝	＜	＜	＜	＜
b	＞	＞	＜	＜	＞	＞	＜	＜
c	＞	＜	＞	＜	＞	＜	＞	＜

問4　図5のように豆電球を前のページの図4の回路の中に入れ，電源装置の電圧を3Vにしてスイッチを入れたところ豆電球の電力が6Wとなりました。このとき，回路全体の電力は何Wですか。答えなさい。

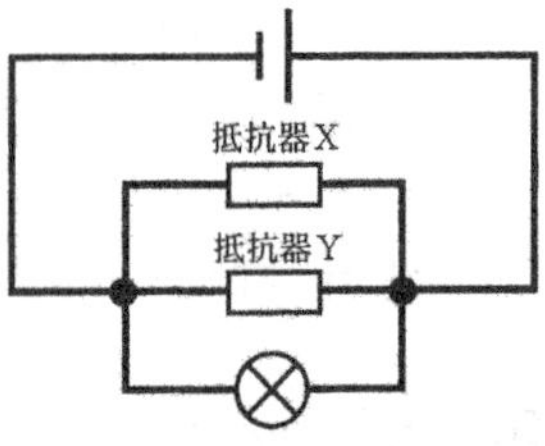

図5

問5　問4と同じ豆電球を使って次の回路ア～エをつくり，すべての電源装置の電圧を同じにしてスイッチを入れると豆電球が点灯しました。豆電球が明るく点灯する順に回路ア～エを並べ，記号で答えなさい。

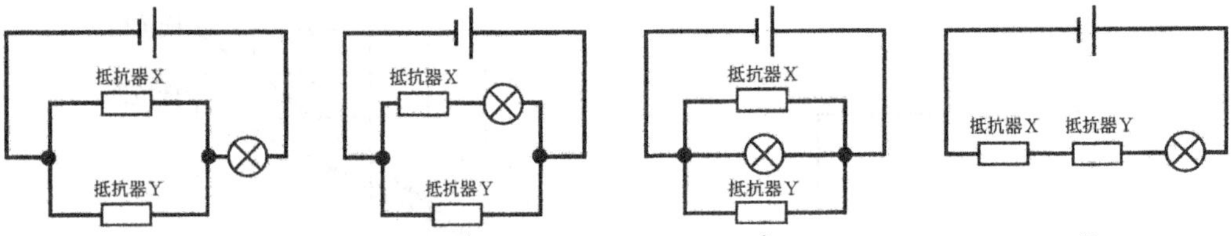

第6問　次の［Ⅰ］・［Ⅱ］について，下の各問いに答えなさい。

［Ⅰ］　次の文章を読み，下の各問いに答えなさい。

原子の中心には原子核があり，－の電気をもつ電子がそのまわりをまわっている。原子核は＋の電気をもつ（　①　）と電気をもたない（　②　）からなる。原子では＋の電気の量と－の電気の量が等しいため，電気的に（　③　）となっている。原子が電子を失ったり，受け取ったりしてできたものをイオンという。

原子がイオンになるときの電子のやり取りを利用して電気エネルギーを取り出す装置を電池という。④電池には2種類の金属板と水溶液が必要となる。例えば，亜鉛板と銅板，うすい硫酸からなる電池では，銅板が＋極となる。2種類の金属板の組み合わせのうちどちらが電池の＋極になるかを調べるため，亜鉛，銅，アルミニウム，鉄の4種類の金属板とうすい硫酸を用いて電池をつくり，実験をおこなった結果を次の表1にまとめた。

表1

金属板の組合せ		＋極になった金属
亜鉛	銅	銅
亜鉛	アルミニウム	亜鉛
亜鉛	鉄	鉄
銅	アルミニウム	銅
銅	鉄	銅
アルミニウム	鉄	（　⑤　）

問1　文中の空欄①～③に当てはまる語句として最も適当なものを次のア～キからそれぞれ1つずつ選び，記号で答えなさい。

ア．電子核　　イ．陽子　　ウ．中性子　　エ．中性　　オ．中和　　カ．＋　　キ．－

問2　文中の下線部④について，電池とならない水溶液を次のア～オからすべて選び，記号で答えなさい。

ア．エタノール　　イ．食塩水　　ウ．うすい塩酸

エ．砂糖水　　　　オ．うすい水酸化ナトリウム水溶液

問3　表1の空欄⑤に当てはまる金属は，アルミニウムと鉄のどちらですか。元素記号で答えなさい。

［Ⅱ］ 次の実験1と2について，下の各問いに答えなさい.

［実験1］　3本の試験管A～Cを準備し，試験管Aにはうすい塩酸を，試験管Bにはうすい水酸化ナトリウム水溶液を，試験管Cにはうすい塩酸とうすい水酸化ナトリウム水溶液を入れて混ぜ合わせ，混合溶液とした。次に，それぞれの試験管の水溶液を，ガラス棒を用いてリトマス紙につけて，色の変化を観察した。その結果を次の表2にまとめた。

表2

試験管	色の変化	
	青色リトマス紙	赤色リトマス紙
A	赤くなった	変化なし
B	変化なし	（　⑥　）
C	変化なし	変化なし

［実験2］　実験1で用いた試験管A～Cに少量のスチールウールを加えた。その結果，気体が発生する試験管があった。

問4　表2の空欄⑥に当てはまるものとして最も適当なものを，次のア～ウから1つ選び，記号で答えなさい。

ア．赤くなった　　イ．青くなった　　ウ．変化なし

問5　実験1の試験管Cと同じ性質を示す可能性のある水溶液として最も適当なものを次のア～エから1つ選び，記号で答えなさい。

ア．アンモニア水とうすい水酸化ナトリウム水溶液の混合溶液

イ．アンモニア水と食塩水の混合溶液

ウ．うすい硫酸とうすい水酸化ナトリウム水溶液の混合溶液

エ．うすい塩酸と炭酸水の混合溶液

問6　実験2について，気体が発生しなかったと考えられる試験管を，A～Cからすべて選び，記号で答えなさい。

第7問　次の文章を読み，あとの各問いに答えなさい。

近年の①ヒトの活動によって地球温暖化などが起こり，生態系が破壊されている。生態系は一度破壊されても，その程度によっては長い年月をかけて元の状態に復元することもあるが，その程度が大きい場合には元の状態に復元されることはない。例えばアラスカ沿岸のある海域では，大型の②コンブが豊富に生育し，ウニがコンブを捕食し，そのウニをラッコが食べるという（　③　）が存在していた。この生態系においてラッコは（　④　）である。また豊富なコンブは小魚にとって

は絶好の産卵場所になるため，多様な生物がそこに生育し，良好な漁場となっていた。しかし，ラッコの毛皮の需要が高まり，ラッコが乱獲されたことや，ラッコを捕食する大型⑤ほ乳類であるシャチがその海域に侵入したため，20世紀初頭にラッコはほぼ全滅してしまった。そのため，⑥この海域の生態系は大きく壊れ，⑦ほとんど魚がとれない漁場になった。

問１　文中の下線部①について述べた次の文ａ～ｃのうち，誤っているものとして過不足なく組み合わされているものを下のア～キから１つ選び，記号で答えなさい。

ａ．ヒトのだ液中のアミラーゼはデンプンを分解し，胃液中のペプシンはタンパク質を分解する酵素である。

ｂ．ヒトの心臓は２つの部屋に分かれており，二酸化炭素を多く含む血液が流れ込むのは右心房である。

ｃ．ヒトの腕とスズメの翼は相似器官であり，ヒトの足とアゲハチョウのあしは相同器官である。

ア．ａ　イ．ｂ　ウ．ｃ　エ．ａ，ｂ　オ．ａ，ｃ　カ．ｂ，ｃ　キ．ａ，ｂ，ｃ

問２　文中の下線部②について，コンブは維管束をもたず，種子ではなく胞子で増えます。コンブと同じように維管束をもたず，胞子で増える植物を次のア～キからすべて選び，記号で答えなさい。

ア．タンポポ　イ．ワラビ　ウ．ゼニゴケ　エ．スギゴケ　オ．サクラ
カ．マツ　キ．イチョウ

問３　文中の空欄③・④に入る語句として最も適当なものを次のア～エから１つずつ選び，記号で答えなさい。

ア．食物連鎖　イ．生産者　ウ．消費者　エ．分解者

問４　文中の下線部⑤について，ほ乳類について述べた次の文ａ～ｃのうち，正しいものとして過不足なく組み合わされているものを下のア～キから１つ選び，記号で答えなさい。

ａ．ヒト・イルカ・タヌキは，ほ乳類に含まれる。ほ乳類の体は細胞からできており，単細胞生物のほ乳類も存在する。

ｂ．コアラやカンガルーは，ほ乳類に含まれる。ほ乳類はすべてセキツイをもっている。

ｃ．ほ乳類の遺伝子本体はＤＮＡであり，無性生殖をするほ乳類はいない。

ア．ａ　イ．ｂ　ウ．ｃ　エ．ａ，ｂ　オ．ａ，ｃ
カ．ｂ，ｃ　キ．ａ，ｂ，ｃ

問５　文中の下線部⑥について，右の図の曲線Ａ～Ｃはシャチが侵入したときからのコンブ，ラッコ，ウニのそれぞれの個体数（相対値）の時間経過を示しています。上の文から，曲線Ａ～Ｃの生物として正しいと考えられるものを次のページのア～カから１つ選び，記号で答えなさい。

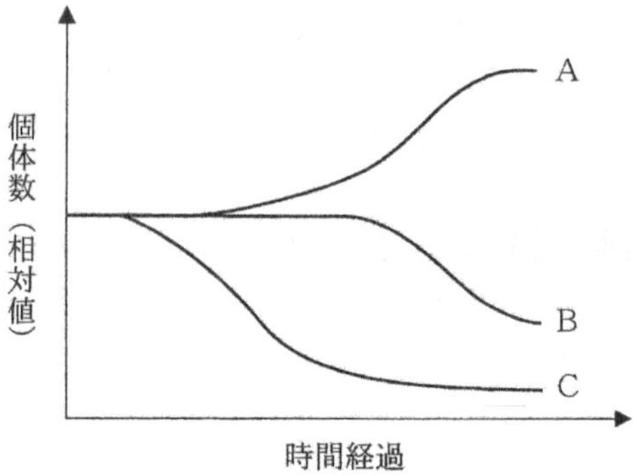

	ア	イ	ウ	エ	オ	カ
A	コンブ	コンブ	ラッコ	ラッコ	ウニ	ウニ
B	ラッコ	ウニ	コンブ	ウニ	コンブ	ラッコ
C	ウニ	ラッコ	ウニ	コンブ	ラッコ	コンブ

問６　文中の下線部⑦に関して，前のページの文からほとんど魚がとれなくなった理由として最も適当なものを次のア～カから１つ選び，記号で答えなさい。

ア．コンブが大量に繁殖したため，小魚がいなくなったから。

イ．コンブが大量に繁殖したため，小魚が多くなりすぎたから。

ウ．コンブがいなくなったため，小魚がいなくなったから。

エ．コンブがいなくなったため，小魚が多くなりすぎたから。

オ．ウニが大量に繁殖したため，小魚がいなくなったから。

カ．ウニが大量に繁殖したため，小魚が多くなりすぎたから。

第８問　次の［Ⅰ］・［Ⅱ］について，下の各問いに答えなさい。

［Ⅰ］　右の図は，ある地域での３か所の地層を調査した結果をもとにつくった柱状図Ａ～Ｃです。次の各問いに答えなさい。ただし，これらの地域にみられる火山灰の層は，同じ噴火によってできたものです。

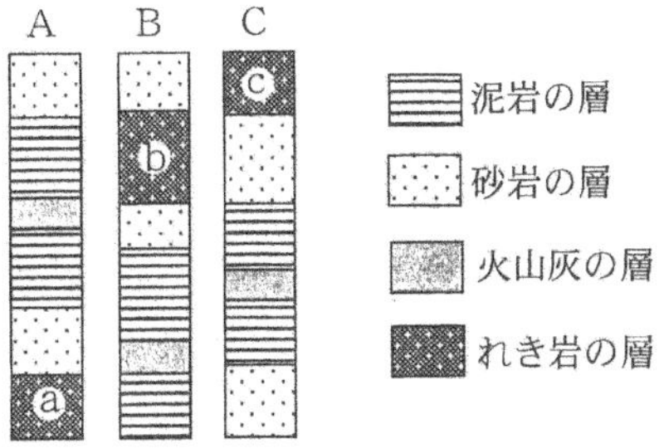

問１　図中の泥岩の層からアンモナイトの化石が発見されました。この地層ができた地質年代の名称を答えなさい。また，アンモナイトのように時代を推定することのできる化石の名称を答えなさい。

問２　図中の地層に含まれるれき岩の層ａ～ｃについて述べた文として最も適当なものを次のア～エから１つ選び，記号で答えなさい。

ア．ａ層はれきでできていることから，この層ができたときは海の沖合だったことがわかる。

イ．ｂ層は砂岩の層の上にできていることから，海面が上昇したことがわかる。

ウ．ｃ層はｂ層よりも上にあるので，ｂ層よりも新しい時期につくられた層であることがわかる。

エ．ａ層とｂ層は火山灰の層の下と上に位置しているので，同じ時期につくられた層ではないことがわかる。

問３　この地域の付近にある火山から火山灰を採取し，火山灰に含まれる鉱物を調べるとセキエイやチョウ石の割合が多いことがわかりました。次の各問いに答えなさい。

(1)　セキエイやチョウ石の割合が多く，白っぽい色をした深成岩の名称を答えなさい。

(2)　火山灰中の鉱物から，この火山のマグマのねばりけと噴火の様子を述べた文として最も適当なものを次のア～エから１つ選び，記号で答えなさい。

ア．マグマのねばりけは大きく，激しい噴火をする。

イ．マグマのねばりけは大きく，穏やかな噴火をする。

ウ．マグマのねばりけは小さく，激しい噴火をする。

エ．マグマのねばりけは小さく，穏やかな噴火をする。

［Ⅱ］ 地震が起きたときに発生する波の伝わり方を調べるため，ある地震について，観測地点ＸとＹにおける震源からの距離とＰ波とＳ波が到達した時刻を次の表にまとめました。下の各問いに答えなさい。

観測地点	震源からの距離	Ｐ波が到達した時刻	Ｓ波が到達した時刻
Ｘ	30 km	9時36分00秒	9時36分05秒
Ｙ	60 km	9時36分05秒	9時36分15秒

問４　震源からの距離が48kmの地点における初期微動継続時間は，何秒ですか。答えなさい。

問５　地震が起きたときに発生する波の性質を述べた文として誤っているものを次のア～エから１つ選び，記号で答えなさい。

ア．地震が起きたときに発生する波は，震源から一定の速さでどの方向にも広がる。

イ．マグニチュードが大きいほど，地震による波の速さは大きくなる。

ウ．Ｐ波が到達してからＳ波が到達するまで観測地点は揺れ続けている。

エ．Ｐ波にくらべてＳ波の方が観測地点に大きな揺れをもたらす。

【社　会】（50分）　＜満点：100点＞

第１問　ヒカリさんとタロウくんは，日本の社会課題について調査する中で，「人口減少・少子高齢化」を課題に設定しました。グループでの調査について中間報告をしたヒカリさんとタロウくんと先生の会話文を読んで，あとの問いに答えなさい。

ヒカリ：私たちのグループは，①日本の人口減少と少子高齢化について，「世界との比較」と「国内での比較」の２つの視点で調査をしています。

先　生：なかなか面白い調査を進めていますね。「世界との比較」からは，どのようなことがわかりましたか？

ヒカリ：②アフリカや③南アメリカなどの発展途上国では，出生率が高く④人口が増加している国が多い傾向にありました。一方で，経済的に豊かな先進国では，日本と同様に出生率が低く，人口減少や少子高齢化が課題となっている国が多い傾向にありました。人口減少や少子高齢化に歯止めのかからない日本に対して，⑤ヨーロッパのスウェーデンやフランスなどのように，福祉政策によって出生率を上昇させた国があることが興味深かったです。これらの国の取り組みは，日本も参考にできるかもしれません。

先　生：「国内での比較」からは，どのようなことがわかりましたか？

タロウ：地理の授業で学習したので，東京都や大阪府などの大都市圏や⑥各地方の出生率や人口増減の傾向はわかっていました。そのため今回の調査では，⑦自治体ごとに特徴的な取り組みをおこなっているところはないか調べています。過疎化の進んでいる地域の中にも，出生率の上昇や移住者の増加がみられる自治体があることに興味をもちました。

先　生：例えば，どのような自治体ですか？

タロウ：⑧長崎県平戸市や岡山県奈義町，⑨岩手県遠野市などがあります。これらの自治体では，子育て支援や移住者へのサポートなどを積極的におこなっていました。例えば，平戸市では，ふるさと納税を財源にした子育て支援の取り組みがみられます。その他にも，豊かな⑩自然環境や景観を生かしたまちづくりによって移住者を増やそうとしている自治体などもありました。一方で，対策をしてもあまり効果が上がっていない自治体もあるようです。それらの違いについて，もう少し深く調べてみようと思っています。

先　生：わかりました。近年，日本では人口減少を食い止める一つの方法として，増加傾向にある⑪外国人労働者を積極的に受け入れるべきだという意見もあります。実際に，移民の多い⑫アメリカ合衆国は，先進国の中では出生率が高く，高齢者の割合も低いです。外国人労働者の受け入れについて考えてみたことはありますか？

ヒカリ：はい。「国内での比較」についての調査で，外国人の割合が多い自治体があったときにグループで話題になりました。労働者不足を解消できて人口減少にも経済にも好影響だという意見や，文化的な違いへの対応が難しく新たな問題が発生してしまうという意見など，多くの意見が出て議論になりました。私たちの中だけでも色々な考えがあり，問題解決は難しいなと感じています。

先　生：全くその通りですね。現代の社会でおきる課題は，複数の要因が絡（から）みあっていることがほとんどであり，明確な答えというものは存在しません。だからこそ，多様な視点から課題を捉（とら）えて議論をし，自分の意見や考えを見出していくことが大切です。

ヒカリ：わかりました。グループのメンバーと積極的に意見を出し合いながら，調査を進めていきたいと思います。

問１　下線部①について，日本の工業に関する資料１・２をみて，次の(1)・(2)に答えなさい。なお，資料１・２中のⅠ～Ⅳは同じ工業地帯・地域をしめしています。

資料１　日本の製造品出荷額等に占める各工業地帯・地域の割合

（単位：％）

	１９６０年	１９８０年	２０００年	２０１５年
中京工業地帯	１０．８	１１．７	１４．１	１８．２
Ⅰ	２７．０	２２．０	１８．１	１２．３
Ⅱ	２０．９	１４．１	１０．７	１０．３
Ⅲ	８．０	９．７	８．０	９．９
Ⅳ	３．４	６．９	８．８	９．５
北九州工業地域	４．１	２．７	２．４	２．９

（工業統計表ほか）

資料２　各工業地帯・地域の製造品出荷額等に占める各種品目の割合

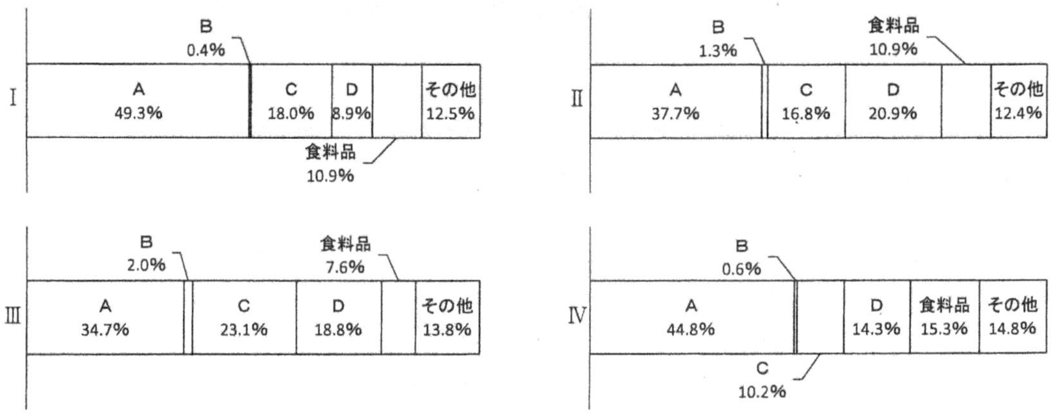

（日本国勢図会　２０２１／２２）

(1)　資料１・２中のⅠ～Ⅳにあてはまる工業地帯・地域の組み合わせとして正しいものを，次のア～エから１つ選び，記号で答えなさい。

	Ⅰ	Ⅱ	Ⅲ	Ⅳ
ア	京浜工業地帯	阪神工業地帯	瀬戸内工業地域	北関東工業地域
イ	京浜工業地帯	阪神工業地帯	北関東工業地域	瀬戸内工業地域
ウ	阪神工業地帯	京浜工業地帯	瀬戸内工業地域	北関東工業地域
エ	阪神工業地帯	京浜工業地帯	北関東工業地域	瀬戸内工業地域

(2)　資料２中のＡ～Ｄには，化学，機械，金属，繊維のいずれかがあてはまります。資料２中のＣにあてはまるものを，次のア～エから１つ選び，記号で答えなさい。

ア．化　学　　イ．機　械　　ウ．金　属　　エ．繊　維

問２　下線部②について，次の(1)・(2)に答えなさい。

(1)　この地域で産出されるコバルトやマンガンなどのように，地球上に存在する量が少ない金属や，掘り出すことが経済的・技術的に難しい金属を総称して何というか答えなさい。

(2)　この地域の農業の説明として誤っているものを，次のア～エから１つ選び，記号で答えなさい。

ア．ケニアでは，イギリス植民地時代にはじまった茶の栽培に加え，日本へ多く輸出されている切り花の栽培もさかんである。

イ．コートジボワールでは，一年を通して気温が高い気候を生かし，チョコレートやココアの原料であるカカオ豆の栽培がさかんである。

ウ．モロッコの地中海沿岸では，夏の降水量が少ないため，厳しい乾燥に耐(た)えられるオリーブやブドウを栽培している。

エ．エジプトのナイル川流域では，河川の水を引くことができるため，乾燥地域であるがコーヒー豆や油やしの栽培がさかんである。

問３　下線部③について，次の(1)・(2)に答えなさい。

(1)　次のグラフは，アルゼンチン，ブラジル，ペルーの人口構成をあらわしたものです。グラフＡ～Ｃと国名の組み合わせとして正しいものを，次のページのア～カから１つ選び，記号で答えなさい。

A

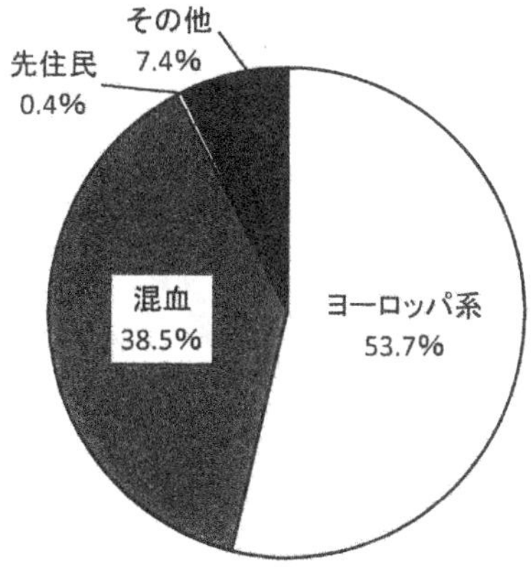

B

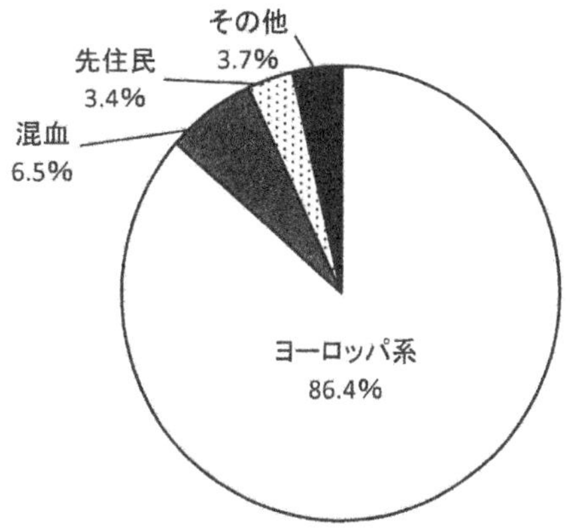

C

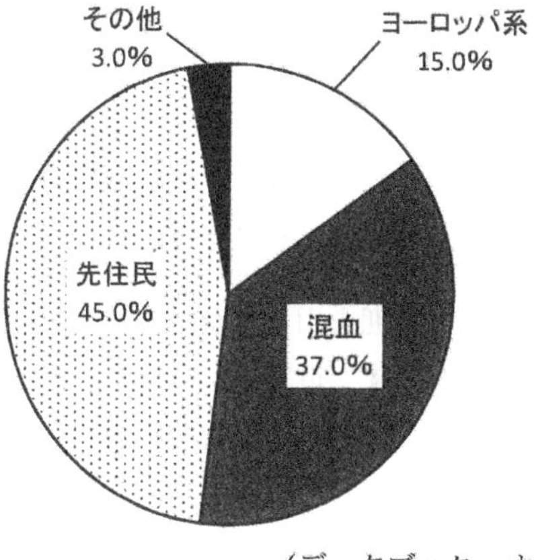

（データブック・オブ・ザ・ワールド　２０２１）

	ア	イ	ウ	エ	オ	カ
アルゼンチン	A	A	B	B	C	C
ブラジル	B	C	A	C	A	B
ペルー	C	B	C	A	B	A

(2) アルゼンチンを流れるラプラタ川の下流域に広がる，小麦の栽培や肉牛の放牧が大規模におこなわれている草原を何というか答えなさい。

問４　下線部④について，次の表中のA～Eは，北海道，青森県，神奈川県，愛知県，沖縄県の産業別の人口構成と労働者人口をあらわしたものです。北海道と愛知県にあてはまるものの組み合わせとして正しいものを，下のア～カから１つ選び，記号で答えなさい。

	第１次産業		第２次産業		第３次産業	
	割合（％）	人口（千人）	割合（％）	人口（千人）	割合（％）	人口（千人）
A	４．０	２８	１５．４	１０８	８０．７	５６８
B	１２．０	７７	２０．８	１３４	６７．２	４３６
C	６．１	１５９	１７．４	４５４	７６．５	１，９９８
D	０．８	３９	２１．１	１，０３４	７８．１	３，８２７
E	２．１	８５	３２．７	１，３３０	６５．３	２，６５７

（データブック・オブ・ザ・ワールド　２０２１）

ア．北海道－A　愛知県－D　　イ．北海道－B　愛知県－D　　ウ．北海道－C　愛知県－D
エ．北海道－A　愛知県－E　　オ．北海道－B　愛知県－E　　カ．北海道－C　愛知県－E

問５　下線部⑤について，右の地図中のX・Yにあてはまる山脈名の組み合わせとして正しいものを，下のア～エから１つ選び，記号で答えなさい。

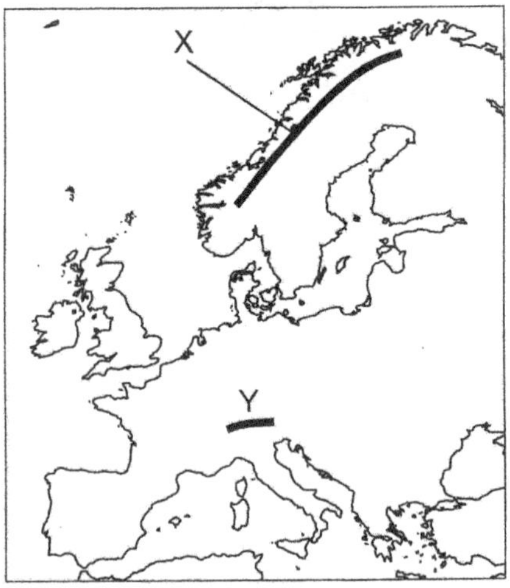

ア．X－ウラル山脈
　　Y－アルプス山脈
イ．X－ウラル山脈
　　Y－ピレネー山脈
ウ．X－スカンディナビア山脈
　　Y－アルプス山脈
エ．X－スカンディナビア山脈
　　Y－ピレネー山脈

問６　下線部⑥について，次の文章は，中部地方のある県の説明です。この県の県庁所在地名を答えなさい。

> 内陸に位置する県であり，周囲を山々に囲まれています。そのため平野部が少なく，総面積の約86％を山地が占めています。近年は，高速道路の整備が進んだことで電子部品などを製造する工場が多く進出しました。また，盆地に発達した扇状地を利用して，古くから果樹栽培がさかんであり，ぶどうやももの生産量は都道府県別で第１位です。果物狩りができる観光農園など，観光客をひきつけるための工夫もみられます。

問7　下線部⑦について，新潟市や熊本市など，人口が50万人以上であり，市民生活やまちづくりに関して都道府県の役割の一部を市が主体となって実施できる，全国に20ある都市を何というか答えなさい。

問8　下線部⑧について，次の表は，いくつかの都道府県の自然環境に関するデータをあらわしたものです。長崎県にあてはまるものを，表中のア～エから１つ選び，記号で答えなまい。なお，それ以外は，北海道，山形県，徳島県のものです。

	総面積（km²）	海岸線の長さ（km）	都道府県庁所在地の年平均気温（℃）
ア	４，１３１	４，１８３	１７．２
イ	４，１４７	３９２	１６．６
ウ	８３，４２４	４，４６０	８．９
エ	９，３２３	１３４	１１．７

（データブック・オブ・ザ・ワールド　２０２１ほか）

問9　下線部⑨について，次の(1)・(2)に答えなさい。

(1)　この県の県庁所在地の気温と降水量をあらわしたグラフを，次のア～エから１つ選び，記号で答えなさい。なお，それ以外は，福井県，岡山県，大分県のものです。

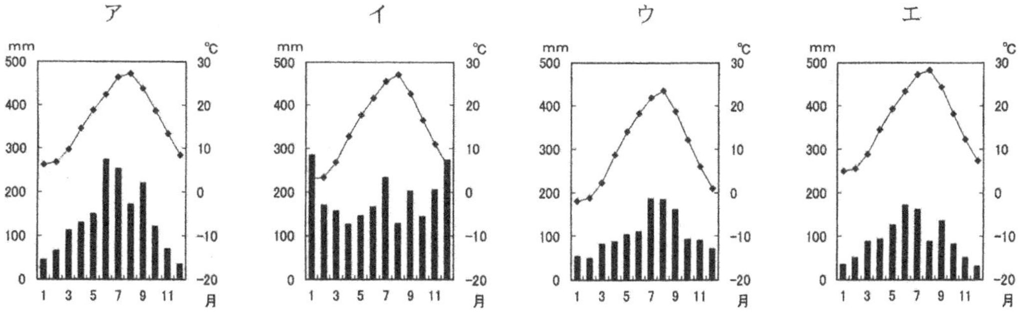

（データブック・オブ・ザ・ワールド　２０２１）

(2)　次の表は，東北地方の県別の農業産出額に占める各種品目の割合をあらわしたものです。岩手県にあてはまるものを，表中のア～エから１つ選び，記号で答えなさい。なお，それ以外は，秋田県，山形県，福島県のものです。

（単位：%）

	米	野　菜	果　実	畜　産	その他
ア	５６．２	１６．７	３．９	１９．５	３．７
イ	２１．３	１１．１	４．６	５９．０	４．０
ウ	３７．８	２３．１	１２．１	２１．５	５．５
エ	３３．７	１９．０	２８．６	１４．６	４．１

（データブック・オブ・ザ・ワールド　２０２１）

問10　下線部⑩について，右の日本の地図中のＺには，この地域を流れる複数の河川によって形成された平野が広がっています。この平野を何というか答えなさい。

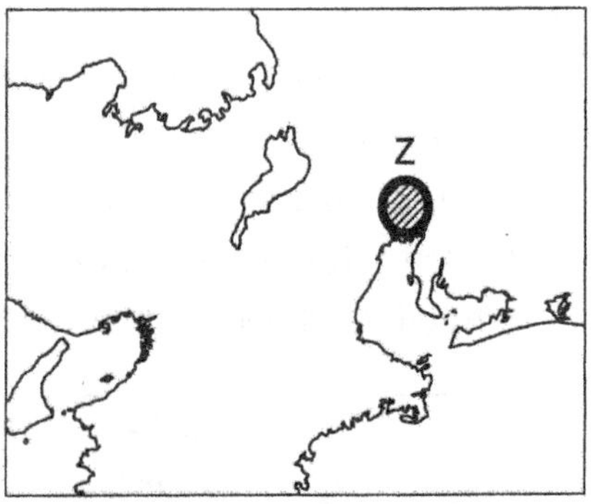

問11　下線部⑪に関して，これについて述べた次の文ａとｂの正誤の組み合わせとして正しいものを，下のア～エから１つ選び，記号で答えなさい。

ａ．石油の輸出で得た利益をもとに開発が進んでいる西アジアの産油国では，建設現場などの労働者が不足するようになったため，インドやパキスタンなどから多くの外国人労働者を受け入れている。

ｂ．ポーランドやハンガリーなどの東ヨーロッパの国々では，ＥＵ（欧州連合）加盟後，西ヨーロッパの企業が進出して雇用の機会が増加したため，西ヨーロッパへの出稼ぎ労働者は減少傾向にある。

ア．ａ－正　ｂ－正　　イ．ａ－正　ｂ－誤　　ウ．ａ－誤　ｂ－正　　エ．ａ－誤　ｂ－誤

問12　下線部⑫について，次の⑴・⑵に答えなさい。

⑴　この国の鉱工業について述べた次の文ａとｂの正誤の組み合わせとして正しいものを，下のア～エから１つ選び，記号で答えなさい。

ａ．古くからロッキー山脈周辺で石炭や鉄鉱石が豊富に産出され，それらの資源が重化学工業を発展させた。

ｂ．情報通信産業や航空宇宙産業が集まる北緯37度以南の新しい工業地域は，サンベルトとよばれる。

ア．ａ－正　ｂ－正　　イ．ａ－正　ｂ－誤　　ウ．ａ－誤　ｂ－正　　エ．ａ－誤　ｂ－誤

⑵　カリブ海やメキシコ湾岸で発生し，この国の南部に大きな被害をもたらす熱帯低気圧を何というか答えなさい。

第２問　次のＡ～Ｅの文を読んで，下の問いに答えなさい。

Ａ　①縄文時代の終わりごろ，中国や朝鮮半島などから北九州へ渡来した人々が稲作を伝え，稲作は西日本から東日本へと広まっていきました。稲作がさかんになると，力をつけた「ムラ」の首長は，他の「ムラ」を従え，やがて「クニ」を形成して王とよばれるようになりました。その後，近畿地方の豪族たちは連合してヤマト王権をつくり，その中心となった人物は，②大王（のちに天皇）とよばれるようになりました。

問１　下線部①について，2021年に世界文化遺産となった「北海道・北東北の縄文遺跡群」のうち，青森県にある遺跡を，次のア～エから１つ選び，記号で答えなさい。

ア．岩　宿　　イ．吉野ヶ里　　ウ．キウス　　エ．三内丸山

問２　下線部②について，埼玉県の稲荷山古墳から出土した鉄剣に刻まれた大王の名前を，カタカ

ナで答えなさい。

B　③645年以後，天皇を中心とする新しい国の体制づくりが進み，④701年には律令国家のしくみを定めた大宝律令がつくられました。⑤奈良時代になると，伝染病の広がりや飢饉（ききん）の発生によって世の中が混乱しました。そこで，聖武天皇は仏教の力を借（か）りて人々の不安を鎮（しず）めるために東大寺の大仏をつくりました。平安時代になると，有力な貴族が勢力を争うようになり，なかでも，天皇とのつながりを深めた⑥藤原氏が力を伸ばしていきました。

問３　下線部③について，この年からはじまる政治改革を何というか，当時の元号を用いて答えなさい。

問４　下線部④について，このときの中国の王朝を答えなさい。

問５　下線部⑤に関して，この時代の文化について述べた次の文ａとｂの正誤の組み合わせとして正しいものを，下のア～エから１つ選び，記号で答えなさい。

ａ．歴史書として『古事記』や『日本書紀』がつくられた。

ｂ．紀貫之らによって『古今和歌集』が編集された。

ア．ａ－正　ｂ－正　　イ．ａ－正　ｂ－誤　　ウ．ａ－誤　ｂ－正　　エ．ａ－誤　ｂ－誤

問６　下線部⑥について，次の和歌はこの氏族の一人が詠（よ）んだものです。この和歌の説明として最も適当なものを，下のア～エから１つ選び，記号で答えなさい。

この世をばわが世とぞ思ふ望月（もちづき）の欠けたることもなしと思へば

ア．藤原道長が，娘を天皇に嫁（とつ）がせて，政治の実権を握（にぎ）ったことへの満足を詠んだ。

イ．藤原道長が，宇治に建てた平等院鳳凰堂から見る月の美しさを詠んだ。

ウ．藤原頼通が，娘を天皇に嫁がせて，政治の実権を握（にぎ）ったことへの満足を詠んだ。

エ．藤原頼通が，宇治に建てた平等院鳳凰堂から見る月の美しさを詠んだ。

C　⑦源平の争乱に勝利した源頼朝が1192年に征夷大将軍になると，武士が中心となって国の政治を動かす時代がはじまりました。３代実朝で源氏の将軍がとだえると，執権についていた北条氏が中心となって幕府の政治を進めました。1221年の⑧承久の乱後，幕府の力は朝廷をしのぐようになり，御家人の権利や義務などの武士の慣習をまとめた⑨御成敗式目（貞永式目）が制定されました。

問７　下線部⑦に関して，これについて説明した次の文ａとｂがおこった場所を地図中のⅠ～Ⅳから選び，その組み合わせとして正しいものを，下のア～エから１つ選び，記号で答えなさい。

ａ．後白河法皇の皇子（おうじ）のよびかけにこたえて，源義仲がこの地で挙兵した。

ｂ．源義経らの活躍により，平氏がこの地で滅亡した。

	ａの場所	ｂの場所
ア	Ⅰ	Ⅲ
イ	Ⅰ	Ⅳ
ウ	Ⅱ	Ⅲ
エ	Ⅱ	Ⅳ

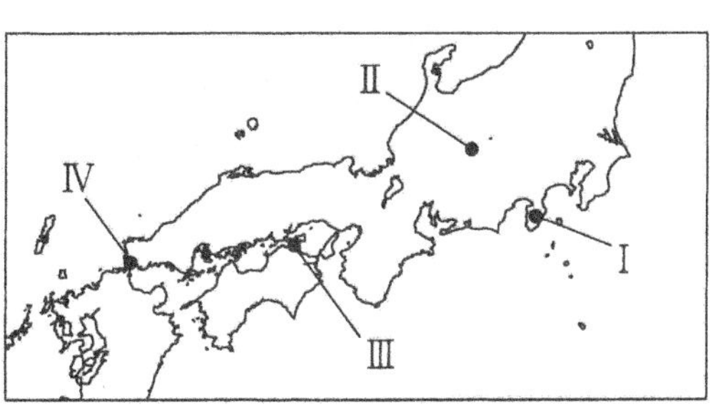

問８　下線部⑧について，この乱の後，朝廷の監視と西国の武士の統制を目的に，京都に設置された機関を答えなさい。

問９　下線部⑨について，これを制定した執権を，次のア～エから１つ選び，記号で答えなさい。

ア．北条時政　　イ．北条義時　　ウ．北条泰時　　エ．北条時宗

D　⑩江戸時代になると幕府は，全国の⑪大名を，親藩・譜代・外様に区別し，幕府にとって都合のよい地域に配置しました。こうして，幕府が強い力で全国の大名を支配する体制が整っていきました。３代将軍徳川家光の時代になると参勤交代が制度化され，領地と江戸を行き来するための街道や⑫水上交通が整備されていきました。交通の発達は人やものの移動を活発にし，江戸や⑬大阪などの都市がよりにぎわいをみせました。

問10　下線部⑩について，次の(1)・(2)に答えなさい。

(1)　この時期に日本と世界でおこったできごとについて述べた次の文ａ～ｃが，年代の古い順にならべられたものを，下のア～カから１つ選び，記号で答えなさい。

ａ．イギリスで革命がおこり，権利の章典がつくられた。

ｂ．アヘン戦争に敗(やぶ)れた清国は，南京条約を結んで開港した。

ｃ．徳川吉宗が漢文に翻訳(ほんやく)された洋書についての輸入制限を緩和(かんわ)した。

ア．ａ→ｂ→ｃ　　イ．ａ→ｃ→ｂ　　ウ．ｂ→ａ→ｃ

エ．ｂ→ｃ→ａ　　オ．ｃ→ａ→ｂ　　カ．ｃ→ｂ→ａ

(2)　この時代の文化について述べた次の文ａとｂの正誤の組み合わせとして正しいものを，下のア～エから１つ選び，記号で答えなさい。

ａ．近松門左衛門は，庶民に親しまれた人形浄瑠璃(じょうるり)の脚本を書いた。

ｂ．杉田玄白は，オランダ語の人体解剖(かいぼう)書を翻訳して『解体新書』を出版した。

ア．ａ－正　ｂ－正　　イ．ａ－正　ｂ－誤　　ウ．ａ－誤　ｂ－正　　エ．ａ－誤　ｂ－誤

問11　下線部⑪に関して，江戸周辺や要地に配置され，老中などの重要な役職についた大名の家柄(いえがら)と代表的な家（藩）の組み合わせとして正しいものを，下のア～カから１つ選び，記号で答えなさい。

ア．親藩－松平家（越前藩）　　イ．親藩－前田家（加賀藩）

ウ．譜代－水野家（浜松藩）　　エ．譜代－伊達家（仙台藩）

オ．外様－井伊家（彦根藩）　　カ．外様－島津家（薩摩藩）

問12　下線部⑫について，北前船が運航した蝦夷地（北海道）に関するできごとについて述べた次の文ａ～ｃが，年代の古い順にならべられたものを，下のア～カから１つ選び，記号で答えなさい。

ａ．ロシアの使節ラクスマンが根室に来航した。

ｂ．間宮林蔵が探検し，樺太が島であることを確認した。

ｃ．シャクシャインが，松前藩と戦った。

ア．ａ→ｂ→ｃ　　イ．ａ→ｃ→ｂ　　ウ．ｂ→ａ→ｃ

エ．ｂ→ｃ→ａ　　オ．ｃ→ａ→ｂ　　カ．ｃ→ｂ→ａ

問13　下線部⑬について，元大阪町奉行所の役人で，1837年に幕府に対して反乱をおこした人物を答えなさい。

E　⑭自由民権運動を進めていた人々が政府を攻撃し，国会開設の必要性を強く主張したため，政府は国会を開設することと天皇の下で憲法をつくることを約束しました。こうして，1889年に⑮大日本帝国憲法が発布され，翌年には，衆議院議員選挙がおこなわれ，第１回の帝国議会が開かれました。この時の選挙は制限選挙でしたが，その後，民主主義の考え方が広がり，⑯1925年には25才以上の男性すべてに選挙権が認められました。

問14　下線部⑭について，この運動がおこなわれている時期のできごとの説明として正しいものを，次のア～エから１つ選び，記号で答えなさい。

ア．国会期成同盟が結成され，西郷隆盛らを中心に自由民権運動がさらに加速した。

イ．吉野作造が民本主義をとなえ，政治に民衆の意見を反映させることを主張した。

ウ．政党が結成され，板垣退助が立憲改進党を，大隈重信が自由党をそれぞれつくった。

エ．政府が自由民権運動を取り締(し)まる中，困民党の人びとを中心に秩父事件がおこった。

問15　下線部⑮について，この憲法制定の中心となった伊藤博文について述べた次の文ａとｂの正誤の組み合わせとして正しいものを，下のア～エから１つ選び，記号で答えなさい。

ａ．岩倉使節団の一員として欧米を視察した。

ｂ．韓国併合後，朝鮮総督に就任した。

ア．ａ－正　ｂ－正　　イ．ａ－正　ｂ－誤　　ウ．ａ－誤　ｂ－正　　エ．ａ－誤　ｂ－誤

問16　下線部⑯について，この年以前におこったできごととして正しいものを，次のア～エから１つ選び，記号で答えなさい。

ア．柳条湖事件をきっかけにして，満州事変がおこった。

イ．第一次世界大戦で勝利したドイツで，ワイマール憲法がつくられた。

ウ．ワシントン会議が開かれ，列強５か国間の海軍の主力艦保有制限が決まった。

エ．ニューヨークでの株価大暴落をきっかけにして，世界恐慌が発生した。

第３問　次のＡ～Ｃの文を読んで，下の問いに答えなさい。

Ａ　2022年２月，①中国の首都である北京で，冬季オリンピックが開催されます。②2008年の夏季オリンピック以来，2度目のオリンピック開催です。中国は，1970年代末以降の改革開放政策をきっかけに，③輸出を中心として急速な経済成長をとげました。これにより，富の分配に偏(かたよ)りが出て，貧富の差が拡大しています。また，急速な④少子高齢化への対応や⑤環境問題などの経済発展にともなう問題，少数民族の保護や人権の保障などの社会問題も指摘(してき)されています。近年では，中国も参加するG20の影響力も大きくなっており，経済大国となった中国とどのような関係を築いていくかが国際社会全体での重要な課題となっています。

問１　下線部①について，中国は国際連合の安全保障理事会の常任理事国の１つです。国際連合の説明として正しいものを，次のア～エから１つ選び，記号で答えなさい。

ア．国連教育科学文化機関（UNESCO）は，経済社会理事会の専門機関である。

イ．国連分担金の比率第３位の国は，安全保障理事会における拒否権をもっている。

ウ．国際連合の加盟国は，安全保障理事会の決定に従う義務はないが，総会の決定には従う義務がある。

エ．国際司法裁判所は，国際連合の本部と同じ場所に置かれている。

問２　下線部②に関して，2008年に世界中の株価が急落する「リーマンショック」がおこり，それ

により日本経済も大きな影響を受け，景気が落ち込みました。不景気について述べた次の文ａとｂの正誤の組み合わせとして正しいものを，下のア～エから１つ選び，記号で答えなさい。

ａ．物価上昇と企業利益の減少が連続するデフレスパイラルがおこる。

ｂ．日本では，一般の銀行が日本銀行から国債などを買い取ることで，企業への資金の貸し出しを増やす。

ア．ａ－正　ｂ－正　　イ．ａ－正　ｂ－誤　　ウ．ａ－誤　ｂ－正　　エ．ａ－誤　ｂ－誤

問３　下線部③に関して，輸出や輸入などの貿易は，外国為替相場の影響を受けます。外国為替相場の変化について述べた次の文ａとｂの正誤の組み合わせとして正しいものを，下のア～エから１つ選び，記号で答えなさい。

ａ．１ドル＝80円が１ドル＝100円になると，日本を訪れる外国からの旅行客にとって有利である。

ｂ．１ドル＝80円が１ドル＝50円になると，日本にとって外国への輸出に有利である。

ア．ａ－正　ｂ－正　　イ．ａ－正　ｂ－誤　　ウ．ａ－誤　ｂ－正　　エ．ａ－誤　ｂ－誤

問４　下線部④について，日本における少子高齢化に対する社会保障政策として正しいものを，次のア～エから１つ選び，記号で答えなさい。

ア．介護保険制度は，20歳以上の人の加入が義務づけられている。

イ．社会保障給付費の財源の約８割が公費負担である。

ウ．租税や社会保障費の負担の比率である国民負担率はアメリカよりも大きい。

エ．社会保障費の増加に対応するため，消費税が引き下げられた。

問５　下線部⑤について，環境問題解決のために，1992年にリオデジャネイロで開かれた国際会議を答えなさい。

Ｂ　2022年４月，⑥民法の改正によって，成年年齢が18歳に引き下げられます。これまでの成年年齢は20歳でしたが，近年，⑦憲法改正の国民投票の投票権年齢や，公職選挙法の選挙権年齢などが18歳と定められたことで，18歳以上を大人とすることが適当ではないかという議論がされるようになりました。世界的にも，成年年齢を18歳とするのが主流であり，成年年齢を18歳に引き下げることは，若者の⑧自己決定権を尊重し，積極的な社会参加につながると考えられています。成年年齢の引下げによって，18歳，19歳の人は，親の同意を得ずに，さまざまな⑨契約をすることができるようになります。悪徳商法などによる消費者被害に巻き込まれないように，自分で知識や情報を集め，的確な判断力を養い，その判断に基(もと)づいて行動する必要があります。

問６　下線部⑥に関して，民法などの法律ができる過程についての説明として正しいものを，次のア～エから１つ選び，記号で答えなさい。

ア．法律案は内閣だけが提出することができる。

イ．必ず参議院から審議する。

ウ．審議する際には必ず公聴会が開かれる。

エ．本会議では出席議員の過半数の賛成で可決される。

問７　下線部⑦について，次のページの日本国憲法の条文中の空欄（Ａ）・（Ｂ）にあてはまる語句の組み合わせとして正しいものを，あとのア～エから１つ選び，記号で答えなさい。

> 第96条
> 1　この憲法の改正は，各議院の（　A　）議員の三分の二以上の賛成で，国会が，これを発議し，国民に提案してその承認を経なければならない。この承認には，特別の国民投票又は国会の定める選挙の際おこなわれる投票において，その過半数の賛成を必要とする。
> 2　憲法改正について前項の承認を経たときは，（　B　）は，国民の名で，この憲法と一体を成すものとして，直ちにこれを公布する。

ア．A－総　B－内閣総理大臣　イ．A－総　B－天皇
ウ．A－出席　B－内閣総理大臣　エ．A－出席　B－天皇

問8　下線部⑧に関して，自己決定権についての説明として正しいものを，次のア～エから1つ選び，記号で答えなさい。
ア．日本では，安楽死や尊厳死が認められている。
イ．臓器提供意思表示カードは，成年者だけがもつことができる。
ウ．新しい人権の一つであり，幸福追求権に基づいて主張されている。
エ．医師が治療方法を決定することを，インフォームド・コンセントという。

問9　下線部⑨に関して，契約について述べた次の文aとbの正誤の組み合わせとして正しいものを，下のア～エから1つ選び，記号で答えなさい。
a．購入後8日以内であれば，いかなる場合も消費者側から無条件で契約を解除できる。
b．契約の内容に不当な項目があった場合には，その部分が無効になる。
ア．a－正　b－正　イ．a－正　b－誤　ウ．a－誤　b－正　エ．a－誤　b－誤

C　2022年夏，⑩第26回参議院議員選挙がおこなわれます。この選挙から，参議院の議員定数は（　⑪　）人に変わります。参議院議員選挙は，1つまたは2つの都道府県の単位でおこなわれる選挙区制と（　⑫　）比例代表制とでおこなわれます。昨年10月，⑬衆議院議員選挙がおこなわれ，自由民主党を中心とした与党が勝利しました。⑭日本国憲法の改正に積極的な政党の躍進(やくしん)もみられ，今年の参議院議員選挙の結果次第では，憲法改正に向けての動きが加速すると予想されます。そして，選挙の課題の一つは，投票率の低さです。課題を克服するために，投票日前でも投票できる期日前投票の制度が充実するなどの工夫がみられますが，大切なことは，主権者である⑮国民一人ひとりが，世の中の動きに関心をもって，政治に積極的に参加することです。

問10　下線部⑩について，前回の参議院議員選挙がおこなわれた年を，次のア～エから1つ選び，記号で答えなさい。
ア．2016年　イ．2017年　ウ．2018年　エ．2019年

問11　文中の空欄（⑪）にあてはまる数字を，次のア～エから1つ選び，記号で答えなさい。
ア．235　イ．238　ウ．245　エ．248

問12　文中の空欄（⑫）にあてはまる文を，次のア～エから1つ選び，記号で答えなさい。
ア．全国1ブロックでおこなわれ，有権者は政党か候補者に投票できる
イ．全国1ブロックでおこなわれ，有権者は政党だけに投票できる
ウ．全国11ブロックでおこなわれ，有権者は政党か候補者に投票できる

エ．全国11ブロックでおこなわれ，有権者は政党だけに投票できる

問13　下線部⑬について，衆議院議員選挙の際には，最高裁判所裁判官の国民審査がおこなわれます。最高裁判所やその裁判官の説明として正しいものを，次のア～エから１つ選び，記号で答えなさい。

ア．最高裁判所での審理は非公開である。

イ．最高裁判所では，行政裁判だけがおこなわれる。

ウ．裁判官は，自らの良心に従い，憲法と法律にのみ拘束（こうそく）される。

エ．裁判官は，内閣の出す処分によってやめさせられる。

問14　下線部⑭について，日本国憲法第21条で禁止されている，国が出版物の内容などを事前に確認することを何というか答えなさい。

問15　下線部⑮に関して，国民の権利について述べた次の文ａとｂの正誤の組み合わせとして正しいものを，下のア～エから１つ選び，記号で答えなさい。

ａ．住居の捜索（そうさく）には，裁判官の出す令状が必要である。

ｂ．教育を受ける権利や裁判を受ける権利は社会権である。

ア．ａ－正　ｂ－正　　イ．ａ－正　ｂ－誤　　ウ．ａ－誤　ｂ－正　　エ．ａ－誤　ｂ－誤

イ　Aは家来を大事にすることの大切さ、Bは好きになることの大切さを述べた話である。

ウ　Aは深く信じること、Bは深く好きになることによって不思議な出来事が起こったという話である。

エ　Aは神仏に祈れば救われること、Bは好きなことに打ち込めば上達することを述べた話である。

問八　文章Cの『十訓抄』は鎌倉時代に成立した作品ですが、これと同じ時代に成立した作品を次の中から一つ選び、記号で答えなさい。

ア　『枕草子』　　イ　『平家物語』

ウ　『源氏物語』　　エ　『万葉集』

すばかりこそ、せまほしけれど、かかるためし、いとありがたし。されば「⑦学ぶ者は牛毛(ぎうもう)のごとく、得る者は麟角(りんかく)のごとし」ともあり。又「する事かたきにあらず、よくする事のかたきなり」ともいへる、げにもと覚ゆるためしありけり。

（『十訓抄(じっきんしょう)』十巻六九による）

＊1　押領使……罪を犯したり、国を乱したりした者を取り締まる役人。
＊2　さいつころ……先日。
＊3　成通……平安後期の貴族。藤原成通。
＊4　最勝光院……後白河法皇が創建した京都の寺院。

問一　傍線②「年来」・④「ことに心をとどめて」の本文中での意味として適切なものを次の中からそれぞれ一つ選び、記号で答えなさい。

②「年来」
ア　ある一定の期間
イ　若い頃
ウ　ふさわしい年齢
エ　長い年月

④「ことに心をとどめて」
ア　いつも以上に集中して
イ　いつもと違ってぼんやりとして
ウ　特に気持ちをおさえて
エ　わざと人の気を引くようにして

問二　傍線①「兵二人」とありますが、正体は何だったのですか。文章Aから五字以内で抜き出しなさい。

問三　傍線③「深く信をいたしぬれば、かかる徳もありける」とありますが、文章Aの中ではどのようなことを指していますか。具体的に四十字以内で答えなさい。

問四　傍線⑤「先のごとくなる男」とありますが、どのような男ですか。解答欄に合うように文章Bから四十字以内で抜き出し、初めと終わりの三字で答えなさい。

問五　傍線⑥「かやうのしるし」とありますが、文章Bの中ではどのようなことを指していますか。具体的に十字程度で答えなさい。

問六　傍線⑦「学ぶ者は牛毛のごとく、得る者は麟角のごとし」について次の各問いに答えなさい。

1　この表現はどのような意味ですか。この表現の意味として適切なものを次の中から一つ選び、記号で答えなさい。
ア　学ぼうとする者は、牛の毛のように役に立たず、習得した者は麒麟(きりん)の角のように重宝される。
イ　学ぼうとする者は、牛の毛のように非常に多く、極めた者は麒麟の角のようにめったにいない。
ウ　学ぼうとする者は、牛の毛のように柔軟性に富み、学び終えた者は麒麟の角のように剛直となる。
エ　学ぼうとする者は、牛の毛のように頼りないものであり、熟達した者は麒麟の角のように心強い。

2　この表現を参考に解答欄の白文に返り点をつけなさい（送り仮名は不要）。

問七　文章AとBの内容として正しいものを次の中から一つ選び、記号で答えなさい。
ア　A・Bともに、毎日継続することによって素晴らしい結果が現れるという話である。

ア　どこか人の心を惹きつける「おっさんの茶々」は、科学にとっては悪影響を及ぼす要因でしかない。

イ　効き目を阻害する物質を特定し、体外に排出するだけで、薬の効能を高めることができる。

ウ　筆者はニュートンが発見した「万有引力の法則」に疑いを抱いていたが、正しいことが判明した。

エ　野球盤の「消える魔球」の仕組みは、リンゴの落下実験においては空気抵抗や台風の風が当てはまる。

第2問

次の①～⑤の四字熟語の□にあてはまる語をそれぞれ漢字で答えなさい。

①　我□引水（他人のことを考えず、自分に都合がいいようにすること。）

②　温□知新（以前学んだことや事柄から、新しい知識や見解を導くこと。）

③　□中模索（手がかりがない中、色々と試してみること。）

④　明鏡□水（邪念がなく、澄み切って落ち着いた心。）

⑤　□耕雨読（世間のわずらわしさを離れて、心穏やかに暮らすこと。）

第3問

次のA～Cの文章を読んで、後の問いに答えなさい。なお文章Cは、文章Bのエピソードについて記述した文章です。

A

筑紫に、なにがしの＊1押領使などいふやうなるもののありけるが、土大根を万にいみじき薬とて、朝ごとに二つづつ焼きて食ひける事、年久しくなりぬ。

ある時、館の内に人もなかりける隙をはかりて、敵襲ひ来りて囲み攻めけるに館の内に①兵二人出で来て、命を惜しまず戦ひて、皆追ひ返してげり。いと不思議に覚えて、「日比ここにものし給ふとも見ぬ人々の、かく戦ひし給ふは、いかなる人ぞ」と問ひければ、「②年来頼みて、朝な朝な召しつる土大根らにさぶらふ」といひて失せにけり。

③深く信をいたしぬれば、かかる徳もありけるにこそ。

（『徒然草』六八段による）

B

＊2さいつころ、侍従大納言＊3成通といふ人おはしましけり。壮年より鞠を好みて、あるいは一人も、あるいは友に交りても、これを興じて、日に絶ゆること侍らざりけり。

ある時、＊4最勝光院にて、④ことに心をとどめて蹴給へりけるに、いづくの者、いづ方より来りたりとも知らぬ小男の、見目ことがらあてやかなる、うずくまりて侍り。大納言、怪しみ思して、「誰にか」と尋ね給ふに、「われはこれ鞠の精なり。君のめでたく蹴給ふによりて、鞠のまことの姿をあらはすになん」とて、かき消すやうに失せにけり。

そののちも、たびたび⑤先のごとくなる男出で来て、目をもたたかず鞠を見て侍りけり。いと不思議にぞ侍る。

（『撰集抄』八巻三〇による）

C

何事をもこのむとならば、底をきはめて、⑥かやうのしるしをあらは

という問いに対しては、「大体、安全です」と答えるのが⑪関の山である。「大体って、何ですか。もしうちの子供ががんになったら、どうしてくれるんですか！」と怒られたら、もうお手上げだ。おっさん、お前のせいやぞ。

（中屋敷　均『科学と非科学　その正体を探る』による）

＊　パラダイム転換……その時代や分野において当然だと考えられていた認識が劇的に変化すること。

問一　傍線②・③・⑤・⑦・⑧のカタカナは漢字に、漢字はひらがなに直しなさい。

問二　傍線①「醍醐味」・⑪「関の山」の本文中での意味として適切なものを次の中からそれぞれ一つ選び、記号で答えなさい。

①「醍醐味」

ア　物事の一番の難しさ
イ　物事の根本的なきまり
ウ　物事の本当の面白さ
エ　物事の本質的な重要さ

⑪「関の山」

ア　無難　イ　限界
ウ　適切　エ　誠実

問三　（Ⅰ）～（Ⅲ）に入る語として適切なものを次の中からそれぞれ一つ選び、記号で答えなさい。

ア　しかし　イ　だから　ウ　つまり　エ　たとえば

問四　傍線④「帰納法」に基づいた説明として適切なものを次の中から一つ選び、記号で答えなさい。

ア「毎年、夏の午後四時から六時の時間帯に雨が降る確率が高い」という統計を見て、夏の夕方の時間帯ににわか雨が降ると考えること。

イ「冬はファーがついた商品が売れる」という雑誌の記事を見て、気温が下がりはじめた時期にファーがついた新商品を開発すること。

ウ「自社店舗の近くに競合店舗があると売り上げが減る」という話を聞いて、競合店舗がないエリアに店を開こうと計画を立てること。

エ「ショウガに含まれる三種類の辛み成分に、体を温める作用があるので、風邪によく効く」と知り、風邪をひいたときに生姜湯を飲むこと。

問五　傍線⑥「それに基づいて構築された近代の科学は、この世の多くのことを説明・予測するのに成功し、実際に役立ってきた」とありますが、「近代の科学」はどのようにして世界を「説明・予測する」ことに成功しましたか。「それ」の内容を明らかにして、解答欄に合うように七十字以内で説明しなさい。

問六　傍線⑨「細胞の研究でもそういった攪乱要因を取り除けばいいじゃないか」とありますが、なぜ取り除くことができないのですか。その理由を含む一文を二か所抜き出し、それぞれ初めと終わりの五字で答えなさい。

問七　傍線⑩「かなり性格の異なった二つのものが、『科学』という名の下でごっちゃになっている」とありますが、その結果人々は科学に対してどのような誤解をしていると筆者は考えていますか。「二つのもの」の内容を明らかにして百字以内で説明しなさい。

問八　本文の内容として適切なものを次の中から一つ選び、記号で答えなさい。

加速度に基づき真っ直ぐに落下するはずのリンゴが、現実の世界では空気抵抗や台風の風で、理論通りには落ちてこないことと、基本的には同じである。

それじゃ、リンゴの落下実験で真空にしたように、⑨細胞の研究でもそういった攪乱要因を取り除けばいいじゃないか、複雑な現象を単純化して、その中にある「法則」を見つけ出すのが科学じゃないか、そう言う人もいるだろう。まったくもって、ごもっともな意見である。しかし、この問題が深刻なのは、現実の生物・細胞を使った研究などでは、攪乱要因の数があまりに多く、それらを完全に排除した状態を作ることが、実務上、不可能に近いという点である。あちらこちらに「おっさん」がいて、茶々を止めないのだ。

また、もう一つの問題は、そういった攪乱要因を取り除けば取り除くほど〝現実〟から離れていってしまうというジレンマである。極端な話、試験管の中でウイルスとレセプターと薬のみを入れれば、「科学的な真理」を得られるかも知れないが、人に投与して効き目がなければ、そんな「真理」は役に立たない。ニーチェは、『ツァラトゥストラはかく語りき』で「神は死んだ」と宣言したが、どっこい「茶々を入れるおっさん」は生きている。それが現実の世界であり、そこで通用する科学は茶々の存在を前提にしたものでなければならない。

この「おっさんの茶々」問題は、科学を考える上で、実は一つの重要なポイントである。最初に書いたように科学的な物の考え方の基礎には、この世界は「法則」に支配されており、同じことをすれば同じ結果が返ってくるという前提がある。そうであるなら、「正しい」ことというのは、1足す1が2になるように、常に〝100%正しい〟ものとして与えられるはずである。しかし、現実の世界では、同じことをしても同じ結果が返って来ない（正確に言えば、まったく同じ条件を2度作ることが現実的にできない）。

従って、そういった現実的な問題に対する科学的な知見というのは、「これまでどれくらい、この薬の使用例があり、そのうちどのくらいの人で効果がありました」というような統計学的なものにならざるを得ない。つまり「この薬はこの人のこの病気に効くのか？」といった現実的な命題に対する科学的な回答というのは、たとえば「60%の確率で効果がある」というような確率的なものになってしまう。Yes／Noで答えるとするなら「分からない」である。

批判を承知で単純化して言えば、科学には実は性格の異なった二つのものがあるのだ。一つはこの世の真理を求め、単純化された条件下で100%正しいような法則を追い求めるもの。そしてもう一つは元来〝100%の正しさ〟などあり得ない、茶々を前提とした、より現実的なものである。この⑩かなり性格の異なった二つのものが、「科学」という名の下でごっちゃになっている。特に前者の「科学」が持つ、この世界の真理や真実を解き明かしていくというイメージは、あたかもその対象が何であっても「正しい」ことと「正しくない」ことを判定し、明確な回答を与えてくれるような期待を抱かせる。

しかし、実情を言えば、一般に思われているより遥かに多くの「科学」が後者のグループに属している。特に、人の生活に密接に関連するような話は、ほとんどがそうである。つまり「100%の正しさ」など元々ない。

だから、低線量被曝や残留農薬の問題でも、「絶対安全なんですか？」

いう話である。これまでそうだったから、この先も必ずそうなるという論理は、一般的には成立しない。では、リンゴはいつ見ても地面に落ちるが、それはこれまでの観測ではそうであっただけで、この先、落ちないことが起こる可能性はまったくないのだろうか？　ないと言うなら、どうしてそう言えるのだろう？

　実は帰納法と演繹法が世界を説明する論理として成り立つためには、重要な前提がある。それはこの世界は同じことをすれば、同じ結果が返ってくるようにできている、という仮定である。別の言葉で言うなら、この世は、ある種、機械的な「法則」により支配されているという仮定だ。この前提で考えれば、事例を集めて「法則」の発見にたどり着けば、その後はすべてそれに従って現象を説明・予測できることになる。この前提は「神々が支配していた世界」から、人類の理性で世界を説明できるとする「理性が支配する世界」への＊パラダイム転換に伴って得られたものであり、現代科学の根幹となっている。この前提が絶対的に正しいのか、それは誰にも分からない。ただ、⑥それに基づいて構築された近代の科学は、この世の多くのことを説明・予測するのに成功し、実際に役立ってきた。この世には消える魔球もおっさんの茶々もなく、同じことをすれば、同じ結果が返ってくるようにできている、だから世界は説明できる、と現代人は信じている。私も科学の世界に身を置く者の一人として、大筋でこの世界観に異論を持つ訳では、もちろんない。そう、だからリンゴは木から落ちてきたし、今からも落ち続けるはずなのだ。

　（　Ⅱ　）、少しだけ待って欲しい。本当にリンゴはこの世でいつも同じように地面に落ちるだろうか？　たとえば台風の風で落ちるリンゴを見てみよう。場合によっては、リンゴは落下どころか風に飛ばされ舞い上がるかも知れない。こんなことを書いていたら、何をバカなことを言っているのだ、そんなことは当たり前ではないか、重力加速度通り（法則通り）の速度を計測したいのなら、真空条件でやらないといけないに決まっているだろうと、物理学の先生に笑われるのがオチである。しかし「そんなバカなこと」を大真面目（おおまじめ）にやっているのが、同じ科学と言っても、たとえば生命科学である。

　それはどういう意味か？　一例を挙げれば、あるウイルス病の薬としてウイルスの細胞への⑦シンニュウ部位であるレセプターとウイルスの結合を阻害する薬があったとしよう。ウイルスとレセプターとその薬だけを試験管内で混ぜれば、なんと百発百中結合を阻害する。すごい薬ができたと、喜んで患者にその薬を投与してみたら、１０％の人にしか効果がない、というようなことが、普通に起こるのだ。（　Ⅲ　）「法則」的な意味では（試験管の中では）１００％効果がある薬の効き目に「茶々を入れるおっさん」が、現実の人間の体の中にはいる。「消える魔球」のように薬の効果が消えてしまうのだ。

　その理由は、たとえば、せっかくの薬を分解して体外に排出してしまう酵素の力であったり、薬を患部までうまく運べないという問題であったり、薬の効きを阻害する物質が細胞の中にあったり、あるいはウイルスのレセプター自体に人によって⑧ビミョウに異なったいくつかの種類があったり、といったような様々なことである。そういった多くの要素が、その個人の持つ遺伝子のタイプ、年齢や性別、あるいは食べ物や環境といったものたちの影響を受けて、患者一人一人で違っている。その影響で薬の効き目も違ってくる。それは本来、地球の中心に向けて重力

【国　語】（五〇分）〈満点：一〇〇点〉

第1問　次の文章を読んで、後の問いに答えなさい（出題にあたり本文を一部改めました）。

小学生の頃、よく野球盤で友だちと遊んだ。パチンコ玉のようなボールをピッチャーが投げて、もう一人が野球盤に固定されたバットでタイミングよく打ち返すというゲームである。ところが、このゲームのピッチャー側には、秘密兵器の「消える魔球」が用意されている。これは野球盤のホームベースの前に切れ込みがあり、それが下がって、ボールが床下に消えてしまうというものである。これをやられるとバッター側はもうお手上げだ。野球の勝負の①醍醐味（だいごみ）が、いかにピッチャーの球にタイミングを合わせて打ち返すか、だとするなら、消える魔球はその勝負にどっかのおっさんの茶々が入るような仕組みである。なんで、こんな「おっさんの茶々」を許すような仕組みになっているのだろうと思わないでもないが、野球盤に「消える魔球」が登場して以来、なくなることなく現在に至っており、どこか人の心を②ミリョウする部分があるのだろう。

科学というと、この世にある法則や原理の発見など、世界の真理や真実を解き明かしていくというイメージが強いものである。しかし、この世の真実、つまり「正しい」こととは、一体、何なのか？　以下、屁理屈（へりくつ）のような話が続くことになるが、これは実際、単純な話ではない。たとえば「リンゴが木から落ちる」という現象がある。これはニュートンが万有引力を発見したきっかけとなったとされる「③由緒正しい」物理現象であるが、この「リンゴが木から落ちる」というのは〝正しい〟のだろうか？　もし、〝正しい〟とするなら、それはどうしてそう言えるのだろう？

人間が把握できることというのは、基本的に経験から来ており、「リンゴが木から落ちる」ことが正しいと信じられているのは、リンゴを枝から切り離せば地上に落下するということを、これまでずっと人類が経験してきたからである。そして、そこからニュートンは、万物はすべて互いに引き合っているという、「リンゴと地球」の関係だけに留まらない、たとえば星と星の関係のような、より一般的な現象に適用できる「万有引力の法則」を発見した。そしてそれが今では物理学上の「正しい」法則と信じられている。この例は科学的な「正しさ」についての非常に重要な二つの考え方を含んでいる。

一つは「繰り返し起こることは法則化できる」という考え方である。そして、もう一つは「法則化できたことは、他の現象にも応用できる」という考え方である。これらは「④帰納法」および「演繹法」と呼ばれる論理であり、科学を支える非常に重要な考え方となっている。リンゴはいつ見ても、木から切り離されれば、地面に落ちるし、それを地球とリンゴが引っ張り合った結果と考えると、より多くの現象にも同じ考え方を適用できるようになる。実際、その法則を使えば、⑤ワクセイや彗星（すいせい）の動きまで正確に予測できるようになるのだから、それは確かに素晴らしいことである。

しかし、帰納法というのは単純な理屈の上から言えば、さほど根拠がしっかりした考え方という訳でもない。（　Ⅰ　）、昨日、阪神が勝っていたとする、そしてなんと今日も勝っているではないか。帰納法が成り立つなら、明日も勝つし、明後日も勝つ。という理屈が成立するか、と

MEMO

大切なことはメモしておこうネ！

2022年度

解　答　と　解　説

《2022年度の配点は解答欄に掲載してあります。》

＜数学解答＞

第1問　問1　-134　　問2　$-4\sqrt{3}-9$　　問3　$x=1,\ y=-2$　　問4　$6+4\sqrt{2}$
問5　$0\leqq y\leqq\frac{9}{2}$　　問6　18通り　　問7　23℃　　問8　20度　　問9　$6\sqrt{10}\pi\,\text{cm}^3$

第2問　問1　$\frac{1}{3}$　　問2　$\frac{1}{10}$

第3問　問1　4%　　問2　60g　　問3　80g

第4問　問1　$a=-\frac{1}{3}$　　問2　$y=x-6$　　問3　$y=3x$

第5問　問1　△CBA　　問2　$x=2$　　問3　1：1

○配点○

各5点×20(**第1問**問3完答)　　計100点

＜数学解説＞

基本 **第1問**　(数の計算, 平方根の計算, 連立方程式, 2次方程式, 関数の変域, 数の性質, 統計, 角度, 体積)

問1　$6\times(-3^3)+(-2)^2\times7=6\times(-27)+4\times7=-162+28=-134$

問2　$2\sqrt{6}(\sqrt{3}-\sqrt{2})-(\sqrt{3}+\sqrt{6})^2=2\sqrt{18}-2\sqrt{12}-(3+2\sqrt{18}+6)=6\sqrt{2}-4\sqrt{3}-9-6\sqrt{2}=-4\sqrt{3}-9$

問3　$x-3y=7\cdots$①　$3x-2y=7\cdots$②　①×3－②から，$-7y=14$　$y=-2$　これを①に代入して，$x-3\times(-2)=7$　$x=7-6=1$

問4　$x^2-4x+2=0$　2次方程式の解の公式から，$x=\frac{-(-4)\pm\sqrt{(-4)^2-4\times1\times2}}{2\times1}=\frac{4\pm\sqrt{8}}{2}=\frac{4\pm2\sqrt{2}}{2}=2\pm\sqrt{2}$　よって，$a=2+\sqrt{2}$　$a^2=(2+\sqrt{2})^2=4+4\sqrt{2}+2=6+4\sqrt{2}$

問5　$y=2x^2\cdots$①　xの変域が0を含んでいるので，①は$x=0$のとき最小値0をとり，$x=\frac{3}{2}$のとき最大値をとる。①に$x=\frac{3}{2}$を代入して，$y=2\times\left(\frac{3}{2}\right)^2=\frac{9}{2}$　よって，$0\leqq y\leqq\frac{9}{2}$

問6　百の位の数は，0以外の数の3通り，十の位の数は百の位の数以外の3通り，一の位の数は百と十の位の数以外の2通り。よって，$3\times3\times2=18$(通り)

問7　気温が低い順に並べると，17，17，17，18，19，21，21，25，25，26，26，27，28，30　中央値は7番目と8番目の平均だから，$\frac{21+25}{2}=\frac{46}{2}=23$(℃)

問8　各点を右の図のように定めると，△ABDにおいて内角と外角の関係から，$\angle\text{BAD}=130^\circ-75^\circ=55^\circ$　円周角の定理から，$\angle\text{BOC}=55^\circ\times2=110^\circ$　△ODCにおいて内角と外角の関係から，$\angle x=130^\circ-110^\circ=20^\circ$

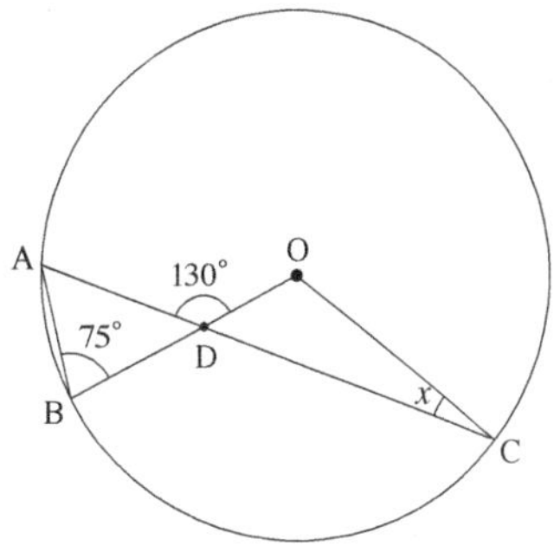

問9　円錐の高さは，$\sqrt{7^2-3^2}=\sqrt{40}=2\sqrt{10}$　よって，円錐の体積は，$\frac{1}{3}\times\pi\times3^2\times2\sqrt{10}=6\sqrt{10}\pi\,(\text{cm}^3)$

第2問　(確率)

問1　玉の取り出し方は全部で，$5\times6=30$(通り)　そのうち，$a>b$となる場合は，$(a,\ b)=(2,$

1)，(3，1)，(3，2)，(4，1)，(4，2)，(4，3)，(5，1)，(5，2)，(5，3)，(5，4)の10通り。よって，求める確率は，$\frac{10}{30}=\frac{1}{3}$

重要 問2　$2=1\times2=2\times1=(-1)\times(-2)=(-2)\times(-1)$　$a-2=1$，$b-3=2$から，$a=3$，$b=5$　$a-2=2$，$b-3=1$から，$a=4$，$b=4$　$a-2=-1$，$b-3=-2$から，$a=1$，$b=1$　$a-2=-2$，$b-3=-1$から，$a=0$，$b=2$，これは適さない。よって，$(a-2)(b-3)=2$となる場合は，(3，5)，(4，4)，(1，1)の3通り。したがって，求める確率は，$\frac{3}{30}=\frac{1}{10}$

第3問 (方程式の応用問題)

基本 問1　食塩の量は，$80\times\frac{3}{100}+20\times\frac{8}{100}=\frac{12}{5}+\frac{8}{5}=\frac{20}{5}=4$　食塩水の量は，$80+20=100$　よって，求める濃度は，$\frac{4}{100}\times100=4(\%)$

問2　Cに入れるAの食塩水をxgとすると，Bの食塩水は$100-x$(g)　仮定から，$\left\{x\times\frac{3}{100}+(100-x)\times\frac{8}{100}\right\}\div100\times100=5$　$\frac{3x}{100}+\frac{8(100-x)}{100}=5$　$3x+800-8x=500$　$5x=300$　$x=60$

重要 問3　Aに残っている食塩水の量は，$100-60=40$　CからAへyg入れたとすると，仮定から，$\left(40\times\frac{3}{100}+y\times\frac{5}{100}\right)\div(40+y)\times100=4$　$120+5y=160+4y$　$y=40$　よって，Aに入っている食塩水は，$40+40=80$(g)

第4問 (図形と関数・グラフの融合問題)

問1　①に$x=-1$を代入して，$y=(-1)^2=1$　よって，A$(-1,\ 1)$　直線ABは原点Oを通ることから，$y=bx$と表せる。これに点Aの座標を代入すると，$1=b\times(-1)$　$b=-1$　よって，直線ABの式は，$y=-x$　これに$x=3$を代入すると，$y=-3$　B$(3,\ -3)$　②に点Bの座標を代入して，$-3=a\times3^2$　$9a=-3$　$a=-\frac{1}{3}$

問2　$y=-\frac{1}{3}x^2$…②　②に$x=-6$を代入して，$y=-\frac{1}{3}\times(-6)^2=-12$　C$(-6,\ -12)$　直線BCの傾きは，$\frac{-3-(-12)}{3-(-6)}=\frac{9}{9}=1$　直線BCの式を$y=x+c$として点Bの座標を代入すると，$-3=3+c$　$c=-6$　よって，直線BCの式は，$y=x-6$

重要 問3　$y=x-6$…③　点Aを通りy軸に平行な直線を引き直線BCとの交点をDとする。③に$x=-1$を代入して，$y=-1-6=-7$　D$(-1,\ -7)$　AD$=1-(-7)=8$　△ABC＝△ABD＋△ACD$=\frac{1}{2}\times8\times\{3-(-1)\}+\frac{1}{2}\times8\times\{(-1)-(-6)\}=16+20=36$　原点を通り△ABCを2等分する直線と直線BCとの交点をEとすると，△OBE$=\frac{\triangle ABC}{2}=\frac{36}{2}=18$　直線BCとy軸との交点をFとすると，F$(0,\ -6)$　点Eのx座標をeとすると，△OBE＝△OBF＋△OEF$=\frac{1}{2}\times6\times3+\frac{1}{2}\times6\times(-e)=9-3e$　$9-3e=18$から，$3e=-9$　$e=-3$　これを③に代入して，$y=-3-6=-9$　E$(-3,\ -9)$　$\frac{-9}{-3}$から，求める直線の式は，$y=3x$

第5問 (平面図形の計量問題－三角形の合同，三角形の相似，角の二等分線の定理)

基本 問1　△PBRと△CBAにおいて，仮定から，∠BPR＝∠BCA…①　共通な角だから，∠PBR＝∠CBA…②　①と②から2組の角がそれぞれ等しいので，△PBR∽△CBA

重要 問2　角の二等分線の定理から，BP：BR＝PQ：RQ　$3x$：BR＝3：2　BR$=2x$　△PBR∽△CBA から，対応する辺の長さの比は等しいので，PB：CB＝BR：BA　$3x:(2x+8)=2x:(3x+2)$　$3x(3x+2)=2x(2x+8)$　$9x^2+6x=4x^2+16x$　$5x^2-10x=0$　$x^2-2x=0$　$x(x-2)=0$　$x\neq0$から，$x=2$

重要 問3　問2から，PB$=3\times2=6$，CB$=2\times2+8=12$　△PBQと△CBSにおいて，仮定から，∠BPQ＝∠BCS…①　∠PBQ＝∠CBS…②　①と②から2組の角がそれぞれ等しいので，△PBQ∽△CBS　よって，BQ：BS＝PB：CB＝6：12＝1：2　したがって，BQ：QS＝1：1

★ワンポイントアドバイス★

第5問　問3は，△PBQと△CBSが相似であることを見抜くことがポイントである。BQとBSを一辺とする三角形を考えよう。

＜英語解答＞

第1問　問1　(1)　カ　(2)　エ　(3)　ア　問2　ア　問3　1　イ　2　エ　3　ア　4　ア　5　ウ　問4　ウ　問5　(…the power that) color has in our everyday lives(.)　問6　不要な語：do　直前の語：when

第2問　Q1　A　エ　B　イ　C　オ　Q2　(1)　イ　(2)　ウ

第3問　1　エ　2　イ　3　エ　4　イ　5　エ

第4問　1　ウ　2　エ　3　イ　4　ア　5　ア

第5問　1　3番目　エ　5番目　カ　2　3番目　イ　5番目　キ　3　3番目　ア　5番目　カ　4　3番目　ア　5番目　オ　5　3番目　イ　5番目　ア

第6問　1　done　2　traditional　3　worse　4　glove　5　airport

○配点○

第1問　問1・問4　各3点×4　問2・問3・問6　各2点×7(問6完答)　問5　4点

第2問　各4点×5　**第3問**　各2点×5　**第4問**　各3点×5　**第5問**　各3点×5(各完答)

第6問　各2点×5　計100点

＜英語解説＞

第1問　(長文読解問題・説明文：文挿入，指示語，語句解釈，語句補充・選択，語句整序，正誤問題，受動態，比較，分詞，助動詞，不定詞，関係代名詞，現在完了)

(全訳)　色は世界をより美しくすることを私たちは知っていますが，①それは感情を表すことも可能です。異なった文化圏では，また色彩は違う意味を示します。20世紀に科学者が色彩の心理的影響を発見した際に，警察官から学校の教員に至るまでのすべての人々が，私たちの感情と行動に影響を与えるように，色彩を使い始めたのです。

火，愛，そして，怒りを表す色は何だと思いますか。おそらくほとんどの人々が“赤”だと答えるでしょう。アジアの文化では，この色は，幸運，富，そして，成功をも意味します。ア(3)人間において，色は異なったメッセージを伝えうるのです。たとえば，怒ったり，気まずい思いをしたりすると，顔は赤くなる人がいますが，それはどのように彼らが感じているかの明らかな印となります。2つのスポーツチームが互いに同じくらい優れている時には，赤いユニフォームのチームが通常は勝利するということを，英国の科学者は突き止めました。なぜでしょうか。彼らによると，全ての動物において，赤はより大きな力を示す色であるようです。このことが，なぜ赤いチームがより成功するかということを説明しているかもしれません。(人間も含めて)多くの生物においては，この力強い色と接することで，心臓の鼓動がより速くなります。しかしながら，ピンク，それは赤より明るい色合いですが，人々に逆の効果を及ぼす可能性があります。②刑務所の壁をピンクに塗ると，ウ囚人はトラブル起こすことがより少なくなる，ということを科学者は発見しています。

黄色，私たちがもっとも頻繁に太陽光線と関連づける色ですが，自然と人間社会の双方において，私たちの注目をひきつける色です。それは実際には最も見やすい色なのです。この明るい色は，スクールバスから交通信号まで，ありとあらゆるものに見受けられます。また，ノートの重要な情報を目立たたせるために，学生はこのカラーペンを使うこともあります。エ(2)人々の注意をより喚起するためにも，この色は使われています。たとえば，公正，フェアにプレーしないと，イエローカードがサッカー選手に差し出されます。また，黄色は学校では肯定的な影響を与えうることがあります。研究によると，それは子供たちを学習に集中させ，授業中に勉強がはかどる手助けになる，ということが明らかにされています。

多くの文化圏では，空や海の色である青は，知識や神聖な物と連想されています。たとえば，キリスト教では，イエスの母，メアリーは，芸術作品において常に青い上着を着て表されています。その色のより濃い色合いは，落ち着きと力の感覚を与えるものとされています。濃紺は，ビジネススーツと警官の制服の色です。それは他の人々に，「あなたは私を信用することができます」，そして，「私は権力の地位にあります」ということを告げています。他の文化では，青は悲しみを表します。英国では，悲しかったり，気分が沈んでいたりする際には，人々は“フィーリング・ブルー[ゆうつな気分である]”と表現します。また，イスラム教では，人が死ぬと，人々は青を身につけるかもしれません。ピンクのように，青は人々の気分を沈めます。青く塗られた部屋は，人々をリラックスさせたり，眠らせたりする手助けとなります。カ(1)同じ理由で，この色はしばしば熟睡のための薬に使われています。この色はまた，人々の空腹感を和らげます。青い皿を使うと，食欲がなくなるかもしれません。自然界で，青い食べ物を見かけることはめったにありません。そのような食べ物はおそらくはもはや食するには健康に良いとは言えないでしょう。ですから，もしあなたが体重を減らしたければ，冷蔵庫に青い照明をつけるべきです。中の食品が美味しくなさそうに見えるからです。

③これらは，色彩が私たちの日常生活において有している力の単なるいくつかの例にすぎません。④あなたは何色が好きで，その色を見た時に，どのように感じますか。

やや難 問1 【 ア 】空所以降，赤色が人間のさまざまな感情を示す実例が挙げられていることから考える。正解は，(3)「人において，その色は異なったメッセージを伝えうる」。 【 エ 】空所の後ろで，サッカーにおけるイエローカードの例が述べられていることから考える。正解は，(2)「その色は，人々にもっと注意させるためにも使われている」。is also used／are shown ← 受動態<be動詞 + 過去分詞>「～される，されている」more careful「より注意深く」careful の比較級 make people more careful ← make O C「OをCの状態にする」【 カ 】空所の前には，「青は人々の気分を沈める。青く塗られた部屋は人々をリラックスさせたり，眠らせたりする手助けとなる」と書かれていることから，考える。正解は，(1)「同じ理由で，この色は熟睡のための薬にしばしば使われている」。is often used ← 受動態<be動詞 + 過去分詞>「～される，されている」makes people calm ← make O C「OをCの状態にする」rooms painted blue ← 過去分詞の形容詞的用法<名詞 + 過去分詞 + 他の語句>「～された名詞」

基本 問2「色は世界をより美しくすることを私たちは知っているが，①それは感情を表すことも可能である」の意味。以下，色が感情を表す様々な例が述べられていることからも考える。正解は，ア「色」。makes the world more beautiful ← make O C「OをCの状態にする」／more beautiful ← beautifulの比較級 <be動詞 + able + to不定詞>「～できる」 イ「世の中」 ウ「色が世の中をより美しくすること」makes the world more beautiful ← make O C「OをCの状態にする」／more beautiful ← beautifulの比較級。 エ「感情を表すこと」

基本 問3 1 <start + to不定詞>「～し始める」正解は，イ to use 2 空所の後ろに as があることから考えること。正解は，エ as good <as + 原級 + as>「同じくらい～」 ア「良い」

イ「もっとよい[もっとよく]」good／well の比較級　ウ「最もよい[最もよく]」good／well の最上級　3　both A and B「AとBの両方」なので，正解は，ア and　4　Darker shades of the color give a sense of calm and power.「その色のより濃い色合いは，静けさや力といった感覚を与える」正解は，ア give。主語は複数形なので，イ gives は不可。　5　自然界で青色の食品を見ることはめったにない，ということから考えること。正解は，ウ usual　<It is + 形容詞 + to不定詞>「～［不定詞］することは…［形容詞］だ」　ア「彩り豊かな」　イ「重要な」　エ「美しい」

やや難 問4　空所を含む文章の文脈は，「(人間も含めて)多くの生物においては，この力強い色[赤]と接することで，心臓の鼓動がより速くなる。しかしながら，ピンク，それは赤より明るい色合いをしているが，人々に逆の効果を及ぼす可能性がある。②刑務所の壁をピンクに塗ると，(　　　　)ということを科学者は発見した」となっており，ここから考えること。正解は，ウ「囚人はトラブルを起こすことがより少なくなる」　have found ← 現在完了<have + 過去分詞>(完了・結果・経験・継続) are painted ← <be動詞 + 過去分詞>受動態「～される，されている」less「もっと少ない，もっと少なく」little の比較級　makes the heart beat faster ← make O C「OをCの状態にする」／faster「より速く」fastの比較級　pink, which is ← 関係代名詞の非制限[継続]用法　ア「囚人はもっと多くトラブルを起こす」more「より多く(の)」many／muchの比較級。　イ「囚人はもっと多くのトラブルを起こす」比較級のmoreに the がついているのは誤り。　エ「囚人はもっとも多くのトラブルを起こす」most「もっとも多く(の)」many／muchの最上級。

重要 問5　(These are just some of the examples of the power that)color has in our everyday lives(.) the power that color has「色がもつ力」← <先行詞 + 目的格の関係代名詞 that + 主語 + 動詞>「主語が動詞する先行詞」lives ← life「生活」の複数形。

基本 問6　What color do you like and how do you feel when you see the color? が正しい文。<when+主語 + 動詞>「主語が動詞する時に」

重要 第2問 (会話文問題：文挿入，語句補充・選択，内容吟味，要旨把握，現在完了，接続詞，比較，関係代名詞，受動態，助動詞，分詞，進行形)

(全訳)　次の会話を読み，下の質問Q1 & Q2に答えなさい。

オリヴィアとケンジは学校で話している。

オリヴィア(以下O)：ケンジ，冬休みに何か計画はありますか。／ケンジ(以下K)：実は，私はあなたの祖国，オーストラリアでの短期交換プログラムに参加することになっています。／O：あっ，本当ですか？　幸運ですね！　Aどのくらいそこに滞在することになっていますか。／K：4週間です。そして，12月17日に私の旅行に出発することになっています。／O：間もなくやって来ますね！　それでは，あなたはそこでクリスマスを楽しむことができますね。／K：そのことを楽しみにしています。／O：そして，ボクシング・デーにバーゲン品を手に入れることができます。／K：ボクシング・デーですか？　1年の終わりに特別なボクシングの試合でもあるのですか。／K：いいえ，それは私が言っていることとは違います。ボクシング・デーは，Bオーストラリアのような国々における国民の休日です。そして，それは12月26日に実施されます。／K：私はそのことを知りませんでした。／O：その日には，多くの店が通常よりも早く開店して，大安売りが開催されます。商品は本当に安いのですよ。そこで，欲しいものを買うために，朝非常に早く，店に向かう客がいます。毎年，店やショッピング・モールはとても混雑するのです。／K：本当ですか。そのような特別の日にそこにいれて，私はとても幸運ですね。ところで，Cなぜ"ボクシング・デー"と呼ばれるのですか。／O：それには諸説あります。26日に，クリスマスに働いた使用人や郵便配達員が雇い主から贈り物を与えられた，と言う人々もいます。彼らは箱の中に入った贈り物を受け取り，働く必要がありませんでした。そこで，この特別な日に，彼らの家族とのひとときを楽しむことができました。／K：それは興味深いですね。“ボクシング”という名前は，贈り物の箱に由来するのですね。／O：その通りです。そして，ちょうど今年のように，クリスマスが土曜日で，ボクシング・デーが日曜日に当たる時には，オーストラリアでは，翌日の月曜日と火曜日が振替休日になります。それは，そこの人々が，25日から28日までの4日間の休みを楽しむことができることを意味しています。／K：すばらしいですね。日本でもそのようなすてきな休日があればいいのになあ。

Q1 「会話の各空所を埋めるために，下の選択肢ア～オから最も適した答えを選びなさい」

A 空所Aの質問を受けて，Four weeks. と答えていることから，考えること。正解は，滞在期間を尋ねるエ How long are you going to stay there? である。How long ～? 期間を尋ねる表現 <be動詞 + going + to不定詞>「～しようとしている，するつもりだ」 ア「いつそこに滞在するつもりか」 イ「何時にそこに滞在するつもりか」What time ～? 時間を尋ねる表現。ウ「どのくらいの頻度でそこに滞在したことがあるか」How often have you stayed there? ← 現在完了の疑問文／How often ～? 頻度を尋ねる表現。 エ「どのようにそこに滞在するつもりか」 B 「ボクシング・デーは B である」なので，オリヴィアの Boxing Day の説明から，正しいものを選ぶこと。正解は，イ「オーストラリアのようなある国々における国民の祝日」。earlier「より早い」early の比較級 <～. So …>「～である。だから…だ」things they want「彼らが欲しいもの」← 目的格の関係代名詞の省略<先行詞(+ 目的格の関係代名詞)+ 主語 + 動詞>「主語が動詞する名詞」are so crowded ← 受動態<be動詞 + 過去分詞>「～されている」servants and mail carriers who worked「働く使用人や郵便配達人」← <先行詞(人)+ 主格の関係代名詞 who + 動詞>「～する先行詞」didn't have to work「働く必要がなかった」←<have + to不定詞の否定形>「～する必要がない」 ア「毎月26日に教会で開かれる特別なイベント」a special event held at ← 過去分詞の形容詞的用法<名詞 + 過去分詞 + 他の語句>「～された名詞」 ウ「オーストラリアで外国からの多くのボクサーが集って戦う大きなボクシングのイベント」a big boxing event which many boxers ～ meet and fight ← <先行詞(もの) + 目的格の関係代名詞 which + 主語 + 動詞>「主語が動詞する先行詞」 エ「12月31日の国民の休日」 オ「オーストラリアのような国々でのスポーツ・イベント」 C 空所後で，「それについては諸説ある」と述べた後で，Boxing Day の由来が説明されていることから考えること。正解は，オ「なぜそれはボクシング・デーと呼ばれるのか」 ア「ボクシング・デーの話は何と呼ぶか」 イ「どのようにしてそれをボクシング・デーと呼ぶか」 ウ「いつそれをボクシング・デーと呼ぶか」 エ「誰がそれをボクシング・デーと呼んだか」

Q2「答えの各空所を埋めるために，下の選択肢ア～オから最も適した答えを選びなさい」

(1) 「ボクシング・デーの朝に非常に早く店に向かう客がいるのはなぜか。一多くの店が通常より早く開店して，商品を(　　)の値段で販売するから」On that day, many stores open earlier than usual and have a big sale. Things are really cheap. So, some customers go to stores very early in the morning to buy things they want. と述べられていることから，考えること。正解は，イ low prices「安い値段」 earlier than usual「通常より早く」<～. So …>「～である。だから…だ」things they want「彼らが欲しいもの」← 目的格の関係代名詞の省略<先行詞(+ 目的格の関係代名詞)+ 主語 + 動詞>「主語が動詞する先行詞」 ア「高い」 ウ「高価な」 エ「短い」 オ「大きな」 (2) 「ケンジは交換プログラムに参加するために，何曜日にオーストラリアに向けて出発することになっているか。—(　　)曜日」ケンジはI'm starting out on my trip on December 17. と述べている。また，「ちょうど今年のように，クリスマスが土曜日で，ボクシング・デーが日曜日に当たる時には～」とも述べているので，12月25日は土曜日であることがわかる。したがって，正解は，ウ「金曜日」<be動詞 + going + to不定詞>「～しようとしている，するつもりである」I'm starting out ～ ← 進行形<be動詞 + 現在分詞[原形 + -ing]>進行形で近い未来を表す用法。ア「火曜日」 イ「木曜日」 エ「土曜日」 オ「月曜日」

基本 第3問 (単語の発音：動名詞，不定詞，受動態，進行形)

1. 「私は先日3冊の漫画本を買った」three[θ]と同じ発音は，エのbath　他はすべて[ð]
2. 「私たちのクラスメイトは常にプールで泳ぐことを楽しむ」pool[uː]と同じ発音は，イのfood　他はすべて[u] <enjoy + 動名詞[原形 + -ing]>「～することを楽しむ」
3. 「私の兄[弟]は車を買うのに十分なお金を持っている」enough[f]と同じ発音は，エのtough　アとイは発音しなくて[無音]，ウは[g] <enough + 名詞 + to不定詞>「～するには十分な名詞」
4. 「彼は子供のころ，サッカーをするのが好きだった」liked[t]と同じ発音は，イのpassed　アとエは[d]，ウは[id]　liked playing ← 動名詞[原形 + -ing]「～すること」
5. 「新しいスタジアムが北海道，北広島に建設されている」stadium[ei]と同じ発音は，エのcake　アは[i]，イは[æ]，ウは[é(ə)]　is being built ← <be動詞 + being + 過去分詞>受動態の進行形。

基本 第4問 (文法：語句補充・選択，接続詞，比較，助動詞)

1. 主語は my father and I で複数形なので，(A)に当てはまるbe動詞はare　go fishingで「魚釣りへ行く」なので，(B)には fishing が当てはまる。<be動詞 + going + to不定詞>「～しようとしている，するつもりである」
2. 「買うのではなくて，借りるつもりだ」なので，2文をつなぐ逆接の接続詞 butが(A)に当てはまり，「借りる」なので，(B)に当てはまる動詞は，borrow　won't = will not「～しないだろう，しないつもりだ」未来の助動詞 will の否定形。
3. (A)の「～より古い」はolder than ～で，(B)には「私たちの」→「私たちのもの」(= our desk)となる ours が当てはまる。our desk = ours　oldest「最も古い」oldの最上級
4. 「～する必要がない」<have + to不定詞の否定形>で，homework は数えられない名詞であることから，考えること。<help + 人 + with + もの>「人を～で手伝う」mustn't = must not「～してはいけない」
5. <命令文[動詞の原形で始める]，and …>「～しなさい，そうすれば…」cf. <命令文，or …>「～しなさい，さもなければ…」

重要 第5問 (文法：語句整序，間接疑問文，受動態，進行形，関係代名詞，分詞，現在完了)

1. (I)showed her where the post office was(.)　疑問文(ここでは Where was the post office?)が他の文に込みこまれると，<疑問詞 + 主語 + 動詞>の語順になることに注意。
2. (Look at this poster.)It was designed by my brother.　<be動詞 + 過去分詞 + by ～>受動態「～によって…[過去分詞]される」
3. (I'm)reading a book I bought at a bookstore(.)　I'm reading ← <be動詞 + 現在分詞[原形 + -ing]>進行形「～しているところだ」a book I bought「私が買った本」← 目的格の関係代名詞の省略<先行詞(+ 目的格の関係代名詞)+ 主語 + 動詞>「主語が動詞する先行詞」

4. Who is the girl painting a picture over(there?) the girl painting a picture「絵を描いている少女」← 現在分詞の形容詞的用法<名詞 + 現在分詞 +他の語句>「～している名詞」over there「向こうで」
5. (We)have lived in this house since last(year.) <have + 過去分詞 ～ since …>「…以来，～している」現在完了(継続)

基本 第6問 (語彙：単語の問題，比較)

1. eaten は「食べる」eatの過去分詞形。doの過去分詞を答えればよい。答えは done
2. 名詞difference「差，違い」の形容詞形がdifferent「違う」 正解は，tradition「伝統」の形容詞形の traditional「伝統的」
3. large「大きい」の比較級が larger「より大きい」なので，正解はbad「悪い」の比較級worse「より悪い」
4. foot「足」に身につけるものがsock「靴下」なので，hand「手」を覆うglove「手袋」が正解。
5. train「電車」が発着するのが station「駅」なので，plane「飛行機」が離着陸する airport「空港」が答え。

★ワンポイントアドバイス★

第6問 語彙，単語の問題を取り上げる。A-Bの関係とC-Dの関係が同じになるようにDに入る語を答える問題である。過去分詞形，比較の比較級・最上級，派生語を含めて，日頃より，語彙力の強化に努めること。

＜理科解答＞

第1問 問1 イ，エ 問2 (1) 速さ ② 分力 イ (2) 速さ ⑥ 分力 ⑤ (3) 0.08 (4) イ 問3 エ

第2問 問1 $2Ag_2O \rightarrow 4Ag + O_2$ 問2 イ，ウ 問3 (1) イ，オ (2) エ 問4 酸化銀の質量：生じた金属の質量＝29：27 問5 ウ 問6 0.24L

第3問 問1 ア 問2 オ 問3 (名称) 気孔 (記号) B 問4 ア，ウ 問5 ③ 胚珠 ④ 受精

第4問 問1 ア 問2 エ 問3 ウ 問4 エ 問5 露点 問6 イ，エ

第5問 問1 並列 問2 15Ω 問3 エ 問4 7.5W 問5 ウ→ア→イ→エ

第6問 問1 ① イ ② ウ ③ エ 問2 ア，エ 問3 Fe 問4 イ 問5 ウ 問6 B，C

第7問 問1 カ 問2 ウ，エ 問3 ③ ア ④ ウ 問4 カ 問5 オ 問6 ウ

第8問 問1 (地質年代) 中生代 (化石) 示準化石 問2 エ 問3 (1) 花こう岩 (2) ア 問4 8秒 問5 イ

○配点○

第1問 問2(2) 3点(完答) 他 各2点×5(問1，問2(1)各完答)

第2問 問2 1点(完答) 他 各2点×6 **第3問** 各2点×6(問3，問4完答)

第4問　各2点×6(問6完答)　**第5問**　問3，問5　各3点×2　他　各2点×3
第6問　各2点×6(問1完答)　**第7問**　問5　3点　他　各2点×5(問3完答)
第8問　問3(1)　1点　他　各2点×6　計100点

＜理科解説＞

第1問　(運動とエネルギー―力・運動)

基本　問1　静止している物質は静止し続け，運動している物質は等速直線運動をし続けようとする性質を慣性という。問題文では，ア，ウ，オが慣性の例である。イは作用反作用の例，エはボールにはたらく力のつり合いが関係する。

重要　問2　(1)　実験1では斜面を下る台車には加速度がはたらき，高さが低くなるほど速さが速くなる。斜面と平行な分力の大きさは，台車にはたらく重力が同じで斜面の角度が等しいので一定である。　(2)　実験2でも，台車の高さが低い方がより多くの位置エネルギーが運動エネルギーに変化するので，速度が速くなる。よって⑥で一番速さが大きい。台車にはたらく斜面と平行な分力の大きさは，斜面の角度が大きいほど大きくなるので，⑤が最大になる。　(3)　表より，時間と速さが比例するので，(a)の値は0.16÷2＝0.08(m/s)である。　(4)　表の各時間における速さの差を取ると，おもりをのせた方が1秒ごとの速さの増え方が小さいことがわかる。

問3　物体AがBに力を加えると，BもAに同じ大きさで向きが逆の力を加える。この関係を作用・反作用という。重力は地球が物体を引く力であり，その反作用の力は物体が地球を引く力である。

第2問　(化学変化と質量―酸化銀の熱分解)

重要　問1　酸化銀を加熱すると，銀と酸素に分解する。化学反応式は$2Ag_2O \rightarrow 4Ag + O_2$である。

基本　問2　金属に共通する性質は，金属の光沢をもつこと，電気を流すこと，引っ張ると伸び，叩くと広がることなどである。

重要　問3　(1)　アでは二酸化炭素，イでは酸素，ウでは水素，エではアンモニア，オでは酸素と水素が発生する。　(2)　水に溶ける気体は，水上置換法を使えない。アンモニアは水に非常によく溶ける。

重要　問4　発生した酸素の分だけ反応前後で質量が減少する。試験管Aではじめ21.45－20＝1.45(g)の酸化銀が，21.35－20＝1.35(g)の銀に変化したので，酸化銀の質量と生じた金属の質量の比は1.45：1.35＝29：27である。

問5　Aの酸化銀は1.45gで発生した酸素は0.10g，Bでは酸化銀が2.90gで酸素は0.20g，Cでは酸化銀5.80gから0.40gが発生した。酸化銀の質量と酸素の質量は比例するので，ウのグラフになる。

重要　問6　1.45gの酸化銀から0.10gの酸素が発生するので，5gの酸化銀からは$5:x=1.45:0.1$　$x=\frac{0.5}{1.45}=\frac{10}{29}$(g)の酸素が発生する。このときの体積は，質量を密度で割って$\frac{10}{29}\div1.43=0.241\cdots\fallingdotseq0.24$(L)になる。

第3問　(植物の体のしくみ―細胞・光合成)

重要　問1　被子植物は胚珠が子房に包まれているが，裸子植物は子房が無く胚珠がむき出しになっている。雄花と雌花に分かれている植物は両性花という。単子葉類の葉脈は平行脈である。

基本　問2　植物細胞には細胞膜の外側に細胞壁がある。光合成をおこなうのは葉緑体である。

重要　問3　植物に出入りする気体は，葉の裏側に多い気孔から出入りする。葉の維管束は，表面側に水を通す道管，裏側に栄養素を通す師管がある。

問4　BTB溶液は酸性で黄色，中性で緑色，アルカリ性で青色になる。息を吹き込んで緑色(中性)にした試験管では，呼吸により二酸化炭素が発生すると酸性になって黄色になり，光合成で二酸化炭素が減少するとアルカリ性になって青色になる。Eではオオカナダモが光合成を行うと二酸化炭素が減少し青色になり，Fでは光が届かないので光合成は行われず，呼吸で増えた二酸化炭素により黄色になる。オの記述は内容は正しいが，この実験では確かめることはできない。

問5　胚珠がのちに種子になる。精細胞と卵細胞が合体することを受精という。

第4問 (地球と太陽系・天気の変化―太陽系の惑星・気象)

基本 問1　金星は地球より太陽に近い内惑星なので，観察できるのは明け方の東の空か夕方の西の空である。

問2　地球型惑星は水星，金星，地球，火星の4つである。太陽系の惑星は8個である。小惑星は木星より内側にあるものをいう。太陽系の惑星の大きさの順は，木星＞土星＞天王星＞海王星＞地球＞金星＞火星＞水星の順である。

問3　13.9億km^3の0.01％は$1390000000 \times 0.0001 = 139000 = 13.9$万$km^3$である。

問4　地面が温められると空気が温められ軽くなり上昇する。明け方気温が低くなるのは，天気のいい日の朝に放射冷却が起きることが考えられる。

重要 問5　空気中の水蒸気が凝結する温度を露点という。

問6　イ　湯気は空気中で冷やされた水滴である。　エ　湿度100％とは，実際の水蒸気量と飽和水蒸気量が等しい時で，雲の中や風呂の湯気の中では湿度100％である。

第5問 (電流と電圧―オームの法則)

基本 問1　図4の回路は並列回路と呼ばれる。

基本 問2　抵抗＝電圧÷電流より，$3 \div 0.2 = 15\Omega$である。

重要 問3　直列回路では各抵抗を流れる電流の大きさは同じになる。よって$I_1 = I_2$　抵抗を並列につなぐと，直列につないだ時より抵抗の大きさは小さくなり，流れる電流は大きくなる。よって$I_2 < I_4$　抵抗Xの大きさは10Ωなので，電源装置の電圧をVとすると，図3で流れる電流は$\frac{V}{25}$(A)であり，図4の抵抗器Yを流れる電流は$\frac{V}{15}$(A)になる。よって$I_2 < I_3$となる。

重要 問4　豆電球を流れる電流の大きさは，電力(W)＝電圧×電流より$6 \div 3 = 2$(A)である。抵抗器Xを流れる電流は$\frac{3}{10}$(A)，抵抗器Yでは$\frac{3}{15}$(A)になり，回路全体の電流は$2 + \frac{3}{15} + \frac{3}{10} = \frac{75}{30}$(A)である。回路全体の電力は$\frac{75}{30} \times 3 = 7.5$(W)である。

重要 問5　豆電球の抵抗の大きさは$3 \div 2 = 1.5(\Omega)$である。アの回路の全抵抗は7.5Ωで電圧をVとすると電流は$\frac{V}{7.5}$(A)，イでは$\frac{V}{11.5}$(A)，ウでは$\frac{V}{1.5}$(A)，エでは$\frac{V}{26.5}$(A)になる。よって豆電球の明るさの順は，ウ＞ア＞イ＞エとなる。

第6問 (原子と分子・酸とアルカリ・中和―原子の構造・中和反応)

基本 問1　原子核には，＋の電気をもつ陽子と電気をもたない中性子があり，原子核の周りを電子が飛び回っている。陽子と電子の数は等しく，電気的に中性である。

重要 問2　電池の水溶液には，イオンに分かれる電解質の水溶液が用いられる。エタノールは水に溶けるが，イオンには電離しない。

重要 問3　電池の電極に用いる金属のうち，イオンになりやすい方の金属が電池の－極になり，なりにくいほうが＋極になる。表より，＋極になりやすい金属の順は銅＞鉄＞亜鉛＞アルミニウムの順であるので，⑤は鉄になる。鉄の元素記号はFeである。

基本 問4　水酸化ナトリウム水溶液はアルカリ性を示すので，赤色リトマス紙を青色に変える。

問5　酸とアルカリの組み合わせになるのは，ウの組み合わせである。

問6　スチールウールは酸に溶けて水素を発生するが，アルカリには溶けない。また，混合溶液C

は中和反応により中性の水溶液になっているので溶けない。

第7問 (植物の種類とその生活一染色体・分類)

基本 問1 b ヒトの心臓は4つの部屋に分かれており，右心房，右心室には二酸化炭素を多く含む血液が流れ込む。 c ヒトの腕とスズメの翼は相同器官であり，ヒトの足とアゲハチョウのあしは相似器官である。

重要 問2 維管束をもたず胞子で増える植物は，コケ植物と藻類である。コケ植物に属するのは，ゼニゴケ，スギゴケである。ワラビは胞子で増えるが維管束をもつシダ植物である。

基本 問3 ③ 食う食われるの関係を，食物連鎖という。 ④ 動物は植物や他の小型動物を食べる消費者である。

問4 単細胞生物のほ乳類はいない。ほ乳類はセキツイ動物であり，受精によって子孫をつくる。

重要 問5 シャチに食われることでラッコの数が減少する(Cのグラフ)。ラッコが少なくなると，ラッコのエサになるコンブが増え，それをエサにするウニが増える(Aのグラフ)。ウニが増えすぎると，エサになるコンブが減る(Bのグラフ)。

問6 コンブがいなくなると，小魚の産卵場所がなくなり小魚がいなくなる。すると，小魚をエサにする他の魚もいなくなってしまう。

第8問 (地層と岩石・大地の動き・地震一柱状図・火山・地震)

重要 問1 アンモナイトは中生代の示準化石である。示準化石とは，地質年代を特定するのに役立つ化石のことである。

重要 問2 ア れきは大きく重いので，河口の近くに堆積する。 イ 砂岩の上にれき岩の層ができたので，海水面が下降し河口が近くなったことがわかる。 ウ 地面が隆起したり沈降したりすることがあるので，地層の高さだけでつくられた年代が古いか新しいかは決められない。 エ 正しい。火山灰の層ができた時期は同じと考えられるので，その上下に位置するaとbの層はできた年代が異なる。

問3 (1) セキエイやチョウ石を多く含む深成岩は花こう岩である。 (2) 白っぽい岩石に多く含まれるのは二酸化ケイ素である。二酸化ケイ素が多いマグマは粘り気が強く，火山の噴火は激しい噴火になる。

重要 問4 X地点からY地点までの30kmを進むのにP波は5秒，S波は10秒かかるので，P波の速さは6km/秒，S波は3km/秒である。48km地点にP波が到達するのは地震発生から48÷6＝8(秒後)であり，S波が到達するのは48÷3＝16(秒後)なので，初期微動継続時間は8秒間である。

問5 マグニチュードは地震のエネルギーの大きさを示す数値で，地震波の速さとは関係がない。

★ワンポイントアドバイス★

全分野において，総合問題の形で出題されている。理科全般の幅広く，確実な知識が求められる問題である。問題数が多いので解ける問題から解答すること。

＜社会解答＞

第1問 問1 (1) ア (2) ア 問2 (1) レアメタル (2) エ 問3 (1) ウ (2) パンパ 問4 カ 問5 ウ 問6 甲府(市) 問7 政令指定(都市) 問8 ア 問9 (1) ウ (2) イ 問10 濃尾(平野) 問11 イ 問12 (1) ウ (2) ハリケーン

第2問 問1 エ 問2 ワカタケル(大王) 問3 大化の改新 問4 唐 問5 イ 問6 ア 問7 エ 問8 六波羅探題 問9 ウ 問10 (1) イ (2) ア 問11 ウ 問12 オ 問13 大塩平八郎 問14 エ 問15 イ 問16 ウ

第3問 問1 ア 問2 エ 問3 イ 問4 ウ 問5 国連環境開発会議[地球サミット] 問6 エ 問7 イ 問8 ウ 問9 ウ 問10 エ 問11 エ 問12 ア 問13 ウ 問14 検閲 問15 イ

○配点○

第1問 問4・問8 各3点×2 他 各2点×15 **第2問** 各2点×17

第3問 各2点×15 計100点

＜社会解説＞

第1問 (地理―国土と自然・産業・国々の特徴など)

問1 (1) Ⅰ 印刷出版が盛んな京浜。 Ⅱ 戦前は日本1だった阪神。 Ⅲ 化学の割合が高い瀬戸内。 Ⅳ 近年急速に発展している北関東。 (2) Aは機械，Bは繊維，Dは金属。

問2 (1) 資源が偏在しており一部の国や資源メジャーによって生産が寡占(かせん)化されている。
(2) コーヒーや油やしは熱帯の産物。エジプトは世界1のナツメヤシの産地。

やや難 問3 (1) アルゼンチンは白人，ブラジルは白人とムラート(白人と黒人の混血)，ペルーは先住民(インディオ)とメスチーソ(白人と先住民の混血)が多い。 (2) ステップ気候の大平原。

問4 第1次産業は青森が1位，第2次は愛知が2位，第3次は沖縄が2位。

問5 ピレネー山脈はフランスとスペインの国境，ウラルはアジアとヨーロッパを分ける山脈。

問6 甲府盆地のほぼ中央に位置する甲斐の国府が置かれた地。戦国時代まで武田氏が拠点を置いた。

問7 都道府県並みの権限を持つ都市。人口70万人を目安に指定，事務処理のため行政区を設ける。

問8 長崎は島の数が全国1でリアス海岸も多い。イは徳島，ウは北海道，エは山形。

基本 問9 (1) 4都市の中では1番気温が低く降水量も少ない。アは大分，イは福井，エは岡山。
(2) 岩手の畜産生産額は北海道，鹿児島，宮崎に次ぐ。アは秋田，ウは福島，エは山形。

問10 愛知・岐阜両県にまたがる平野。木曽三川の下流域では輪中集落が有名である。

問11 所得水準の高い西ヨーロッパへの労働者の移動は多く，各地で社会問題も起きている。

問12 (1) 資源が豊富で重化学工業が発展していたのはアパラチア山脈周辺。 (2) 熱帯低気圧は発生領域によって台風，ハリケーン，サイクロンなどと呼ばれる。

第2問 (日本と世界の歴史―古代～近代の政治・社会・文化史など)

問1 1500年も続いたと思われる縄文時代最大規模の遺跡。原始的な農耕の存在もみられる。

問2 宋に朝貢した倭王武(雄略天皇)と考えられ，5世紀後半の大和王権の勢力範囲が推定できる。

重要 問3 専制を極める蘇我氏を排除(乙巳(いっし)の変)，天皇中心の中央集権体制を目指した。

問4 隋に変わって建国された王朝。遣唐使を通じて日本の国家形成に大きな役割を果たした。

問5　奈良時代初めに天皇中心の国づくりのため国史の編纂を進めた。古今和歌集は平安初期。

問6　三人の娘が天皇の后になった権力の絶頂期に藤原道長が詠んだ歌。

問7　a　義仲は木曽で育ったため木曽義仲ともいわれる。　b　平氏は壇ノ浦で滅亡。

問8　執権・連署(執権の補佐役)に次ぐ要職で代々北条一門が任じられた。

問9　初代の六波羅探題の長官。連署や評定衆を新設するなど執権政治の基礎を確立した。

問10　(1)　権利の章典(1689年)は名誉革命での権利宣言を文書化→18世紀前半の享保の改革ではキリスト教に無関係の書籍の輸入を許可→アヘン戦争を受け天保の改革で対外政策を変更。

(2)　近松門左衛門は井原西鶴，松尾芭蕉と並ぶ元禄の三文人の一人。

問11　老中など重要な役職に就いたのは譜代大名。天保の改革を実施した水野忠邦は肥前唐津から浜松に移封。伊達家は外様，井伊家は譜代。

やや難　問12　17世紀後半，シャクシャインの乱が発生→18世紀末，ラクスマンが漂流民を伴って通商を要求→19世紀初め，伊能忠敬に測量を学んだ間宮林蔵が北方を探検。

問13　天保の飢饉に対する幕府の政策を批判，乱は半日で鎮圧されたが社会に大きな影響を与えた。

問14　1884年，数万人の農民が蜂起，政府は軍を出動させて鎮圧した。国会期成同盟は西郷の死後，吉野作造は大正デモクラシー，板垣が自由党，大隈が立憲改進党。

問15　a　使節団の副使。　b　1906年に設置された統監府の初代で，韓国併合の前年に暗殺。

問16　ワシントン会議(1921～22年)では海軍軍縮条約のほか九か国条約や四か国条約も結ばれた。柳条湖事件は1931年，第1次世界大戦ではドイツは敗北，世界恐慌は1929年。

第3問　(公民一憲法・選挙・経済生活など)

問1　非政治分野での国際協力を目的とする国連の組織。分担金第3位は日本，総会決議に拘束力はないが安保理にはあり，国際司法裁判所はオランダのハーグ。

問2　a　デフレは物価の下落。　b　国債などを売ることで資金の確保を行う。

問3　aは円安，bは円高。1ドル80円が50円になると80円の商品は1.6ドルとなってしまう。

問4　アメリカは社会保障の充実度が低く国民負担率は日本より10ポイント程度低い。介護保険は40歳以上，社会保障給付費の公費負担は40%以上，消費税は引き上げ。

問5　持続可能な開発をスローガンに国連加盟国のほとんどと多くの環境NGOなどが参加。

問6　委員会で採決された後本会議にかけられる。法律の提案権者は内閣と国会議員，提出は衆参どちらからでも可，重要な法案については公聴会が義務付けられる。

重要　問7　改正には極めて厳格な手続きが求められており硬性憲法といわれる。

問8　憲法13条の幸福追求権などを根拠に主張。薬物などにより苦痛を和らげる安楽死は法的には認められず，臓器提供カードは15歳以上，インフォームドコンセントは説明を受けての同意。

問9　クーリングオフは通信販売や店頭販売では適用されない。

基本　問10　参議院議員は3年ごとに半数が改選される。

問11　2018年の公職選挙法改正で定数は242から248に変更，個人の得票率に関係なく優先的に当選する特定枠制度も導入された。

問12　名簿は順位をつけない非拘束名簿で，個人名の多い候補者から当選する。

問13　外部からの圧力を排し公正な裁判を保障するため裁判官の独立が認められている。

問14　表現の自由は人権の中でも特に優越的な地位を持っている。

問15　社会権は生存権と教育を受ける権利，労働基本権。裁判を受ける権利は請求権。

★ワンポイントアドバイス★

選択肢を選ぶことは簡単だがその判断にはきめ細かな注意が必要である。一つ一つの言葉を丁寧に読み込み，出題者のワナに落ちないようにしよう。

＜国語解答＞

第1問　問一　②　魅了　③　ゆいしょ　⑤　惑星　⑦　侵入　⑧　微妙
問二　①　ウ　⑪　イ　問三　Ⅰ　エ　Ⅱ　ア　Ⅲ　ウ　問四　ア
問五　(例)　この世界は同じことをすれば，同じ結果が返ってくるようにできているという仮定に基づいて事例を集めて，「法則」の発見にたどり着き，従う
問六　(初め)　しかし，こ　(終わり)　点である。　(初め)　また，もう　(終わり)　マである。　問七　(例)　実際には多くの科学には「100％の正しさ」など元々ないにもかかわらず，科学は世界の真理を解き明かすものというイメージを持ち，正しいかどうかを判定して，明確な回答を与えてくれるように誤解している。
問八　エ

第2問　①　田　②　故　③　暗　④　止　⑤　晴

第3問　問一　②　エ　④　ア　問二　土大根ら　問三　(例)　土大根を薬と信じて食べたので，敵が襲ってきた時に助けてもらえたこと。　問四　(初め)　いづく　(終わり)　かなる　問五　(例)　鞠の精が現れたこと。　問六　1　イ
2　学者如二牛毛一、得者如二麟角一。　問七　ウ　問八　イ

○配点○

第1問　問四・問八　各5点×2　問五　10点　問六　各3点×2　問七　14点
他　各2点×10　**第2問**　各2点×5　**第3問**　問三　6点　問四・問五　各3点×2
問六1・問七　各4点×2　他　各2点×5　計100点

＜国語解説＞

第1問　（論説文一漢字の読み書き，語句の意味，接続語の問題，内容吟味，文脈把握，大意）

問一　②「魅了」とは，人の心をひきつけて夢中にさせること。　③「由緒」とは，物事の由来したいわれ，また伝えてきた事由のこと。　⑤「惑星」とは，恒星の周囲を公転する星のこと。　⑦「侵入」とは，立ち入るべきでない所に，おかし入ること。　⑧「微妙」とは，美しさや味わいが何ともいえずすぐれているさま，また細かい所に複雑な意味や味が含まれていて，何とも言い表しようのないさま。

問二　①「醍醐味」とは，醍醐のような最上の教え，また美味をほめていう言葉や本当の面白さを表す。　⑪「関の山」とは，なり得る限度のこと。

問三　Ⅰ　帰納法という概念に懐疑的になる筆者は，阪神の例を出して論を展開しようとしている。　Ⅱ　カッコの前後に，リンゴは落ち続ける，いつも同じように地面に落ちるだろうか？と反対の内容を述べているので，逆接の接続詞が入る。　Ⅲ　実験で必ず成功した事が，対人で投薬してみると必ずしも成功しない。それは，薬の効果を阻害する物質が人体に存在するからだ，とカッコの後で言い換えて説明している。

問四　帰納法とは，複数の事実や事例から導き出される共通点をまとめ，共通点からわかる根拠をもとに結論を導き出す方法。毎年の夕方に降る雨の確率を見て，夕立が起こると考える事は帰納法なので，アが適当。

重要 問五　傍線部の前に，「この世界は同じことをすれば，同じ結果が返ってくるようにできている…この世は，ある種，機械的な『法則』により支配されているという仮定だ。この前提で考えれば，事例を集めて『法則』の発見にたどり着けば，その後はすべてそれに従って現象を説明・予測できることになる」とあり，筆者の思う近代の科学が成功した内容を述べている。

問六　攪乱要因を取り除けない理由として，現実の生物・細胞を使った研究などでは，攪乱要因の数があまりに多く，それらを完全に排除した状態を作ることが，実務上，不可能に近い」「攪乱要因を取り除けば取り除くほど〝現実〟から離れていってしまうというジレンマである」としている。

重要 問七　科学には「この世の真理を求め，単純化された条件下で100％正しいような法則を追い求めるもの」と「〝100％の正しさ〟などあり得ない，茶々を前提とした，より現実的なもの」がある。筆者は特に前者に対して，「あたかもその対象が何であっても『正しい』ことと『正しくない』ことを判定し，明確な回答を与えてくれるような期待を抱かせる」と考えている。

問八　文章で言う「消える魔球」とは，想定外の条件のことで，リンゴが枝から離れれば必ず落下するという現象に想定外の事があるとすれば，台風の風によって飛ばされたり，空気抵抗によって結果が変化する場合であるとする。

第2問　（熟語）

①「我田引水」となり，「田」が入る。　②「温故知新」となり，「故」が入る。　③「暗中模索」となり，「暗」が入る。　④「明鏡止水」となり，「止」が入る。　⑤「晴耕雨読」となり，「晴」が入る。

第3問　（古文－語句の意味，内容吟味，文脈把握，漢文，大意，文学史）

〈口語訳〉『徒然草』

筑紫に，何々の押領使(という職についていた)などというような者がいたのですが，大根が何に(対しても)優れた薬だと(思って)，毎朝2本ずつ焼いて食べることが，長年にわたりました。

ある時，(押領使が勤務する)館の中に人のいなかった隙に見計らって，敵が襲ってきて(館を)取り囲んで攻めた時に，館の中に兵士が2人出てきて，命を惜しまずに戦って，(敵を)皆追い返してしまいました。(押領使はこの2人のことを)とても不思議に思って，「普段こちらにいらっしゃるとも見えない方々が，このように戦ってくださるとは，どのようなお方ですか。」と質問してみたところ，「長年(あなたが薬と)信頼して，毎朝毎朝召し上がった大根らでございます。」と言って，消えてしまいました。深く信仰を尽くしていたので，このような恩恵もあったのでしょう。

『撰集抄』

先日，侍従大納言の藤原成通という人がいらっしゃった。若い頃より鞠を好んで，一人でも，あるいは友人と交わっても，これを面白がって，一日も絶えることなくしていらっしゃった。

ある時，最勝光寺で，いつも以上に集中してお蹴りになっていたところ，どこの者か，どこの方より来たともわからない小男が，見目も艶やかで，うずまっておられた。大納言は，怪しく思って，「誰か」と尋ねると，「私は鞠の精である。あなたがたいそうお蹴りになるので，鞠の真の姿を現すこととなった」と言って，かき消えるように失せた。

その後も，度々先のような男が出てきて，瞬きもせず鞠を見ておられた。とても不思議なことである。

『十訓抄』

何でも好むのであれば，底を極めて，このような印が表わることばかり，あってほしいけれど，このような例は，とてもありがたいものである。そうであれば「学ぼうとする者は，牛の毛のように非常に多く，極めた者は麒麟の角のようにめったにない」ともある。また「する事は難しくはない，よくする事が難しい」とも言える，本当に覚えておくべき例である。

問一　②「年来」とは，数年前から続いていること，長年を指す。　④「ことに」は特に，「心をとどむ」は集中する，引き留める，後に残すこと。

問二　後の会話で誰かと尋ねて，「長年信頼して，毎朝毎朝召し上がった大根らでございます。」と答えている。

重要 問三　押領使は，大根が最も優れた薬だと思って，長年，毎朝2本ずつ焼いて食べていたので，いざという時に土大根が助けてくれたのである。

問四　鞠の精は，どこの者か，どこの方より来たともわからない小男であった。

問五　藤原成通は鞠を好んで，極めることができたからこそ，鞠の精を見ることができたのである。

問六　1「牛毛」は数の多いことを表し，また「麟角」は数の少ないことを表している。よって，学ぶ者は多くても会得できる者は少ないという事である。　2「牛毛」の後に「如」を訓んでいることから，「如」の下に二，「毛」の下に一が入る。また，「麟角」の後に「如」を訓んでいることから「如」の下に二，「角」の下に一が入る。

問七　Aの押領使は大根が最も優れた薬だと信じて，長年，毎朝2本ずつ焼いて食べ，またBの藤原成通は鞠を好んで，極めることができたので，それぞれ土大根，鞠の精が現れたのである。

問八　『平家物語』は，日本の鎌倉時代に成立したとされる軍記物語で，平家の栄華と没落，武士階級の台頭などを描いたもの。作者は不明。

★ワンポイントアドバイス★

論説文のジャンルが幅広く出題されるので，文脈を丁寧に追って要旨を的確にとらえる練習をしよう！古文は，重要古語や仮名遣いなどの基礎を固め，また現代語訳付きでいいので，少しでも古典に慣れておこう！

2021年度

★★★★★★★★★★★★★★★★★★★★★★★★

入　試　問　題

2021年度

札幌光星高等学校入試問題

【数　学】（45分）　＜満点：60点＞

第１問　次の問いに答えなさい。

問１　$(-6)^2\div(-3)+(-2)^2\times13$ を計算しなさい。

問２　$(2\sqrt{6}+6)(\sqrt{6}-3)-(\sqrt{6}-\sqrt{3})^2$ を計算しなさい。

問３　$4ab^2+24ab-108a$ を因数分解しなさい。

問４　連立方程式 $\begin{cases}4x+y=11\\2(x-y)-(y-3)=12\end{cases}$ を解きなさい。

問５　２次方程式 $2(x+1)(x+3)=18$ を解きなさい。

問６　$\sqrt{78-7a}$ の値が整数となるような，素数ではない自然数 a の値を求めなさい。

問７　クラスで学校祭に向けて，ある決まった数の班をつくります。このとき，班の人数を５人にすると３人余り，６人にすると２人足りません。クラスの人数を求めなさい。

問８　２つの関数 $y=4x+5$ と $y=-2x^2$ は，x が $a-6$ から $a+2$ まで増加するときの変化の割合が等しくなります。このとき，a の値を求めなさい。

問９　右の図のような平行四辺形ABCDの辺CD上に，DE：EC＝８：３となるように点Eをとり，ACとBDの交点をOとします。

　平行四辺形ABCDの面積が121cm^{2}であるとき，△ODEの面積を求めなさい。

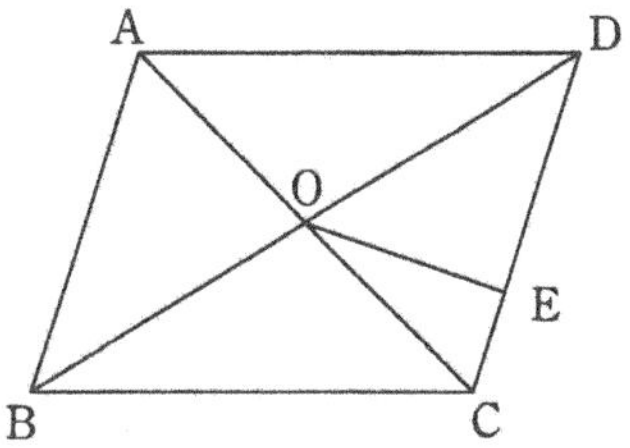

問10　図１のように円形の紙を２つのおうぎ形に切り分け，それを円錐の側面となるように組み立てたところ，図２のような円錐ができました。２つの円錐の底面の半径はそれぞれ７cm，4cmでした。底面の半径が７cmの円錐の側面積を求めなさい。

図１

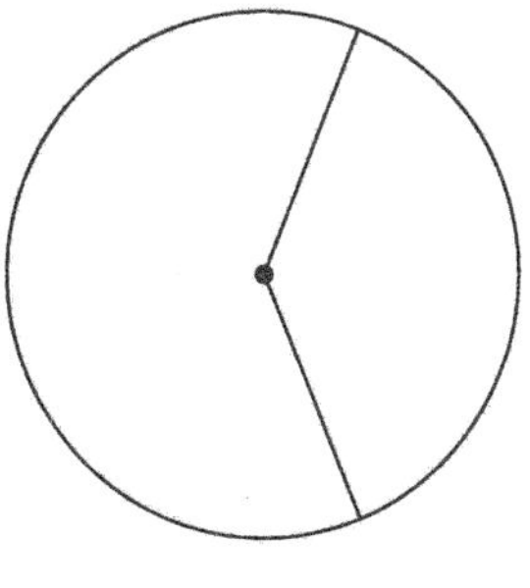

図２

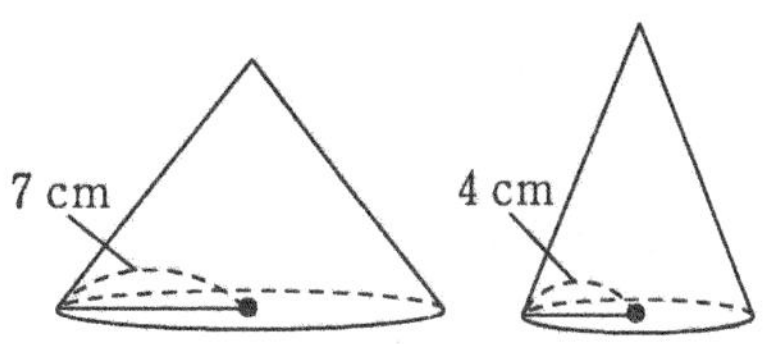

第２問　大小２つのさいころを同時に投げます。大きいさいころの出た目の数と小さいさいころの出た目の数の積を x とします。次の問いに答えなさい。

ただし，さいころの１から６までのどの目が出ることも同様に確からしいものとします。

問１　x が４の倍数となるような目の出方は何通りあるか求めなさい。

問２　12は，「$2\times2\times3$」のように２種類の素数の積で表わせます。このように，x が２種類の素数の積で表わせる目の出方は何通りあるか求めなさい。

問３　x の約数が４個となる確率を求めなさい。

第３問　Ｘさん，Ｙさん，Ｚさんの３人の所持金について，次の（ア）～（ウ）の３つのことがわかっています。

（ア）　ＹさんがＺさんに1000円渡すと，Ｙさんの所持金はＺさんの所持金の$\frac{5}{4}$倍になる。

（イ）　Ｘさんの所持金はＹさんとＺさんの所持金の合計よりも50円多い。

（ウ）　Ｘさんの所持金の$\frac{1}{4}$はＺさんの所持金よりも50円多い。

次の問いに答えなさい。

問１　Ｙさんの所持金を y 円とします。（ア）を利用して，Ｚさんの所持金を y の式で表しなさい。

問２　３人の所持金の合計を求めなさい。

第４問　図１のように，辺ADの長さが５㎝の平行四辺形ABCDに対し，∠BADの二等分線AEと∠ABCの二等分線BFの交点をＧとします。次の問いに答えなさい。

図１

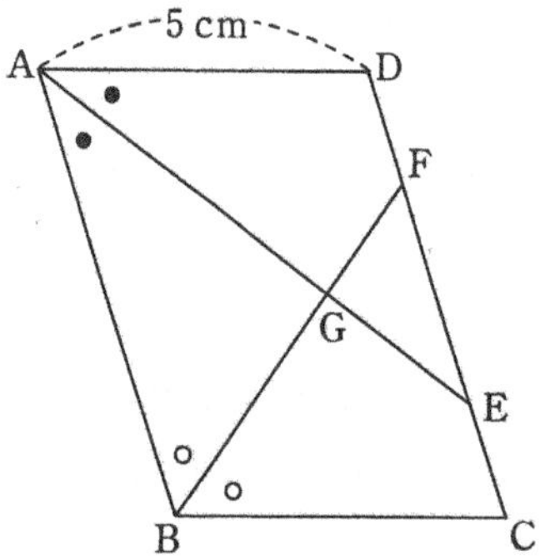

図２

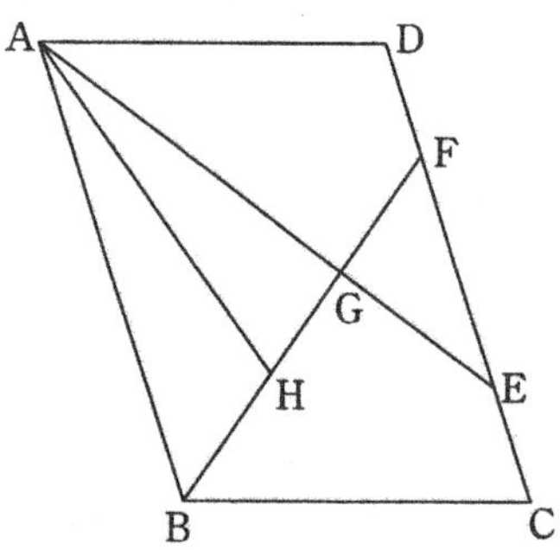

問１　線分EFの長さが３㎝のとき，辺ABの長さを求めなさい。

問２　図２のように，∠BAGの二等分線と線分BFの交点をＨとしたとき，∠AHGの大きさは∠GAHの大きさの４倍になりました。∠ABCの大きさを求めなさい。

第５問　次のページの図のように，反比例のグラフ $y=\frac{a}{x}$ 上に，２点Ａ，Ｂがあります。２点Ａ，Ｂから x 軸にそれぞれ垂線AC，BDを引きました。点Ａの x 座標が６，△OACの面積が９，△BCDの面積が３のとき，あとの問いに答えなさい。

問１　a の値を求めなさい。

問２　点Ｂの座標を求めなさい。

問３　直線 $y=\frac{1}{6}x-3$ 上に点Ｐがあります。△ABPの面積と台形ACDBの面積が等しいとき，点Ｐの座標を求めなさい。ただし，点Ｐの y 座標は負とします。

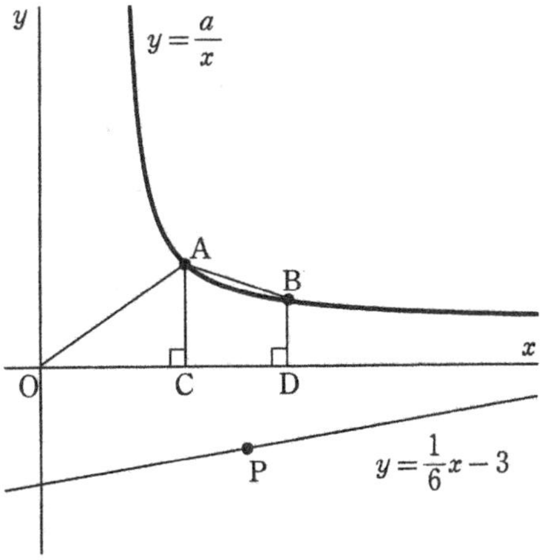

【英　語】（45分）　＜満点：60点＞

第1問 次の英文を読み，下の問いに答えなさい。

In 2001, a young killer whale got lost near Gold River, a small village on Vancouver Island in the western part of Canada. The whale was named Luna, and he lost his pod, or "family," when they were fishing for *salmon. At that time, he was only a year old. Killer whales, also called *orcas, often live into their 60s and 70s. Like humans, they don't become adults until they're at least 20. In other words, [A]. Luckily, he knew how to catch his own food. Of course, a human baby cannot do that. Orcas need to communicate and enjoy spending time with others like humans. Luna lost his family, so he started making friends with the people with boats in the area.

The news of Luna spread quickly in the media through newspapers, social networking sites, and TV. [B]. The local first nations people have lived in Canada for a very long time. They thought Luna was the spirit of one of their leaders. He died 14 days before Luna came. Thousands of tourists came to see Luna with their own eyes and the government tried to stop them from meeting him, but it was impossible. The chance to see a wild orca close up and maybe even touch one was interesting to people.

The government didn't want people to go near or touch Luna because they worried that he would *become used to people and that a person or Luna may have an accident or die. Another reason is that whales sometimes damage boats. [C]. He was a perfect choice for them because he was young, friendly, and ①it is much cheaper to catch a whale than to buy one. *Fishermen also wanted to see Luna moved to an aquarium. Orcas eat a lot of fish, so some of ②them thought that they wouldn't be able to catch very much because of him. Orcas move from place to place and eat as they move, but Luna lost his family and stayed in one place.

For 5 years, many different people had a chance to see or meet Luna. The government made rules about how people should act around him to protect both Luna and people. For example, they couldn't touch, feed, go closer than 100 meters, or watch him for more than 30 minutes. ③He likes to spend time with people, so he follows boats every day. At first, there were no problems, but little by little the situation became dangerous. One day in March in 2006, Luna and the *crew of a boat were playing when there was a terrible accident. [D]. Many people were shocked and *saddened by the news.

After Luna's death, some people made a movie and a *documentary about his life. The documentary was a true story. In other words, the things in the documentary are the same as the things in Luna's real life, but the movie is not the same.

④At the end of the movie, he finds his pod again and returns to life with them. The real Luna died, but his story is a good chance for us to think about how we get alone with other animals.

注）salmon：鮭　orca(s)：シャチ　become used to ～：～に慣れる　fisherman：漁師
crew：乗組員　sadden ～：～を悲しませる　documentary：ドキュメンタリー作品

問１　文中の［A］～［D］に入る適当な文を下のア～エからそれぞれ１つ選び，記号で答えなさい。

ア　The boat's propeller hit Luna and he died
イ　Many groups were interested in him, but for different reasons
ウ　Luna was like a lost baby with no parents to take care of him
エ　Companies tried to catch Luna because they wanted to put him on public display

問２　下線部①を内容を変えずに，下のように書きかえるとき，（１）（２）に入る語を答えなさい。

①＝ buying a whale is much（　1　）（　2　）than catching a whale

問３　下線部②が指し示すものとして最も適当なものを下のア～エから１つ選び，記号で答えなさい。

ア　fish　イ　fishermen　ウ　orcas　エ　people

問４　下線部③の文には，文法上または文脈上，誤っている語が２つあります。その語を抜き出し，それぞれ正しい形に書きかえなさい。

問５　下線部④の日本語訳として最も適当なものを下のア～エから１つ選び，記号で答えなさい。

ア　映画の終わりに，ルナは自分の群れを再び見つけ，彼らとの暮らしに戻る。
イ　映画が終わった後，ルナは新しい家族を見つけ，彼らと海に戻って暮らす。
ウ　映画の終わりに，ルナは自分の群れがわかり，生き返る。
エ　映画が終わった後，ルナは生き返り，再び自分の群れを見つける。

問６　本文の内容と一致しない文を下のア～カから３つ選び，記号で答えなさい。

ア　Two weeks before Luna came, an important man died.
イ　Luna was alone because he lost his baby.
ウ　The movie about Luna is fiction.
エ　Luna damaged many boats.
オ　Killer whales often live as long as humans.
カ　Orcas stay in the same place and eat a lot of food there.

問７　ジェイミーとエリンがルナについて会話をしています。会話が成り立つように，（１）～（５）に入る適当な語をそれぞれ１語で答えなさい。

Jamie：Yesterday I went to the ocean to see Luna.
Erin：Oh really?（　1　）there many people there?
Jamie：Yeah, the parking lot was very crowded. It（　2　）a long time to find a parking spot.
Erin：Were you able to see him? There was a story on the TV news about him last night.

Jamie　: (3) was it about?

Erin　: There are rules about what people can and can't do around Luna. For example, they can't watch him for more than (4) an hour, they can't give him any food, and the (5) place to watch him is from 100 meters.

Jamie　: Uh oh. I saw lots of people doing all of those things. There were posters with the rules on them, but...

Erin　: I don't want something bad to happen to Luna or the people watching him. Everyone needs to follow those rules.

第２問　次の会話を読み，１～５の問いに対する答えとして最も適当なものを下のア～エから１つ選び，記号で答えなさい。

Dave meets a classmate from his old junior high school, Sally, in the street:

Dave : Hello, Sally. Long time, no see!

Sally : Oh, hi Dave. How are you?

Dave : Not too bad. I haven't seen you since we finished junior high school last year. How do you like your new high school?

Sally : It's good. I've made new friends but there' s lots of homework.

Dave : I know. I stay up till midnight almost every night.

Sally : That's late. You are much busier than me.

Dave : Well, club finishes at seven. It takes me over an hour to get back home, and then I have dinner and take a bath. It's almost ten o'clock by then.

Sally : Are you on the soccer team again this year?

Dave : That's right. Have you joined any clubs at your high school?

Sally : I'm not really interested in sports, but I joined the movie-making club. I was the only first year student to join this year.

Dave : How many members are there?

Sally : There were four second graders but only half as many third graders. And me, of course.

Dave : What do you do?

Sally : We learn how to make short films. You know, use video and *audio equipment to record and make short films about school life. It's very difficult but a lot of fun.

Dave : It sounds really interesting. What topic did you make a film about this year?

Sally : We made one about [A] and another one about technology in the classroom.

Dave : Oh, do you use any tablets in your lessons?

Sally : We haven't used any in my class yet [①] the school is going to buy some soon [②] I think we'll use them next year.

注）audio equipment：音声機器

1. Where do Dave and Sally go to school?

ア Greene Junior High School.

イ Sandwall Junior High School and Parkway High School.

ウ Turner International Elementary School.

エ Newtown High School and Garfield High School.

2. When does Dave start doing his homework?

ア When he gets home.　イ Before his bath.

ウ Around 10 p.m.　エ Around 12 a.m.

3. How many members are there in the movie-making club?

ア 6　イ 7　ウ 10　エ 13

4. Choose the best topic for [A].

ア life in the tennis club　イ the local parks

ウ the Summer Olympics　エ working in a hospital

5. Choose the best answers for [①] and [②] in Sally's last line.

ア ① and　② because　イ ① but　② because

ウ ① and　② so　エ ① but　② so

第３問 下線部の発音が英文中の発音と同じものを下のア～エから１つ選び，記号で答えなさい。

1. Jack ha<u>s</u> a sister and two brothers.

ア dish<u>es</u>　イ egg<u>s</u>　ウ ticke<u>ts</u>　エ des<u>ks</u>

2. This old car was dr<u>i</u>ven by my grandfather.

ア n<u>i</u>ne　イ n<u>i</u>nth　ウ f<u>i</u>ve　エ f<u>i</u>fth

3. George played the guitar, and John s<u>a</u>ng the songs.

ア g<u>a</u>ve　イ w<u>a</u>nt　ウ r<u>a</u>n　エ t<u>a</u>ke

4. Mr. Hayashi t<u>au</u>ght math to me ten years ago.

ア b<u>ou</u>ght　イ sh<u>ou</u>t　ウ w<u>ai</u>t　エ ab<u>ou</u>t

5. Shinji has already d<u>o</u>ne his homework.

ア c<u>u</u>t　イ s<u>oo</u>n　ウ g<u>o</u>ne　エ st<u>o</u>ne

第４問 次の日本語の意味に合う英文となるように，空所（A）・（B）に入るものの組み合わせとして最も適当なものを下のア～エから１つ選び，記号で答えなさい。

1. 間違えることを恐れるな！

(A) afraid of (B) mistakes!

ア （A）Aren't　（B）making

イ （A）Aren't　（B）to make

ウ （A）Don't be　（B）making

エ （A）Don't be　（B）to make

2．この説明を理解することが，彼には重要だ。

(　A　) is important (　B　) this explanation.

ア (A) He　(B) to understand

イ (A) He　(B) for him to understand

ウ (A) It　(B) to understand

エ (A) It　(B) for him to understand

3．子ども向けのこの本は，2年前から人気がある。

This book for children (　A　) been popular (　B　) two years.

ア (A) have　(B) for　イ (A) have　(B) since

ウ (A) has　(B) or　エ (A) has　(B) since

4．テレビドラマを見ている女の子たちは，とても幸せそうでした。

The girls (　A　) the TV drama (　B　) very happy.

ア (A) watching　(B) looked at　イ (A) watching　(B) looked

ウ (A) watched　(B) looked at　エ (A) watched　(B) looked

5．どうして昨日は，とても悲しんでいたのですか。

(　A　) made you so (　B　) yesterday?

ア (A) What　(B) sad　イ (A) What　(B) sadly

ウ (A) Why　(B) sad　エ (A) Why　(B) sadly

第５問　次の日本語の意味に合う英文となるように，空所にア～カの語(句)を入れる時，(A)・(B)に入るものとして最も適当なものをそれぞれ記号で答えなさい。

1．私は学校が終わったら川のそばの公園に犬を連れていくつもりです。

I'm going to (　　)(　　)(　A　)(　　)(　B　)(　　) after school.

ア river　イ by the　ウ take

エ park　オ my dog　カ to the

2．あまりに疲れていて勉強できなかった。

I (　　)(　A　) because (　　)(　　)(　B　)(　　).

ア was　イ couldn't　ウ tired　エ too　オ study　カ I

3．当時そのコンピュータは大学生が利用していました。

That (　　)(　A　)(　　)(　B　)(　　)(　　) at that time.

ア by　イ computer　ウ students　エ was　オ college　カ used

4．彼には明日までに終えなければいけない宿題がたくさんあります。

He (　　)(　　)(　　)(　A　) to (　　)(　B　) tomorrow.

ア by　イ homework　ウ finish　エ a lot　オ has　カ of

5．日本では７月より８月のほうが暑いそうですね。

I (　　)(　A　)(　　)(　　)(　B　)(　　) than in July in Japan.

ア is　イ August　ウ that it　エ hear　オ hotter　カ in

第６問　１～５のＡ－Ｂの関係とＣ－Ｄの関係が同じになるように，Ｄに入る語を答えなさい。

	A	—	B	C	—	D
1．	second	—	February	sixth	—	(　　)
2．	long	—	longer	good	—	(　　)
3．	we	—	ours	I	—	(　　)
4．	uncle	—	aunt	husband	—	(　　)
5．	break	—	broken	hear	—	(　　)

【理　科】（45分）　　＜満点：60点＞

第１問　電気に関する下の各問いに答えなさい。

問１　右図のように，エナメル線を数回巻いてコイルを作り，電流を流しました。このとき，コイルの周りに生じる磁界の様子を表すものとして，最も適当なものを下の図ア～エから１つ選び，記号で答えなさい。

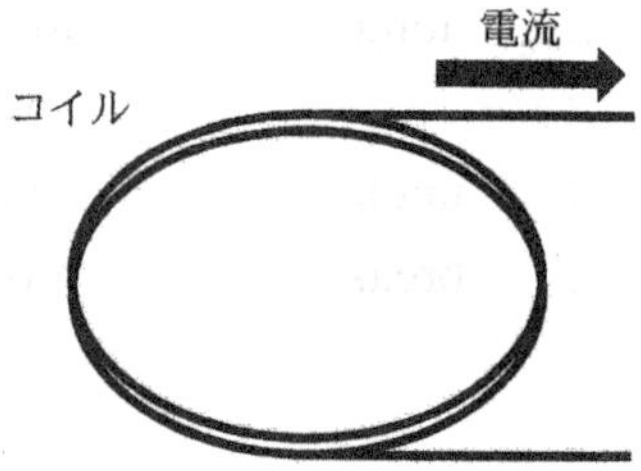

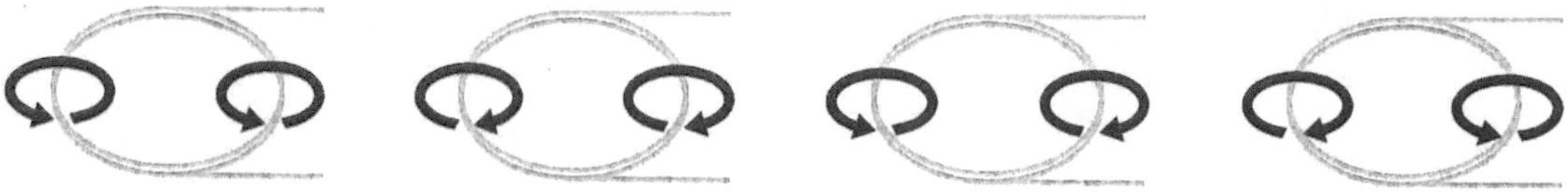

ア　　　　イ　　　　ウ　　　　エ

問２　右図のように，導線の左側にＳ極を，右側にＮ極を設置し，導線に奥から手前向きの電流を流しました。この導線に生じる力の向きとして，最も適当なものを図中の矢印ア～エから１つ選び，記号で答えなさい。

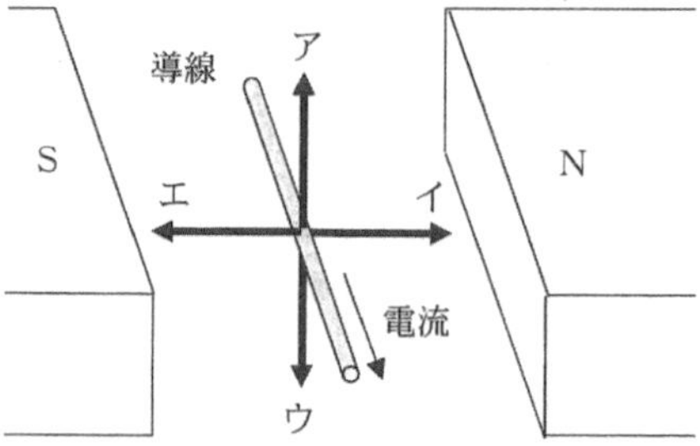

問３　豆電球を観察したところ，金属部分に「1.1V　0.22A」と書いてありました。この豆電球１つを，電圧が1.5Vの電池１つと抵抗１つを使って適切に点灯させることを考えます。そのためには，右の回路図ア，イのどちらを使うとよいですか。記号で答えなさい。また，このとき回路に接続する抵抗は，何Ωにするとよいですか。小数第２位を四捨五入し，小数第１位まで答えなさい。

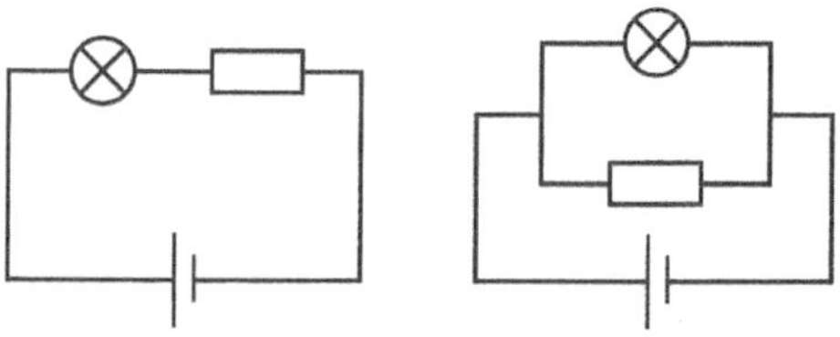

ア　　　　イ

問４　「100V　1000W」と表示された電熱線Ａと「200V　1000W」と表示された電熱線Ｂがあります。右図のように，これらの電熱線を100Ｖの電源装置にそれぞれつなぎ，20℃の水１Ｌ（１kg）を沸騰させます。このとき，どちらの電熱線を使った方の水が先に沸騰しますか。Ａ，Ｂの記号で答えなさい。また，沸騰に要する時間の差は何秒ですか。小数第１位を四捨五入し，整数で答えなさい。ただ

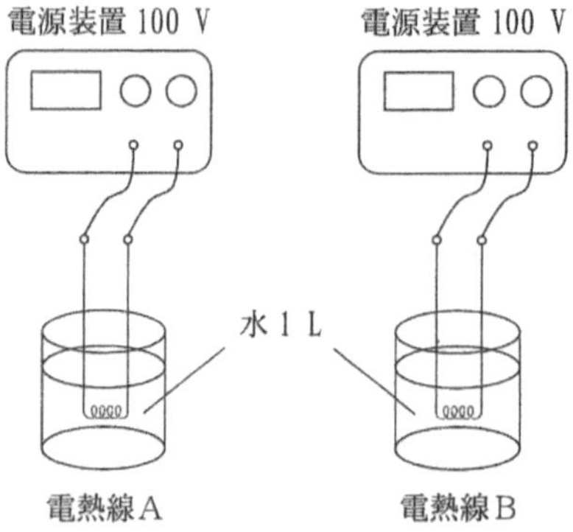

し，１ｇの水の温度を１℃上昇させるのに必要な熱量は，４Ｊとします。また，電熱線から生じた熱は，外に逃げることなく水だけに吸収されるものとし，電熱線Ａ，Ｂはオームの法則が成立するものとします。

第２問　次の文章を読み，下の各問いに答えなさい。

炭酸水素ナトリウムは，重曹（じゅうそう）ともよばれ，私たちの日常生活のいろいろな場面で活用されている。例えば，ケーキをつくるときに使用するベーキングパウダーの主な成分でもあり，これはケーキをスポンジ状にふくらませる。また，胃酸をおさえる薬などにも利用されている。

問１　炭酸水素ナトリウムを加熱すると気体と液体が発生し，固体が残りました。この気体を集めた試験管に石灰水を入れて振ると白くにごりました。発生した気体の名称を漢字で答えなさい。

問２　炭酸水素ナトリウムを十分に加熱すると，固体が残りました。この固体の性質について誤っているものを次のア～エからすべて選び，記号で答えなさい。ただし，この固体は乾燥した状態であるとします。

ア．炭酸水素ナトリウムに比べて，水に溶けにくい。

イ．少量を水に入れてよく振り混ぜ，そこにフェノールフタレイン液を加えると，赤く変色する。

ウ．炭酸水に混ぜると，炭酸水素ナトリウムが生じる。

エ．白い固体である。

問３　炭酸水素ナトリウムの質量を変えて十分に加熱したところ，加熱後に残った固体の質量は次の表のようになりました。下の各問いに答えなさい。

炭酸水素ナトリウム(g)	1	2	3	4	y
残った固体(g)	0.64	1.28	1.92	x	4.48

⑴　表中の空欄ｘ，ｙに適する数値をそれぞれ答えなさい。

⑵　炭酸水素ナトリウムに食塩が混ざった混合物6.5ｇを十分に加熱したところ，固体が4.7ｇ残りました。この混合物に含まれていた食塩の質量を答えなさい。

問４　化学変化について述べた文として，適当なものを次のア～オからすべて選び，記号で答えなさい。

ア．気体が発生する化学変化においては，質量保存の法則は成り立たない。

イ．炭酸水素ナトリウムの加熱で生じる気体は，炭酸水素ナトリウムに塩酸を加えることでも生じる。

ウ．酸化と還元は，必ず同時に起こる。

エ．塩化アンモニウムと水酸化バリウムの混合物に水を加えると吸熱反応が起こり，温度が上がる。

オ．炭酸ナトリウム水溶液に塩化カルシウム水溶液を加えると，炭酸カルシウムと塩化ナトリウムが生じる。

第３問　次の文章［Ⅰ］・［Ⅱ］を読み，下の各問いに答えなさい。

［Ⅰ］　次の文章を読み，下の各問いに答えなさい。

札幌市内を流れる豊平川は，①多くのサケ（シロザケ）が帰ってくる川です。しかし，1950年代以降，家庭や工場の排水により水質が悪化し，サケが遡上（そじょう）しない時期が続きました。その後，下水道の普及によって水質が回復し，1970年代後半には，サケが自然に繁殖できるようになりました。そのころ，市民による「カムバックサーモン運動」が起こり，1979年春には稚魚の放流が開始され，1981年秋には，そのサケが親ザケになって豊平川に帰ってきました。1985年以降には，豊平川での自然産卵も毎年確認されています。現在は，豊平川（東橋から上流付近）をはじめ，琴似発寒川（農試公園橋付近）や星置川でも，産卵するサケの姿が見られます。

サケは川で生まれ，海で大きくなり，川に戻って子孫を残し，その一生を終えます。②川に戻ってきたサケは，上流のきれいな川底に１尾で約3000粒の卵を産みます（その場所を産卵床という）。そのうち約100尾が幼生期を生き延び，稚魚を経て，群をなして川を下り，海へと移動します。海ではプランクトン，イカ，小型のニシンなどを餌（えさ）として３～５年を過ごして成魚となり，産卵のために川を遡上します。その率は0.5～5.0％で，そのうちの約80％が生まれ育った川に帰ってくると言われています。

出典【札幌市豊平川さけ科学館ホームページ】【環境科学技術研究所ホームページ】

問１　下線部①について，サケの特徴として適当なものを次のア～カから２つ選び，記号で答えなさい。

ア．体の表面は，湿っていて，うろこはなく，乾燥に弱い。

イ．雌が川底に穴を掘り，産卵すると同時に，雄が放精を行い，水中で受精する。

ウ．卵から養殖する場合は，海の水を利用した方がよい。

エ．外界の温度の変化に対して，体温を一定に保つことができない。

オ．子は親から食物をあたえられる。

カ．子はえら呼吸と皮ふ呼吸を行い，おとなは肺呼吸と皮ふ呼吸を行う。

問２　下線部②について，2018年の豊平川における親ザケの遡上数は1232尾でした。次の表の数値を使って，この年の産卵によって生まれたサケのうち，数年後に豊平川に戻ってくると考えられる数を求めなさい。

親ザケの遡上数	産卵床確認数	１床あたりの産卵数	１床あたりの川を下る数	成魚となる割合	生まれた川に戻ってくる割合
1232尾	616床	3000粒	100尾	5.0 %	80 %

［Ⅱ］　下の各問いに答えなさい。

問３　細胞についての説明として，誤っているものを次のア～オから２つ選び，記号で答えなさい。

ア．タマネギの表皮の細胞を顕微鏡で観察すると，葉緑体を見ることができる。

イ．酢酸カーミン液では，植物細胞の核は染色されるが，動物細胞の核は染色されない。

ウ．植物細胞には，葉緑体，細胞壁，液胞などの動物細胞では見られないつくりが見られる。

エ．ヒトの赤血球や大腸菌は，ゾウリムシより小さい。

オ．細胞内で，酸素と栄養をもとにエネルギーをとり出すことを細胞の呼吸という。

問４　ヒトの血液の循環についての説明として，文中の下線部に誤りを含むものをア～オからすべて選び，記号で答えなさい。

ア．酸素を運搬する赤血球は，毛細血管からしみ出て，細胞に酸素を供給する。

イ．ヘモグロビンは，酸素の多いところでは酸素と結びつき，酸素の少ないところでは酸素の一部を放す性質をもつ。

ウ．肺から心臓に血液が戻る肺動脈の中には，酸素を多く含んだ動脈血が流れる。

エ．心臓から肺以外の全身を回って心臓に戻る経路を「体循環」という。

オ．小腸で吸収されたブドウ糖や脂肪は，門脈に入り，血液とともに肝臓に運ばれる。

問５　ヒトの体の中のはたらきについての説明として，適当なものを次のア～オから２つ選び，記号で答えなさい。

ア．口，食道，胃，すい臓，小腸，大腸，肛門などの食物の通り道を消化管という。

イ．だ液と胃液は食物の栄養を分解するはたらきをもつ消化酵素を含んでいるが，すい液は消化酵素を含んでいない。

ウ．体内に吸収されたブドウ糖の一部は，肝臓と筋肉でグリコーゲンという物質に変えられて貯蔵される。

エ．肝臓でつくられる胆汁は，胆のうにたくわえられた後，大腸に送り出される。

オ．じん臓は，血液をろ過して不要なものをとり除き，尿として体の外に出すはたらきをしている。

第４問　次の文章を読み，下の各問いに答えなさい。

次の図は，ある場所で観察される地層の断面を示したものである。この地域には，中生代の傾いた地層，その上に堆積した新生代の地層，および断層が確認された。また，花こう岩は，中生代の地層を貫いており，別の方向からの観察によって，その当時，水平面に対して垂直に貫いたことが確認された。

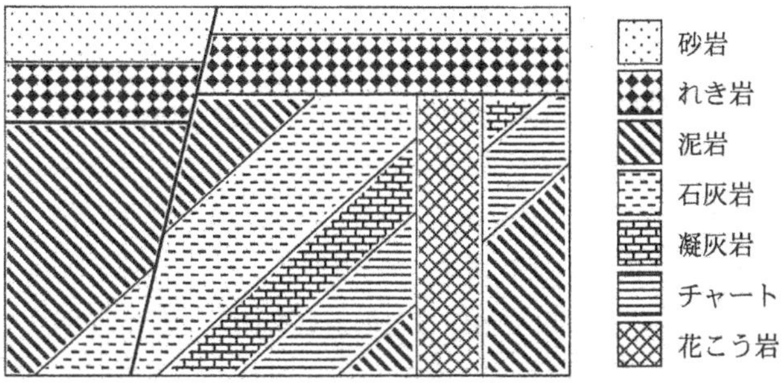

問１　地層について述べた文として，最も適当なものを次のア～エから１つ選び，記号で答えなさい。

ア．地層は，海底や湖底で堆積物の層が積み重なることで形成され，陸上で形成されることはない。

イ．地層の厚さが等しければ，地層の形成にかかった時間の長さも等しい。

ウ．一般に地層は下にある層ほど古く，上にある層ほど新しい。

エ．大地の隆起や海水面の低下によって，地層が侵食されると，再び地層が堆積することはない。

問２　花こう岩を顕微鏡で観察したときに見られる組織の名称を答えなさい。また，花こう岩の特徴について述べた文として最も適当なものを次のア～オから１つ選び，記号で答えなさい。

ア．黒っぽい色をしている。

イ．地表付近で急冷されて形成される。

ウ．主にカンラン石，キ石，チョウ石を含む。

エ．含まれる鉱物の種類は，流紋岩と似ている。

オ．マウナロア山のような傾斜のゆるやかな火山でよくみられる。

問３　堆積岩について述べた文として，誤っているものを次のア～エから１つ選び，記号で答えなさい。

ア．石灰岩にうすい塩酸をかけると，水素が発生する。

イ．凝灰岩は，火山灰や軽石，火山岩のかけらなどからできたものである。

ウ．チャートは，二酸化ケイ素を主成分とする。

エ．砂岩は，主に0.06～２㎜の堆積物からできたものである。

問４　図中の泥岩に含まれる生物の化石として，適当なものを次のア～カから２つ選び，記号で答えなさい。

ア．アンモナイト　　イ．サンヨウチュウ　　ウ．ティラノサウルス

エ．デスモスチルス　　オ．ナウマンゾウ　　カ．フズリナ

問５　図をもとに，次のア～オのできごとを古い順に並べたときに，２番目と４番目にくるものをそれぞれ１つずつ選び，記号で答えなさい。

ア．中生代の地層が形成された。　　イ．地層が傾いた。

ウ．花こう岩が中生代の地層を貫いた。　　エ．新生代の地層が形成された。

オ．断層が生じた。

問６　図中にある断層を調査したところ，過去1.62万年間において，地震が2700年周期で起こっていることがわかりました。また，１回の地震で常に同じ方向に2.5mずれることもわかりました。この断層では，この1.62万年間で何mずれたことになりますか。

第５問　次の文章［Ⅰ］～［Ⅲ］を読み，下の各問いに答えなさい。

［Ⅰ］　図１のように，重さ５Nの荷物を，動滑車を用いて１m引き上げることを考えます。次の各問いに答えなさい。ただし，滑車は摩擦なく回転し，動滑車の質量は無視できるものとします。

問１　荷物を持ち上げるとき，動滑車や斜面などの道具を用いて行う仕事と，道具を用いずに行う仕事は同じ大きさであることが知られています。このことを何といいますか。

問２　図１のように，動滑車を用いて重さ５Nの荷物を１m引き上げるとき，引く力がした仕事は何Ｊですか。また，このとき，ひもを図中の方向に何m引く必要がありますか。

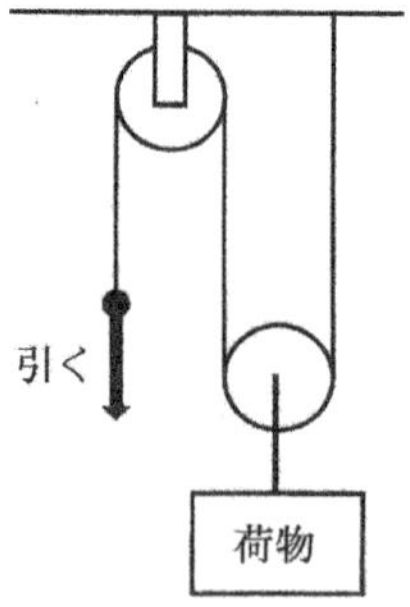

図１

［Ⅱ］　次のページの図２のように，焦点距離が20㎝の凸レンズを用いて，レンズの中心を通る直線上でレンズの左側に置いた物体（光源）の像をスクリーンに映します。次の問いに答えなさい。ただし，図中の点線Ａ～Ｅは，レンズの中心から10㎝間隔で離れた位置を表しています。

問３　物体をＡの位置に置き，スクリーンを像がはっきり映る位置に移動しました。このときに観察される像の特徴として，最も適当なものを次のア～カから１つ選び，記号で答えなさい。また，物体をある位置よりも右側に置くと，スクリーンを移動しても像は映らなくなりました。このと

きの位置はどこですか。図中のA～Eから１つ選び，記号で答えなさい。

ア．実物と同じ大きさで，上下左右同じ向き

イ．実物と同じ大きさで，上下左右逆向き

ウ．実物より大きく，上下左右同じ向き

エ．実物より大きく，上下左右逆向き

オ．実物より小さく，上下左右同じ向き

カ．実物より小さく，上下左右逆向き

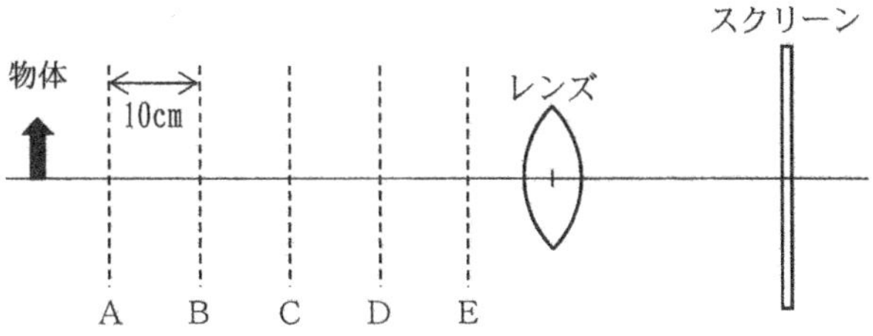

図２

［Ⅲ］ 日本のある港で，生徒と先生が船を見ながら会話をしています。次の会話文を読み，下の問いに答えなさい。ただし，船は図３のように，上面の面積が40m²，高さが３mの直方体とし，海水の密度は1000kg/m³とします。

（図３，図４，表１は次のページにあります。）

生徒：船はどうして海水に浮くことができるんですか？

先生：それは，船にはたらく浮力が船の重さとつり合っているからです。

生徒：では，この船に乗客が乗ると浮力よりも船の重さが大きくなってしまい，この船は沈没してしまいませんか？

先生：そうはなりません。浮力の大きさは，船が押しのけた海水の重さと同じだからです。例えば，50kgの人がこの船に乗ると，船も50kgの海水と同じ体積分だけさらに沈むことによって浮力を大きくします。

生徒：船が海水に沈むほど浮力が大きくなるんですね。ということは，この船の上面は水面まであと１mあるので，船の上面が水面に達するまではあと［ X ］kgまで乗せることができますね。

先生：確かにそうです。しかしながら，船の側面に表示されているマーク（図４）が見えますか。あれは満載喫水線（まんさいきっすいせん）といって，船が安全に航海するため，これ以上沈んではいけない境界線を意味します。

生徒：線についているアルファベットは何ですか？

先生：満載喫水線が季節や場所によって変化することを意味しています（表１）。この線を水面が超えてしまうと安全に航海ができないので乗客数も調整されているんですよ。

生徒：では，夏の海水では50kgの人はあと［ Y ］人までしか乗船できないということですね。

先生：はい。その通りです。

問４　文中の空欄X・Yに入る数値を答えなさい。

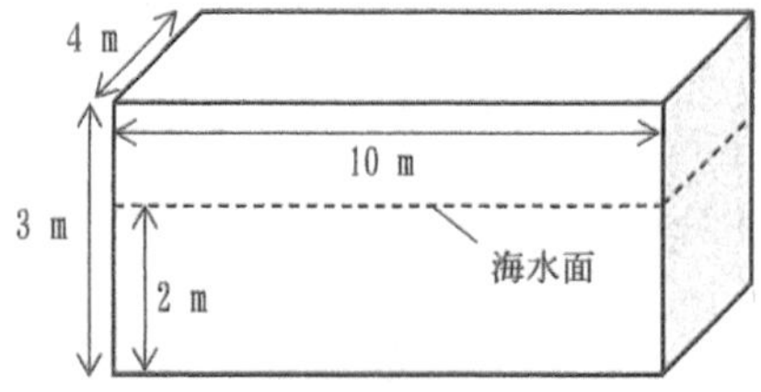

図3

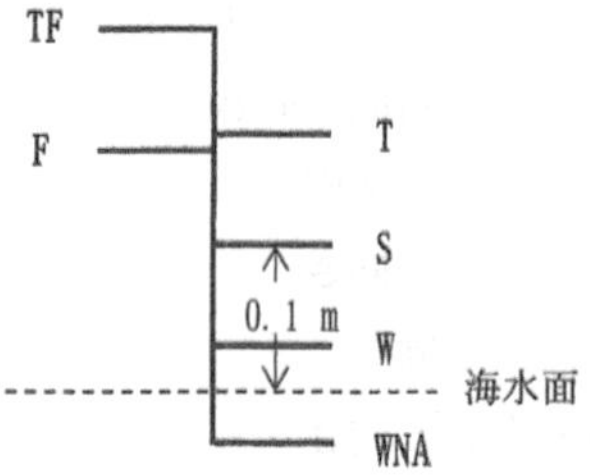

図4

TF	夏期淡水
F	熱帯淡水
T	熱帯海水
S	夏期海水
W	冬期海水
WNA	冬期北大西洋

表1

第6問 次の図は，硫酸銅，ミョウバン，塩化ナトリウム，ホウ酸がそれぞれ100gの水に溶ける質量をグラフにしたものです。下の各問いに答えなさい。

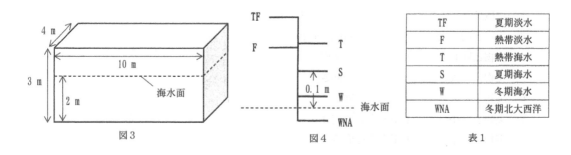

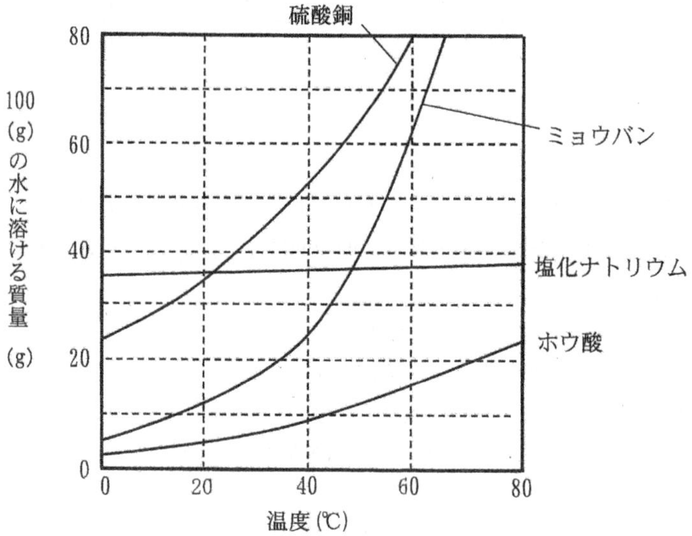

問1　一定量の水に溶ける物質の最大の量を何といいますか。また，物質が最大の量まで溶けている水溶液を何といいますか。それぞれ漢字で答えなさい。

問2　60℃の水100gにミョウバンを溶けるだけ溶かし，20℃まで冷却しました。このとき，得られる結晶の質量として最も適当なものを次のア～オから1つ選び，記号で答えなさい。

ア．10g　　イ．36g　　ウ．49g　　エ．55g　　オ．61g

問3　温度がわからない水100gにミョウバンを溶けるだけ溶かしたところ，水溶液の質量パーセント濃度が20%になりました。この水溶液に溶けているミョウバンの質量は何gですか。また，このときの水の温度として，最も適当なものを次のア～オから1つ選び，記号で答えなさい。

ア．0℃　　イ．27℃　　ウ．35℃　　エ．40℃　　オ．48℃

問4　20℃の水が100gずつ入っている4つのビーカーA，B，C，Dに，それぞれ硫酸銅，ミョウバン，塩化ナトリウム，ホウ酸のいずれかを50g加え，よくかき混ぜました。このとき，各ビーカー内には物質が溶けきれずに残っていました。次に，各ビーカー内の水溶液の温度を40℃まで上げると，ビーカーCのみ物質がすべて溶け，60℃まで上げると，ビーカーAの物質がすべて溶けました。このとき，ビーカーB，Dの物質は溶けきれずに残ったままでした。次のページの各問いに答えなさい。

⑴　ビーカーA，Cに入れた物質の名称として，適当なものを次のア～エからそれぞれ１つずつ選び，記号で答えなさい。

ア．硫酸銅　　イ．ミョウバン　　ウ．塩化ナトリウム　　エ．ホウ酸

⑵　ビーカーB，Dに入れた物質を見分ける方法として，最も適当なものを次のア～エから１つ選び，記号で答えなさい。

ア．40℃まで温度を下げる。

イ．80℃まで温度を上げる。

ウ．水の質量を50ｇにして同様の操作を行う。

エ．水の質量を200ｇにして同様の操作を行う。

第７問　次の文章［Ⅰ］・［Ⅱ］を読み，下の各問いに答えなさい。

［Ⅰ］　細胞分裂には２つの種類があり，一般に細胞が分裂するときには，細胞の核に含まれている染色体の数が，もとの細胞の染色体の数と同じになります。それに対して，生殖細胞ができるときは，染色体の数はもとの細胞の半分になります。次の各問いに答えなさい。

問１　文中の下線部の細胞分裂の名称を漢字で答えなさい。

問２　被子植物の生殖の説明として，最も適当なものを次のア～エから１つ選び，記号で答えなさい。

ア．花粉管の中の精細胞と胚のうの中の卵細胞が受粉して受精卵になる。

イ．花粉管の中の精細胞と胚のうの中の卵細胞が受精して受精卵になる。

ウ．花粉管の中の精子と胚珠の中にある卵細胞が受粉して受精卵になる。

エ．花粉管の中の精子と胚珠の中にある卵細胞が受精して受精卵になる。

問３　細胞の染色体は形と長さが同じものが２本ずつ対になっています。右図のように，６本の染色体がある細胞から生殖細胞ができるとき，生殖細胞の染色体の組み合わせは全部で何通りになりますか。

［Ⅱ］　次の図のように，植物をいろいろな特徴でグループ分けしました。これについて，次のページの各問いに答えなさい。

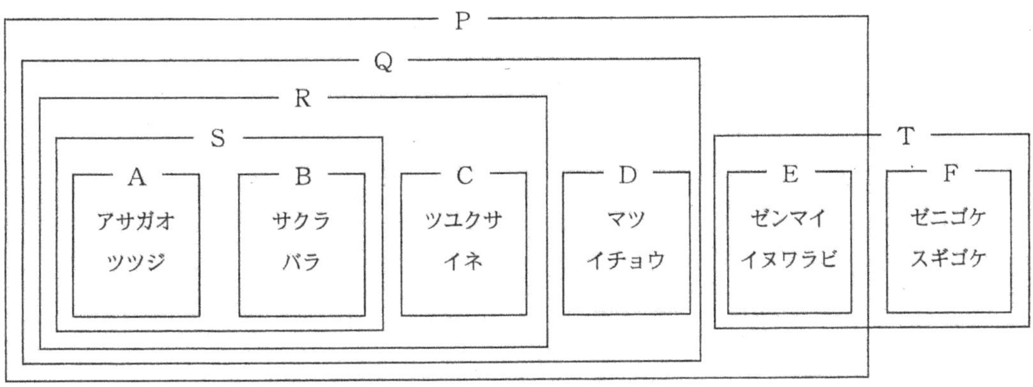

問４　タンポポは，図中のＡ～Ｆのどのグループに分類されますか。Ａ～Ｆから１つ選び，記号で答えなさい。また，そのグループの名称は何ですか。漢字で答えなさい。

問５　次の文中の①～③に当てはまる語句を答えなさい。

図中のＴは，ＥとＦが共通にもつ特徴を示しています。Ｅ，Ｆはともに（　①　）で増える点が共通しています。しかし，Ｆには根・茎・葉の３つの（　②　）に区別がないのに対し，Ｅには，その３つの（　②　）に区別があります。また，Ｐは，根・茎・葉にある水や養分を運ぶためのつくりである（　③　）をもっています。

問６　赤インクで着色した水が入ったフラスコに，ホウセンカの茎を数時間入れておき，その茎の断面を顕微鏡で観察しました。ホウセンカの茎の断面の模式図として，最も適当なものを次のア～エから１つ選び，記号で答えなさい。また，図オは，ホウセンカの根の断面を表しています。図オで道管を示しているのはＸ，Ｙのどちらですか。適当なものを１つ選び，記号で答えなさい。ただし，図ア～エの黒く塗りつぶされている部分は，赤インクで染色された部分を示しています。

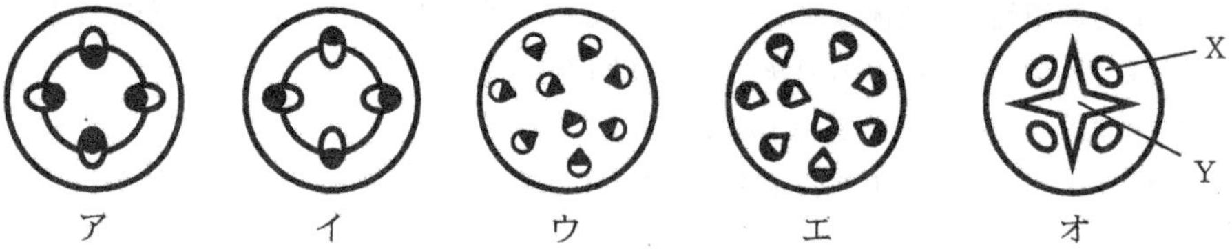

第８問　日本付近の天気の変化に関する次の文章を読み，次のページの各問いに答えなさい。

図１は，ある日の日本付近の天気図であり，図２は，図１の24時間後の天気図である。これを見ると，日本の南にあった温帯低気圧は発達しながら東に進んだことがわかる。また，図３は，別の日の低気圧の寒冷前線が通過した地点の気温と湿度の記録を１時間ごとにグラフで表したものであり，表１は，この地点の天気，風向，風力のデータである。

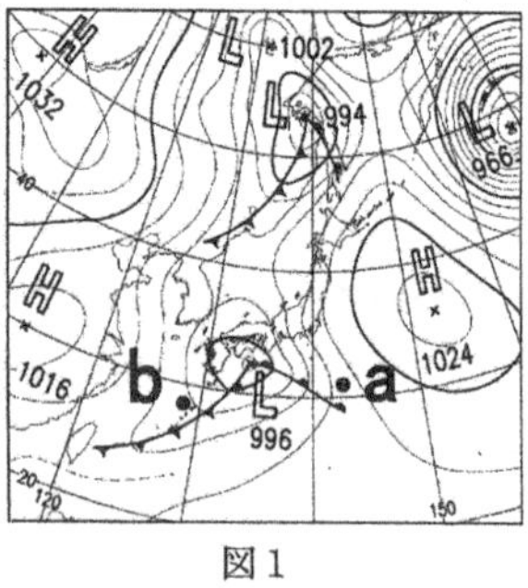

図１

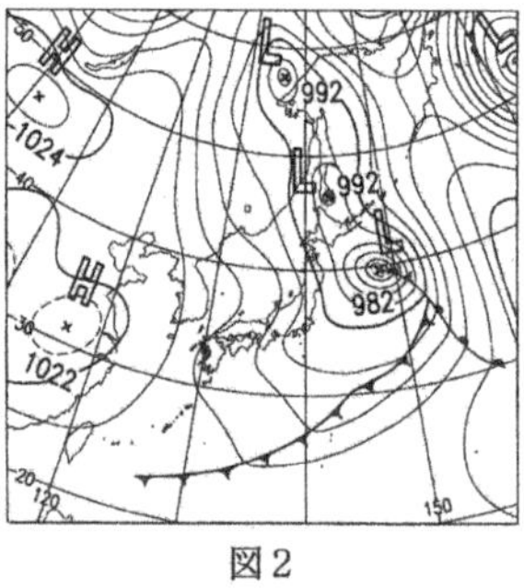

図２

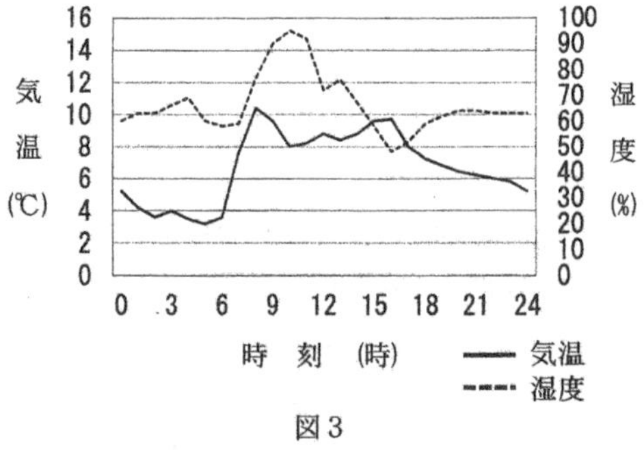

図３

出典【気象庁ホームページ】一部改変

時刻（時）	3	6	9	12	15	18	21
天気	晴れ	曇り	雨	曇り	晴れ	晴れ	晴れ
風向	南東	南東	西南西	北西	北西	北西	西北西
風力	3	2	4	4	4	3	3

表１

問１　天気図について述べた文として，誤っているものを次のア～エから１つ選び，記号で答えなさい。

ア．等圧線は，1000hPaを基準に20hPaごとに太線になる。

イ．等圧線は，４hPaごとに引かれる。

ウ．等圧線は，同一時刻の気圧の値の等しいところを結んだなめらかな曲線である。

エ．1000hPaを基準に，それより気圧の高いところを高気圧，低いところを低気圧という。

問２　図中の前線付近での天気の様子について述べた文として，誤っているものを次のア～エから１つ選び，記号で答えなさい。

ア．図１のａは，温暖前線が通過する前で，乱層雲が見られ，広い範囲に長く雨が降り続く。

イ．図１のｂは，寒冷前線が通過した後で，積乱雲により，せまい範囲に強い雨が短時間降る。

ウ．図２では，寒冷前線が温暖前線に追いつき形成される閉塞(へいそく)前線が見られ，その付近ではすべて寒気でおおわれ，やがて低気圧は消える。

エ．図２では，南からの寒気団と北からの暖気団がぶつかって形成される停滞前線が見られ，同じ地域で雨が降り続く。

問３　図１の日に九州北部の火山が噴火したとします。このときの火口から見た火山灰の分布として，最も適当なものを次のア～オから１つ選び，記号で答えなさい。

ア．同心円状に分布する。　　　　イ．北東方向に偏って分布する。

ウ．北西方向に偏って分布する。　エ．南東方向に偏って分布する。

オ．南西方向に偏って分布する。

問４　図３と表１をもとに，この観測地点で寒冷前線が通過したと考えられる時間帯として，最も適当なものを次のア～エから１つ選び，記号で答えなさい。

ア．４～６時　　イ．８～10時　　ウ．14～16時　　エ．19～21時

問５　日本の気象について述べた文として，誤っているものを次のア～オからすべて選び，記号で答えなさい。

ア．偏西風の影響で，春や秋には高気圧と低気圧が西から東へ交互に通過することが多い。

イ．冬の気圧配置は，西高東低となり，主に北西の季節風が吹く。

ウ．夏の気圧配置は，南高北低となり，主に南西の季節風が吹く。

エ．夏の間もシベリア気団の勢力が強く，小笠原気団の勢力が弱い場合に冷夏になる。

オ．台風は，７～10月にかけて日本付近に上陸し，発達した積乱雲をともなう。

【社　会】（45分）　＜満点：60点＞

第１問　とある高校に通うコウセイ君のクラスでは，グループごとに１つの国を調べ，発表する地理の授業がおこなわれました。次の資料は，コウセイ君のクラスのＡ班～Ｆ班が発表したものです。資料を読んで，後の問いに答えなさい。

Ａ班　調べた国「インド」

インドは，アジアで①人口・面積ともに中国に次ぐ大国です。その国土は，ヒマラヤ山脈がそびえる北部の山岳地帯，中央部のヒンドスタン平原，南部の②インド半島で構成されています。国内では多くの言語が話され，22の言語が憲法に記載されています。また，インドでは多くの宗教が生まれており，現在は国民の約８割が③ヒンドゥー教を信仰しています。近年は，豊富な労働力や工業原料を利用して工業化を進めており，世界的にみても経済成長が著しい地域です。④情報通信産業なども発達しており，今後のさらなる成長が期待されています。⑤日本からは，自動車メーカーを中心に多くの企業がインドに進出し，現地の企業と協力して工業製品を生産しています。

Ｂ班　調べた国「ナイジェリア」

ナイジェリアは，⑥アフリカ西部のギニア湾に面する国であり，アフリカ最大の人口を有しています。豊富な労働力だけでなく，⑦鉱産資源にも恵まれており，今後の経済成長への期待が大きい国です。しかし，他のアフリカ諸国と同様に，特定の鉱産資源や⑧農作物の輸出に依存するモノカルチャー経済の傾向もあり，依然としてさまざまな面で国際社会からの援助を必要としています。日本も政府開発援助（ＯＤＡ）の一環で，学校を建設したり，農村の支援のために橋を建設したりといった活動をおこなっています。

Ｃ班　調べた国「オーストラリア」

⑨オーストラリアは，南太平洋に位置し，世界最小の大陸であるオーストラリア大陸とタスマニア島などで構成されています。鉱産資源や農畜産物の輸出が活発であり，日本との貿易額も大きいです。日本は，オーストラリアにとって輸出相手先第２位，輸入相手先第３位の貿易相手国です。また，⑩自治体間の交流もさかんであり，人口最大都市であるシドニーと⑪大阪市，人口第２位のメルボルンと⑫名古屋市など多くの自治体が姉妹都市として提携しています。今後もさまざまな場面で，日本とオーストラリアの結びつきが強まっていくことが予想されます。

Ｄ班　調べた国「ドイツ」

ドイツは，⑬ヨーロッパ中央部に位置し，南部はアルプスの山岳地帯，北部はかつて存在した大陸氷河の侵食作用の影響を受けた平原地帯となっています。古くから重工業が活発であり，ヨーロッパの工業の中心的な役割を担っています。一方で，早くから工業が発達したことが影響し，酸性雨などの⑭環境問題への対策を迫られました。現在も環境問題に対する人々の関心が高く，環境保全のために国境を越えた市民活動もさかんにおこなわれています。日本とドイツは，製造業が得意という点で共通しており，日本の企業がヨーロッパでの活動拠点にドイツを選ぶ場合も多く，経済的な結びつきが強いです。

Ｅ班　調べた国「ブラジル」

ブラジルは，⑮南アメリカ大陸で人口・面積ともに最大の国です。国土北部を流れ，流域面積が世界最大であるアマゾン川の流域には，広大な⑯熱帯雨林が広がっています。また，国土の大部分を占めるブラジル高原に国民の多くが暮らしています。伝統的にサトウキビやコーヒー豆の栽培がさかんであり，現在も主要な栽培作物です。1970年代に工業化を進め，現在は，ロシア，インド，中国などとともにＢＲＩＣＳとよばれています。明治時代には，日本から多くの人がブラジルに移住し，その子孫たちがブラジルの社会で活躍しています。1990年に日本の法律が改正されたことで日系人の労働条件が緩和(かんわ)されたため，日本で仕事を求める⑰出稼ぎ労働者が増加しました。

Ｆ班　調べた国「アメリカ合衆国」

⑱アメリカ合衆国は，北アメリカ大陸の中央部に位置し，北はカナダ，南はメキシコと接しています。国土西部には険しい山脈が連なり，中央部から東部にかけてはアメリカ合衆国の農業生産を支える平原地帯が広がります。アメリカ合衆国は，世界最大のＧＤＰ（国内総生産）を誇る経済大国であり，⑲北緯37度以南の新しい工業地域を中心に，最先端の技術を駆使(くし)した科学技術の研究開発で世界をリードしています。日本とは結びつきの強い国ですが，政治や選挙制度など，異なる仕組みを採用している点も多くあります。2020年には，⑳大統領選挙を巡って世界中の注目を集めました。

問１　下線部①について，国・地域の人口構成には，男女別や年齢別などさまざまな特徴があらわれます。次のⅠ～Ⅲの文は，３つの国（エチオピア，韓国，ドイツ）の人口について述べたものです。また，あとのＡ～Ｃの表は，３つの国の年齢別の人口構成とその変化をあらわしています。文Ⅰ～Ⅲと表Ａ～Ｃの組み合わせとして正しいものを，次のページのア～カから１つ選び，記号で答えなさい。

Ⅰ．出生率も死亡率も高い状態であったが，医療や医薬品の援助を受けたり，衛生に対する知識が広まったりしたことで死亡率が低下した。出生率は高い状態が維持されたので，現在は人口が急速に増加している。

Ⅱ．経済的に豊かな先進工業国であり，女性の社会進出や生活費の上昇などによって早くから出生率が低下した。医療・福祉が充実しており，平均寿命も長いため，少子高齢化が進んでいる。

Ⅲ．出生率も死亡率も高い状態であったが，1970年代に急速に経済成長したことに伴って出生率も死亡率も急速に低下した。出生率と死亡率が急激に変化した影響があらわれ始め，人口構成が大きく変化している。

Ａ　（単位：％）

	0～14歳	15～64歳	65歳以上
1950年	４４．１	５２．９	３．０
2019年	４０．４	５６．１	３．５

Ｂ　（単位：％）

	0～14歳	15～64歳	65歳以上
1950年	２３．０	６７．３	９．７
2019年	１３．８	６４．６	２１．６

C　　（単位：％）

	0～14歳	15～64歳	65歳以上
1950年	４２．５	５４．６	２．９
2019年	１２．７	７２．２	１５．１

（データブック・オブ・ザ・ワールド　２０２０）

	Ⅰ	Ⅱ	Ⅲ
ア	A	B	C
イ	A	C	B
ウ	B	A	C

	Ⅰ	Ⅱ	Ⅲ
エ	B	C	A
オ	C	A	B
カ	C	B	A

問２　下線部②について，この地域では，夏は海洋から大陸へ，冬は大陸から海洋へ向かって風が吹きます。このように季節によって風向きが変わる風を何というか答えなさい。

問３　下線部③について，この宗教でみられる身分制度を何というか答えなさい。

問４　下線部④について，これがインドで発達した理由を述べた次の文ａとｂの正誤の組み合わせとして正しいものを，下のア～エから１つ選び，記号で答えなさい。

ａ．アメリカ合衆国の植民地であったため，英語を話せる人が多いから。

ｂ．理数教育が重視されているため，能力の高い技術者が多いから。

ア．ａ－正　ｂ－正　　イ．ａ－正　ｂ－誤　　ウ．ａ－誤　ｂ－正　　エ．ａ－誤　ｂ－誤

問５　下線部⑤について，次の⑴・⑵に答えなさい。

⑴　右の地図中のＡ～Ｈの県のうち，県名と県庁所在地が異なる県がいくつあるか，数字で答えなさい。

⑵　次の表は，都道府県別農業産出額に占める各品目の割合をあらわしています。北海道にあてはまるものを，表中のア～エから１つ選び，記号で答えなさい。なお，それ以外は，愛媛県，埼玉県，富山県のものです。

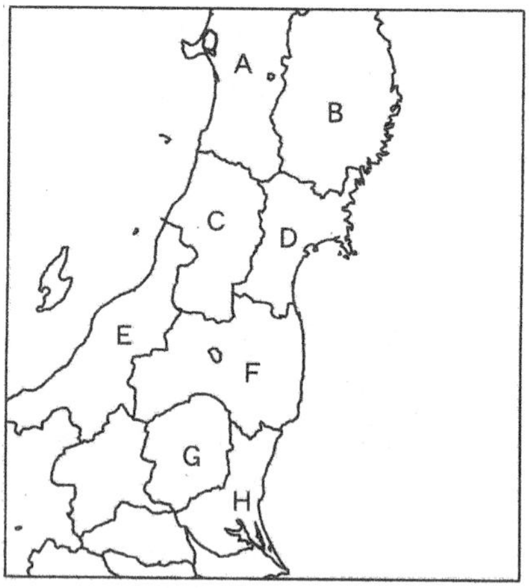

（単位：％）

	米	野　菜	果　実	畜　産	その他
ア	１０．０	１６．６	０．５	５７．０	１５．９
イ	１３．０	１６．４	４２．７	２０．７	７．２
ウ	６８．２	８．９	３．３	１４．１	５．５
エ	１９．８	４８．９	３．５	１４．８	１３．０

（データブック・オブ・ザ・ワールド　２０２０）

問６　下線部⑥について，これの説明として誤っているものを，あとのア～エから１つ選び，記号

で答えなさい。

ア．現在でも民族間の紛争や対立によって政治や経済が安定しない国が多く，紛争地域から国外の安全な地域へ逃れる難民が発生している。

イ．人口が急増している農村から都市を目指す人が多いが，安定した仕事に就くことができずにスラムで生活する人が増えている。

ウ．この大陸では，中央部を赤道が通り，中央から南北それぞれに熱帯，乾燥帯，温帯，冷帯の順に規則的に気候帯が分布している。

エ．第二次世界大戦後に多くの国が独立を果たしたが，現在もかつて植民地支配を受けたヨーロッパ諸国の言語を公用語としている国が多い。

問７　下線部⑦について，右の地図中の●・■は，アフリカで産出される鉱産資源の分布をあらわしています。●・■にあてはまる鉱産資源の組み合わせとして正しいものを，下のア～エから１つ選び，記号で答えなさい。

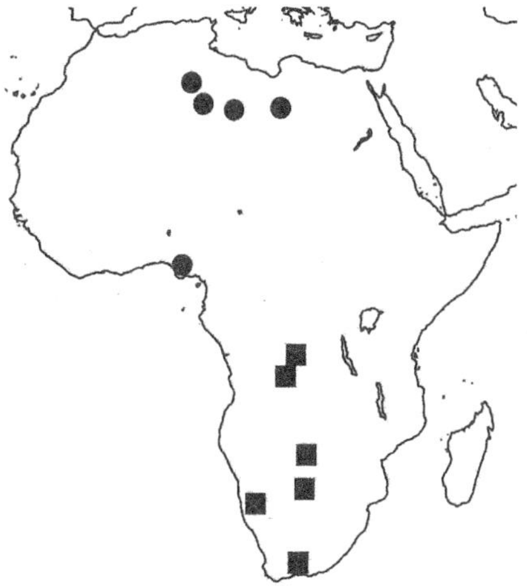

ア．●－銅　鉱　　■－ダイヤモンド

イ．●－銅　鉱　　■－石　炭

ウ．●－石　油　　■－ダイヤモンド

エ．●－石　油　　■－石　炭

問８　下線部⑧について，次の表は，世界で栽培される農作物の国別生産量上位５位までとそれらが世界全体に占める割合をあらわしています。綿花にあてはまるものを，次のア～エから１つ選び，記号で答えなさい。なお，それ以外は，カカオ豆，ナツメヤシ，ブドウのものです。

（単位：％）

	ア		イ		ウ		エ	
第１位	中　国	17.6	インド	23.7	コートジボワール	39.1	エジプト	19.5
第２位	イタリア	9.7	中　国	23.6	ガーナ	17.0	イラン	14.5
第３位	アメリカ合衆国	9.0	アメリカ合衆国	13.7	インドネシア	12.7	アルジェリア	13.0
第４位	スペイン	8.0	パキスタン	9.1	ナイジェリア	6.3	サウジアラビア	9.2
第５位	フランス	7.3	ブラジル	5.4	カメルーン	5.7	イラク	7.6

（データブック・オブ・ザ・ワールド　２０２０）

問９　下線部⑨について，次の文章中の空欄（Ｘ）にあてはまる数字を答えなさい。

世界各地を旅しているヒカリさんは，現在オーストラリアのシドニー（標準時子午線東経150度）に滞在しています。ヒカリさんは，次の目的地であるエジプトのカイロ（標準時子午線東経30度）に向かうため，現地時刻２月14日午前９時00分にシドニーのキングスフォード・スミス国際空港を出発する，カイロ国際空港行きの直行便に搭乗しました。飛行機は予定通り出発し，（　Ｘ　）時間のフライトを経て，カイロ国際空港に現地時刻２月14日午後９時00分に到着しました。ヒカリさんは，エジプトに滞在している間，カイロの街並みやギザのピラミッドなど，世界遺産を訪れることを楽しみにしています。

問10　下線部⑩について，日本の地方自治体の説明として正しいものを，次のア～エから１つ選び，記号で答えなさい。

ア．「平成の大合併」によって，日本の市町村数の合計は1000を下回っている。

イ．市町村合併の是非が問われた住民投票において，中学生の投票を認めた地方自治体がある。

ウ．地方自治体の活性化のため，国庫支出金や地方交付税交付金は増加傾向にある。

エ．地方自治を推進するために，すべての都道府県に政令指定都市がおかれている。

問11　下線部⑪について，次の⑴・⑵に答えなさい。

⑴　大阪市を含む阪神工業地帯の説明として正しいものを，次のア～エから１つ選び，記号で答えなさい。

ア．高速道路のインターチェンジ付近に工業団地が建設され，自動車工場が多く集まっている。

イ．大規模な石油化学コンビナートが建設され，製造品出荷額に占める化学工業の割合がもっとも大きい。

ウ．二輪車や楽器の生産がさかんであり，製造品出荷額に占める機械工業の割合がもっとも大きい。

エ．電気機器の部品や金属製品の生産がさかんであり，中小工場が多く集まっている。

⑵　大阪市の郊外には，千里ニュータウンや泉北ニュータウンなど，住宅開発によって多くの住宅が広がる地域がみられます。ニュータウンの説明として正しいものを，次のア～エから１つ選び，記号で答えなさい。

ア．地価が高い地域で空間を有効活用するため，単身世帯向けの高層マンションが立ち並ぶ地域となっている。

イ．多くの交通機関が交わるターミナルであり，都心部の機能を一部負担する副都心となっている。

ウ．通勤・通学での大阪市との行き来が多く，夜間人口よりも昼間人口が多くなっている。

エ．住民の高齢化が課題であり，住環境の整備や地域の活性化に向けた取り組みが必要となっている。

問12　下線部⑫について，名古屋市の気温と降水量をあらわしたグラフを，次のア～エから１つ選び，記号で答えなさい。なお，それ以外は，札幌市，鳥取市，長野市のものです。

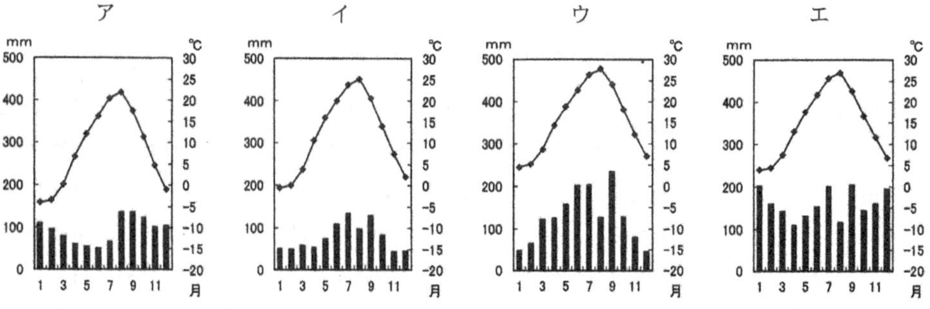

（データブック・オブ・ザ・ワールド　２０２０）

問13　下線部⑬について，次の(1)・(2)に答えなさい。

(1)　下の地図中のＸ国・Ｙ国でもっとも多くの人が信仰しているキリスト教の組み合わせとして正しいものを，下のア～カから１つ選び，記号で答えなさい。

ア．Ｘ－プロテスタント　　Ｙ－カトリック
イ．Ｘ－プロテスタント　　Ｙ－正教会
ウ．Ｘ－カトリック　　Ｙ－プロテスタント
エ．Ｘ－カトリック　　Ｙ－正教会
オ．Ｘ－正教会　　Ｙ－プロテスタント
カ．Ｘ－正教会　　Ｙ－カトリック

(2)　この地域の工業の説明として誤っているものを，次のア～エから１つ選び，記号で答えなさい。

ア．ドイツのルール地方は，国土西部を流れるライン川の水運と石炭資源を利用した鉄鋼業を中心に，ヨーロッパ最大の工業地域に発展した。

イ．オランダのロッテルダムには，ＥＵ最大の貿易港であるユーロポートがあり，輸入した石油を利用して石油化学工業がさかんである。

ウ．フランス南部のトゥールーズでは，航空機産業が発達し，主に西ヨーロッパの国々で生産された航空機部品を最終的に組み立てる工場がおかれている。

エ．東ヨーロッパのポーランドでは，ＥＵに加盟したことをきっかけに経済が活性化し，安い人件費を求めて西ヨーロッパに工場を移転する企業が増えている。

問14　下線部⑭について，早くから酸性雨などの被害を受けたヨーロッパでは，環境問題に対するさまざまな取り組みがみられます。ドイツのフライブルクなどが代表的である，都市中心部への自動車の乗り入れを規制し，路面電車などの公共交通機関への乗り換えを促(うなが)す取り組みを何というか答えなさい。

問15　下線部⑮について，この大陸で，もっとも多くの国が公用語としているものを，次のア～エから１つ選び，記号で答えなさい。

ア．英　語　　イ．スペイン語　　ウ．フランス語　　エ．ポルトガル語

問16　下線部⑯について，これのアマゾン川流域での名称を答えなさい。

問17　下線部⑰について，次のページのグラフは，都道府県別の在留外国人数の国籍・地域別割合をあらわしています。静岡県にあてはまるものを，次のページのア～エから１つ選び，記号で答

えなさい。なお，それ以外は，大阪府，東京都，北海道のものです。

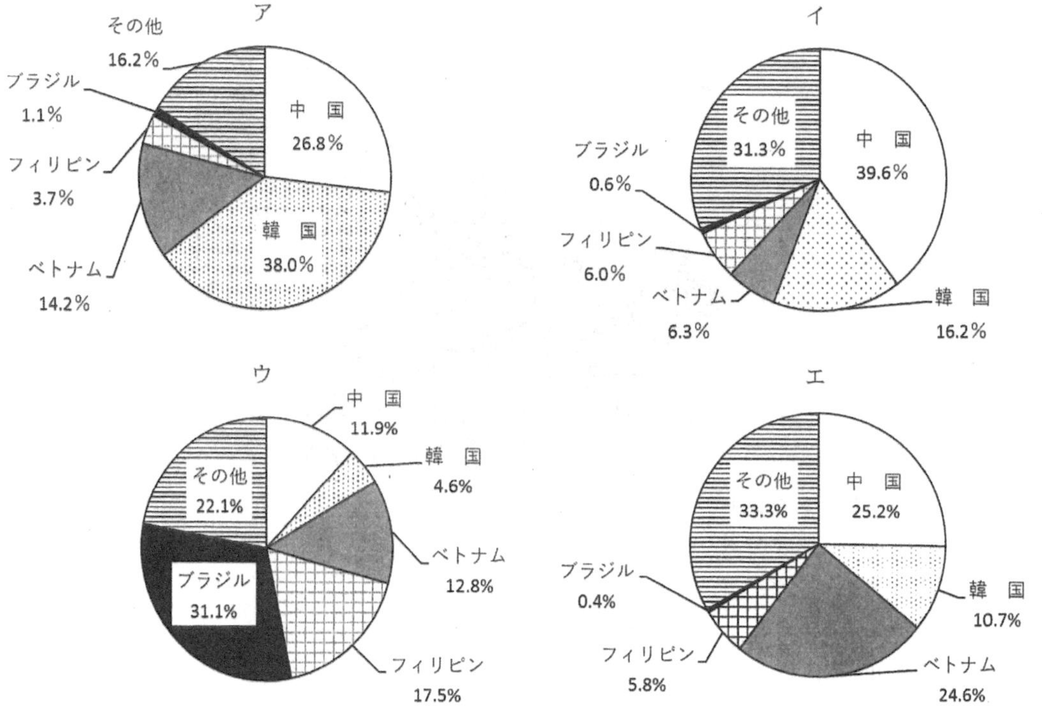

（法務省 在留外国人統計より作成）

問18　下線部⑱について，次の⑴～⑶に答えなさい。

⑴　下の地図中のXの山脈名を答えなさい。

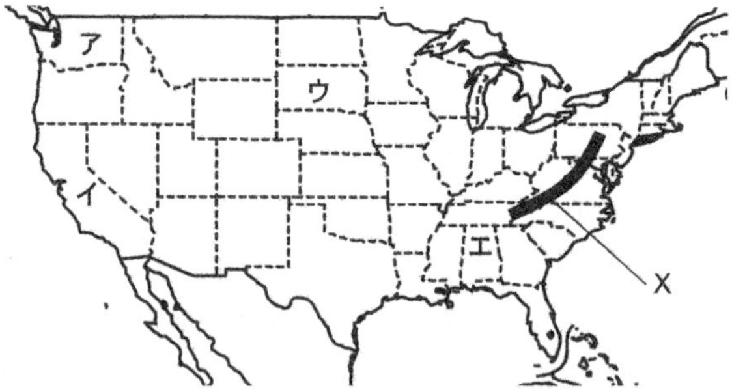

⑵　この国では，「人種のサラダボウル」とよばれる多民族の社会が形成されており，これまで多くの移民を受け入れてきました。州人口に占めるヒスパニックの割合がもっとも大きい州を，右の地図中のア～エから１つ選び，記号で答えなさい。なお，地図中の破線は，州の境界線をあらわしています。

⑶　この国の農業の特徴である，気温や降水量といった自然的条件や，消費地までの距離といった社会的条件など，さまざまな条件に対応して作物を育てることを何というか答えなさい。

問19　下線部⑲について，この地域の名称を答えなさい。

問20　下線部⑳について，アメリカの大統領と議会の説明として正しいものを，次のページのア～エから１つ選び，記号で答えなさい。

ア．連邦議会は一院制である。
イ．連邦議会は大統領を間接選挙によって選ぶ。
ウ．大統領は連邦議会を解散することができる。
エ．大統領は連邦議会に教書を送付することができる。

第２問　次の文章を読んで，後の問いに答えなさい。

2020年８月28日，安倍晋三内閣総理大臣が辞意を表明しました。この第２次安倍政権では，「すべての女性が輝く社会づくり」を掲げ，女性活躍を推進してきました。しかし，女性の進出は他の先進国と比べると格段に後れをとっています。2019年のデータによると①衆議院における女性議員の割合は10.2％と，192カ国中163位に相当し，行政機関の上級管理職における女性の比率も先進諸国で最低の水準です。このように男性に権力が集中している状況はいつ生まれたのでしょうか。

世界を見ると，旧石器時代には共に狩猟に参加していた形跡が残っており，男女の間に差はなかったと考えられています。しかし，新石器時代になり，②文明が発達して，国家が成立してくるようになると，その様子は変わってきます。ヨーロッパでは，紀元前８世紀ごろからギリシャで誕生した都市国家を意味する（　③　）の一部で，民主政治がおこなわれていましたが，参加することができたのは成人男性のみでした。その後誕生したローマ帝国では女性は政治から排除されるとともに，女性が政治に参加する国は衰退する運命にあるという考え方が広まっていきました。

一方日本の古代史では，中国の魏に使いをおくった邪馬台国の女王（　④　）のように，国の統治者として多くの女性が登場します。中には，⑤推古天皇のように政治改革をおこなう天皇もいました。しかし，中国から律令や戸籍が伝わり，日本に導入されると次第に政治の世界から女性がいなくなり，聖武天皇の娘が天皇に即位したのを最後に，女性の天皇は見られなくなりました。女性が政治の表舞台から去っても，⑥平安時代では，財産の分与などで母方の家系での相続がなされるなど女性の立ち位置は低くはありませんでした。

日本の中世は後の時代に比べると女性の地位が高い時代でした。⑦鎌倉時代には源頼朝の妻の（　⑧　）のように事実上の将軍として幕府を運営する女性もいました。⑨戦国時代も強いリーダーシップをもった女性が多く歴史上に登場しました。また，この時期は女性の社会での活躍が目立った時代でもありました。⑩室町時代には女性の行商人が⑪京都で炭や魚を売ることもありました。女性が遠路を移動することもあり，鎌倉時代の文学作品には⑫裁判のために京都から鎌倉へ旅行した記録もあります。

⑬江戸時代になると，女性の地位は低下していきました。幕藩体制が確立し，儒学の中でも君臣の主従関係や父子の上下関係を大切にする朱子学が重視されるようになると，女性の地位は固定されていきました。庶民の家でも，男の家長を主人とする「家制度」ができあがり，財

産や家業(かぎょう)などを家長から長男１人が受け継ぐようになりました。

明治時代には，⑭近代化が政府によって進められる一方，女性を取(と)り巻(ま)く環境には大きな変化はありませんでした。人権思想が日本にもたらされ，憲法が制定された後も女性には選挙権が与えられませんでした。さらに1890年には女性は政治活動も禁止され，政治の世界から締め出されました。大正時代に入ると，女性差別の解消を求める運動がさかんになりました。⑮1911年には（　⑯　）が青鞜社をつくり女性に対する古い慣習(かんしゅう)や考え方を批判する活動をおこないました。また，（　⑯　）は市川房枝らと女性の政治参加を求める運動にも取り組み，女性の政治集会への参加を認めさせました。

⑰第一次世界大戦は世界で女性が政治参加するきっかけとなりました。成人男性が戦場へ向かったことで，それまで男性が担(にな)っていた仕事を女性が担うようになりました。女性の能力が少しずつ認められることで，戦争後，女性の参政権を認める国が少しずつ登場してきました。しかしながら，日本では男性の普通選挙が1925年に認められたのに対して，女性の参政権は認められませんでした。女性の参政権を求める運動はその後も続きましたが，アジア・太平洋戦争へと日本が向かっていく中で次第に下火(したび)となりました。

⑱第二次世界大戦後，連合国軍総司令部によって民主化政策がとられました。1945年には女性の参政権が認められたほか，⑲日本国憲法では男女の平等がうたわれました。一方，高度経済成長の下で「男は仕事にうちこみ，女は専業主婦として家庭を守る」という性別役割の考えが強まり，女性が結婚後も仕事を続けることが難しくなっていきました。そうした中で，1986年に男女雇用機会均等法が施行されると，女性の社会進出を後押しする風潮(ふうちょう)が次第に高まりましたが，その道のりの前にはまだまだ多くの壁があります。

問１　下線部①について，次の⑴・⑵に答えなさい。

⑴　衆議院議員選挙の説明として正しいものを，次のア～エから１つ選び，記号で答えなさい。

ア．18歳選挙権を背景に，投票率は常に70％を超えている。

イ．小選挙区制は，大選挙区に比べて死票が少ないため，民意を反映させることができる。

ウ．小選挙区制に立候補するためには，必ず政党に所属していなければならない。

エ．比例代表は全国を11ブロックに分けておこなわれる。

⑵　次の表は，衆議院議員選挙でもおこなわれている比例代表選挙の各政党の得票数をあらわしています。比例代表の当選者を６人とするとき，ドント式にもとづいて，Ａ党の獲得議席数を答えなさい。ただし，各政党の候補者名簿に記載された人数は，それぞれ６人とします。

政　党	Ａ　党	Ｂ　党	Ｃ　党	Ｄ　党
得票数	３０００	１０００	４０００	２０００

問２　下線部②について，世界各地で誕生した文明の説明として正しいものを，後のア～エから１つ選び，記号で答えなさい。

ア．ナイル川流域に誕生したエジプト文明では，巨大なピラミッドが建てられ，神聖文字が使われた。

イ．メソポタミア文明では，モヘンジョ＝ダロに神殿が建てられるとともに，象形文字が使われた。

ウ．インダス川流域に誕生したインダス文明では，ジッグラトが計画的に建設された。

エ．中国文明では，長江流域の都市を統合（とうごう）した国家が生まれ，くさび形文字が使われた。

問３　文中の空欄（③）にあてはまる語句をカタカナで答えなさい。

問４　文中の空欄（④）にあてはまる人名を答えなさい。

問５　下線部⑤に関して，この人物が政治をおこなった時代について述べた次の文ａとｂの正誤の組み合わせとして正しいものを，下のア～エから１つ選び，記号で答えなさい。

ａ．冠位十二階の制度を設けて，有能な人物を役人に用いようとした。

ｂ．都に東大寺を建て，仏教の力で国を治めようとした。

ア．ａ－正　ｂ－正　　イ．ａ－正　ｂ－誤

ウ．ａ－誤　ｂ－正　　エ．ａ－誤　ｂ－誤

問６　下線部⑥に関して，この時代におこったできごとについて述べた次の文ａ～ｃが，年代の古い順にならべられたものを，下のア～カから１つ選び，記号で答えなさい。

ａ．天皇家で院政の実権をめぐる争いがおこり，朝廷が二つに分かれた。

ｂ．征夷大将軍に任命された坂上田村麻呂がアテルイを降伏させた。

ｃ．紫式部が長編小説である『源氏物語』を書き記した。

ア．ａ→ｂ→ｃ　イ．ａ→ｃ→ｂ　ウ．ｂ→ａ→ｃ

エ．ｂ→ｃ→ａ　オ．ｃ→ａ→ｂ　カ．ｃ→ｂ→ａ

問７　下線部⑦について，次の資料はこの時代に出されたある法律の一部です。次のａ～ｄの文のうち，この資料を説明したものの組み合わせとして正しいものを，下のア～エから１つ選び，記号で答えなさい。

> 一．頼朝公の時代に定められた，諸国の守護の職務は，国内の御家人を京都の警備にあたらせること，謀叛（むほん）や殺人などの犯罪人を取りしまることである。
>
> 一．女性が養子をむかえることは，律令では許されないが，頼朝公の時代から今日まで，子のいない女性が土地を養子にゆずることは，武家社会のしきたりとしてかぞえきれないほどある。

ａ．この法律は武家諸法度である。

ｂ．この法律は御成敗式目である。

ｃ．この法律から，諸国の守護は年貢の取り立てを請（う）け負（お）っていたとわかる。

ｄ．この法律から，女性も土地を所有することができたとわかる。

ア．ａ・ｃ　イ．ａ・ｄ　ウ．ｂ・ｃ　エ．ｂ・ｄ

問８　文中の空欄（⑧）にあてはまる人名を答えなさい。

問９　下線部⑨について，この時代がはじまったとされる15世紀の世界のできごととして正しいものを，後のア～エから１つ選び，記号で答えなさい。

ア．ワシントンがアメリカ独立戦争で活躍した。

イ．バスコ＝ダ＝ガマがインドに到達した。

ウ．エルサレムを奪い返すために十字軍が結成された。

エ．イギリスで名誉革命がおこった。

問10　下線部⑩について，この時代の文化をあらわすものを，次のア～エから１つ選び，記号で答えなさい。

ア

イ

ウ

エ

問11　下線部⑪について，この都市と歴史のかかわりの説明として正しいものを，次のア～エから１つ選び，記号で答えなさい。

ア．柵と深い濠に囲まれた大きな集落である吉野ケ里遺跡が発掘された。

イ．この都市にある大宰府を守るために水城や大野城がつくられた。

ウ．室町時代には，細川方と山名方に分かれた大きな戦乱がおこった。

エ．江戸時代には，「天下の台所」といわれ，諸藩の蔵屋敷がおかれた。

問12　下線部⑫について，現在の日本にある裁判所の説明として正しいものを，次のア～エから１つ選び，記号で答えなさい。

ア．最高裁判所の長官は，天皇により任命される。

イ．高等裁判所では，裁判員裁判がおこなわれる。

ウ．地方裁判所は，各都道府県に１つずつおかれている。

エ．簡易裁判所では，民事裁判だけがおこなわれる。

問13　下線部⑬について，後の⑴・⑵に答えなさい。

⑴　５代将軍徳川綱吉のときに出された，極端な動物愛護を定めた法律を何というか答えなさい。

⑵　この時代におこなわれた政策について述べた次の文ａ～ｃが，年代の古い順にならべられたものを，下のア～カから１つ選び，記号で答えなさい。

ａ．幕府の権威を高めるために，幕府の学校で朱子学以外の儒学を禁止した。

ｂ．日本の沿岸にやってきた外国船への対応として，外国船の打ち払いを命じた。

ｃ．財政を立て直すため，参勤交代を軽減する代わりに各大名に米を献上(けんじょう)させた。

ア．ａ→ｂ→ｃ　　イ．ａ→ｃ→ｂ　　ウ．ｂ→ａ→ｃ

エ．ｂ→ｃ→ａ　　オ．ｃ→ａ→ｂ　　カ．ｃ→ｂ→ａ

問14　下線部⑭について，次の文章はこれについて説明したものです。文章中の空欄（Ⅰ）・（Ⅱ）にあてはまる語句の組み合わせとして正しいものを，下のア～エから１つ選び，記号で答えなさい。

> 新政府は強い中央集権国家を確立するために，それまでの政治の仕組みを変え，天皇の名において，政府が直接全国を治めるようにする（　Ⅰ　）のような政策を実行しました。集権国家をつくっていく中で，教育が普及(ふきゅう)し，新しい文化が定着していき，次第に「国民」意識が人々に芽生(めば)えてくるようになりました。
> 「国民」意識は，北海道や沖縄にも広められていきました。北海道では，北海道旧土人保護法のようにアイヌの人々を保護する名目で農業を推進(すいしん)させ，狩猟生活からの転換(てんかん)を図っていくことがおこなわれました。このように，北海道や沖縄では（　Ⅱ　）がおこなわれ，「日本国民」としての意識の形成がすすめられていきました。

ア．Ⅰ－文明開化　Ⅱ－独自の文化を尊重する政策

イ．Ⅰ－廃藩置県　Ⅱ－独自の文化を尊重する政策

ウ．Ⅰ－文明開化　Ⅱ－１つの文化に同化させる政策

エ．Ⅰ－廃藩置県　Ⅱ－１つの文化に同化させる政策

問15　下線部⑮について，この年よりも後におこったできごととして正しいものを，次のア～エから１つ選び，記号で答えなさい。

ア．二十一カ条の要求　　イ．甲午農民戦争　　ウ．ポーツマス条約　　エ．義和団事件

問16　文中の空欄（⑯）にあてはまる人名を答えなさい。

問17　下線部⑰について，この戦争をきっかけに広まった民族自決の考え方に刺激を受けた朝鮮の人々が，1919年に独立を求めた民衆運動を何というか答えなさい。

問18　下線部⑱に関して，この時期の日本について述べた次の文ａとｂの正誤の組み合わせとして正しいものを，下のア～エから１つ選び，記号で答えなさい。

ａ．1951年にサンフランシスコ平和条約を結んだことで，その年に国際連合への加盟が実現した。

ｂ．高度経済成長期には，大都市で人口が過密状態となり，地方では過疎地域があらわれた。

ア．ａ－正　ｂ－正　　イ．ａ－正　ｂ－誤

ウ．ａ－誤　ｂ－正　　エ．ａ－誤　ｂ－誤

問19　下線部⑲について，これを改正しなければ実現できないことを，後のア～エから１つ選び，記号で答えなさい。

ア．被選挙権年齢を引き下げること。

イ．国会議員の定数を減らすこと。

ウ．内閣総理大臣を国民が直接選ぶこと。

エ．予算案の審議を衆議院が先におこなうこと。

問20　次の文は，ある時代の女性の姿をしめしたものです。この文が当てはまる時期を，下の年表中のア～エから１つ選び，記号で答えなさい。

> この時代は女性の社会進出も目立ちました。バスの車掌やタイピスト，電話交換手など，「職業婦人」とよばれる働く女性が増え，こうした職業につくために女学校などへ進学する人が増えました。彼女たちは新たな文化の担い手ともなり，街には髪を短く切り，おしゃれをして歩く，モダンガールとよばれる若者たちも増えてきました。

西暦（年）	できごと
１８８９	大日本帝国憲法が発布される
	｝ア
１９１２	護憲運動がおこる
	｝イ
１９３９	第二次世界大戦がはじまる
	｝ウ
１９５０	朝鮮戦争がはじまる
	｝エ
１９７３	石油危機がおこる

問一　傍線①「高くやんごとなき人」・②「空言する人」の意味として適切なものを次の中からそれぞれ一つ選び、記号で答えなさい。

①「高くやんごとなき人」

ア　身分が高い人　　イ　背が高く健康な人

ウ　自信家で近寄りがたい人　　エ　思いやりがない人

②「空言する人」

ア　悪口を言う人　　イ　見栄をはる人

ウ　うそをつく人　　エ　何も考えていない人

問二　Aの作者は「よき友」の一人に「医師」を挙げていますが、「友とするに悪き者」に「病なく、身強き人」を挙げているのはなぜですか。その理由を二十字以内で答えなさい。

問三　傍線③「物くるる人をよき友にかぞへたる」とありますが、Aの作者が「物くるる人をよき友にかぞへたる」理由を、Bの作者はどのように考えていますか。適切なものを次の中から二つ選び、記号で答えなさい。

ア　困ったときに助け合えるような、人とのつながりをもつことが重要だから。

イ　見返りを求めないで贈り物をしてくれる、相手の慈しみの心が嬉(うれ)しいから。

ウ　物をくれる人の優しさに触れることで、仏教の教えを深く学ぶことができるから。

エ　体調を崩して生活に困窮しているとき、助けてくれることがありがたいから。

オ　食料や衣服をくれるおかげで、飢えや寒さを感じることなく生活できるから。

問四　空欄Xに当てはまるものとして適切なものを次の中から一つ選び、記号で答えなさい。

ア　大切　　イ　完全　　ウ　多用　　エ　幸福

問五　傍線④「物くれぬ人」について、Bの作者が「よき友」に「物くれぬ人」を挙げているのはなぜですか。適切なものを次の中から一つ選び、記号で答えなさい。

ア　作者は世捨て人ではあるが、恵まれた禄をもらっていて、大して困窮していないから。

イ　作者は世捨て人であり、できるだけ身の回りの物を増やさないようにしているから。

ウ　作者は、物をくれる人には、必ず下心や正直ではない気持ちがあると考えているから。

エ　作者は、自身が欲深い人間になることを恐れて、物をくれる人を遠ざけているから。

問六　傍線⑤「友諒、友多聞」について次の各問いに答えなさい。

1　書き下し文を参考にして、解答欄の白文に返り点をつけなさい（送りがなは不要）。

2　「多聞」とはどのような人ですか。解答欄に合うようにA・Bいずれかの古文の中から五字以内で抜き出しなさい。

問七　『徒然草』と同じジャンルの作品を次の中から二つ選び、記号で答えなさい。

ア　『枕草子』　　イ　『土佐日記』　　ウ　『平家物語』

エ　『おくの細道』　　オ　『方丈記』

つには、若き人。三つには、病なく、身強き人。四つには、酒を好む人。五つには、たけく、勇める兵。六つには、②空言する人。七つには、欲深き人。

よき友、三つあり。一つには、物くるる友。二つには医師。三つには、知恵ある友。

（『徒然草』第百十七段による）

B

世を捨てたる法師の、③物くるる人をよき友にかぞへたるは、にげなき＊1心地するに、げに思へば、其(その)庵に＊2一鉢のまうけも咳気(がいき)にさへられ、あつもの＊3の藜(ねぎ)も冬がれては、物くるる友のことにうれしき日もありけるか、もしは又くるるものをよろこばねども、くるる心の慾(よく)なきをよろこぶや。我はかく世は捨てたれど、かしこきめぐみの禄(ろく)＊4を世々にして、そのかげにやしなはるれば、もとより凍餒(とうたい)＊5の患ひはいはず。ただ虫干も煤(すす)＊6はきも世話なからむ事を思ふには、無用のものをたくはへず、うちある調度も事足るを限りとして、只(ただ)一用に物の多からむをいとひ、一物にして（　X　）ならむを思ふに、杓子(しゃくし)は定規にならざれども、煙草箱(たばこばこ)は枕となるべく、頭巾に酒は漉(こ)さずとも、火燵(こたつ)のやぐらは足代＊7に足りぬべし。

（中略）

されば今我において、よき友三つと数へむには、④物くれぬ人・物たのまぬ人・物とがめぬ人、面白からぬ友三つ、辞義ふかき人・一向物わきまへなき人・利根＊8に見られたがる人、これなり。面にあらはさねども、世を遁(のが)れし上にてはいとむつかし。心は白眼＊9にて向ふ友といふべし。

（『鶉衣(うずらごろも)』五五　贅説(せいせつ)による）

C

孔子曰、「益者三友。損者三友。友直、⑤友諒(りょう)、友多聞、益矣。友便辟(べんぺき)、友善柔、友便佞(べんねい)、損矣。」

（『論語』季氏　第十六による）

〈書き下し文〉

孔子曰く、「益する者の三友あり。損なう者の三友あり。直なるを友とし、諒なるを友とし、多聞なるを友とするは、益するなり。便辟なるを友とし、善柔なるを友とし、便佞なるを友とするは、損なうなり。」と。

〈現代語訳〉

孔子は言った、「自分にとって有益な友が三種類いる。自分にとって有害となる友が三種類いる。思うことをそのまま伝えて隠すことがない者を友とし、誠実で裏表がない者を友とし、博学多識な者を友とするのは、有益である。こびへつらって人の機嫌をとる者を友とし、顔つきはよくするが誠意のない者を友とし、口先ばかりで誠意のない者を友とするのは、有害である。」と。

＊1　にげなき……ふさわしくない。
＊2　一鉢のまうけも咳気にさへられ……托鉢(たくはつ)でもらえる食べ物も風邪(かぜ)に邪魔をされ、
＊3　あつもの……吸い物。
＊4　禄……給料。
＊5　凍餒……寒さで凍えたり、食物がなくて飢えたりすること。
＊6　煤はき……すす払いのこと。
＊7　足代……踏み台。
＊8　利根……生まれつき賢いこと。
＊9　白眼……人をにらむ目のこと。

生徒A　私は一人で考え込んで、ネガティブな気持ちを引きずりやすいので、本文にある「レジリエンス」やエリスのABC理論を知って勉強になりました。落ち込んでからの対応は人それぞれだから変化できると本文に書いてあったので、これからは、友達と電話したり散歩にでかけたりして、沈んだ気持ちを明るくする工夫をしていこうと思いました。

生徒B　「気分や感情」は自分の意志でコントロールすることはできないけれど、「行動」は変化できるという部分が心に残りました。今までは落ち込んだらいけないので明るい気持ちに変えようと無理な努力をしていました。これからは「行動」から気持ちを変えようと思いました。僕は本を読むことが好きなので、読書を通じて自分の視野を広げたいです。

生徒C　「レジリエンス」は目の前の逆境やトラブルの強いストレスに対処できる力を持っているため、行動よりも先に「レジリエンス」を鍛える努力が必要だと私は思いました。「レジリエンス」は自分の意志でコントロールできるので、今後、自分が大きなチャレンジをするときは、尻込みしない強い「レジリエンス」を身につけてから臨みたいです。

生徒D　僕は「気分や感情」と「行動」は連動しているという内容が自分の経験と当てはまりました。この間、引退前の大事な試合で緊張して何度もミスをしてしまいました。試合後、先生に叱(しか)られ、気持ちが沈んだので、家の周りをランニングして気晴らしをしました。走った後は気持ちがすっきりしたので、今後も前向きになれる「行動」を心がけていきたいです。

生徒E　日ごろから母に「落ち込んだ気持ちは気合で変えなさい」と言われ、私もそうだと思い込んでいました。しかし、なかなか気持ちを変えられず、困っていました。本文を読んで、今までの自分の考えが間違っていたことに気づけて良かったです。これからは、落ち込んだ気持ちを無理して変えて、「レジリエンス」を弱めてしまわないように気をつけたいです。

第2問　次の各傍線で使われている敬語の種類として適切なものを後のア～ウの中からそれぞれ一つ選び、記号で答えなさい。

① もし人手が足りないのであれば、私が手伝いに<u>行きます</u>。
② ただいま母は手が離せませんので、折り返し連絡<u>差し上げます</u>。
③ 本日は路面が凍っておりますので、<u>お越しになる</u>際はお気をつけください。
④ またお会いできることを心より<u>お待ちして</u>おります。
⑤ 失礼します。鈴木先生は<u>いらっしゃい</u>ますか。

ア　尊敬語　　イ　謙譲語　　ウ　丁寧語

第3問　次のA～Cは、友人について述べている文章です。Bの文章には、Aの文章に対する作者の考えが述べられています。またCは、Aの作者に影響を与えた文章です。次の各文章を読んで、後の問いに答えなさい（出題にあたり本文を一部改めました）。

A

友とするに悪き者、七つあり。一つには、①<u>高くやんごとなき人</u>。二

直しなさい。

問二　空欄Ｘ・Ｙに当てはまる四字熟語を次の中からそれぞれ一つ選び、記号で答えなさい。

ア　優柔不断

イ　大同小異

ウ　自暴自棄

エ　半信半疑

オ　十人十色

問三　（Ⅰ）～（Ⅲ）に入る語として適切なものを次の中からそれぞれ一つ選び、記号で答えなさい。

ア　さて　　イ　だから

ウ　しかし　　エ　例えば

オ　つまり

問四　傍線②「心理学用語としてのレジリエンス」とはどのような力であると筆者は考えていますか。二十字以内で二か所抜き出しなさい。

問五　傍線③「性格とは、そこでは終わらず後半部分があります。」とありますが、「性格」に後半部分が必要なのはなぜですか。六十字以内で答えなさい。

問六　次のａ～ｃは「エリスのＡＢＣ理論」についての流れを示したもの、図ｄ～ｆは「性格の三要素の分類」を図で表したものです。正しいものの組み合わせを、後のア～オの中から一つ選びなさい。

ａ　（出来事）→（解釈というフィルター）→（気分や感情）

ｂ　（解釈というフィルター）→（出来事）→（気分や感情）

ｃ　（出来事）→（気分や感情）→（解釈というフィルター）

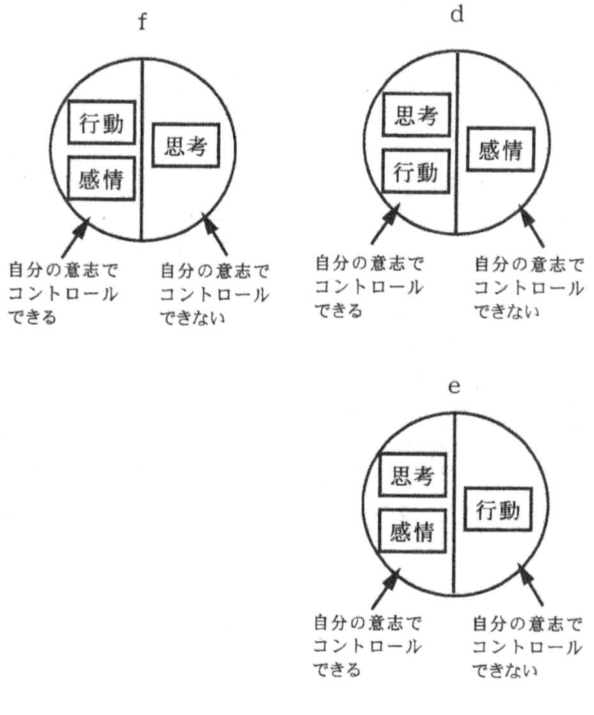

ア　ａとｄ　　イ　ｂとｅ　　ウ　ｃとｆ　　エ　ａとｆ

オ　ｂとｄ

問七　傍線⑦「気分や感情」について筆者はどのように考え、どうすべきだと述べていますか。「連動性」という語を必ず用いて次の空欄に当てはまるように一〇〇字以内で説明しなさい。

「気分や感情」は［　　　　　　　　　　］ため、変えようとしないほうがよい。

問八　次に掲げるのは、本文を読んだ生徒たちが自分の感想を述べている場面です。生徒Ａ～Ｅの中で**本文の内容を読み違えている生徒を一人選び**、Ａ～Ｅの記号で答えなさい。

（　Ⅱ　）多くの人が困ったり苦しんでいたりするわけです。マイナスの感情を思い通りにプラスの感情へと変えることができるなら、この本を手に取る必要もありません。

よくよく考えてみれば、日常の些細（ささい）なトラブルから始まり凶悪（きょうあく）犯罪に至るまで、世の中で発生している問題といわれるもののほとんどが、感情のコントロールができなかったことに⑧キインしています。

（中略）

本書のテーマである「レジリエンス」は、もちろん「気分や感情」に関する領域ですので、「自分の意志でコントロールできないもの」に分類されます。

つまり、「気分や感情」に対して、どんな働きかけをしても、希望どおりに変えることはできないということになります。ということは、一般的な発想では手詰まり状態、言いかえれば、ここでお手上げということになってしまいます。

（　Ⅲ　）、あきらめる必要は全くありません。なぜなら、「気分や感情」を直接コントロールすることはできませんが、間接的にコントロールすることは可能だからです。

というのも、性格を構成する三要素には、見逃すことのできない面白い特徴があります。その特徴とは、連動性があるということです。つまり、三要素のうち、どれか一つでいいのでポジティブな方向に変えることができれば、残り二つの要素もつられてポジティブな方向に向かうのです。

もちろん、どれか一つでもネガティブな方向に向かってしまうと、残りの二つの要素も連動してネガティブな方向に向かってしまいます。

最も分かりやすいのは、「気分や感情」と「行動」の連動性でしょう。気分がよければ、行動が活発にそして積極的になります。その逆もしかりです。

自分自身を振り返っても、身近にいる人たちの様子を見ていても「私たちの日々の行動は気分次第だ」ということを、皆さんはよく知っているはずです。

ですから「気分や感情」と「行動」が連動することに関しては納得がいくと思います。

ただ、気分ほど気まぐれなものはありません。さらに困ったことに、私たちの意志で「気分や感情」を自在にコントロールすることはできません。しかも、そのことに多くの人たちが、うすうす気づいているはずです。

それにもかかわらず、意志の力や気合いや根性で何とか「気分や感情」を変えようとし続けると、どうなってしまうでしょうか。

このように、不可能なことや無理なことにトライし続けていると、非常に辛いです。しかも、極端に疲弊（ひへい）します。そして、最終的には自己嫌悪や絶望やあきらめという最悪の感情に陥ってしまいます。

不可能なことに挑戦し続けることほど無駄なことはありません。ただ単に新たなストレスが生まれ続けてしまうだけです。このことが結果的にレジリエンスを弱めてしまうのです。

今から「気分や感情」は放っておきましょう。コントロール可能な「行動」や「思考」を変えることにエネルギーを注ぐ方が、はるかに賢明です。

（内田（うちだ）　和俊（かずとし）『レジリエンス入門』による）

問一　傍線①・④・⑤・⑥・⑧のカタカナは漢字に、漢字はひらがなに

分かりやすく説明すると、「性格」とは「思考」「感情」「行動」の組み合わせ（人それぞれのパターン）というわけです。

つまり全く同じ状況に遭遇しても、それをどうとらえ（思考）、その結果、どんな感情に陥り（感情）、そして、その後にどう対応するか（行動）。それは、人それぞれ異なります。

この「思考」「感情」「行動」という三つの要素の組み合わせ、またはパターンを私たちは性格と呼んでいるのです。

エリスのABC理論では、「思考」（私たちの身のまわりに起こった出来事に対する解釈）から「感情」が生まれるという性格の前半部分を扱っていました。

ただ、③性格とは、そこでは終わらず後半部分があります。

それが「行動」です。つまり、その「感情」の後に、どんな「行動」をとるかまで含めて「性格」と定義しています。

（　I　）、かなり気合いを入れて、ずいぶん前から④シュウトウに準備して試験に⑤臨んだとします。ところが、返ってきた結果は、まったく予想もしていないほど悪いものだった。

そんな出来事（A）があったとします。

たいていの人は「努力が報われなかった」と解釈（B）しますので、気分（C）は「落ち込む」はずです。

ここまでが「性格」の前半部分に該当します。

ただ、「落ち込む」「がっかりする」などの感情は同じであっても、そこからの対応（行動）は人それぞれです。

・［Y］になって勉強をあきらめ、恋愛や遊びに走ってしまう人

・勉強はそこそこにして、音楽やスポーツに力を注ぐようになる人

・何がいけなかったのかを徹底（てってい）的に⑥ケンショウして、勉強方法を根本的に変えるなど、さらに勉強にはげむ人

このように全く同じ感情に陥っても、その後、どのような行動に出るかは人によって異なります。

この後半部分までを含めて、人それぞれの組み合わせやパターンを、私たちは「性格」と呼んでいるのです。

この「思考」「感情」「行動」のことを性格を構成する三要素と言います。

さて、ここで皆さんに質問があります。

性格を構成する三要素「思考」「感情」「行動」のうち、皆さんの意志で最も変えやすいものはどれですか。

私は、いろいろな場所で、いろいろな人に、この質問をしているのですが、最も多い答えが「行動」、次に多い答えが「思考」です。

どちらも正解です。

「行動」と「思考」に関しては、どちらの方が自分の意志で変えやすいかという順位に関しては、個人差があります。ただ、どちらも自分の意志で変えることができます。

ところが、「⑦気分や感情」は、残念ながら、自分の意志で変えることはできません。

最近よく「感情をコントロールするのは簡単です」みたいなことを言う人や本を目にしますが、感情を自分の意志でコントロールすることはできません。

【国　語】（四五分）　〈満点：六〇点〉

第1問　次の文章を読んで、後の問いに答えなさい（出題にあたり本文を一部改めました）。

「レジリエンス（resilience）」は、私たちがよく知っている「ストレス（stress）」と同様に、もともとは物理学用語だったものです。それがその後、心理学用語として使われるようになりました。

物理学用語としての「ストレス」は「外圧による歪み」という意味です。

それに対し、「レジリエンス」は「その歪みを跳ね返す力」として使われています。

嫌なこと、辛いこと、悲しいことを経験すると私たちの心はへこんだり、途中でくじけそうになったり、落ち込んだりします。そんな嫌な気分をもとの正常な状態に戻す力が「レジリエンス」なのです。

また、予期せぬ事態に遭遇すると、私たちは①ドウヨウして混乱したり、途方にくれたり、不安に襲われたりします。そんなとき力になってくれるのもレジリエンスです。

レジリエンスによって、冷静さを取り戻すことができるのです。

レジリエンスは、マイナスの状態を正常に戻すだけではありません。正常な状態をプラスに変えてくれる力も持っています。

例えば、あなたが何か大きなチャレンジを前に尻込みしているとしましょう。そんなあなたの背中をそっと優しく押してくれるのもレジリエンスなのです。

②心理学用語としてのレジリエンスは「精神的回復力」「復元力」「心の弾力性」などと訳されることが多いのですが、もう少し分かりやすく表現すると「目の前の逆境やトラブルを乗り越えたり、強いストレスに対処したりできる精神力」のことです。

私の研修や講演では「メンタルタフネス」「ストレス耐性」「心の自然治癒力」と表現することもあります。

（中略）

私は研修や講演で管理職の方々に、よく次の質問を投げかけます。

「すでに分別がつく世代である中学生や高校生に「性格って何？」と訊かれたら、皆さん、どう答えますか。どなたか納得のいく説明をしてみてください。」

すると、「人それぞれ」「［　X　］」くらいが精一杯の答えで、今まで、ちゃんと答えることができた人は、ほとんどいませんでした。

ふだん何の疑問もなく当たり前のように使っている「性格」という言葉ですが、ほとんどの人が、正体をつかめていないのです。本当に不思議なもので、言葉の意味を分かっていないのに、分かった気になって使っているだけなのです。

ここまで本書を読み進めてきた皆さんでしたら、「性格とは何？」と質問されたら、恐らく「人それぞれの物事のとらえ方」と答えることができるでしょう。

ただ、そこまでだと、まだ不十分なんです。

例えば、三省堂の『新明解国語辞典』によると、「物の考え方・感じ方や行動によって特徴づけられる、その人独特の性質（の傾向）」とあります。

他の辞書を調べても、表現こそ異なりますが、内容はほぼ同じです。

MEMO

大切なことはメモしておこうネ！

2021年度

解 答 と 解 説

《2021年度の配点は解答欄に掲載してあります。》

<数学解答>

第1問 問1 40　問2 $-15+6\sqrt{2}$　問3 $4a(b+9)(b-3)$　問4 $x=3, y=-1$

問5 $x=-2\pm\sqrt{10}$　問6 $a=6$　問7 28人　問8 $a=1$　問9 22cm^2

問10 $77\pi\,\text{cm}^2$

第2問 問1 15通り　問2 19通り　問3 $\dfrac{5}{18}$

第3問 問1 $\dfrac{4}{5}y-1800$(円)　問2 9950円

第4問 問1 7cm　問2 108度

第5問 問1 $a=18$　問2 $(9, 2)$　問3 $(6, -2)$

○配点○

各3点×20　計60点

<数学解説>

基本 **第1問** (数・式の計算，平方根，因数分解，連立方程式，2次方程式，方程式の応用問題，関数の変化の割合，図形)

問1 $(-6)^2\div(-3)+(-2)^2\times13=36\div(-3)+4\times13=-12+52=40$

問2 $(2\sqrt{6}+6)(\sqrt{6}-3)-(\sqrt{6}-\sqrt{3})^2=12-6\sqrt{6}+6\sqrt{6}-18-(6-2\sqrt{18}+3)$
$=-6-(9-2\times3\sqrt{2})=-6-9+6\sqrt{2}=-15+6\sqrt{2}$

問3 $4ab^2+24ab-108a=4a(b^2+6b-27)=4a(b+9)(b-3)$

問4 $4x+y=11$…①　$2(x-y)-(y-3)=12$　$2x-2y-y+3=12$　$2x-3y=9$…②
①×3＋②から，$14x=42$　$x=3$　これを①に代入して，$4\times3+y=11$　$y=-1$

問5 $2(x+1)(x+3)=18$　$(x+1)(x+3)=9$　$x^2+4x+3-9=0$　$x^2+4x-6=0$
二次方程式の解の公式から，$x=\dfrac{-4\pm\sqrt{4^2-4\times1\times(-6)}}{2\times1}=\dfrac{-4\pm\sqrt{40}}{2}$
$=\dfrac{-4\pm2\sqrt{10}}{2}=-2\pm\sqrt{10}$

問6 $78-7a=\text{k}^2$(kは整数)のとき，$\sqrt{78-7a}$は整数となる。$a=2, 6, 11$のとき，$78-7a=\text{k}^2$となる。この中で，素数でない自然数aは，6

問7 決まった数の班の数をxとすると，クラスの人数の関係から，$5x+3=6x-2$　$x=5$
よって，クラスの人数は，$5\times5+3=28$(人)

問8 $\dfrac{-2(a+2)^2-\{-2(a-6)^2\}}{(a+2)-(a-6)}=\dfrac{-2a^2-8a-8-(-2a^2+24a-72)}{8}$
$=\dfrac{-2a^2-8a-8+2a^2-24a+72}{8}=\dfrac{-32a+64}{8}=-4a+8$
$-4a+8=4$から，$4a=4$

$a=1$

問9　$\triangle ODE=\frac{8}{11}\triangle ODC=\frac{8}{11}\times\frac{1}{4}$(平方四辺形ABCD)$=\frac{2}{11}\times121=22(cm^2)$

問10　円形の紙の半径をrとする。円の円周は，2つの円錐の底面の円周の和と等しいことから，$2\pi r=2\pi\times7+2\pi\times4=22\pi$　　$r=11$　　円錐の側面積は底面の円の半径に比例するから，$\pi\times11^2\times\frac{7}{11}=77\pi(cm^2)$

第２問　(場合の数と確率)

問1　(1, 4), (2, 2), (2, 4), (2, 6), (3, 4), (4, 1), (4, 2), (4, 3), (4, 4), (4, 5), (4, 6), (5, 4), (6, 2), (6, 4), (6, 6)の15通り

問2　2種類の素数の積で表せるxは，6, 10, 12, 15, 18, 20, 24, 36

よって，(1, 6), (2, 3), (2, 5), (2, 6), (3, 2), (3, 4), (3, 5), (3, 6), (4, 3), (4, 5), (4, 6), (5, 2), (5, 3), (5, 4), (6, 1), (6, 2), (6, 3), (6, 4), (6, 6)の19通り

重要

問3　大小2つのさいころの目の出方は全部で，$6\times6=36$(通り)　　そのうち，xの約数が4個となる場合は，(1, 6), (2, 3), (2, 4), (2, 5), (3, 2), (3, 5), (4, 2), (5, 2), (5, 3), (6, 1)の10通り　　よって，求める確率は，$\frac{10}{36}=\frac{5}{18}$

第３問　(方程式の応用問題)

基本

問1　Zさんの所持金をz円とすると，(ア)から，$y-1000=\frac{5}{4}(z+1000)$

$y-1000=\frac{5}{4}z+1250$　　$\frac{5}{4}z=y-2250$　　$z=\frac{4}{5}y-1800$(円)

問2　Xさんの所持金をx円とする。(イ)から，$x=y+\frac{4}{5}y-1800+50=\frac{9}{5}y-1750$…①

(ウ)から，$\frac{1}{4}x=\frac{4}{5}y-1800+50=\frac{4}{5}y-1750$　　$x=\frac{16}{5}y-7000$…②

①と②からxを消去すると，$\frac{9}{5}y-1750=\frac{16}{5}y-7000$　　$\frac{7}{5}y=5250$　　$y=3750$

$x=\frac{9}{5}\times3750-1750=5000$　　$z=\frac{4}{5}\times3750-1800=1200$

よって，3人の所持金の合計は，$5000+3750+1200=9950$(円)

第４問　(平面図形の計量問題－角の二等分線の定理，角度)

問1　平行線の錯角から，$\angle DEA=\angle BAE$　　仮定から，$\angle DAE=\angle BAE$

よって，$\angle DEA=\angle DAE$　　したがって，$\triangle DAE$は二等辺三角形になるから，$DE=DA=5$　　同様にして，$\triangle CAF$も二等辺三角形になるから，$CF=CB=5$

ゆえに，$AB=DC=DE+EC=5+(5-3)=7(cm)$

重要

問2　$\angle BAH=\angle GAH=a$とすると，$\angle AHG=4\angle GAH=4a$　　$\triangle ABH$において内角と外角の関係から，$\angle ABH=4a-a=3a$　　$CBH=\angle ABH=3a$　　$\angle BAE=\angle DAE=2a$

$\angle BAD+\angle ABC=180(^\circ)$から，$2a\times2+3a\times2=180(^\circ)$　　$10a=180(^\circ)$　　$a=18(^\circ)$

よって，$\angle ABC=3a\times2=6a=6\times18(^\circ)=108(^\circ)$

第５問　(図形と関数・グラフの融合問題)

基本

問1　$\triangle OAC$の面積から，$\frac{1}{2}\times6\times AC=9$　　$AC=3$　　よって，$A(6, 3)$

$y=\frac{a}{x}$に点Aの座標を代入して，$3=\frac{a}{6}$　$a=18$

問2　点Bのx座標をbとすると，$B\left(b, \frac{18}{b}\right)$　△BCDの面積から，$\frac{1}{2}\times(b-6)\times\frac{18}{b}=3$

$9(b-6)=3b$　$9b-54=3b$　$6b=54$　$b=9$　$\frac{18}{9}=2$　よって，B(9, 2)

重要　問3　台形ACDBの面積は，$\frac{1}{2}\times(2+3)\times(9-6)=\frac{15}{2}$　直線ABの傾きは，$\frac{2-3}{9-6}=-\frac{1}{3}$

直線ABの式を$y=-\frac{1}{3}x+b$として点Aの座標を代入すると，$3=-\frac{1}{3}\times6+b$

$b=5$　よって，直線ABの式は$y=-\frac{1}{3}x+5$　E(0, 5)，$P\left(p, \frac{1}{6}p-3\right)$とする。

点Pを通り直線ABに平行な直線の式を$y=-\frac{1}{3}x+q$として点Pの座標を代入すると，

$\frac{1}{6}p-3=-\frac{1}{3}p+q$　$q=\frac{1}{2}p-3$　$Q\left(0, \frac{1}{2}p-3\right)$とする。

$\triangle ABP=\triangle ABQ=\triangle EBQ-\triangle EAQ=\frac{1}{2}\times\left\{5-\left(\frac{1}{2}p-3\right)\right\}\times(9-6)=12-\frac{3}{4}p$

$12-\frac{3}{4}p=\frac{15}{2}$から，$\frac{3}{4}p=\frac{9}{2}$　$p=\frac{9}{2}\times\frac{4}{3}=6$　$\frac{1}{6}\times6-3=-2$

よって，P(6, −2)

★ワンポイントアドバイス★

第４問のように，平行四辺形で角の二等分線があるときは，等しい角に印をつけて，二等辺三角形を見つけよう。

<英語解答>

第１問　問１　A　ウ　B　イ　C　エ　D　ア　問２　1　more　2　expensive
問３　イ　問４　（誤）likes　（正）liked　（誤）follows　（正）followed
問５　ア　問６　イ，エ，カ　問７　1　Were　2　took　3　What
4　half　5　closest ［nearest］

第２問　1.　エ　2.　ウ　3.　イ　4.　ア　5.　エ

第３問　1.　イ　2.　エ　3.　ウ　4.　ア　5.　ア

第４問　1.　ウ　2.　エ　3.　ウ　4.　イ　5.　ア

第５問　1.　A　カ　B　イ　2.　A　オ　B　エ　3.　A　エ　B　ア
4.　A　イ　B　ア　5.　A　ウ　B　カ

第６問　1.　June　2.　better　3.　mine　4.　wife　5.　heard

○配点○

第１問　問２・問３・問５　各２点×３（問２・問４各完答）　他　各１点×14

第２問・第４問・第５問　各２点×15　第３問・第６問　各１点×10　計60点

＜英語解説＞

第１問 （長文読解問題：英文和訳選択，内容吟味，指示語，語句補充，正誤問題，書き換え）

（全訳） 2001年，若いサカマタはカナダの西部にあるバンクーバー島の小さな村，ゴールド・リバー近くで道に迷った。そのシャチの名前はルナで，鮭の漁をしていた時に，「家族」である群れを見失った。その時彼はたった1歳だった。サカマタはシャチとも呼ばれ60代から70代まで生きる。人間のように，20歳になるまでは大人にならない。A言い換えれば，ルナは世話する親のいない迷い出た赤ちゃんだった。幸いにも彼は自分の食べ物を取る方法を知っていた。もちろん，人間の赤ちゃんにはできない。シャチは人間のように他者とコミュニケーションを取り，時間を過ごす必要がある。ルナは家族を失ったので，その地域でボートに乗る人々と友達になり始めた。

ルナのニュースは新聞，ソーシャルネットワーク，テレビを通してメディアですぐに広まった。B多くのグループは彼に興味を持ったが異なる理由からだった。地元の最初の国民はカナダに長く住んでいた。彼らはルナがリーダーの1人の霊だと考えた。彼はルナが来る14日前に死んだ。何千もの観光客が自分の目でルナを見にやってきて，政府はそれをとどめようとしたが，それは無理だった。野生のシャチを近くで見て触れるかもしれないチャンスは人々にとって興味深かった。

ルナが人慣れして，ルナかだれかが事故にあったり死んだりするのではと心配していたので，政府は人々にルナの近くに行ったり触ったりしてほしくなかった。別の理由は，そのシャチが時々ボートを攻撃することだった。C公の場でルナを展示したかったのでいくつもの会社がルナを捕獲しようとした。彼は若く人懐っこいので完璧な選択肢だった。そして，①一匹のシャチを買うよりも捕まえるほうがかなり安い。漁師もルナが水族館へ行くのを見たかった。シャチはたくさんの魚を食べるので，②彼らの中にはそのために魚をたくさん捕まえられないと考える人もいた。シャチは次々に場所を変えて，移動しながら食べるが，ルナは家族を失ったので一か所にとどまっていた。

5年の間，多くの異なる人々がルナを見る機会があった。政府はルナと人々の両方を保護するために人々が彼の周りでどのように振る舞うべきかについてルールを作った。例えば，触らない，餌をやらない，100メートル以上近づかない，30分以上は観察できなかった。③彼は人と過ごすのが好きだったので毎日ボートを追いかけた。最初は，問題なかったが少しづつ状況は危険になった。2006年3月のある日，ルナとボートの乗組員は遊んでいて，ひどい事故になった。Dボートのスクリューがルナに当たって彼は死んだ。多くの人はその知らせに驚き悲しんだ。

ルナの死後，彼の人生についての映画とドキュメンタリー作品を作った人もいた。そのドキュメンタリーは本当の物語だった。言い換えれば，ドキュメンタリーの中での出来事はルナの現実生活での出来事と同じだが，映画は同じではない。④映画の終わりに，ルナは自分の群れを再び見つけて，彼らとの暮らしに戻る。現実のルナは死んだが，彼の物語は私たちがどのように他の動物と仲良くやっていくのかを考える良い機会だ。

問1 A in other words「言い換えると」
　B ルナのことがニュースで広まってどうなったのかを考える。
　C 続きに「漁師もルナが水族館に行ってほしい」と思っているという文がある。
　D 前文に「ひどい事故」があったと述べられている。

基本 問2 比較対照が入れ替わっているので，cheap の対義語を比較級で用いる。

基本 問3 前文の複数名詞 fishermen を指す。

問4　本文では過去形で述べられているので，下線部の2つの述語動詞を過去形にする。

問5　at the end of ～「～の終わりに」

問6　ア　ルナが来る二週間前に，1人の重要な人が死んだ。(○)　イ　彼は赤ちゃんを失ったので1人だった。(×)　ウ　ルナについての映画は作り話だ。(○)　エ　ルナはたくさんのボートに害を与えた。(×)　オ　シャチはしばしば人間くらい長く生きる。(○)　カ　シャチは同じ場所にいて，そこでたくさんの魚を食べる。(×)

重要 問7　1　there are ～の疑問文。

2　〈it takes 時間 to ～〉で「～するのに時間かかる」を過去形で用いる。

3　What is it about?「何について？」

4　half an hour「30分」

5　they couldn't…go closer than 100 meters と本文にある。

第2問 (会話文問題：内容吟味，語句補充)

(全訳) *デーブは彼の出身中学校でのクラスメート，サリーに道で会っている：*

デーブ：やあ，サリー。久しぶり！

サリー：あら，デーブ。元気？

デーブ：まあまあだよ。去年に中学校を卒業してから会ってないよね。高校はどう？

サリー：いいわよ。新しい友達ができたけど宿題が多いわ。

デーブ：分かるよ。ほぼ毎日真夜中まで起きているよ。

サリー：それは遅いわね。私より忙しいわね。

デーブ：まあ，部活が終わるのが7時でね。帰宅するのに1時間以上かかるし，それから夕食を食べてお風呂に入る。それでもう10時だよ。

サリー：今年もまたサッカーチームに入っているの？

デーブ：その通り。高校では何か部活に入っているの？

サリー：スポーツには興味があまりないけれど，映画制作部に入ったの。今年入部したのは新入生では私だけ。

デーブ：部員は何人いるの？

サリー：2年生が4人で，2人が3年生。それにもちろん私。

デーブ：何をするの？

サリー：短編映画の作成方法を学ぶの。ビデオや音声機器を使って学校生活についての短編映画を録音し作成するの。とても難しいけどとても楽しいわ。

デーブ：楽しそうだね。今年はどんな話題について映画を作ったの？

サリー：1つは A テニス部の生活で，もう一つは教室のテクノロジーについて作成したよ。

デーブ：授業でタブレットを使うの？

サリー：まだ授業では使ってない①けど，学校がすぐに購入する予定よ。②だから来年には使用すると思うわ。

重要 1.「デーブとサリーはどの学校に通っているか？」

2人とも今は高校生になっているが，別々の高校に通っていることが分かる。

2.　デーブの4番目の発言から10時。

やや難 3.　half as many は前述の2年生の数の半分，つまり2人を示す。2年生が4人，3年生が2人，1年生が1人の合計7人。

重要 4.　サリーの7番目の発言から学校生活についての短編映画だと分かる。

基本 5.　①には前文とは反する内容が入るので逆説 but を用いて，②には結果を示す接続詞 so

を用いる。

基本 **第3問** (発音問題)

1. haz　ア díʃiz　イ égz　ウ tíkəts　エ désks
2. drívn　ア náin　イ náinθ　ウ fáiv　エ fífθ
3. sǽŋ　ア géiv　イ wɑnt　ウ rǽn　エ téik

基本
4. tɔt　ア bɔt　イ ʃáut　ウ wéit　エ əbáut
5. dʌ́n　ア kʌ́t　イ súːn　ウ gɔn　エ stoun

第4問 (語句補充問題：動名詞，不定詞，現在完了)

基本
1. Don't be afraid of -ing「～することを恐れるな」
2. ⟨it is ～ for 人 to …⟩「人にとって…することは～だ」形式主語を用いた構文。

基本
3. 「2年前から人気がある」は「2年間ずっと人気がある」と読み取る。

重要
4. 「～そうにみえる」は⟨look 形容詞⟩で表す。
5. ⟨what make 人＋～？⟩で「何が人を～にさせるか？，人はどうして～なのか？」

第5問 (語句整序問題：受動態，不定詞，比較)

1. I'm going to [take my dog to the park by the river] after school.
2. I [was too tired I couldn't study].

基本
3. That [computer was used by college students] at that time.
4. He [has a lot of homework] to [finish by] tomorrow.
5. I [hear that it is hotter in August] than in July in Japan.

第6問 (語彙問題)

1. 6番目の月，6月。
2. 原形と比較級の関係。
3. 主格の代名詞と所有代名詞「～のもの」の関係。
4. 夫と妻のペア関係。
5. 動詞の原形と過去分詞の関係。

★ワンポイントアドバイス★

様々な形式で文法事項が出題されるので，日頃から多くの種類の文法問題にチャレンジしておこう。英文がやや長いので，英単語をよく復習し，速く正確に読めるようにすることが大切だ。

＜理科解答＞

第1問 問1 エ　問2 ウ　問3 (回路) ア　(抵抗) 1.8 Ω　問4 (沸騰) A　(時間の差) 960秒

第2問 問1 二酸化炭素　問2 ア，ウ　問3 x 2.56　y 7　(2) 1.5g　問4 イ，ウ，オ

第3問 問1 イ，エ　問2 2464尾　問3 ア，イ　問4 ア，ウ，オ　問5 ウ，オ

第4問 問1 ウ　問2 (組織の名前) 等粒状組織　(特徴) エ　問3 ア

問4　ア，ウ　　問5　（2番目）イ　　（4番目）エ　　問6　15m

第5問　問1　仕事の原理　　問2　（仕事）5J　　（引く長さ）2m　　問3　（特徴）カ　（位置）D　　問4　X　40000　　Y　80

第6問　問1　（物質の最大の量）溶解度　　（水溶液）飽和水溶液　　問2　ウ　問3　（質量）25g　　（温度）エ　　問4　(1)　A　イ　　C　ア　　(2)　エ

第7問　問1　減数分裂　　問2　イ　　問3　8通り　　問4　（分類）A　　（名称）合弁花類　　問5　①　胞子　　②　器官　　③　維管束　　問6　（模式図）ア　（道管）Y

第8問　問1　エ　　問2　エ　　問3　エ　　問4　イ　　問5　ウ，エ

○配点○

第1問　各2点×4(問3・問4各完答)　**第2問**　問3 (2)　2点　　他　各1点×5
第3問　問1・問3・問5　各1点×3　　他　各2点×2
第4問　問6　2点　　他　各1点×6(問5完答)
第5問　問1　2点　　他　各1点×5(問3完答)　**第6問**　各1点×8
第7問　問4・問5　各2点×2(各完答)　　他　各1点×4(問6完答)
第8問　問4・問5　各2点×2　　他　各1点×3　　計60点

＜理科解説＞

第1問 (磁界・電力と熱―磁界と電流・電力と熱)

基本　問1　導線を流れる電流は，右ねじの進む向きに磁力を生じる。

基本　問2　フレミングの左手の法則により矢印の向きに電流が流れ，N極からS極に向かって磁力が生じるので，導線にはウの向きに力が生じる。

問3　イの回路では，豆電球に1.5Vの電圧がかかるので，適切に点灯できない。よってアの回路を使う。豆電球の抵抗は1.1 ÷ 0.22 = 5 (Ω) であり，電池の電圧が1.5Vなので，豆電球に0.22Aの電流が流れるには全抵抗が1.5 ÷ 0.22 = 6.81 (Ω) になればよいので，抵抗の大きさは6.81 − 5 = 1.81 ≒ 1.8 (Ω) にする。

問4　100V　1000Wの電熱線Aは，100Vで使用すると1000Wの電力が取り出せる。200V　1000Wの電熱線Bは，100Vで使用すると，200Vのときの半分の電流になり，電圧も半分なので取り出せる電力は4分の1の250Wになる。それで，電熱線Aの方がはやく沸騰する。20℃の水を沸騰させるのに必要な熱エネルギーは，1000 × 80 × 4 = 320000 (J) である。Aを使うと沸騰までにかかる時間 (秒) は320000 ÷ 1000 = 320 (秒) である。Bでは320000 ÷ 250 = 1280 (秒) である。その差は1280 − 320 = 960 (秒) になる。

第2問 (物質とその変化―炭酸水素ナトリウム)

重要　問1　炭酸水素ナトリウムを加熱すると熱分解が生じ，二酸化炭素と水と炭酸ナトリウムに分解する。発生した二酸化炭素を石灰水に入れると，白くにごる。

問2　生じた固体は炭酸ナトリウムである。炭酸ナトリウムは水に溶け，水溶液はアルカリ性であるので，フェノールフタレインを赤くする。炭酸ナトリウム水溶液に二酸化

炭素を吹き込むと炭酸水素ナトリウムが生じるが，ウの炭酸水では溶けている二酸化炭素の量が少ないと思われるので，ここではウは間違いと考える。

重要 問3 (1) 十分に加熱しているので，炭酸水素ナトリウムはすべて分解したと考える。表より，炭酸水素ナトリウムの質量と残った（反応で生じた）炭酸ナトリウムの質量は比例するので，xの値は$0.64 \times 4 = 2.56$(g)となり，yの値は$4.48 \div 0.64 = 7$(g)となる。(2) 食塩は熱分解しないので，混合物中の食塩の質量をx（g），炭酸水素ナトリウムの質量をy（g）とすると，$x + y = 6.5$ また，y（g）の炭酸水素ナトリウムから生じる炭酸ナトリウムの質量は$0.64y$（g）になるので，$x + 0.64y = 4.7$ この2つの式を連立方程式で解いて，$x = 1.5$，$y = 5.0$となるので，食塩の質量は1.5gであった。

問4 ア 間違い。気体が発生しても質量保存の法則は成り立つ。

エ 間違い。塩化アンモニウムと水酸化バリウムの反応は吸熱反応である。吸熱反応では，周囲から熱が奪われるので，温度が下がる。

第3問 (生物総合問題―環境・人体)

問1 サケは体がウロコに覆われている。産卵は真水の川で行うので，卵からの養殖には真水を使う。ふ化したサケの稚魚には，お腹に栄養の入った袋があり，ここから成長に必要な栄養を取り入れて大きくなり，その後はエサを取って成長する。子供のときにエラ呼吸と皮膚呼吸をし，大人になって肺呼吸と皮膚呼吸をするのは，両生類である。

問2 1床あたりの川を下る数が100尾で，確認された産卵床が616床である。そのうち成魚になる割合が5%で，生まれた川に戻ってくる割合が80%なので，豊平川に帰ってくる予想数は，$100 \times 616 \times 0.05 \times 0.8 = 2464$（尾）である。

問3 ア タマネギの表皮には葉緑素がない。

イ 酢酸カーミン液では，植物細胞の核も動物細胞の核も染まる。

問4 ア 毛細管からしみ出るのは，血しょうである。赤血球はしみ出さない。

ウ 肺から心臓に戻る血管は，肺静脈である。

エ 脂肪は胆汁で乳化され，すい臓からのリパーゼによって分解されてから吸収される。

問5 ア すい臓は消化管には含まれない。

イ すい液にも，タンパク質・糖・脂肪の分解酵素が含まれる。

エ 胆汁は胆のうから，十二指腸に送り出される。

第4問 (地層と岩石―地層と岩石)

重要 問1 ア 火山灰などが陸上で堆積することもある。

イ 岩石の粒の大きさの違いなどにより，同じ厚みの地層でも形成にかかる時間は異なる。

エ その後，再び台地が沈下したり海水面が上昇することで，地層が堆積することがある。

重要 問2 花こう岩は，鉱物の大きさがほぼ等しい等粒状組織である。花こう岩は地下深くでマグマがゆっくり冷えてできる深成岩であり，含む鉱物は，セキエイ，長石，黒雲母などが主なものである。鉱物の種類は流紋岩と似ている。

重要 問3 ア 石灰石にうすい塩酸をかけると，二酸化炭素が発生する。

問4 中生代の化石は，アンモナイト，ティラノサウルスであり，サンヨウチュウは古生代，デスモスチルスは中新世，ナウマンゾウは新生代，フズリナは古生代の化石である。

問５　初めに中生代の地層が形成され，これが傾き，花こう岩の貫入が生じた。次いで，新生代の地層が形成され，その後断層が生じた。

問６　1.62万年の間に起きた地震の回数は，16200 ÷ 2700 ＝ 6（回）　1回あたり2.5mずれるので，6 × 2.5 ＝ 15（m）である。

第５問　（力・圧力・レンズ―滑車・レンズ・浮力）

問１　荷物の質量と持ち上げた高さが同じであれば，動滑車や斜面を使っても行う仕事は同じになる。これを仕事の原理という。

基本　問２　動滑車では引く力は半分になるが，引く距離が２倍になり，仕事の量は同じである。よって 5 × 1 ＝ 5（J）の仕事になる。距離は2mである。

問３　物体をレンズの中心から焦点距離の２倍の位置に置くと，レンズからスクリーンまでの距離とレンズから物体までの距離が等しくなり，像の大きさは物体と同じになる。物体の位置を焦点距離の２倍より遠くにすると，像の大きさは物体より小さくなる。スクリーンに映る実像は上下左右が逆にうつる。また像をレンズから焦点距離（Dの位置）より短い位置に置くと，スクリーンに実像がうつらなくなる。

重要　問４　X　浮力は物体が押しのけた水の重さに相当する。底面積が 4 × 10 ＝ 40(m^2)なので，1m沈むと押しのけられる水の体積は $40m^3$ になる。海水の密度が $1000kg/m^3$ なので，40 × 1000 ＝ 40000（kg）である。

Y　海水面からあと0.1mだけ上昇できるので，その分の浮力は 40 × 0.1 × 1000 ＝ 4000（kg）であり，50kgの人では 4000 ÷ 50 ＝ 80（人）分にあたる。

第６問　（溶液とその性質―溶解度）

基本　問１　一定量の水に溶ける物質の最大量を溶解度という。物質が最大量まで溶けた水溶液を，飽和水溶液という。

重要　問２　グラフより，60℃の水100gにミョウバンは最大で62gまで溶ける。20℃では，13gまで溶けるので，62 － 13 ＝ 49（g）が出てくる。

重要　問３　溶けているミョウバンの質量を x（g）とすると，$\frac{x}{(x+100)} \times 100 = 20$ より，$x =$ 25gになる。ミョウバンの溶解度が25になるのは，40℃のときである。

問４　(1)　40℃の溶解度が50gより大きいものは硫酸銅なので，このとき硫酸銅はすべて溶ける。よって，ビーカーCは硫酸銅水溶液である。60℃の溶解度が50gより大きいものはミョウバンなので，Aはミョウバンである。

(2)　80℃の溶解度は塩化ナトリウムもホウ酸も50g以下なので，ともに溶けきれずに残る。水の質量を50gにすると，ますます溶けなくなる。水の質量を200gにすると，塩化ナトリウムの溶解度が40℃で37gなので，水200gには74gまで溶けすべて溶けきる。一方，ホウ酸は9gなので，200gの水には18gまでしか溶けず，溶けきらない。エの方法で判断できる。

第７問　（植物の種類とその生活―染色体・分類）

基本　問１　生殖細胞ができるときの細胞分裂を，減数分裂という。

問２　花粉がめしべにつくことを受粉といい，めしべについた花粉から花粉管が伸び，花粉管の中の精細胞と胚のうの中の卵細胞が結合することを受精という。

問３　形と長さが同じ２本の染色体を相同染色体という。これらが分かれて生殖細胞に入る。その組み合わせは 2 × 2 × 2 ＝ 8（通り）になる。

重要　問４　タンポポはAの合弁花類に属する。

問５　Ｅはシダ類，Ｆはコケ類であり，ともに胞子でふえる。Ｅには根・茎・葉の器官の区別があるがＦにはない。水や養分を運ぶ管を維管束という。Ｅには維管束があるが，Ｆにはない。図のＢは離弁花類，Ｓは双子葉類，Ｃが単子葉類，Ｒが被子植物，Ｄが裸子植物，Ｑが種子植物を示す。

問６　ホウセンカは双子葉類であり，維管束が環状に並ぶ。水が通る道管は内側に位置するので，赤インクで染まるのは内側の部分である。オではＹが道管を示す。

第８問 （天気の変化―日本付近の気象）

問１　中心の気圧がまわりより高い部分を高気圧，低い部分を低気圧という。

重要　問２　温暖前線の前線面ではおだやかな上昇気流が生じ，乱層雲などの層雲状の雲ができやすい。寒冷前線の前線面では強い上昇気流が生じ，積乱雲ができやすい。図２では，寒冷前線が温暖前線に追いつき閉塞前線ができる。エが間違いである。

問３　四国の太平洋側に低気圧があり，これに向かって風が吹き込むので火山灰はこの風に乗って南東方向に分布する。

問４　寒冷前線が通過すると，気温が急激に下がり湿度も低下する。９時前あたりから急に気温・湿度が低下しているので，８～10時ごろ寒冷前線が通過したと思われる。

重要　問５　日本付近では偏西風の影響で天気は西から東に変化する。冬の気圧配置は西高東低で，北西の季節風が吹き，夏は南高北低で南東の季節風が吹く。夏の北側の気団はオホーツク海気団である。よって，ウとエが間違い。

★ワンポイントアドバイス★

全分野において，総合問題の形で出題されている。理科全般の幅広く，確実な知識が求められる問題である。問題数が多いので解ける問題から解答すること。

＜社会解答＞

第１問　問１　ア　　問２　季節風［モンスーン］　　問３　カースト　　問４　ウ
問５　(1)　４県　　(2)　ア　　問６　ウ　　問７　ウ　　問８　イ
問９　20　　問10　イ　　問11 (1)　エ　　(2)　エ　　問12　ウ
問13　(1)　ア　　(2)　エ　　問14　パークアンドライド　　問15　イ
問16　セルバ　　問17　ウ　　問18　(1)　アパラチア　　(2) イ
(3) 適地適作　　問19　サンベルト　　問20　エ

第２問　問１　(1)　エ　　(2)　２　　問２　ア　　問３　ポリス　　問４　卑弥呼
問５　イ　　問６　エ　　問７　エ　　問８　北条政子　　問９　イ　　問10　ウ
問11　ウ　　問12　ア　　問13　(1)　生類憐みの令　　(2)　オ　　問14　エ
問15　ア　　問16　平塚らいてう　　問17　三・一独立　　問18　ウ
問19　ウ　　問20　イ

○配点○

第１問　問９・問10・問20　各２点×３　　他　各１点×22

第２問　問１(1)・(2)・問３・問４・問８・問12・問13(1)・問16・問17・問19
各２点×10　　他　各１点×12　　計60点

＜社会解説＞

第１問　(地理・公民融合－日本，世界の人口・地形・産業，地方財政，アメリカの政治体制など)

重要　問１　Ⅰはエチオピアで，若年層の割合が高い。Ⅱはドイツで高齢化がすすんでいる。Ⅲは韓国となる。

基本　問２　季節風（モンスーン）は，夏と冬では吹く方向が異なる風のことである。特にアジア東部からインド洋に面した地域の気候に大きな影響を与えている。

問３　アーリア人がインダス川流域で広がっていく過程の中で生まれた厳しい身分制度。現代では憲法で禁止されているが，実際にはインド社会に大きな影響力を持っている。

問４　a　イギリスの植民地であった。　b　理数教育は進んでいる。

問５　(1)　Bの岩手県は盛岡市，Dの宮城県は仙台市，Gの栃木県は宇都宮市，Hの茨城県は水戸市の４県

(2) 北海道は酪農が盛んなことからアとなる。愛媛県は果実栽培（みかん）からイ，埼玉県は近郊農業の野菜からエ，富山県は稲作からウとなる。

問６　アフリカ大陸には冷帯は存在しない。

問７　●のあるところは，ナイジェリア，アルジェリアで石油の産地である。また，■のある南アフリカ共和国，ボツワナはダイヤモンドの産地。

基本　問８　アはイタリア，スペインが含まれているのでブドウ，ウはコートジボワール，ガーナからカカオ豆，ナツメヤシの果実であるデーツは北アフリカや中東では主要な食品の１つであることからエとなる。

重要　問９　時差が８時間（(150-30)÷15）あることを考慮する必要がある。従って 12＋8＝20（時間）となる。

問10　ア 平成の大合併後の市町村数は，1730である。ウ 国庫支出金，地方交付税交付金は減少傾向にある。エ すべての都道府県に政令指定都市はない。

基本　問11　(1)　アは東北地方の説明，イは京葉工業地域の説明，ウは東海工業地域の説明。

(2)　ニュータウンは，住宅不足を解消するため，地価が安い大都市の郊外に計画的に建設された新しい都市のこと。千里ニュータウンなどでは高齢化や住宅の老朽化が進んでいる。

基本　問12　名古屋は太平洋側気候に属していることから，夏から秋にかけて雨が多くウとなる。札幌市はア，鳥取市はエ，長野市はイとなる。

やや難　問13 (1)　X　スウェーデンで最大のキリスト教会であるスウェーデン国教会は，ルター派のプロテスタントである。Y　イタリアはローマ帝国におけるキリスト教布教の中心で，現在でもバチカン市国を地理的に内包しており，キリスト教なかでもカトリック教会が根付いている。

(2)　エ　西ヨーロッパの企業が，人件費の安い東ヨーロッパに工場を建設している。

問14　パークアンドライドはドイツで実施されている環境対策のひとつ。交通渋滞の緩和，排出ガスによる大気汚染の削減を目的にしている。

問15　南アフリカ大陸の多くの国は，スペインの植民地だったことからスペイン語が使われている。なお，ブラジルはポルトガルの植民地であったことからポルトガル語が使われている。

基本　問16　セルバはアマゾン川流域の熱帯雨林。過度の焼畑農業，アマゾン横断道路の建設，農地造成などによって，動植物の絶滅などが心配されている。

やや難　問17　静岡県にはブラジルから外国人が多いのは，自動車メーカーを始めとした工業が

盛んな都市だからである。単純労働に従事する安い労働力が必要となるためである。単純労働に従事する外国人に対する規制が，日系人に対してだけ甘くされているために，かつて日本人移民の多かったブラジルから今度は逆に移民が来ている。

問 18 (1) アメリカ東部の山地がアパラチア山脈，西部の山地がロッキー山脈。

重要 (2) ヒスパニックの人々が多く暮らすのは，メキシコとの国境に接しているカルフォルニア州などである。

重要 (3) アメリカの農業は，西経 100 度線上は，小麦の栽培に適する年間降水量 100mm という条件を満たすため，南北に冬小麦・春小麦の産地が広がっている。西部のグレートプレーンズでは，年間降水量が 500mm を下回る乾燥した地帯で，牧草が十分に生育しないため，広大な土地に放牧することで肉牛を飼育してきた。最近では，灌漑農業で飼料となるとうもろこしなどを栽培し，肥育場で効率的に牛を肥育する農地も増えている。北東部は，亜寒帯の冷涼な気候を活かして，酪農が盛んに行われている。五大湖南は，比較的降水量が多い地域で，「コーンベルト」と呼ばれる広大なとうもろこし畑が広がり，大豆の栽培も盛んで，それらを飼料とする畜産との混合農業も多く見らる。北緯 37 度以南の南部では，綿花の栽培が集中しており，一般に「コットンベルト」と呼ばれている。太平洋岸は，高温で乾燥した地中海性気候に適した，オレンジ・ブドウの栽培が盛んである。

重要 問 19 サンベルトは，アメリカの北緯 37 度以南の温暖な地域のことで， 広い工業用地があり，石油もとれたため，ヒューストンなどの都市を中心に，石油化学工業，航空・宇宙産業などが工業的に発展している。

重要 問 20 アメリカでは行政の最高責任者の選挙は議会によらない。事実上は国民によって直接に選ばれる大統領が行政の長になるという大統領制の国である。議会には大統領の不信任決議権が無く，また大統領にも議会の解散権が無い。法律の立法については，議会だけが立法権を持ち，大統領には立法権は無い。大統領には，議会が提案した法案への法案拒否権がある。議会は上院と下院からなる二院制。

第２問 (日本と世界の歴史・公民－四大文明，日本の政治史，選挙のしくみ，裁判のしくみなど)

基本 問 1 (1) 衆議院議員選挙の比例代表は，全国を 11 のブロックに区割りし，全国合わせて 176 人の議員が選ばれている。

(2) ドント式で割り算を進めると，A 党の議席は 2 名。

基本 問 2 イ モヘンジョダロの神殿は，インダス文明，ウ ジッグラトは，メソポタミア文明，エ くさぎ形文字はメソポタミア文明である。

問 3 アテネ，スパルタなどの都市国家をポリスと呼んでいる。多くのポリスにはアクロポリスと呼ばれる小高い丘があり，守護神を祭る神殿が作られた。

基本 問 4 邪馬台国の女王の卑弥呼は，30 余りの小国を従えていた。

問 5 b 東大寺を建立したのは聖武天皇。

問 6 a は保元の乱のことで 1156 年，b のアテルイを降伏させたのは 802 年，c の源氏物語は 1010 年に完成している。

重要 問 7 a の武家諸法度は江戸時代，c の内容は書かれていない。

問 8 北条政子は源頼朝の妻。頼朝の死後，尼となって政治の裁決していた。

問 9 アは 1776 年，イは 1498 年，ウは 1096 ～ 1270 年にかけて，エは 1688 年

問 10 アは円覚寺で鎌倉時代，イは平等院で平安時代，ウは雪舟の水墨画で室町時代，エは元寇で鎌倉時代。

問 11　アは佐賀県，イは福岡県，エは大阪府のこと。

基本 問 12　イは裁判員裁判は地方裁判所で行われる。ウは北海道には 4 か所ある。エは罰金以下の罪の刑事裁判を行うことがある。

問 13　(1)　綱吉は「生きているものを殺してはならない」と「生類憐れみの令」を出した。戌年生まれだったことから特に犬が大切にされた。極端な動物愛護令だったため，綱吉の政治が悪政と呼ばれる理由の一つにもなっているが，捨て子や病人を助けるねらいもあった。

重要 (2)　a は寛政異学の禁で 1790 年，b は 1825 年のできごと，c は上米の制で 1722 年のこと。

基本 問 14　Ⅰ　廃藩置県は，全国の藩を廃止して府や県を置くという政策。知藩事の代わりに中央から役人を地方へ派遣することで，新政府の命令が地方に行きわたるようになった。

Ⅱ　アイヌの人びとが，日本語の使用や，日本風の姓名を名乗ることを義務づけられたのも同化政策のひとつである。

基本 問 15　アは 1915 年，イは 1894 年，ウは 1905 年，エは 1900 年の出来事。

問 16　女性の地位の向上や，女子の選挙権の獲得を目指す女性解放運動が，平塚らいてうなどにより主張された。平塚らいてうは市川房江と協力して，1920 年に新婦人協会をつくった。

問 17　1919 年，日本に植民地支配されていた朝鮮で，民衆が日本からの独立を求めてデモ行進を行った。3 月 1 日に起きたことから，三・一独立運動と呼ばれている。

重要 問 18　a 1956 年に日ソ共同宣言が調印され，日本はソ連と国交を回復し，国際連合への加盟を果たした。

問 19　ア・イ・エは法律改正によって実現できる。内閣総理大臣については，憲法第 67 条にて規定されている。

やや難 問 20　大正中期以降はバスガール，デパート店員，映画女優，女性アナウンサーも登場し，職業婦人の権利・地位向上へ向けて，バスガールの東京婦人労働組合や，職業婦人団体連盟ができた。また，モダンガールは，銀座をはじめ都会のメインストリートに登場する，従来の枠にはまらないモダンなスタイルの女性を指していた。

★ワンポイントアドバイス★

問題数は昨年度より少なくなっているが，問題のリード文は読みごたえがある。時間は意外にかかると思われる。

＜国語解答＞

第１問　問一　①　動揺　④　周到　⑤　のぞ　⑥　検証　⑧　起因

問二　X　オ　Y　ウ　問三　Ⅰ　エ　Ⅱ　イ　Ⅲ　ウ

問四　嫌な気分をもとの正常な状態に戻す力・正常な状態をプラスに変えてくれる力

問五　全く同じ感情に陥っても，その後，どのような行動に出るかは人によって異なり，行動を含めて性格と呼べるから。　問六　ア

問七　「行動」との連動性があるため間接的にはコントロールすることができるが，

自分の意思でコントロールできないので，それを変えようとし続けると，最終的には最悪の感情に陥り，レジリエンスを弱めてしまう　問八　C

第2問　①　ウ　②　イ　③　ア　④　イ　⑤　ア

第3問　問一　①　ア　②　ウ　問二　病気の人の気持ちがわからないから。
問三　イ・エ　問四　ウ　問五　イ　問六　1　友ㇾ諒、友ニ多聞一
2　知恵ある　問七　ア・オ

○配点○

第1問　問四・問六　各2点×3　問五・問八　各4点×2　問七　6点　他　各1点×10
第2問　各2点×5　第3問　問一　各1点×2　問二　4点　他　各2点×7　計60点

＜国語解説＞

第1問　(論説文―漢字の読み書き，熟語，接続語の問題，内容吟味，脱文・脱語補充，要旨)

問一　①「動揺」とは，他からの作用で，動き揺れること。転じて，気持などが不安定になること。　④「周到」とは，すみずみまで注意が行き届いて，落ち度が無い有り様。　⑤「臨（んだ）」とは，風景・場所などを目の前にする，ある事態が起こるようなところに身を置く，公の場所などに，出席または参加するなどの意味。　⑥「検証」とは，実際に物事に当たって調べ，仮説などを証明すること。　⑧「起因」とは，ある事の起こる原因となること。

問二　X「十人十色」とは，考え方や好みなどが各人それぞれに違っていること。　Y「自暴自棄」とは，希望を失い，自分などどうなってもいいとやけくそになること。失望などのために投げやりな行動をして，自分を駄目にすること。

問三　Ⅰ（　Ⅰ　）の前に，「性格」の定義を示した後，試験を例としてその具体的説明をしている。　Ⅱ（　Ⅱ　）の前後で，感情を自分の意志でコントロールできないから，多くの人が困り，苦しんでいるという，前に述べた事柄が原因・理由で後の事柄が起こることを表している。　Ⅲ（　Ⅲ　）の前後で，「お手上げ」「あきらめる必要は全くありません」と逆接の事を述べている。

問四　傍線部の前に「レジリエンス」の説明がいくつかあるので，指定字数内に合う説明を抜き出す。

問五　筆者の考える「性格」とは「思考」「感情」「行動」の組み合わせ（人それぞれのパターン）があるとし，具体的説明が傍線部の前に述べられているので指定字数内にまとめる。

問六　本文でエリスのＡＢＣ理論について，「『思考』(私たちの身のまわりに起こった出来事に対する解釈）から『感情』が生まれるという性格」と定義している。また「行動」と「思考」に関しては，どちらも自分の意志で変えることができるとしている一方，感情を自分の意志でコントロールすることはできないと筆者は主張している。

問七　傍線部の後に，性格を構成する三要素には連動性があること，また「気分や感情」を自在にコントロールはできないこと，何とか「気分や感情」を変えようとすると，自己嫌悪や絶望やあきらめという最悪の感情に陥ってしまうことなどが述べられている。

問八 「レジリエンス」は「気分や感情」に関する領域であり，「自分の意志でコントロールできないもの」に分類されている。よって，「気分や感情」は自分の意志の意志で変えることはできないとあることから，Ｃの感想は本文の内容を読み違えている。

第２問 (敬語)

① 「行きます」は，「行く」の動詞に，「ます」の助動詞をつけて丁寧語となる。

② 「差し上げます」は，「与える・やる」という意味を表す謙譲語。

③ 「お渡しになる」は，「渡される」「お渡しください」等と同様に，「渡す」の尊敬語。

④ 「お待ちして」は，目上の人に対しては用いる，謙譲語。他にも「お待ち申し上げております」等がある。

⑤ 「いらっしゃい（ます)」は，「いる」「ある」，また「行く」「来る」の尊敬語。

第３問 (古文・漢文－口語訳，文脈把握，内容吟味，脱文・脱語補充，その他，文学史)

<口語訳>『徒然草』

友達にするにふさわしくない者は，七種類ある。一つ目は，身分が高く住む世界が違う人。二つ目は，青二才。三つ目は，病気をせず丈夫な人。四つ目は，飲んだくれ。五つ目は，血の気が多く戦闘的な人。六つ目は，嘘つき。七つ目は，欲張り。

良い友達には，三種類ある。一つ目は，物をくれる友達。二つ目は，医者。三つ目は，賢い友達。

『鶉衣』

世を捨てた法師が，物をくれる人を良い友と数えていたのは，ふさわしくない気持ちがして，正にそう思っていたので，自分の庵に托鉢でもらえる食べ物も風に邪魔をされ，吸い物の葱であっても冬の頃には，物をくれる友がうれしい日もあり，物をくれることを喜ばないこともないが，くれる人の心に欲がないことを喜んでしまうものだろうか。私はこのように世は捨てたが，畏れ多い恵みの給料が世間に広まり，その影で養われている身なので，元々凍餒の患いを言うことはない。ただ虫干しもすす払いの世話をしてくれる人もいないことを思うと，無駄なものを貯えず，家にある生活用品も事足りる程度を限りとし，ただ一筋に物が多いことを厭い，一つの物だけで幸せだと思うと，杓子は定規にならないが，煙草箱は枕になり，頭巾は酒を漉すのに使えなくても，炬燵のやぐらは踏み台となる。(中略)

そうなると今，私において良い友の三種類を数えてみると，物をくれない人・用事を頼まない人・物を言ってこない人であり，面白くない友の三種類を数えてみると，慈悲深い人・全く分別のない人・生まれつき賢いと見られたい人，これらである。顔には現さないが，遁世をした今となっては難しい。心は白眼で向かう人を友と言うのである。

問一 ① 「やんごとなき」とは，高貴の身であるという意味。止むことがないという意味で，そのままにしてはおれない，それほどに尊い，高貴な身分である，といったような意味に派生した。 ② 「空言」とはうそ・いつわりのこと。また，何の根拠もないうわさや実行できもしない，むだな言葉を表す。

問二 病気をしたことのない人は，病気の苦しさが分からないので，病人対して気遣いができないという内容をまとめる。

問三 「物くるる友のことにうれしき日もありける」「くるる心の慾なきをよろこぶ」という内容から読み取る。

問四 （ Ｘ ）の前の「一用に物の多からむをいとひ」に対比して補充する。「いとひ」とはいやがる，きらう等の負の意味である。

問五　傍線部の前に，物が多いことを厭い，煙草箱を枕にしたり，炬燵のやぐらを踏み台にしたりして，できる限り，身の回りに置く物を減らそうとしている様子が窺える。
問六　1「友」の前に,「諒」を訓んでいることから,「友」と「諒」の間にレ点を入れる。また，友の前に「多聞」と連続して訓んでいることから，「友」の下に二，「聞」の下に一をそれぞれ入れる。　2　Cの現代語訳に対応する箇所は，「博学多識な者」。「博学多識」とは，学識が豊かで，様々なことを知っていること。
問七『方丈記』は，鴨長明による鎌倉時代の随筆である。

★ワンポイントアドバイス★

論説文は幅広いジャンルから出題されるので，文脈を丁寧に追って要旨を的確にとらえる練習をしよう。古文は，重要古語や仮名遣いなどの基礎を固めよう。また，現代語訳付きでいいので沢山作品に触れて，少しでも古典に慣れておこう。

2020年度

★★★★★★★★★★★★★★★★★★★★★★★

入　試　問　題

2020年度

札幌光星高等学校入試問題

【数　学】(45分)　　<満点：60点>

第1問　次の問いに答えなさい。

問1　$(-2xy)^3 \div \left(-\frac{1}{3}xy^2\right) \times \frac{y^2}{3}$ を計算しなさい。

問2　7つの数8，3，x，4，10，6，5の平均が6のとき，xの値を求めなさい。

問3　$x = 2 + 2\sqrt{3}$，$y = 3 + \sqrt{3}$ のとき，$x^2 - 4xy + 4y^2$ の値を求めなさい。

問4　$a > 0$ とします。$y = \frac{a}{x}$ のグラフ上に2点A，Bが図のような位置にあります。A，Bからx軸に垂線を引き，x軸との交点をそれぞれC，Dとします。点Cの座標がC$\left(\frac{1}{2},\ 0\right)$，点Dの座標がD$(3,\ 0)$のとき，四角形ABDCの面積が$\frac{49}{4}$でした。このとき，$a$の値を求めなさい。

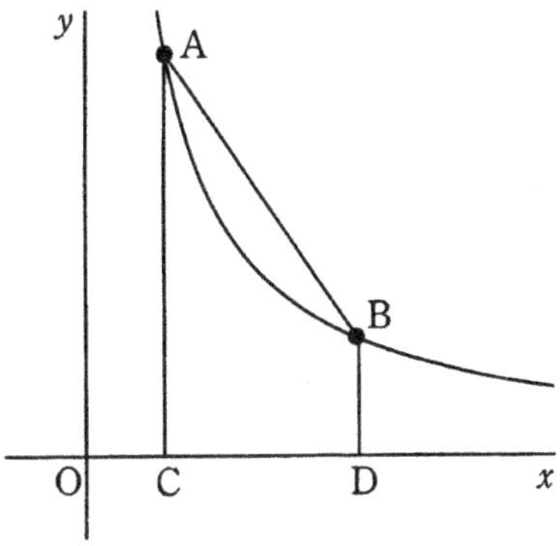

問5　$y(x-2) + x^2 - 3x + 2$ を因数分解しなさい。

問6　2けたの自然数があります。この自然数の十の位の数は一の位の数の2倍より1小さいです。また，この自然数の十の位の数と一の位の数を入れかえてできる数の2倍は，もとの自然数より20大きいです。もとの自然数を求めなさい。

問7　図のように，正方形の花だんの周りに幅1mの通路があります。花だんと通路の面積が等しいとき，花だんの1辺の長さを求めなさい。

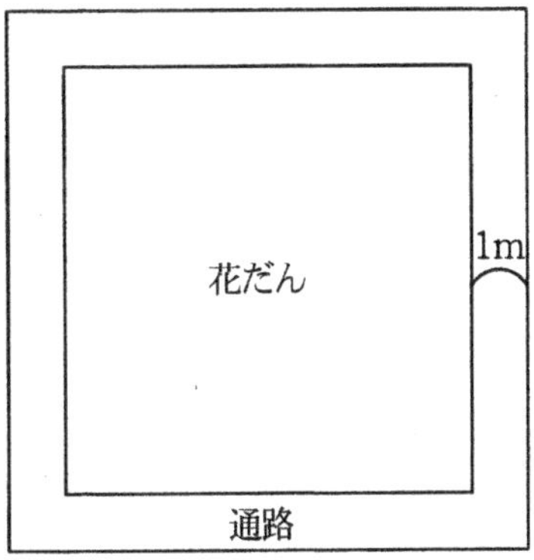

問8　A市からB市まで移動します。時速40kmで移動すると予定時刻より30分遅く到着し，時速60kmで移動すると予定時刻より30分早く到着します。A市からB市までの距離を求めなさい。

問9　$\sqrt{50-n}$ が自然数となる自然数nは全部で何個ありますか。

問10　図の△ABCにおいて，∠Bと∠Cのそれぞれの外角の二等分線の交点をDとします。∠BAC＝80°のとき，∠xの大きさを求めなさい。

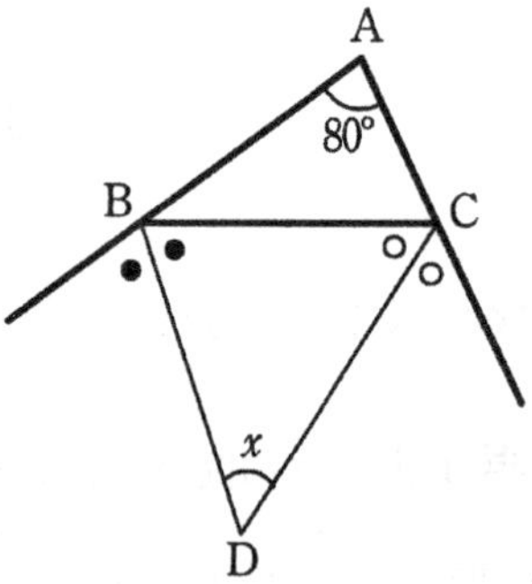

第2問　大小2つのさいころを同時に投げます。大きいさいころの出た目を十の位，小さいさいころの出た目を一の位として，2けたの整数を作ります。このとき，次の問いに答えなさい。

ただし，さいころの1から6までのどの目が出ることも同様に確からしいものとします。

問1　2けたの整数が偶数になるのは何通りありますか。

問2　2けたの整数が3の倍数となる確率を求めなさい。

第3問　図のように，関数$y=x^2$のグラフ上に2点A，Bがあります。関数$y=ax^2$のグラフ上に点C，y軸上に点Dを四角形ABCDが平行四辺形となるようにとります。点Aのx座標が3，直線ABの傾きが1，直線ADの傾きが$\frac{10}{3}$のとき，次の問いに答えなさい。

問1　点Bの座標を求めなさい。

問2　直線CDの式を求めなさい。

問3　aの値を求めなさい。

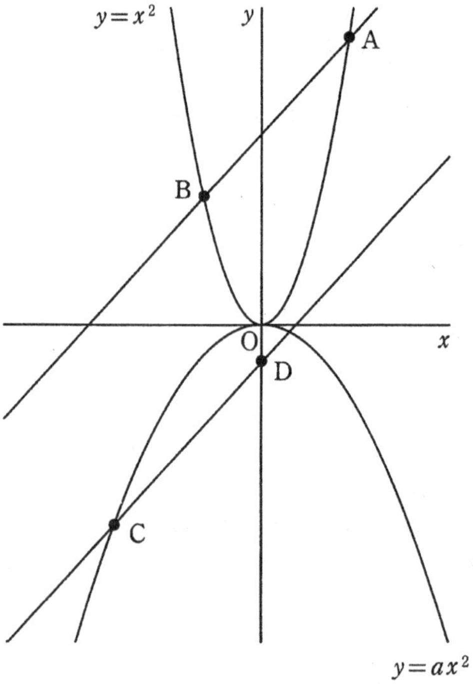

第4問　次のページの図のような，正五角形ABCDEがあります。この正五角形の辺に沿って，コインが反時計回りに移動します。最初コインは点Aの位置にあります。1回目の移動でコインは点Bに移動します。2回目からは辺を3つずつ移動します。

例えば2回目の移動でコインは点Bから3つの辺を移動し，点Eに移ります。

3回目の移動でコインは点Eから3つの辺を移動し，点Cに移ります。

このとき，次の問いに答えなさい。

問1　20回目の移動を終えたとき，コインはどの点に移りましたか。

問2　１回目の移動から2020回目の移動を終えるまでに，コインは辺CDを何回通過しますか。

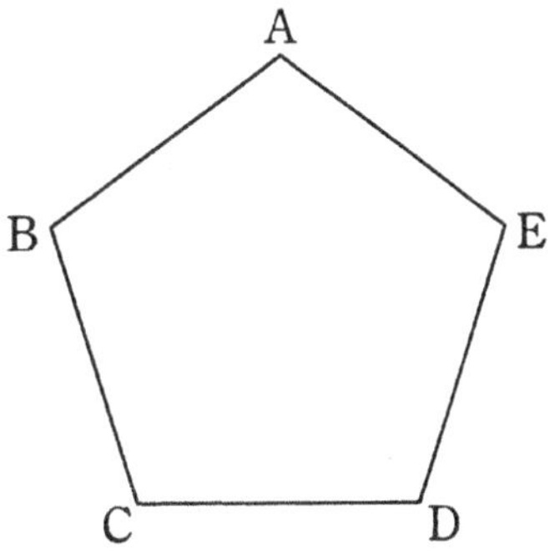

第５問　図１のような立体があります。下の円の中心をA，上の円の中心をBとし，ACとBDは平行であるとします。このとき，次の問いに答えなさい。ただし，円周率はπとします。

問1　CDの長さを求めなさい。

問2　この立体の側面積を求めなさい。

図１

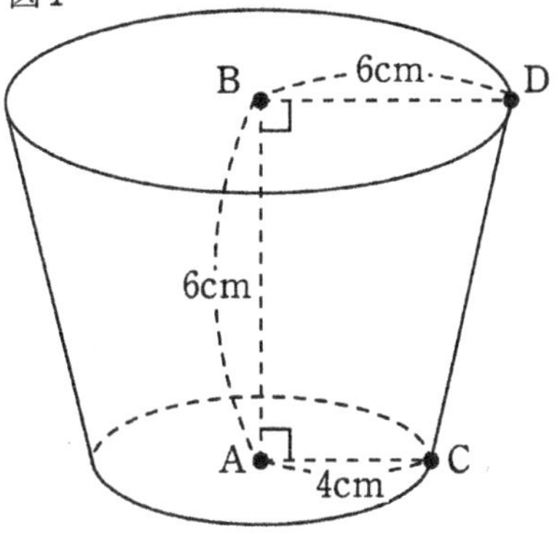

問3　この立体を図２のように平面上ですべらないように転がします。このとき，この立体が通過した部分は，２つの円で囲まれた図形Xとなります。図形Xの面積はこの立体の側面積の何倍になりますか。

図２

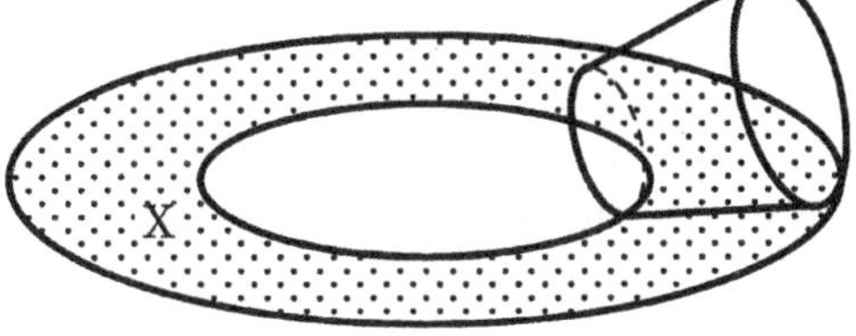

【英　語】（45分）　＜満点：60点＞

第１問　次の英文を読み，下の問いに答えなさい。

Do you wear sneakers? Can you remember how much they cost? Do you have any old sneakers that you do not use now? If you have an old pair of sneakers in a cupboard at home, you probably should not throw them away. Last month an old pair of Nike sneakers were sold for almost half a million dollars at an auction in New York. They were expensive because only 12 pairs were ever made and also because they were not made in a factory. Instead, the *co-founder of Nike, Bill Bowerman made them in his kitchen in 1972!

It may surprise you that this smelly pair of shoes cost more than a house, but 24-year-old *antique seller Matt Dixon is not surprised at all. "Anything with a big brand name, a designer name, may *be worth a lot of money one day. Items like these sneakers are historically important, too. (①)" And Matt says there are so few of the 1972 Nike *moon shoes* that it makes them even more *attractive to collectors. "Buying things like these shoes is an *investment; if they are sold again 20 years from now, they will be even more expensive."

Vivian Frank has a large clothing and shoe collection and thinks it is worth about ＄200,000. The 22-year-old has been collecting things since he was a teenager and is known online as a ②<u>"hypebeast"</u> or someone who knows about the latest fashions. We asked Vivian for ③<u>(the ／ an ／ some)</u> advice about buying and selling antique clothing. His main suggestion is to learn what kind of things will sell for more than the original price. He says unusual or unpopular colours and styles are important, too. For example, sneakers that people did not want to buy 20 years ago are rarer than the most fashionable types. He says another important thing is to find sneakers or clothes that are "brand-new and have never been worn" because they are the most valuable. "Keeping items like these for a long time is a good idea. Somebody kept the brand new Nike *moon shoes* in their cupboard for nearly 50 years before selling them. I think this was a really smart thing ④<u>to do</u>."

It is not just clothing that people collect. Old video games and other electronic goods are also vary popular at auctions. In 2014 an Apple 1 computer, made in 1976, was sold for nearly 1 million dollars. In 1976 the Apple 1 was only about ＄700 to buy new. However, 38 years later it was very expensive. It was especially valuable because it was unused and belonged to Bill Wozniak, who started the Apple Computer Company with Steve Jobs in April 1976. Unfortunately, Steve Jobs died in 2011 but all *vintage Apple products became more expensive after he died.

Finally, it is certainly a good idea to keep any toys you may have under your bed. Toys that are rare and still in the original box can be worth a lot of money. Do you have any Star Wars figures or space ships at home? Sometimes collectors will pay more than ＄50,000 for just one plastic Star Wars figure. Rob Cramer is a toy collector and we asked him for some ideas about how to make money from old toys. He says the important thing is to keep the box and maybe do not open it. “If you get a toy for Christmas but you don’t like it, don’t worry. Keep the toy and do not open it. Put it under your bed and forget about it. 20 years later it may be worth enough to buy you a house or pay for college!”

注）co-founder：共同創立者， antique：骨董(こっとう)品， be worth：価値がある， attractive：魅力的な， investment：投資， vintage：古い型

問1　文中の（①）内に入る適切な文を，下のア～エの中から1つ選び，記号で答えなさい。

ア　This is how historically important sneakers are easy to find.

イ　That is why a lot of collectors want to buy them.

ウ　This is how the auctions for vintage sneakers are done.

エ　That is why sneakers that were worn by popular people become expensive.

問2　下線部②の「hypebeast」とはどのような人か，日本語で答えなさい。

問3　下線部③の（　）内に入る適切な語を1つ選び，答えなさい。

問4　下線部④と同じ働きをもつものを，下のア～エの中から1つ選び，記号で答えなさい。

ア　John wanted his younger brother to be a police officer.

イ　He went out to mail a letter.

ウ　She wants something hot to drink.

エ　I’m very happy to have many good friends.

問5　次の英語の質問の答えとして適切な文を，下のア～エの中からそれぞれ1つ選び，記号で答えなさい。

(1)　Why were the Nike *moon shoes* so expensive?

ア　Because Nike sneakers are popular.

イ　Because they were used on the moon.

ウ　Because they are very smelly.

エ　Because only 12 pairs were made.

(2)　What does Vivian Frank collect?

ア　Things like shoes, toys and electronics.

イ　Things like t-shirts, jeans and shoes.

ウ　Things like sneakers and old computers.

エ　Things like toys and old sneakers.

問6　本文の内容と一致する文を，下のア～エの中から1つ選び，記号で答えなさい。

ア　It is a good idea to keep your old clothes, toys and video games because you may want to use them again one day in the future, and it is a good way to save money.

イ　Keeping old things, especially if you do not use them, is a good idea because you may be able to sell them for a lot of money one day in the future.

ウ People do not want to spend a lot of money on smelly used clothes or old computers and toys, so it is a good idea to throw them away.

エ Keeping old toys, computers and clothes is a good idea because you will not need to buy expensive new things ten or twenty years in the future.

問7 本文を読んだマークとイザベルが次のように会話をしています。会話が成り立つように，（1）～（5）に入る適切な語を1語で答えなさい。

Mark : I bought some (1) and a (2) of shoes yesterday.
Isobel : Really? Lucky you. How much did (3)cost?
Mark : The jeans were 50 dollars and the shoes were only 29.99.
Isobel : (4) cheap! Where did you buy (5)?
Mark : At Myer's department store near Flinders Street station.

第2問 次の英文を読み，下の問いに答えなさい。

Allan and Dylan are talking at school.

Allan : Did you have a good Christmas holiday?
Dylan : (①)
Allan : Didn't you go anywhere?
Dylan : Nowhere special. I had to work mornings at the bookshop. I worked almost every day. I need money for a new smartphone, remember?
Allan : Oh, yeah. When are you going to get it?
Dylan : I'm not sure. Next month, maybe. How was your holiday?
Allan : It was pretty good, thanks.
Dylan : Did you go somewhere interesting, then?
Allan : Yeah, we went to Thorpe Park. It's near Staines. Have you ever been there?
Dylan : No. Lucky you! (②)
Allan : Fantastic. The rides are really cool and it isn't very expensive to get in.
Dylan : Who did you go with?
Allan : (③)
Dylan : Melissa? I want to go there some time.
Allan : Why don't you come with us next time? I have a discount coupon so I don't have to pay. Do you want to share the ticket price with me?
Dylan : Thanks. When shall we go?
Allan : Well, we have to go this month or I can't use the coupon. How about Saturday?
Dylan : I'm working in the morning.
Allan : (④)

Dylan : Sunday is no good either. I have rugby practice in the morning and I have to do my homework after that.

Allan : That's OK. I have some homework, too. Let's do our homework together on Saturday evening. Then we can go to Thorpe Park on Sunday afternoon.

Dylan : Good idea. Where do you want to meet?

Allan : At Chertsey station. (⑤)

Dylan : Excellent!

Allan : Come over to my place on Saturday at six. We haven't got much homework so we can watch the rugby international at eight. England are playing South Africa at Twickenham.

Dylan : Oh, yeah. I hope England win.

注) discount coupon：割引券

問1 本文の（①）～（⑤）に入る適切な文を，下のア～オの中からそれぞれ１つ選び，記号で答えなさい。

ア It was alright, I suppose. I didn't do much.

イ OK. Sunday, then.

ウ What was it like?

エ Darcy and Melissa.

オ We can get a bus to Thorpe Park from there.

問2 次の英語の質問の答えとして適切な文を，下のア～エの中からそれぞれ１つ選び，記号で答えなさい。

⑴ Why can't Dylan go to Thorpe Park on Saturday?

ア Because he has homework to do.

イ Because he has to work at the bookshop.

ウ Because he is buying a new smartphone.

エ Because he has rugby practice.

⑵ What is Allan doing on Saturday afternoon?

ア He doesn't say. イ He is playing rugby.

ウ He is watching football. エ He is doing his homework.

問3 Dylan は Allan と話をした後，母親と日曜日のことを話しています。次の会話が成り立つように，（１）～（５）に適切な語を１語ずつ答えなさい。

Dylan : Mum, can I go to Thorpe Park with Allan on (1), please?

Mum : Who else is (2)?

Dylan : Darcy and Melissa.

Mum : Really? What about your homework?

Dylan : I'll do (3) on Saturday evening at Allan's place.

Mum : Don't you have rugby practice on Sunday?

Dylan : (4), but I'll be finished by lunchtime.

Mum : How are you getting (5)?
Dylan : By bus.

問4 本文の内容と一致しているものを，下のア～クの中から４つ選び，記号で答えなさい。
ア Dylan didn't have time to go out much during the winter holiday.
イ Allan went to Thorpe Park alone.
ウ Allan works on Saturdays.
エ Tickets for Thorpe Park are really expensive.
オ Dylan is saving money at the moment.
カ They both have homework to do this weekend.
キ Dylan is free on Sunday afternoon.
ク They're going to do their homework at Dylan's place.

第３問 最も強いアクセントの位置がほかと異なるものを，それぞれ１つずつ選び，記号で答えなさい。

1	ア fur-ni-ture	イ al-read-y	ウ care-ful-ly	エ dif-fi-cult
2	ア un-der-stand-ing	イ mi-pos-si-ble	ウ com-mu-ni-cate	エ e-con-o-my
3	ア mis-take	イ po-lice	ウ gui-tar	エ cof-fee
4	ア sys-tem	イ pen-cil	ウ with-out	エ ques-tion
5	ア mod-em	イ ath-lete	ウ suc-cess	エ on-ion

第４問 次の各組の英文がほぼ同じ内容になるように，（ ）内に入る適切な語を１語で答えなさい。

1 Where was she born?
Where is she ( )?

2 Remember me to your parents.
Say ( ) to your parents.

3 Tom skis very well.
Tom is good ( ) skiing.

4 How old is your school?
When ( ) your school built?

5 I don't know anything about the accident.
I know ( ) about the accident.

第５問 次の各文の日本語に合うように，（ ）内の語を並べかえて英文を完成させるとき，（ ）内で３番目と５番目にくる語をそれぞれ記号で答えなさい。

1 トムは子どもの世話をするのが好きです。
Tom (ア of イ to ウ care エ children オ take カ likes).

2 もし明日晴れならば，泳ぎに行きましょう。
Let's (ア go イ swimming ウ sunny エ is オ it カ if) tomorrow.

3　ボブはジョンほど歳を取っていない。

Bob（ア old　イ as　ウ not　エ is　オ John　カ so).

4　私が昨日読んだ本は，たいへん面白かった。

The（ア interesting　イ I　ウ yesterday　エ very　オ read　カ book　キ was).

5　ルイスは，初めて海外へ行く。

Lewis（ア go　イ going　ウ first　エ to　オ for　カ is　キ the　ク abroad ）time.

第６問　各問いのＡ－Ｂの関係とＣ－Ｄの関係が同じになるように，Ｄに入る語を答えなさい。なお，（　）内に与えられている文字から書き始めること。

	A	—	B	C	—	D
	A	—	B	C	—	D
1	meat	—	meet	eight	—	(a　　)
2	long	—	short	wet	—	(d　　)
3	four	—	fourth	twenty	—	(t　　)

【理　科】（45分）　＜満点：60点＞

第１問　次の文章を読み，下の各問いに答えなさい。

抵抗が4.0Ωの電熱線Ａを２つ，抵抗が3.0Ωの電熱線Ｂを１つ用意し，電圧のわからない電池に図１のようにつないで回路をつくりました。このとき，電池に流れる電流の大きさを測定したところ，2.0Ａでした。次の各問いに答えなさい。

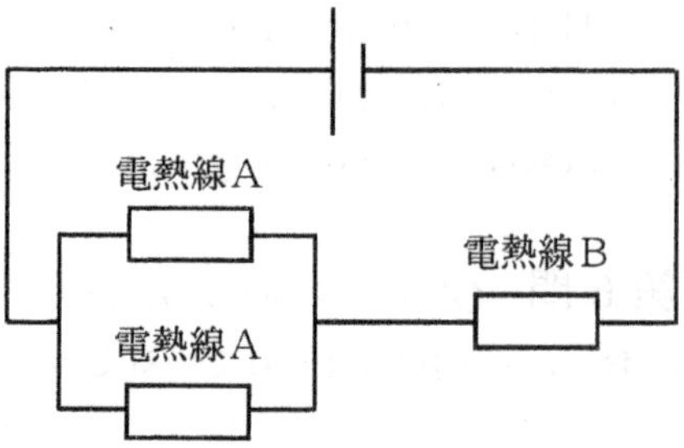

図１

問１　回路を流れる電流や電圧の大きさを調べるには電流計や電圧計を用います。電流計および電圧計について述べた文として，誤っているものを次のア～エからすべて選び，記号で答えなさい。

ア．電流計は電流の大きさを測定したい部分に並列につなぐ。

イ．電圧計は電圧の大きさを測定したい部分に並列につなぐ。

ウ．電流の大きさが予想できない場合，電流計の測定範囲が最も小さいマイナス端子に接続する。

エ．目盛りを読み取るときは，表示されている最小目盛りの10分の１まで読み取る。

問２　電熱線Ｂの消費電力は何Ｗですか。

問３　回路全体の抵抗は何Ωですか。

問４　電池の電圧は何Ｖですか。

問５　電池１つと，電熱線Ｂを２つ用意し，電熱線Ｂを並列につないだ回路Ｘと，直列につないだ回路Ｙをつくります。次に，回路Ｘ，Ｙを水の入ったポリエチレンビーカーに電熱線が水につかるように取りつけます。このとき，回路Ｘ，Ｙの水が得る熱量の関係について述べた文として，最も適当なものを次のア～オから１つ選び，記号で答えなさい。ただし，電流を流す時間は同じであり，熱のやりとりは電熱線と水の間でのみ行われるものとします。

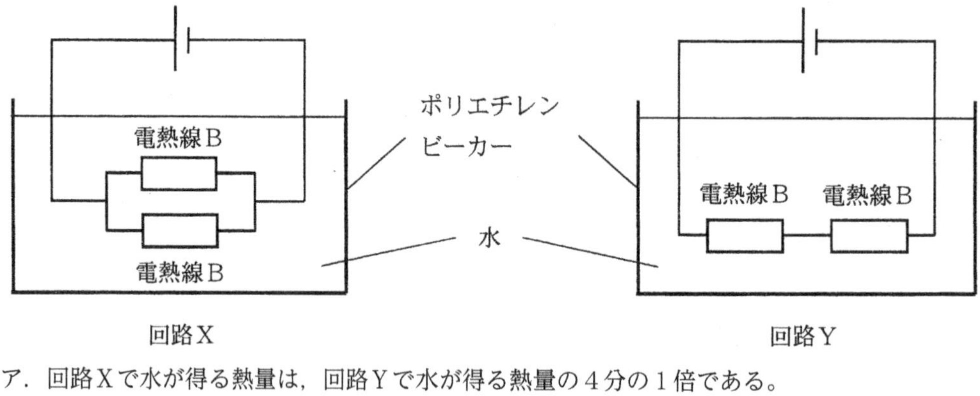

回路Ｘ　　回路Ｙ

ア．回路Ｘで水が得る熱量は，回路Ｙで水が得る熱量の４分の１倍である。

イ．回路Ｘで水が得る熱量は，回路Ｙで水が得る熱量の２分の１倍である。

ウ．回路Ｘで水が得る熱量は，回路Ｙで水が得る熱量と同じである。

エ．回路Ｘで水が得る熱量は，回路Ｙで水が得る熱量の２倍である。

オ．回路Ｘで水が得る熱量は，回路Ｙで水が得る熱量の４倍である。

第２問　次の文章［Ⅰ］・［Ⅱ］を読み，下の各問いに答えなさい。

［Ⅰ］　次の図は，硝酸カリウム，硫酸銅，塩化ナトリウム，ミョウバンの溶解度曲線を表しています。

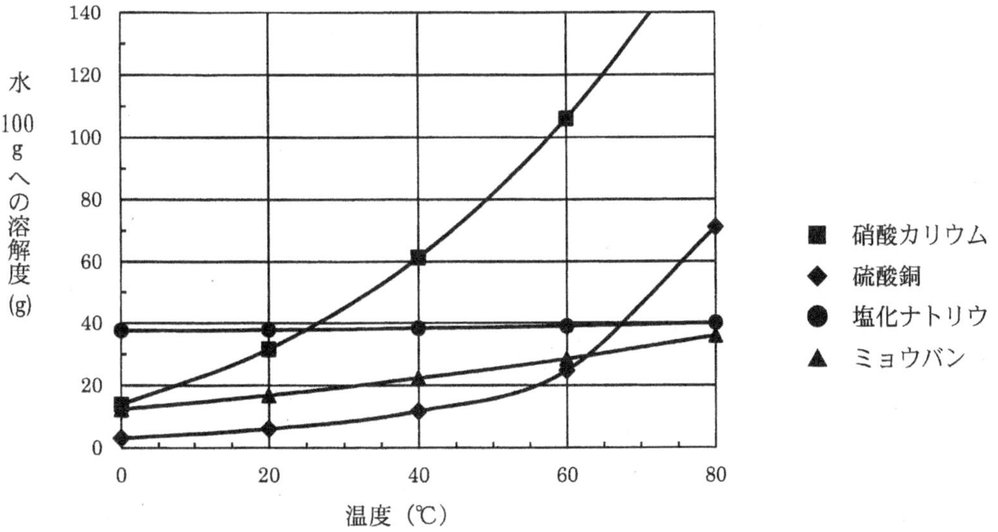

問１　20℃において，同じ量の水に溶ける質量が最も大きい物質を次のア～エから１つ選び，記号で答えなさい。

ア．硝酸カリウム　　イ．硫酸銅　　ウ．塩化ナトリウム　　エ．ミョウバン

問２　40℃の水200ｇに，硝酸カリウム60ｇを入れてよくかき混ぜました。次の各問いに答えなさい。

⑴　この水溶液を10℃まで冷やしたとき，出てくる結晶は何ｇですか。最も適当なものを次のア～カから１つ選び，記号で答えなさい。

ア．８ｇ　　イ．16ｇ　　ウ．24ｇ　　エ．38ｇ　　オ．44ｇ　　カ．60ｇ

⑵　この実験において，水溶液の温度と質量パーセント濃度の関係を表したグラフとして最も適当なものを次のア～カから１つ選び，記号で答えなさい。ただし，グラフの横軸は水溶液の温度を，縦軸は水溶液の質量パーセント濃度を表しています。

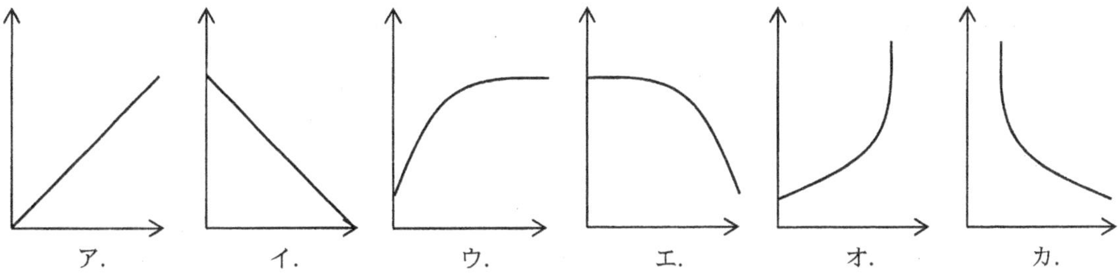

［Ⅱ］　うすい水酸化ナトリウム水溶液10㎤に緑色のBTB溶液を少量加え，これにうすい塩酸を加えていくときの色の変化を観察したところ，加えた塩酸の体積が20㎤となったところで水溶液の色が変化しました。

問３　緑色のBTB溶液を少量加えたとき，水酸化ナトリウム水溶液と同じ色を示すものを次のア

～オからすべて選び，記号で答えなさい。

ア．炭酸水　　イ．アンモニア水　　ウ．レモン汁　　エ．蒸留水

オ．炭酸ナトリウム水溶液

問4　水酸化ナトリウム水溶液と塩酸が反応したときにできる，水以外の物質について述べた文として最も適当なものを次のア～エから1つ選び，記号で答えなさい。

ア．酢の主成分である。

イ．この物質の水溶液は，赤色リトマス紙を青色に変化させる。

ウ．固体は立方体の結晶である。

エ．水には，ほとんど溶けない。

問5　塩酸を10㎝^{3}加えたとき，水溶液中に最も多く存在するイオンを化学式で答えなさい。

第3問　次の文章［Ⅰ］・［Ⅱ］を読み，下の各問いに答えなさい。

［Ⅰ］　水中で生活する①無セキツイ動物からセキツイ動物が誕生しました。セキツイ動物は，魚類→両生類→ハチュウ類へと進化し，その後，鳥類やホニュウ類が出現しました。セキツイ動物の5つの仲間は，ふえ方や②呼吸方法などで分けられています。

問1　文中の下線部①について，無セキツイ動物の仲間を次のア～カからすべて選び，記号で答えなさい。

ア．アサリ　　イ．クモ　　ウ．イモリ　　エ．ハチ　　オ．ヘビ　　カ．ウナギ

問2　文中の下線部②について，セキツイ動物では，水中生活をする魚類と両生類の幼生だけがえら呼吸ですが，他の生物は肺呼吸です。肺呼吸について，次の文中の空欄（a）～（c）に当てはまる言葉の組み合わせとして，最も適当なものを下のア～クから1つ選び，記号で答えなさい。

酸素は肺にある肺胞という部分で血液に取り込まれる。酸素を多く含んだ血液を（　a　）という。この（　a　）は，肺胞の毛細血管から（　b　）という血管を通って心臓へ戻り，心臓から（　c　）という血管を通って，全身の組織の各細胞に酸素を運ぶ。

	（a）	（b）	（c）
ア	動脈血	肺動脈	大動脈
イ	動脈血	肺動脈	大静脈
ウ	動脈血	肺静脈	大動脈
エ	動脈血	肺静脈	大静脈

	（a）	（b）	（c）
オ	静脈血	肺動脈	大動脈
カ	静脈血	肺動脈	大静脈
キ	静脈血	肺静脈	大動脈
ク	静脈血	肺静脈	大静脈

［Ⅱ］　すい臓は，胃と小腸の間にある十二指腸につながっています。以前から，酸を含む③胃液のまざった食べ物が，胃から十二指腸に流れ込むことをきっかけに，④すい液が分泌されることがわかっていました。しかし，⑤一般に体内の情報伝達は神経を通じて行われますが，十二指腸に酸が流れ込んだ刺激がどのようにすい臓に伝わり，すい液が分泌されるのかがわかっていませんでした。1902年，次のような実験1，2が行われ，すい臓からすい液が分泌されるしくみが発見されました。

【実験1】　ある動物を使い，十二指腸に分布する神経をすべて切断して，十二指腸にうすい塩酸を注入したところ，すい臓からすい液が分泌されました。

【実験２】 ある動物の十二指腸の内壁を切り取ってうすい塩酸を加えてすりつぶし，組織が入らないようにしぼった汁をすい臓につながる血管に注入したところ，すい臓からすい液が分泌されました。

後に，そのしぼり汁からある物質が発見され，情報を伝えるこのような物質は他の器官からもたくさん見つかり，それらは「ホルモン」と呼ばれるようになりました。

問３　下線部③，④について，それぞれの消化液に含まれるタンパク質を分解する消化酵素は何ですか。また，タンパク質は最終的に何という物質に分解されますか。その組み合わせとして最も適当なものを次のア～クから１つ選び，記号で答えなさい。

	胃液中	すい液中	分解物質
ア	ペプシン	トリプシン	ブドウ糖
イ	ペプシン	リパーゼ	ブドウ糖
ウ	トリプシン	ペプシン	ブドウ糖
エ	トリプシン	リパーゼ	ブドウ糖

	胃液中	すい液中	分解物質
オ	ペプシン	トリプシン	アミノ酸
カ	ペプシン	リパーゼ	アミノ酸
キ	トリプシン	ペプシン	アミノ酸
ク	トリプシン	リパーゼ	アミノ酸

問４　下線部⑤について，中枢神経から筋肉に情報を伝える神経を何といいますか。名称を答えなさい。

問５　実験１，２からわかることとして，最も適当なものを次のア～カから２つ選び，記号で答えなさい。

ア．酸の刺激があれば，十二指腸でつくられた物質によっても神経によっても，すい液が分泌される。

イ．神経によってすい臓に情報が伝わり，すい液が分泌されたのではない。

ウ．神経と十二指腸でつくられた物質の両方がないと，すい液が分泌されない。

エ．神経によってではなく，酸が血管を通ってすい臓に情報を伝えることで，すい液が分泌される。

オ．すりつぶした十二指腸の内壁に酸を加えてつくられたすい液が，血管を通ってすい臓に運ばれて分泌される。

カ．酸の刺激によって十二指腸でつくられた物質が血管を通ってすい臓に情報を伝えることで，すい液が分泌される。

第４問　次の文章を読み，下の各問いに答えなさい。

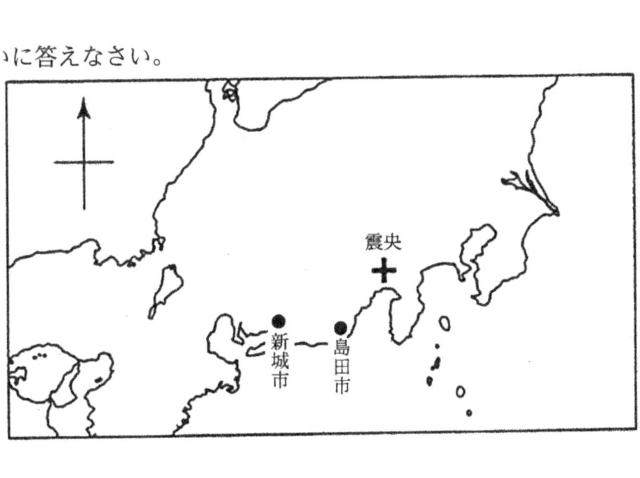

右の図は，2011年３月15日に起きた（　①　）の震央の位置を表した図です。島田市では，22時31分56秒にカタカタという小さなゆれが観測され，続いて22時32分６秒にユサユサという大きなゆれが観測されました。また，新城市では，22時32分２秒に小さなゆれが観測され，続いて22時32分17秒

に大きなゆれが観測されました。ただし，Ｐ波が伝わる速さを7.2km/秒，Ｓ波が伝わる速さを3.6km/秒とします。

問１　文中の（①）に当てはまる地震の正式名称を次のア～オから１つ選び，記号で答えなさい。

ア．兵庫県南部地震　　イ．新潟県中越地震　　　　ウ．静岡県東部地震

エ．胆振東部地震　　　オ．東北地方太平洋沖地震

問２　震源から新城市までの距離は何kmですか。

問３　この地震が発生した時刻は，22時31分何秒と考えられますか。あてはまる秒を答えなさい。

問４　地震についての説明として誤っているものを，次のア～カから２つ選び，記号で答えなさい。

ア．Ｐ波とＳ波で比べると，Ｐ波のほうが先に発生する。

イ．地震の時に起こる急激な大地の隆起によって，海岸付近の地形が大きく変わり，海岸段丘がつくられることがある。

ウ．震度は，ある地点での地面の揺れの程度を表し，日本では10段階に分けられている。

エ．地震が起きたときは，頭を保護し，机の下などに避難をし，あわてて外に飛び出さないほうがよい。

オ．地震のエネルギーは，マグニチュードが１大きくなると約32倍になり，２大きくなると1000倍になる。

カ．津波は，水深が浅くなるにつれて速度が速くなるため，海岸付近での津波の高さが高くなる。

第５問　次の文章を読み，下の各問いに答えなさい。

下の図のように，水平な床に支柱を置き，支柱にはレールを支えるための台①，台②を取り付けました。また，硬くて曲がらない力学台車用のレールを用意し，一方を床に固定し，他方を台①に取りつけて，斜面をつくりました。次に，床からの高さが20cmの斜面上の点から力学台車を静かに運動させました。ただし，力学台車の車輪は摩擦なく回転するものとします。

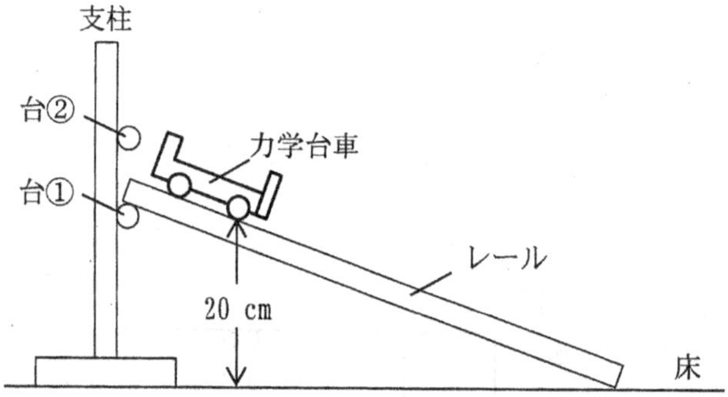

問１　１秒間に50回打点する記録タイマーを使って，斜面を下る力学台車の運動を調べたところ，次の結果が得られました。区間PQの平均の速さは何cm/秒ですか。

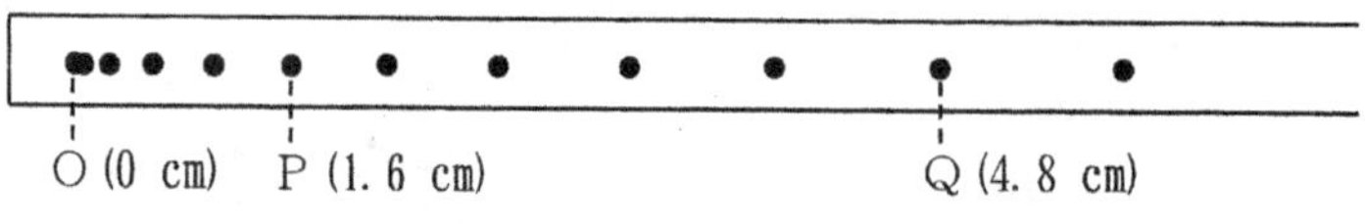

問２　力学台車の速さと時間の関係を表すグラフの形として，最も適当なものを次のページのア～エから１つ選び，記号で答えなさい。また，斜面を台②に取り付けて，床からの高さが20cmの斜

面上の点から力学台車を運動させるとき，力学台車がレールの下端に達した時の速さはどのようになりますか。最も適当なものを下のａ～ｃから１つ選び，記号で答えなさい。

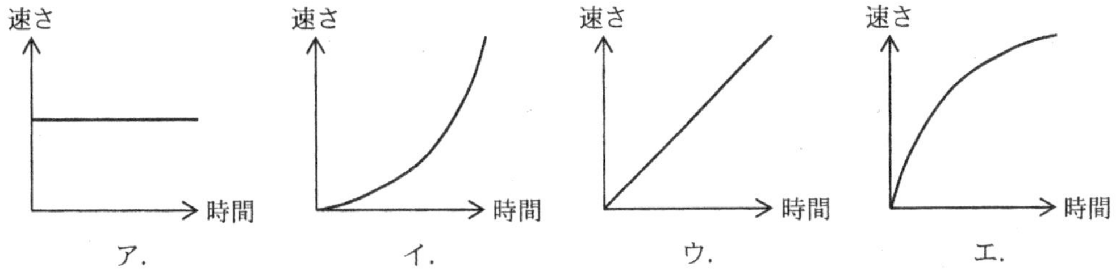

ａ．台①のときより速くなる　　ｂ．台①のときと同じ速さになる
ｃ．台①のときより遅くなる

問３　力学台車の重さが1.2kgのとき，下の図のように，斜面上の力学台車の重さをばね計りで斜面に沿った方向で測ったところ，800ｇでした。このとき，力学台車がある位置の斜面に沿った長さｘは何㎝ですか。最も適当なものを次のア～オから１つ選び，記号で答えなさい。

ア．10㎝　　イ．13㎝
ウ．20㎝　　エ．30㎝
オ．40㎝

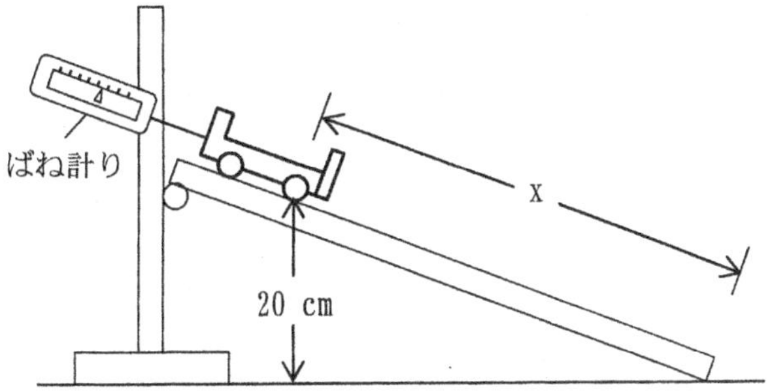

問４　次の文は，この実験で力学台車にはたらく力について述べたものです。文中の空欄（Ａ），（Ｂ）に当てはまる語句を，下のア～カから１つずつ選び，記号で答えなさい。ただし，力学台車の重さは変えないものとします。

台②のとき，力学台車の進む向きにはたらく力の大きさは，台①のとき（　Ａ　）。また，その力の大きさは，力学台車が（　Ｂ　）。

ア．より大きくなる　　イ．と同じである
ウ．より小さくなる　　エ．進むにつれてしだいに大きくなる
オ．進んでも変わらない　　カ．進むにつれてしだいに小さくなる

第６問　次の文章［Ⅰ］・［Ⅱ］を読み，下の各問いに答えなさい。

［Ⅰ］　銅板と亜鉛板をうすい塩酸に入れて導線でつなぐと，電気エネルギーを取り出すことができます。このとき，亜鉛板では，亜鉛原子が電子を（　①　）個（　②　）ことで亜鉛イオンZn^{2+}となります。電池では，２つの金属板のうち，陽イオンになりやすい方がイオンとなって電子を（　②　）ことで（　③　）極となります。

問１　次の金属板と水溶液の組合せのうち，電池としてはたらくものを次のア～エから１つ選び，記号で答えなさい。

ア．銅板，鉄板，水酸化ナトリウム水溶液　　イ．亜鉛板，亜鉛板，水酸化ナトリウム水溶液
ウ．銅板，銅板，エタノール　　エ．亜鉛板，鉄板，エタノール

問２　文中の空欄（①）～（③）に当てはまる語句の組合せを次のア～クから１つ選び，記号で答えなさい。

	（①）	（②）	（③）
ア	1	放出する	正
イ	1	放出する	負
ウ	2	放出する	正
エ	2	放出する	負

	（①）	（②）	（③）
オ	1	受け取る	正
カ	1	受け取る	負
キ	2	受け取る	正
ク	2	受け取る	負

［Ⅱ］　鉄粉の質量を変えながら，空気中で加熱して酸素と過不足なく反応させました。このとき，反応させた鉄粉の質量と反応によってできた物質の質量を調べると，次のグラフのようになり，化学反応式は，（　④　）Fe＋（　⑤　）O_2→（　⑥　）Fe_2O_3と表されます。

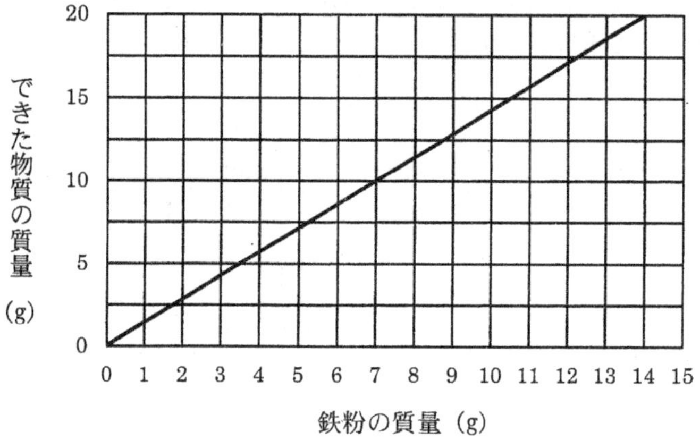

問３　文中の化学反応式の空欄（④）～（⑥）に当てはまる数字をそれぞれ答えなさい。

問４　鉄と酸素が反応するときの質量の比を，最も簡単な整数比で答えなさい。

問５　鉄と酸素をそれぞれ35ｇずつ混ぜたものを密封して加熱しました。このとき反応せずに残る物質はどちらですか。また，この反応によってできる物質の質量は何ｇですか。

第７問　次の文章［Ⅰ］・［Ⅱ］を読み，下の各問いに答えなさい。

［Ⅰ］　被子植物では，めしべの柱頭についた花粉は，（　①　）をのばします。その中を精細胞が移動し，子房に包まれた（　②　）の中にある卵細胞に達すると，精細胞の核が卵細胞の核と合体し，受精卵になります。その後，受精卵は細胞分裂によって（　③　）になり，（　②　）全体は種子になります。

問１　種子植物について述べた文として，最も適当なものを次のア～カから２つ選び，記号で答えなさい。

ア．ツツジは，双子葉類であり，ひげ根をもつ。

イ．マツは，裸子植物であり，別々の木に雄花と雌花がつく。

ウ．イチョウは，双子葉類であり，離弁花である。

エ．アサガオは，双子葉類であり，合弁花である。

オ．イネは単子葉類であり，平行脈をもつ。

カ．アブラナは，単子葉類であり，主根と側根をもつ。

問２　文中の空欄（①）～（③）に当てはまる語句を答えなさい。

問３　文中の下線部において，精細胞１個の染色体の数をＰ，卵細胞１個の染色体の数をＱ，受精卵１個の染色体の数をＲとしたとき，染色体の数の関係を示す式として，最も適当なものを次のア～オから１つ選び，記号で答えなさい。

ア．Ｐ＝Ｑ＝Ｒ　　イ．Ｐ＝Ｑ＝２Ｒ　　ウ．Ｐ＋Ｑ＝Ｒ

エ．Ｐ＋Ｑ＝２Ｒ　　オ．Ｐ×Ｑ＝２Ｒ

［Ⅱ］　タマネギの根の先端を使い，顕微鏡で細胞分裂を観察しました。右の図は，顕微鏡で観察された細胞をスケッチしたものです。

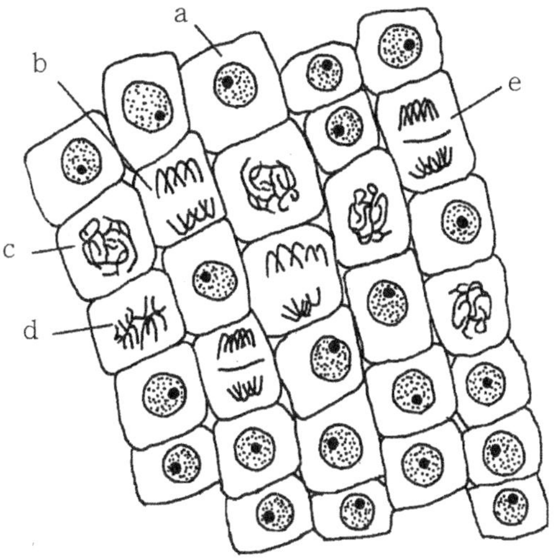

問４　図中のａ～ｅの細胞を細胞分裂の順に並べたとき，2番目と４番目になる細胞を，図中のｂ～ｅからそれぞれ１つずつ選び，記号で答えなさい。ただし，ａが１番目にくるものとします。

問５　細胞が分裂を始めてから，次の分裂を始めるまでを細胞周期といいます。図中のａ～ｅの細胞は，細胞周期の各時期を表しています。タマネギの根の先端の細胞は常に分裂をくり返しているので，観察された各時期の細胞数は，細胞周期の各時期の時間の長さに比例します。タマネギの根の先端の細胞の細胞周期を25時間としたとき，図中のｃの時期の時間の長さは，何時間何分ですか。

第８問　次の各問いに答えなさい。

問１　右の図は，ある日の午前９時の日本付近の天気図です。黒点は札幌を示しています。次の文は，この日の札幌の天気の変化を説明したものです。文中の①～⑤に当てはまる言葉をア，イからそれぞれ１つずつ選び，記号で答えなさい。

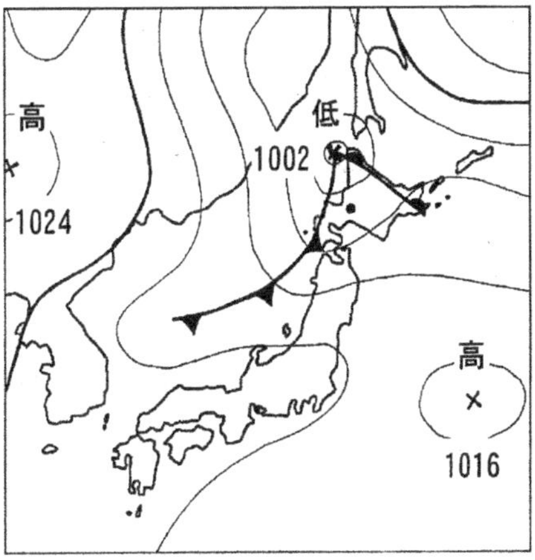

午前９時の札幌は，①〈ア．晴れて，イ．雨がふって〉います。気温は８℃で，②〈ア．北，イ．南〉からの風が吹いています。

午後３時の札幌は，③〈ア．寒冷前線，イ．温暖前線〉が通り過ぎる時に降っていた雨もやんでいます。また，午前９時の時よりも，気温は④〈ア. 下がり，イ. 上がり〉，風向きは⑤〈ア. 西，イ．東〉よりになりました。

問２　次の文章を読み，文中の空欄（１）～（４）に当てはまるものを下のア～スからそれぞれ１つずつ選び，記号で答えなさい。

フェーン現象という気象現象を題材にした，次のような【問題】があります。問題文中の下線部の知識を与えられれば，中学生の知識でもこの問題を解くことができます。下の【考え方】に沿って，問題を解きましょう。

【問題】　右の図のような標高1500ｍの山があり，標高０ｍの地点Ａにある空気が山頂を越えて標高０ｍの地点Ｃに移動することを考えます。今，地点Ａにある空気の気温が25℃，水蒸気量は17.3ｇ/m^3だとします。この空気１m^3が山頂まで斜面をのぼり，山頂から地点Ｃへ下ると，地点Ｃの気温は何℃になりますか。気温と飽和水蒸気量との関係を示す下の表を参考にして求めなさい。ただし，雲がなければ空気が100ｍのぼるごとに気温が１℃下がり，雲があれば空気が100ｍのぼるごとに気温が0.5℃下がるものとします。

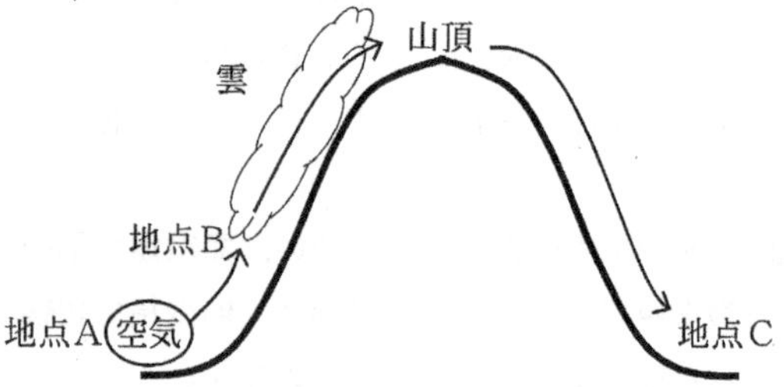

気温（℃）	0	5	10	15	20	25	30	35
飽和水蒸気量（g/m^3）	4.8	6.8	9.4	12.8	17.3	23.1	30.4	39.6

【考え方】

地点Ａの空気が斜面をのぼっていくと，ある地点から雲ができます。雲ができ始めるところを地点Ｂとします。地点Ｂで雲ができ始めたのは，空気中の水蒸気が水滴に変わったからです。この時の温度を（　１　）といいます。問題文中の下線部と表より，地点Ｂの気温は20℃，標高は500ｍの地点であることがわかります。

次に，地点Ｂから山頂までは雲ができているため，問題文中の下線部より，山頂の気温は（　２　）℃となります。そして，表より地点Ｂから山頂までの間に（　３　）ｇの水蒸気が，水滴となって雲や雨になったことがわかります。

山頂から地点Ｃへ空気が下るときは雲ができないため，問題文中の下線部より，気温は100ｍ下るごとに１℃上がると考えればよいので，Ｃ地点の気温は（　４　）℃となります。

ア．融点　　イ．露点　　ウ．相対湿度　　エ．4.5　　オ．5.8　　カ．7.3　　キ．10
ク．13.1　　ケ．15　　コ．17.6　　サ．20　　シ．25　　ス．30

問３　右の図は，札幌市で透明半球を用いて太陽の位置を記録したものです。図中の点Ａ～Ｆは午前９時から１時間ごとの太陽の位置の記録を表しています。次の条件１～３から，この日の日の入りの時刻は，午後何時何分ですか。

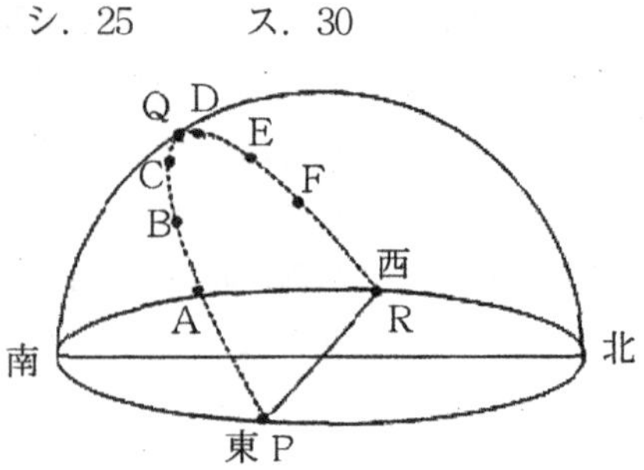

【条件１】　ＡからＢまでの長さは６㎝でした。
【条件２】　Ｐ・Ｑ・Ｒは，Ａ～Ｆの記録から求めた日の出・南中・日の入りの太陽の位置です。
【条件３】　ＣからＱまでの長さは４㎝，ＰからＡまでの長さは15㎝でした。

【社　会】（45分）　＜満点：60点＞

第1問　次の文章を読んで，下の問いに答えなさい，

2019年9月から11月にかけて，①日本で初めてラグビーワールドカップが開催されました。「ONE　TEAM」をスローガンに掲(かか)げた日本代表は，アイルランド，サモア，②スコットランド，③ロシアと同組の予選プールを全勝で突破し，史上初の準々決勝進出を果たしました。上記の国・地域以外にも，準々決勝で日本と対戦した南アフリカ共和国をはじめ，④アメリカ合衆国やアルゼンチン，イタリア，⑤オーストラリア，ニュージーランド，⑥フランスなど世界各地から20の国・地域が参加し，日本代表の活躍と世界最高峰の戦いに日本列島が熱狂の渦(うず)に包まれました。

今回のワールドカップでは，大会前の事前キャンプ地とは別に，各チームの大会期間中の滞在場所となる公認チームキャンプ地が定められました。例えば，日本代表と予選プール最終戦で対戦したスコットランド代表は⑦静岡県浜松市などに，準々決勝で対戦した南アフリカ共和国代表は⑧鹿児島県鹿児島市などに滞在し，それぞれの試合に備えて準備をしました。公認チームキャンプ地には61の自治体が登録され，北は北海道から南は沖縄まで日本各地に代表チームが滞在しました。

代表チームの滞在期間中には，歓迎行事や地域文化の体験，写真撮影会，ラグビー教室など，さまざまな形で地域の人々との交流が図られました。オーストラリア代表の公認チームキャンプ地であった北海道江別市では，オーストラリアと日本の大学生チーム同士の交流試合が開催されるなど，代表選手と地域住民という枠にとどまらない広範な交流もみられました。また，大会期間中に台風の影響で大きな被害を受けた⑨岩手県釜石市では，⑩カナダ代表が土砂除去などのボランティア活動に参加し，地域の住民とともに復旧作業をおこないました。スポーツを通しての交流をきっかけに，⑪人種や民族の垣根をこえて人々が助け合う姿は，海外でも報じられて大きな反響をよびました。

現代の社会は，⑫グローバル化の進展により，さまざまな分野において⑬地球規模での活動が活発になっています。また，インターネットなどの普及によって，世界中の人々がつながることが容易となり，個人の結びつきが大きな運動に発展したり影響力をもったりするようにもなっています。現在，地球上には，地球温暖化や大気汚染といった⑭環境問題など，地球規模で取り組んでいかなければならない課題が多くあります。こうした課題を解決していくためには，国や地域間の協力はもちろん，国や地域の枠組みをこえて世界中の人々が協力していくことが重要です。こうした時代において，スポーツなどを通しての文化的な交流は，世界中の人々が結びつきを強めていく絶好の機会であり，これまで以上に大きな意義をもつようになると考えられます。開催を間近に控えた2020年⑮東京オリンピック・パラリンピックもそうした機会になることが期待されます。

問1　下線部①について，次の⑴・⑵に答えなさい。

⑴　日本の領土のうち，最も西に位置する島を答えなさい。

⑵　日本の都市について，次のページの資料Ⅰ・Ⅱをみて，空欄（X）にあてはまる都市名を答えなさい。

資料Ⅰ（　Ｘ　）市の説明

港湾都市として発達した歴史をもち，（　Ｘ　）港は現在も日本で有数の貿易港となっています。古くから多くの外国人がこの地を訪れたため，異人館や中華街などの特徴的な街並みもみられます。１９６０年代以降には，人口の増加に対応するため，市街地の背後に迫（せま）る丘陵地を切りひらいてニュータウンを建設しました。また，丘陵地をけずって得られた土砂は，沿岸部の埋め立てに利用され，ポートアイランドとよばれる人工島が建設されました。

資料Ⅱ　日本の人口上位６都市

都市名	人口（万人）
東京都特別区	８９５．６
横浜市	３６４．６
大阪市	２５７．０
名古屋市	２２０．９
札幌市	１９４．０
（　Ｘ　）市	１４９．６

（データブック・オブ・ザ・ワールド　２０１９）

問２　下線部②について，この地域の北部には，氷河で侵食された谷に海水が侵入してできた入り江が形成されています。このような入り江を何というか答えなさい。

問３　下線部③について，この国は，ＥＵ（ヨーロッパ連合）諸国へ原油・天然ガスを輸出しています。これらを陸上で直接輸送する際に用いられる輸送管を何というか答えなさい。

問４　下線部④について，次の⑴・⑵に答えなさい。

⑴　この国が国別生産量世界第１位である品目として誤っているものを，次のア～エから１つ選び，記号で答えなさい。

ア．大　豆　　イ．牛　肉　　ウ．小　麦　　エ．トウモロコシ

⑵　この国のロサンゼルス（標準時子午線西経120度）を現地時刻の10月30日13時00分に出発した航空機が，日本（標準時子午線東経135度）に12時間30分かけて到着しました。到着時の日本の日時として正しいものを，次のア～エから１つ選び，記号で答えなさい。

ア．10月30日　８時30分　　イ．10月30日　18時30分

ウ．10月31日　８時30分　　エ．10月31日　18時30分

問５　下線部⑤について，次のページの表は，この国で生活する移民の数と，出身州別の割合の変化をあらわしています。この表から読み取れる内容として正しいものを，下のア～エから１つ選び，記号で答えなさい。

ア．1961年から一貫して割合が増加しているのは，アジア州出身の移民の割合，アフリカ州出身の移民の割合の２つだけである。

イ．どの年代においても最も割合が大きいのはヨーロッパ州出身の移民の割合であり，どの年代

においても最も割合が小さいのはオセアニア州出身の移民の割合である。

ウ．アジア州出身とオセアニア州出身の移民の割合は，大きく増加しており，どちらも2011年には1961年に比べて５倍以上の割合になっている。

エ．ヨーロッパ州出身の移民の割合は，大きく減少しており，2011年には1961年に比べて半分以下の割合になっている。

	アジア州	ヨーロッパ州	アフリカ州	オセアニア州	その他・出身国不明	移民の合計
１９６１年	４．４％	８９．７％	１．６％	３．１％	１．２％	１７７．９万人
１９８１年	１１．６％	７０．７％	２．９％	６．２％	８．６％	３１２．８万人
２００１年	２２．３％	４１．３％	３．６％	８．９％	２３．９％	５１４．０万人
２０１１年	３０．８％	３２．６％	５．２％	９．４％	２２．０％	６４８．６万人

（オーストラリア統計局資料）

問６　下線部⑥について，この国の首都の月別平均気温と月降水量をあらわしているものを，次のア～エから１つ選び，記号で答えなさい。なお，それ以外はアルゼンチン，イタリア，ロシアの首都のものです。

ア　イ　ウ　エ

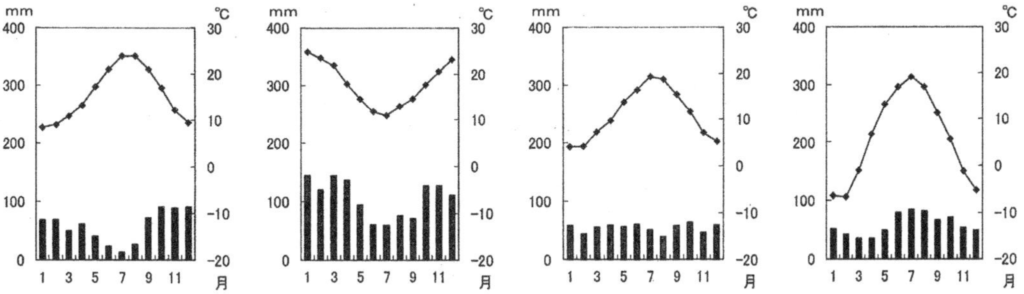

（理科年表　平成３０年ほか）

問７　下線部⑦について，下のグラフは，日本のおもな工業地帯・地域の製造品出荷額とそれに占める各種品目の割合をあらわしています。この県を含む東海工業地域にあてはまるものを，次のア～エから１つ選び，記号で答えなさい。

ア

製造品出荷額　総計３００，００６億円

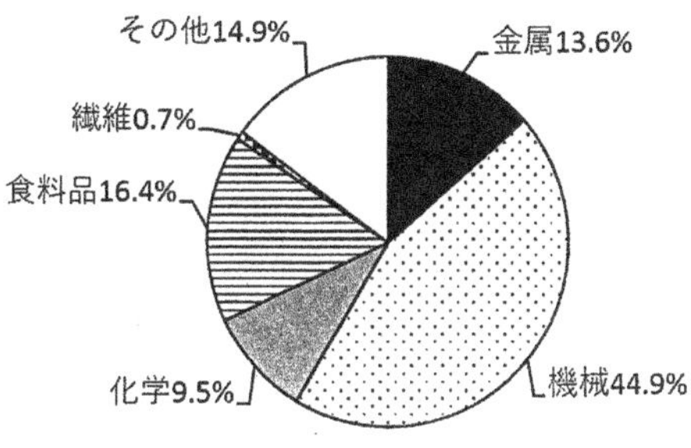

イ

製造品出荷額　総計１２７，１５２億円

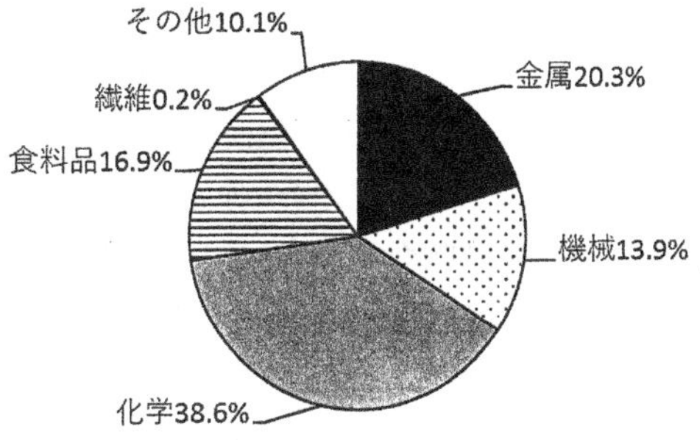

ウ
製造品出荷額　総計３２３，５５２億円

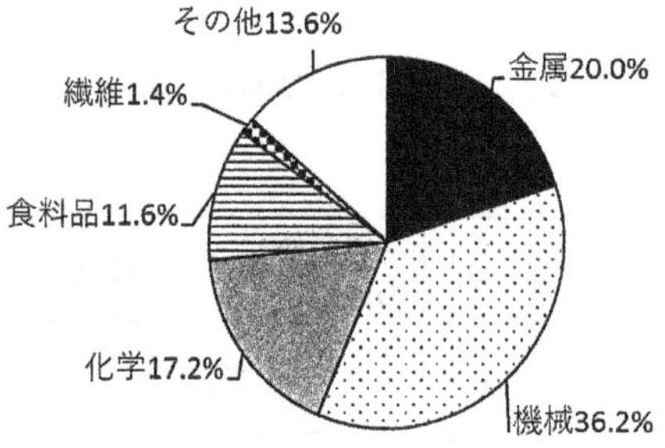

エ
製造品出荷額　総計１６４，３９３億円

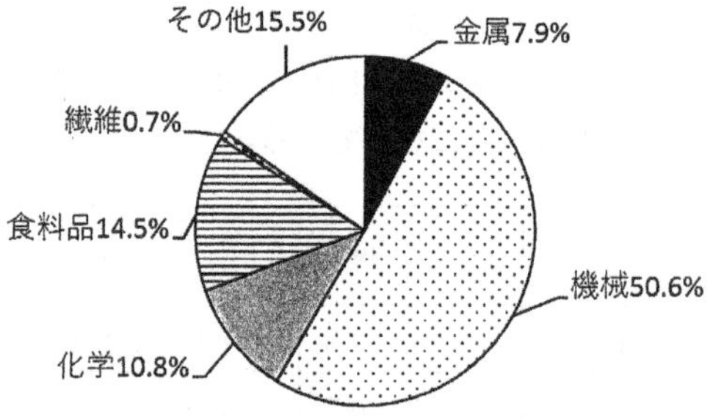

（日本国勢図会　２０１９／２０）

問８　下線部⑧について，次の表は，この県で生産および飼育がさかんな品目（菊（きく）の出荷量・鶏卵（けいらん）の生産量・茶の生産量・豚の飼養頭数）の都道府県別上位５位までをあらわしています。表中のⅠ～Ⅳが示す品目の組み合わせとして正しいものを，下のア～クから１つ選び，記号で答えなさい。

	Ⅰ		Ⅱ		Ⅲ		Ⅳ	
第１位	茨　城	8.5%	鹿児島	13.8%	静　岡	39.2%	愛　知	31.8%
第２位	鹿児島	6.9%	宮　崎	8.9%	鹿児島	35.8%	沖　縄	17.9%
第３位	千　葉	6.3%	北海道	6.8%	三　重	7.8%	福　岡	6.7%
第４位	岡　山	4.9%	千　葉	6.6%	宮　崎	4.7%	鹿児島	5.9%
第５位	広　島	4.9%	群　馬	6.6%	京　都	3.5%	長　崎	4.0%

（農林水産省　平成３０年作物統計・平成３０年畜産統計・平成３０年畜産物流通調査）

	Ⅰ	Ⅱ	Ⅲ	Ⅳ
ア	菊	鶏　卵	豚	茶
イ	菊	茶	鶏　卵	豚
ウ	豚	鶏　卵	茶	菊
エ	豚	茶	菊	鶏　卵

	Ⅰ	Ⅱ	Ⅲ	Ⅳ
オ	鶏　卵	菊	豚	茶
カ	鶏　卵	豚	茶	菊
キ	茶	菊	鶏　卵	豚
ク	茶	豚	菊	鶏　卵

問９　下線部⑨について，次の⑴・⑵に答えなさい。

⑴　この県の説明として正しいものを，次のア～エから１つ選び，記号で答えなさい。

ア．三陸海岸には半島や岬と湾が連続する入り組んだ海岸線がみられ，湾内の波が穏やかであるため，カツオやマグロの養殖がさかんである。

イ．東北自動車道が整備されるにつれて，インターチェンジ付近に集積回路や電子部品などを製造する工業団地が新たに建設された。

ウ．夏に吹く「やませ」とよばれる冷涼乾燥風の影響が長引くと，降水量が不足して干ばつがおこり，稲の不作などの被害が出る。

エ．この県の伝統工芸品の１つである会津塗は，デザインの工夫や現代の生活環境への対応により，利用者の範囲を広げている。

⑵　右の地図中のＹは，この県と隣県の県境になっている山脈の一部をあらわしています。この地域の気候にも大きな影響を与える，地図中Ｙの山脈名を答えなさい。

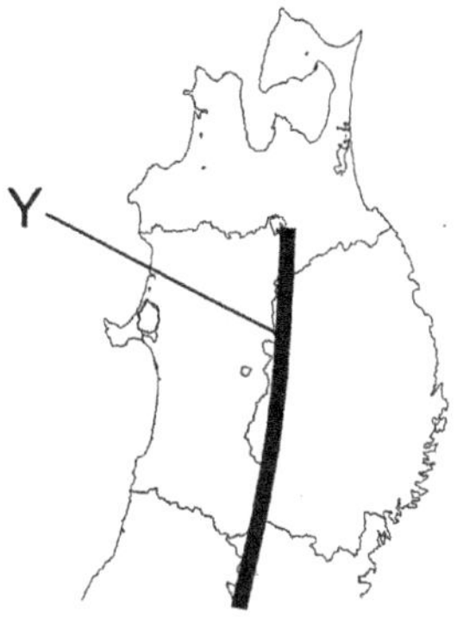

問10　下線部⑩について，この国の説明として誤っているものを，次のア～エから１つ選び，記号で答えなさい。

ア．この国とアメリカ合衆国，メキシコの３か国で北米自由貿易協定を結んでいる。

イ．水力発電がさかんであり，全発電量の50％以上を占めている。

ウ．多文化主義を取り入れており，英語と先住民の言語の２つが公用語となっている。

エ．首都はオタワであり，Ｇ７（先進国首脳会議）の一員である。

問11　下線部⑪について，中南米諸国でみられる，ヨーロッパ系の白人と先住民（インディオ）との混血の人々を何というか答えなさい。

問12　下線部⑫について，次の⑴・⑵に答えなさい。

⑴　これによって人やモノの移動が活発化しているアジアでは，韓国のインチョン国際空港やシンガポールのチャンギ国際空港のような国際線の乗り換え拠点となる空港が建設されています。このような地域の拠点としての機能をもつ空港を何というかカタカナで答えなさい。

⑵　これによって地球規模での経済活動が活発になり，世界全体の貿易額は年々増加しています。下の表は，中国，ナイジェリア，ブラジル，マレーシアの輸出品上位５品目と輸出総額に占める割合をあらわしています。ナイジェリアにあてはまるものを，表中のア～エから１つ選び，記号で答えなさい。

	ア		イ		ウ		エ	
第１位	原　油	81.1%	機械類	41.0%	大　豆	11.8%	機械類	43.3%
第２位	液化天然ガス	11.7%	石油製品	13.7%	鉄鉱石	8.8%	衣　類	7.0%
第３位	石油ガス	1.4%	パーム油	7.4%	機械類	8.1%	繊維品	4.8%
第４位	石油製品	0.8%	液化天然ガス	4.5%	原　油	7.6%	金属製品	3.8%
第５位	液化石油ガス	0.7%	精密機械	4.3%	肉　類	6.9%	自動車	3.3%
総　額	44,466百万ドル		216,428百万ドル		217,739百万ドル		2,263,371百万ドル	

（世界国勢図会　２０１９／２０）

問13　下線部⑬について，次の⑴・⑵に答えなさい。

⑴　これの説明として正しいものを，次のア～エから１つ選び，記号で答えなさい。

ア．地球の総面積の約30％が陸地であり，その中で最も面積が大きい大陸はアフリカ大陸である。

イ．赤道は，アフリカのケニアや南アメリカのエクアドル，アジアのインドなどを通過している。

ウ．南アメリカ大陸では熱帯が，北アメリカ大陸では冷帯が最も多くの面積を占めている。

エ．太平洋，大西洋，インド洋の三大洋のうち，最も面積が大きいのは大西洋である。

⑵　標高の高い山脈や地震の震源などが連なって分布する造山帯のうち，ユーラシア大陸南部を横断するものを何というか答えなさい。

問14　下線部⑭について，これの説明として誤っているものを，次のア～エから１つ選び，記号で答えなさい。

ア．東南アジアのカリマンタン島では，農園開発や木材用の森林伐採によって森林面積が減少している。

イ．ヨーロッパでは，偏西風の影響により，古くから国境を越えた酸性雨の被害がみられる。

ウ．南太平洋のツバルでは，地球温暖化による海水面の上昇によって国土が水没の危機にある。

エ．アフリカのサヘル地方では，近年の経済成長にともなう工業団地の建設によって砂漠化が進行している。

問15　下線部⑮について，これの説明として誤っているものを，次のア～エから１つ選び，記号で答えなさい。

ア．埼玉県，千葉県，神奈川県を含む東京大都市圏には，日本の総人口の約15%の人々が生活している。

イ．近年の局地的大雨による都市型水害の被害を抑えるため，地下に貯水施設がつくられている。

ウ．鉄道のターミナル駅である新宿や渋谷は，都心の機能の一部が移転して副都心として発達している。

エ．商業やサービス業が発達しているため，産業別でみると第３次産業で働く人の割合が大きい。

第２問　世界遺産に関する次のＡ～Ｅの文を読んで，下の問いに答えなさい。

Ａ．大阪府①堺市にある，②日本最大の前方後円墳は，当時の政治・文化の中心地のひとつであり，大陸に向かう航路の発着点であった大阪湾に接する平野上に５世紀頃に築造されました。③４世紀後半から５世紀後半にかけて築かれた，この古墳をはじめとする百舌鳥（もず）・古市（ふるいち）古墳群は，土製建造物のたぐいまれな技術的到達点をあらわし，墳墓によって権力を象徴した日本列島の人々の歴史を物語るものであることが評価され，2019年に「百舌鳥・古市古墳群―古代日本の墳墓群―」として世界文化遺産に登録されました。

問１　下線部①について，この町出身の千利休について述べた次の文ａとｂの正誤の組み合わせとして正しいものを，下のア～エから１つ選び，記号で答えなさい。

ａ．茶の湯の作法を定めて，わび茶を完成させた。

ｂ．織田信長の怒りをかい，切腹を命じられた。

ア．ａ－正　ｂ－正　　イ．ａ－正　ｂ－誤　　ウ．ａ－誤　ｂ－正　　エ．ａ－誤　ｂ－誤

問２　下線部②について，この古墳を何というか答えなさい。

問３　下線部③について，この時期におこったできごととして正しいものを，次のア～エから１つ選び，記号で答えなさい。

ア．ムハンマドがイスラム教をおこした。　　イ．中国では隋にかわって唐が成立した。

ウ．ローマ帝国が東西に分裂した。　　エ．インドではアショーカ王が仏教を保護した。

B．広島県廿日市市にある厳島神社は，④推古天皇元年（593年）に創建されたと伝えられています。⑤平安時代には，⑥武士として初めて太政大臣となった人物の援助で整備され，現在のような海上に浮かぶ建造物になりました。海上に立ち並ぶ建築物群と背後の自然とが一体となった景観は人類の創造的才能をあらわす傑作であること，また，建造物の多くは13世紀に火災に見舞われたが，創建時の様式に忠実に再建され，平安時代，⑦鎌倉時代の建築様式を今に伝えていることなどが評価され，1996年に「厳島神社」として世界文化遺産に登録されました。

問4　下線部④について，この年以前におこったできごとについて述べた次の文ａ～ｃが，年代の古い順にならべられたものを，下のア～カから１つ選び，記号で答えなさい。

ａ．女王卑弥呼が邪馬台国を支配した。

ｂ．奴国の王が中国の皇帝から金印を与えられた。

ｃ．朝鮮半島の百済から仏教が伝わった。

ア．ａ→ｂ→ｃ　　イ．ａ→ｃ→ｂ　　ウ．ｂ→ａ→ｃ

エ．ｂ→ｃ→ａ　　オ．ｃ→ａ→ｂ　　カ．ｃ→ｂ→ａ

問5　下線部⑤について，この時代の仏教について述べた次の文ａとｂの正誤の組み合わせとして正しいものを，下のア～エから１つ選び，記号で答えなさい。

ａ．最澄は中国から多くの経典を持ち帰り，天台宗をひらいて比叡山に延暦寺を建てた。

ｂ．藤原頼通は阿弥陀仏の住む極楽浄土をこの世に再現しようとして，平等院鳳凰堂をつくった。

ア．ａ－正　ｂ－正　　イ．ａ－正　ｂ－誤　　ウ．ａ－誤　ｂ－正　　エ．ａ－誤　ｂ－誤

問6　下線部⑥について，この人物を答えなさい。

問7　下線部⑦について，この時代のできごとについて述べた次の文ａとｂの正誤の組み合わせとして正しいものを，下のア～エから１つ選び，記号で答えなさい。

ａ．承久の乱で幕府軍に敗れた後鳥羽上皇は，隠岐国へ流された。

ｂ．執権の北条時宗は，武士の慣習をまとめた御成敗式目を制定した。

ア．ａ－正　ｂ－正　　イ．ａ－正　ｂ－誤　　ウ．ａ－誤　ｂ－正　　エ．ａ－誤　ｂ－誤

C．日本最高峰の富士山は，奈良時代につくられた日本最古の歌集⑧『万葉集』にも登場するなど，古くから日本を代表する山として多くの人々に親しまれてきました。⑨江戸時代には，暮らしに余裕が生じた人々の間で信仰と楽しみをかねた旅が流行すると，この山は「東海道五十三次」や「富嶽三十六景」など，浮世絵の題材としても人気を集めました。富士山は，2013年に「富士山－⑩信仰の対象と⑪芸術の源泉」として世界文化遺産に登録されました。

問8　下線部⑧について，この歌集に関係する人物として正しいものを，次のア～エから１つ選び，記号で答えなさい。

ア．紀貫之　　イ．菅原道真　　ウ．藤原定家　　エ．大伴家持

問9　下線部⑨について，この時代に出された次のア～エの法令を，年代の古い順にならべたとき，２番目にくるものを記号で答えなさい。

ア．生類憐みの令　　イ．公事方御定書　　ウ．異国船打払令　　エ．武家諸法度寛永令

問10　下線部⑩について，キリスト教に関する説明として正しいものを，次のア～エから１つ選び，記号で答えなさい。

ア．１世紀にイタリア半島で成立し，その後世界各地にひろまった。

イ．11世紀に聖地エルサレム奪還をめざす十字軍運動がはじまった。

ウ．15世紀にイエズス会の宣教師によって日本に初めて伝えられた。

エ．17世紀にイギリスではルター派の人たちが革命をおこした。

問11　下線部⑪について，ヨーロッパで14世紀に始まった，古代ギリシャ・ローマの文化を理想とする文芸復興運動を何というか答えなさい。

D．19世紀半ば以降，薩摩藩や長州藩などの改革に成功した藩は，幕末には江戸幕府に対抗するほどに力をつけ，また，工場制手工業のしくみは，日本で近代産業が発達するもとになりました。明治時代になると工業化の動きはさらに加速し，⑫19世紀後半から20世紀の初頭にかけ，後に日本の基幹産業となる造船，製鉄・製鋼，石炭と重工業において急速な産業化を成し遂(と)げました。長崎県の端島炭鉱（軍艦島）や山口県の⑬松下村塾など日本各地の遺構は，2015年に「明治日本の産業革命遺産　製鉄・製鋼，造船，石炭産業」として世界文化遺産に登録されました。

問12　下線部⑫について，この時期の日本に関係するできごととして誤っているものを，次のア～エから１つ選び，記号で答えなさい。

ア．西南戦争がおこった。　　　　　イ．日朝修好条規が結ばれた。

ウ．大日本帝国憲法が発布された。　エ．ポーツマス条約が結ばれた。

問13　下線部⑬について，この塾で学んだ高杉晋作によってつくられた，武士，百姓などの身分にかかわらず構成された軍隊の名称を答えなさい。

E．⑭ル・コルビュジエ（1887～1965）は，スイスで生まれ，おもにフランスで活躍した建築家です。彼は，石やレンガを積み上げてつくる建物が主流の時代に，鉄筋コンクリートという新しい素材を利用して，革命的な建築物を次々と生み出しました。1959年に完成した東京の国立西洋美術館本館など，彼の作品の中から選ばれた三大陸７か国（フランス・日本・ドイツ・スイス・ベルギー・アルゼンチン・⑮インド）に所在する17の資産は，2016年に「ル・コルビュジエの建築作品―近代建築運動への顕著な貢献―」として世界文化遺産に登録されました。

問14　下線部⑭について，彼の晩年におこったできごとについて述べた次の文ａ～ｃが，年代の古い順にならべられたものを，下のア～カから１つ選び，記号で答えなさい。

ａ．日ソ共同宣言が調印され，日本の国際連合への加盟が実現した。

ｂ．アジアで初めてのオリンピック大会が，東京で開催された。

ｃ．北朝鮮軍が朝鮮を統一しようと韓国に攻め込み，朝鮮戦争がはじまった。

ア．ａ→ｂ→ｃ　　イ．ａ→ｃ→ｂ　　ウ．ｂ→ａ→ｃ

エ．ｂ→ｃ→ａ　　オ．ｃ→ａ→ｂ　　カ．ｃ→ｂ→ａ

問15　下線部⑮について，1947年にイギリスから独立したインドで初代首相をつとめた人物を答えなさい。

第３問　次の文章を読んで，あとの問いに答えなさい。

2019年，新しい天皇が即位し，元号が「令和」となりました。「令和」になってからの日本と①国際社会におけるできごとを振り返ってみたいと思います。

5月末，②アメリカ合衆国のトランプ大統領が国賓（こくひん）として来日し，安倍晋三③内閣総理大臣との首脳会談を通して，日米の④同盟関係を世界中にアピールしました。日米間で問題となっている⑤貿易に関して，関税を撤廃したり削減したりすることで合意した日米貿易協定も12月，⑥国会によって承認されました。

7月，⑦参議院議員選挙がおこなわれました。自由民主党や公明党といった与党が多数を占めるも，⑧日本国憲法を改正するために必要な議席を獲得することはできませんでした。また，投票率が50％を下回り，過去２番目に低い結果となりました。10代の投票率も約30％で，過去最も低い結果となりました。

10月になると消費税が10％になりました。一部の商品は８％のままにする軽減税率も導入されました。また，クレジットカードや電子マネーなどで「キャッシュレス決済」をすると，数％分のポイントが⑨消費者に還元されるなど，⑩増税により消費が消極的にならないような工夫もおこなわれています。

問１　下線部①について，この説明として誤っているものを，次のア～エから１つ選び，記号で答えなさい。

ア．パリ協定では，世界の平均気温上昇を２度未満におさえる目標が掲げられている。

イ．核兵器禁止条約は，国際連合に加盟するすべての国が調印している。

ウ．公海自由の原則のように，長い間の慣行が法となったものは国際慣習法とよばれる。

エ．先進国と発展途上国の間でみられる経済格差は南北問題とよばれる。

問２　下線部②について，この国の説明として誤っているものを，次のア～エから１つ選び，記号で答えなさい。

ア．大統領は，議会がつくった法案を拒否することができる。

イ．大統領は，18歳以上の国民による直接選挙で選ばれる。

ウ．アジア太平洋経済協力会議（APEC）に参加している。

エ．国際連合の分担金の割合が加盟国の中で最も大きい。

問３　下線部③について，内閣や内閣総理大臣の説明として誤っているものを，次のア～エから１つ選び，記号で答えなさい。

ア．内閣は予算を作成し，国会に提出する。

イ．内閣は天皇の国事行為に対する助言と承認をおこなう。

ウ．内閣総理大臣は国務大臣を任命する。

エ．内閣総理大臣は衆議院議員の中から選ばれる。

問４　下線部④について，日本において2014年に限定的な行使が可能であるという見解に変更された，同盟関係にある国が攻撃を受けたときに，自国は攻撃を受けていなくとも，その国の防衛活動に参加する権利を何というか，漢字６字で答えなさい。

問５　下線部⑤について，この説明として正しいものを，次のア～エから１つ選び，記号で答えなさい。

ア．１ドル＝100円が１ドル＝80円になることを円安といい，アメリカの輸出企業にとって有利になる。

イ．１ドル＝100円が１ドル＝120円になることを円安といい，アメリカの輸入企業にとって有利になる。

ウ．１ドル＝100円が１ドル＝80円になることを円高といい，日本の輸出企業にとって有利になる。

エ．１ドル＝100円が１ドル＝120円になることを円高といい，日本の輸入企業にとって有利になる。

問６　下線部⑥について，この説明として正しいものを，次のア～エから１つ選び，記号で答えなさい。

ア．１年を通して，通常国会が開かれている。

イ．内閣不信任の決議は参議院のみでおこなわれる。

ウ．法律案の審議は必ず衆議院からおこなわれる。

エ．条約の承認には衆議院の優越が認められている。

問７　下線部⑦について，この説明として正しいものを，次のア～エから１つ選び，記号で答えなさい。

ア．この選挙で被選挙権をもつ国民の数は，衆議院議員選挙よりも少ない。

イ．この選挙の定数は，選挙区選挙よりも比例代表選挙の方が多い。

ウ．選挙区選挙では，すべての都道府県から１名ずつ選ばれる。

エ．複数の選挙区に立候補することができる重複立候補が認められている。

問８　下線部⑧について，これに定められている国民の権利の説明として正しいものを，次のア～エから１つ選び，記号で答えなさい。

ア．政府は，出版物が発表される前に検閲（けんえつ）をすることができる。

イ．国や地方公共団体がもつすべての情報を知ることができる。

ウ．公務員の行為によって受けた損害に対して賠償を求めることができる。

エ．思想・良心の自由や学問の自由は，公共の福祉による制限を受ける。

問９　下線部⑨について，消費者の権利をまもるための法や制度の説明として誤っているものを，次のア～エから１つ選び，記号で答えなさい。

ア．アレルギー原因物質や遺伝子組み換え農産物の使用についての食品表示が義務づけられている。

イ．欠陥（けっかん）商品で消費者が被害を受けた場合，企業の責任として賠償を求めることができる。

ウ．訪問販売や電話勧誘などで商品を購入した場合，いつでも無条件に契約を解除できる。

エ．消費者相談や情報提供をおこなう消費生活センターが各地方公共団体に設置されている。

問10　下線部⑩について，これをおこなう政府の経済的な役割の説明として誤っているものを，次のア～エから１つ選び，記号で答えなさい。

ア．国債を発行して資金を借り入れる。

イ．一部の企業による独占や寡占を規制する。

ウ．不景気のときに公共事業を増やす。

エ．好景気のときに売りオペレーションをおこなう。

＊1　黒椹……黒く熟した桑の実。
＊2　親闈……親のいる奥座敷。
＊3　赤眉……赤い眉の盗賊。

問一　傍線①はすべてひらがなで書き下すと「しやくびかうじゆんをしつて」となります。これに従って解答欄の白文に返り点をつけなさい（送りがなは不要）。

問二　傍線②「する」・③「問ふやう」を現代かなづかいに改め、すべてひらがなで答えなさい。

問三　漢詩中の空欄Aに当てはまるものとして適切なものを次の中から一つ選び、記号で答えなさい。

ア　飢　イ　心　ウ　死　エ　熟

問四　傍線④「不道の者」・⑥「一期の間」の本文中での意味として適切なものを次の中からそれぞれ一つ選び、記号で答えなさい。

④「不道の者」

ア　不屈の精神をもった者　イ　並外れた能力の者
ウ　倫理にそむいている者　エ　悪事を見逃せない者

⑥「一期の間」

ア　一定の期間　イ　一生の間
ウ　母親が生きている間　エ　一年の間

問五　傍線⑤「米二斗と牛の足一つ与へて去りけり」とありますが、なぜそのようにしたのですか。三十五字以内で答えなさい。

問六　傍線⑦「孝行のしるし」とはどのようなことですか。適切なものを次の中から一つ選び、記号で答えなさい。

ア　蔡順は食べきれないほどの食料をもらうことができ、母の病気も治ったということ。
イ　蔡順の母を思う気持ちが天に届き、桑の実が豊かに実って母と幸せに暮らしたということ。
ウ　盗賊に殺されかかったが、蔡順の命乞いの結果、母子ともに救われたということ。
エ　蔡順の母を思う気持ちと懸命の努力が実って、奇跡的に飢えから解放されたということ。

問七　『御伽草子』は江戸時代の作品です。次の中から同じ時代の作品をすべて選び、記号で答えなさい。

ア　『枕草子』　イ　『おくのほそ道』　ウ　『徒然草』
エ　『平家物語』　オ　『東海道中膝栗毛』

まとめることができるから。

ウ　複雑な形の青銅器を作ることで、ハイテク素材を用いた精緻な紋様を装飾することができるから。

エ　複雑な形の青銅器を作ることで、権力者の求心力と統率力を表現することができるから。

問六　傍線⑧「決定的な変化」とありますが、それはどのようなものですか。解答欄に合うように六十五字以内で答えなさい。

問七　傍線⑩「新たな知性の輝きや、形の美」とありますが、それはどのようにして生まれたものですか。八十字以内で説明しなさい。

問八　本文の内容として適切なものを次の中から一つ選び、記号で答えなさい。

ア　石器時代の人々は、自らが作った単純な形の石器をシンプルなものというよりプリミティブなものと考えていた。

イ　中国では見るものに恐怖を与える動物として複雑な形の龍を生み出し、青銅器の紋様に多く取り入れた。

ウ　イスラム文化圏における唐草紋様の異常な発達は、見るものを圧倒し、権力を誇示することを意図していた。

エ　十九世紀の欧州と日本では、シンプルな人工物に美しさを見出し、大衆に売ることで景気を活性化させた。

第2問

次の各傍線の慣用表現の使い方が正しいものには○、誤っているものには×を書きなさい。

①　入学試験の準備にうつつを抜かしている。

②　競争相手としのぎを削る。

③　小さな店舗の店長は優秀な彼には役不足だ。

④　彼の発言はとても的を得た表現だ。

⑤　建設計画に当初から一枚かんでいる。

第3問

次の漢詩と文章は、中国の漢の時代の蔡順（さいじゅん）という男の話を描いている。それぞれ読んで、後の問いに答えなさい（出題にあたり本文を一部改めました）。

*1黒椹（こくじん）奉ズ二*2親（しん）闈（ゐ）ニ一

啼（な）イテレ Ａ ニ涙満ツレ衣ニ

①*3赤眉知孝順

牛（ご）米（べい）贈ツテレ君ニ帰ラシム

蔡順は、如南（ぢよなん）といふ所の人なり。王奔（わうばう）といへる人の時分の②すゑに、天下おほきに乱れ、また飢渇して、食事に乏しければ、母のために、桑の実を拾ひけるが、熟したると熟せざるとを分けたり。この時、世の乱れにより、人を殺し、剝（は）ぎ取りなどする者ども来たつて、蔡順に③問ふやうは、「何とて二色に拾ひ分けけるとぞ」と言ひければ、蔡順、「一人の母を持てるが、この熟したるは、母に与へ、いまだ熟せざるは、わがためなり」と語りければ、心強き④不動の者なれども、かれが孝を感じて、⑤米二斗と牛の足一つ与へて去りけり。その米と牛の腿（もも）とを母に与へ、またみづからもつねに食すれども、⑥一期の間、尽きずしてありたるとなり。これ、⑦孝行のしるしなり。

（『御伽草子（おとぎぞうし）』「二十四孝」による）

する。合理主義とは物と機能との関係の最短距離を志向する考え方である。やがて猫足の椅子の⑨ワンキョクは不要になり、バロックやロココの魅惑的な曲線や装飾は過去の遺物になった。資源と人間の営み、形態と機能の関係は率直に計り直され、資源や労力を最大限に効率よく運用しようとする姿勢に、⑩新たな知性の輝きや、形の美が見出されてきた。これがシンプルである。

百五十年前というのは歴史上の＊5エポックを指すものではない。十九世紀中葉の欧州は、産業革命を経て活気づいていた。その成果を一堂に⑪テンランするために鉄とガラスの「水晶宮」が建造されたロンドン万博が注目を集めていた時代であり、オーストリアではトーネットが曲木の技術で簡素ながら機能的な椅子を大衆向けに量産しはじめた頃である。英国ではダーウィンが『種の起源』を書いて世を騒がせており、日本では黒船騒動で攘夷が叫ばれていた。ここからシンプルが始まった、という句読点のようなエポックは特に見あたらない。しかし、シンプルという価値観が人々に新たな理性の明かりを灯しはじめたのは、大きくはこのあたりではないかと僕は考えている。

（原研哉『日本のデザイン―美意識がつくる未来』による）

＊1　ミニマル……最小限の。
＊2　英邁……才知が特別すぐれていること。
＊3　諸子百家……中国の、春秋・戦国時代の多くの学派。
＊4　稠密性……一つの場所に多く集まっていること。
＊5　エポック……時代区分。

問一　傍線②・⑤・⑥・⑨・⑪のカタカナは漢字に、漢字はひらがなに直しなさい。

問二　傍線③「意匠」・⑦「有機的な形」の本文中での意味として適切なものを次の中からそれぞれ一つ選び、記号で答えなさい。

③「意匠」
ア　専門家が考えたしかけ　　イ　技術を結集させた作品
ウ　行き過ぎたこだわり　　エ　工夫を凝らした造形

⑦「有機的な形」
ア　自然界にあるものから発想を得た形
イ　多くのものが結びついた複雑な形
ウ　単調で冷たい印象を感じさせる形
エ　機械のように精密に組み合わされた形

問三　（Ⅰ）～（Ⅲ）に入る語として適切なものを次の中からそれぞれ一つ選び、記号で答えなさい。

ア　つまり　　イ　しかし　　ウ　たとえば
エ　ところで　　オ　なぜなら

問四　傍線①「シンプル」とありますが、筆者はシンプルという概念をどのように捉えていますか。解答欄に合うように本文中から三十字以内で抜き出しなさい。

問五　傍線④「殷墟から出土した青銅器はいずれもとても複雑な形をしている」とありますが、なぜ青銅器を複雑な形にする必要があったのですか。その理由として適切なものを次の中から一つ選び、記号で答えなさい。

ア　複雑な形の青銅器を作ることで、希少な祭器として、人々の畏敬の対象となるから。
イ　複雑な形の青銅器を作ることで、権力者の財力を誇示し、民衆を

持ち上げることもできない。（　Ⅲ　）、実用のためではなく、畏敬の対象となる力の表象として示されたわけで、これを単純に「祭器」などという言葉で片付けてはいけない。

　およそ人間が集まって集団をなす場合、それが村であれ国であれ、集団の結束を維持するには強い求心力が必要になる。

　⑤チュウスウに君臨する覇者には強い統率力がなくてはならず、この力が弱いと、より強い力を持つ者に取って代わられたり、他のより強力な集団に吸収されてしまったりする。村も国も、回転する独楽のような存在である。回転速度や求心力がないと倒れてしまう。複雑な青銅器は、その求心力が、目に訴える形象として顕現したものと想像される。普通の人々が目の当たりにすると、思わず「ひょええ」と畏れをなすオーラを発する複雑・絢爛なオブジェクトは、そのような暗黙の役割を担ってきた。

　殷周の王朝を経て春秋戦国時代に入ると、中国では複数の国々が群雄割拠する状況を迎えた。少しでも油断するとすぐに隣国に⑥シンリャクされてしまう。したがって王は＊2英邁、宰相は知略に長け、兵は強く統制がとれている必要があった。この緊張感は＊3諸子百家の叡智を生み出す契機を生んだと言われている。青銅器の上には、文字がびっしりと鋳込まれるようになり、装飾は武具や甲冑にも及び、見るものに畏怖を与える豪壮・絢爛・怪奇なる様相が生まれた。龍の紋様などはこの需要にこたえる最適のものである。というよりも、殷の時代に、青銅器の表面にびっしりと刻み込まれていた渦巻き紋様は、その紋様的進化の途上で、頭や手足を持つ架空の動物に見立てられ、龍として生成したように見える。つまり龍とは、文学的な逸話から想起される怪獣を絵師が腕をふるって描いたものではなく、宗教から派生したものでもない。物の表面に偉容をなす細部を付与するための装飾紋様が動物化したと考えるべきである。物の表面を覆い尽くすその＊4稠密性によって威を発することを目的に生まれてきたのであるから、⑦有機的な形の表面にも円柱の表面にも、龍は難なく巻き付き覆い尽くしていく。

　同じようなことが、隣接するイスラム文化圏にもみることができる。偶像を否定するイスラムにおいては、龍のような具象物はない代わりに、幾何学紋様や唐草紋様が異常なる発達を見せ、王宮やモスクの空間をびっしりと埋め尽くしている。

　世界が「力」によって統治され、「力」がせめぎ合って世界の流動性をつくっていた時代には、文化を象徴する人工物は力の表象として示された。力はヒトの世界に階層を生み出し、そのような環境下では、簡素さは力の弱さとしてしか意味を持ち得なかった。

　しかしながら、⑧決定的な変化が近代という名のもとにもたらされる。近代社会の到来によって、価値の基準は、人が自由に生きることを基本に再編され、国は人々が生き生きと暮らすための仕組みを支えるサービスの一環になった。いわゆる近代市民社会の到来である。現実の歴史は、国をなす方法の多様さから様々な紆余曲折を経ることになるが、目を細めて眺める歴史は、ある方向へとはっきりと流れをつくっている。すなわち、人間が等しく幸福に生きる権利を基礎とする社会へと世界は舵を切ったのである。

　その流れに即して、物は「力」の表象である必要がなくなった。椅子は王の権力や貴族の地位を表現する必要がなくなり、単に「座る」という機能を満たせばよくなった。科学の発達も合理主義的な考え方を助長

【国　語】（四五分）〈満点：六〇点〉

第1問　次の文章を読んで、後の問いに答えなさい（出題にあたり本文を一部改めました）。

①シンプルという言葉がよく使われる。すっきりしていて②潔い風情か、あるいは簡潔でまとまりのいい状況を指し、大概においては良い意味に用いられることが多い。シンプルライフとか、シンプル・イズ・ベストなどはもはや日常化している。頭がシンプルと言われて喜ぶのは多少お人好しかもしれないが、それでも混乱したりもつれたりしている頭よりはましかもしれない。

しかし、この「シンプル」という言葉、あるいは概念はいつ生まれたのであろうか。つまり、価値観や美意識としての「シンプル」が社会の中に良好な印象として定着したのはいつのことだろうか。誤解を恐れずに言うなら、シンプルは百五十年ほど前に生まれたのだと僕は考えている。何の根拠があってそう考えるのか、少し話をしてみたい。

ものづくりがまだ複雑ではなかった頃、すなわち人類がまだ複雑な③意匠や紋様を生み出す以前、物はシンプルであったのだろうか。（　Ⅰ　）、石器時代の石器はそのほとんどが単純な形をしている。物の見方としてこれを「シンプル」と形容することもできる。しかしながら、それをつくった石器時代の人々は、これらを決してシンプルとは捉えていなかったはずである。（　Ⅱ　）、シンプルという概念は、それに相対する複雑さの存在を前提としているからである。初期の石器は確かに比較的単純な形をしているように思われるが、当人たちは、簡素さや*1ミニマルを志向してその形をつくっていたわけではない。複雑な形を作り得ない状況での単純さは、シンプルというよりプリミティブ、すなわち原始的、原初的と呼ぶべきである。つまりシンプルとは、複雑さや冗長さ、過剰さとの相対において認識される概念である。そう考えると、シンプルは、長い人類史のずっと後の方まで、その登場を待たなくてはならない。

人間のつくり出す物はプリミティブから複雑へと向かう。文化は複雑から始まった。こう極論できるかと思われるほどに、現存している人類の文化遺産は複雑である。たとえば青銅器。中国古代王朝の殷の遺跡、④殷墟から出土した青銅器はいずれもとても複雑な形をしている。造形の順序としては簡素から複雑へとゆるやかに段階的に進化していきそうなものだが、簡素な形をした青銅器は、殷以前の原初的な段階を除くとほとんど見あたらない。中国の青銅器は、その端緒から複雑な形をなし、精緻な紋様でその表面が覆われていた。注ぎ口や把手が大仰にできているのみならず、微細な渦巻き紋様によって表面が覆い尽くされていた。これはなぜだろうか。

青銅とは銅と錫の合金で、錫を混ぜることで沸点が下がると同時に硬くなる。他の古代文明に比すると中国は比較的青銅を手にするのが遅いが、それにしても当時のハイテク素材である。鋳型に溶かした青銅を流し込んで固める技術は、今日においてすら簡単ではない。おそらく高度に熟練した職人や技術者が、驚くべき集中力と時間を費やさなくては達成できない成果として青銅器はあったはずで、それがことさら複雑な紋様に覆われているということは、複雑さが明確な目的として探求されたことを示している。別の見方をすれば、極めつきの精緻と丹精を可能にする「強い力」がそこに表現されていると推測される。大きな青銅器は

MEMO

大切なことはメモしておこうネ！

2020年度

解　答　と　解　説

《2020年度の配点は解答欄に掲載してあります。》

＜数学解答＞

第1問　問1　$8x^2y^3$　問2　$x=6$　問3　16　問4　$a=\frac{21}{5}$　問5　$(x-2)(x+y-1)$

問6　74　問7　$2+2\sqrt{2}$(m)　問8　120km　問9　7個　問10　50度

第2問　問1　18通り　問2　$\frac{1}{3}$

第3問　問1　$(-2,\ 4)$　問2　$y=x-1$　問3　$a=-\frac{6}{25}$

第4問　問1　D　問2　1212回

第5問　問1　$2\sqrt{10}$cm　問2　$20\sqrt{10}\pi$ cm^2　問3　$\sqrt{10}$倍

○配点○

各3点×20　計60点

＜数学解説＞

基本 **第1問**　(式の計算，平均値，式の値，図形と関数・グラフの融合問題，因数分解，方程式の応用問題，平方根，角度)

問1　$(-2xy)^3\div\left(-\frac{1}{3}xy^2\right)\times\frac{y^2}{3}=(-8x^3y^3)\times\left(-\frac{3}{xy^2}\right)\times\frac{y^2}{3}=8x^2y^3$

問2　$\frac{8+3+x+4+10+6+5}{7}=6$から，$x+36=42$　$x=6$

問3　$x^2-4xy+4y^2=(x-2y)^2=\{2+2\sqrt{3}-2(3+\sqrt{3})\}^2=(2+2\sqrt{3}-6-2\sqrt{3})^2=(-4)^2=16$

問4　$y=\frac{a}{x}$に$x=\frac{1}{2}$，3を代入すると，$y=a\div\frac{1}{2}=2a$，$y=\frac{a}{3}$　よって，A$\left(\frac{1}{2},\ 2a\right)$，B$\left(3,\ \frac{a}{3}\right)$

四角形ABDCの面積から，$\frac{1}{2}\times\left(2a+\frac{a}{3}\right)\times\left(3-\frac{1}{2}\right)=\frac{49}{4}$　$\frac{1}{2}\times\frac{7}{3}a\times\frac{5}{2}=\frac{49}{4}$　$\frac{35}{12}a=\frac{49}{4}$

$a=\frac{49}{4}\times\frac{12}{35}=\frac{21}{5}$

問5　$y(x-2)+x^2-3x+2=y(x-2)+(x-1)(x-2)=(x-2)(y+x-1)=(x-2)(x+y-1)$

問6　もとの自然数の十の位の数をa，一の位の数をbとする。仮定から，$a=2b-1$…①

$2(10b+a)=10a+b+20$　$20b+2a=10a+b+20$　$-8a+19b=20$…②　①を②に代入して，$-8(2b-1)+19b=20$　$-16b+8+19b=20$　$3b=12$　$b=4$　これを①に代入して，$a=2\times4-1=7$　よって，もとの自然数は，74

問7　花だんの1辺の長さをxmとすると，仮定から，$x^2=(x+2)^2-x^2$　$x^2=x^2+4x+4-x^2$　$x^2-4x-4=0$　2次方程式の解の公式から，$x=\frac{4\pm\sqrt{(-4)^2-4\times1\times(-4)}}{2\times1}=\frac{4\pm\sqrt{32}}{2}=\frac{4\pm4\sqrt{2}}{2}=2\pm2\sqrt{2}$　$x>0$から，$x=2+2\sqrt{2}$(m)

問8　A市からB市までの距離を$x$kmとして，時間に関する方程式を立てると，$\frac{x}{40}-\frac{30}{60}=\frac{x}{60}+\frac{30}{60}$

$\frac{x}{40}-\frac{x}{60}=1$　両辺を120倍して，$3x-2x=120$　$x=120$(km)

問9　$50-n=k^2$(kは自然数)のとき，$\sqrt{50-n}$は自然数となる。50以下の平方数は7個あるから，求める個数は，7個

問10　●$=a$，○$=b$とすると，$2a+2b+(180°-80°)=180°\times2=360°$　$2a+2b=260°$　$a+b=130°$　△BCDにおいて，内角の和の関係から，$\angle x=180°-130°=50°$

第2問 （場合の数と確率）

問1　2けたの整数が偶数になるのは，小さいさいころの目が2か4か6になる場合だから，$6\times3=18$(通り)

問2　大小2つのさいころの目の出方は全部で，$6\times6=36$(通り)　そのうち，2けたの整数が3の倍数になる場合は，(大，小)＝(1，2)，(1，5)，(2，1)，(2，4)，(3，3)，(3，6)，(4，2)，(4，5)，(5，1)，(5，4)，(6，3)，(6，6)の12通り　よって，求める確率は，$\frac{12}{36}=\frac{1}{3}$

第3問 （図形と関数・グラフの融合問題）

問1　$y=x^2$…①　①に$x=3$を代入して，$y=3^2=9$　よって，A(3，9)　傾きが1であることから，直線ABの式を$y=x+b$として点Aの座標を代入すると，$9=3+b$　$b=6$　よって，直線ABの式は，$y=x+6$…②　①と②からyを消去すると，$x^2=x+6$　$x^2-x-6=0$　$(x+2)(x-3)=0$　$x=-2,\ 3$　$x=-2$を①に代入して，$y=(-2)^2=4$　したがって，B(−2，4)

問2　点Dのy座標をdとすると，直線ADの傾きが$\frac{10}{3}$であることから，$\frac{9-d}{3-0}=\frac{10}{3}$　$9-d=10$　$d=9-10=-1$　よって，D(0，−1)　AB//CDから，直線CDの傾きは1　したがって，直線CDの式は，$y=x-1$

重要　問3　四角形ABCDは平行四辺形だから，AB＝DC　$0-\{3-(-2)\}=-5$，$-1-(9-4)=-6$から，C(−5，−6)　$y=ax^2$に点Cの座標を代入すると，$-6=a\times(-5)^2$　$25a=-6$　$a=-\frac{6}{25}$

第4問 （規則性一点の移動）

基本　問1　$1+3\times(20-1)=58$　$58\div5=11$あまり3　よって，点Dに移る。

重要　問2　$1+3\times(2020-1)=6058$　$6058\div5=1211$あまり3　よって，$1211+1=1212$(回)

第5問 （空間図形の計量問題―三平方の定理，平行線と線分の比の定理，側面積）

基本　問1　点CからBDへ垂線CHを引くと，DH＝6−4＝2　△CDHにおいて三平方の定理を用いると，$CD=\sqrt{6^2+2^2}=\sqrt{40}=2\sqrt{10}$(cm)

重要　問2　直線BAと直線DCの交点をOとすると，平行線と線分の比の定理から，OC：OD＝AC：BD　OC＝xとすると，$x:(x+2\sqrt{10})=4:6=2:3$　$3x=2x+4\sqrt{10}$　$x=4\sqrt{10}$　$OD=4\sqrt{10}+2\sqrt{10}=6\sqrt{10}$　よって，求める側面積は，$\{\pi\times(6\sqrt{10})^2-\pi\times(4\sqrt{10})^2\}\times\frac{6}{6\sqrt{10}}=200\pi\times\frac{1}{\sqrt{10}}=\frac{200\sqrt{10}}{10}\pi=20\sqrt{10}\pi$(cm²)

問3　図形Xの面積は，$\pi\times(6\sqrt{10})^2-\pi\times(4\sqrt{10})^2=360\pi-160\pi=200\pi$　よって，$200\pi\div20\sqrt{10}\pi=\frac{10}{\sqrt{10}}=\frac{10\sqrt{10}}{10}=\sqrt{10}$(倍)

★ワンポイントアドバイス★

第5問のような円錐台の問題は，延長線を引き円錐を描いて考えよう。問3は円錐の中心角からも求めることができる。

＜英語解答＞

第1問 問1 イ　問2 最新の流行[ファッション]を知っている人のこと。　問3 some
問4 ウ　問5 (1) エ　(2) イ　問6 イ　問7 (1) jeans　(2) pair
(3) they　(4) How [That's]　(5) them

第2問 問1 ① ア　② ウ　③ エ　④ イ　⑤ オ　問2 (1) イ　(2) ア
問3 (1) Sunday　(2) going　(3) it [that]　(4) Yes　(5) there
問4 ア，オ，カ，キ

第3問 1 イ　2 ア　3 エ　4 ウ　5 ウ

第4問 1 from　2 hello[hi]　3 at　4 was　5 nothing

第5問 1 3番目 オ　5番目 ア　2 3番目 カ　5番目 エ
3 3番目 カ　5番目 イ　4 3番目 オ　5番目 キ
5 3番目 エ　5番目 ク

第6問 1 ate　2 dry　3 twentieth

○配点○
第1問 問7 各1点×5　他 各2点×7　第2問 各1点×13(問4完答)　第3問 各1点×5
第4問 各2点×5　第5問 各2点×5(各完答)　第6問 各1点×3　計60点

＜英語解説＞

第1問 (長文読解問題・説明文：文選択補充，語句解釈，語句選択補充，英問英答，内容吟味)

(全訳) あなたはスニーカーをはくだろうか。それらがいくらかかったか覚えているだろうか。今使っていない古いスニーカーを何足かお持ちだろうか。もし家の棚に古いスニーカーがあったら，捨てない方がよいだろう。先月，ナイキの古いスニーカーが，ニューヨークのオークションで50万ドル近くで売れたのだ。それは，12足しか作られず，また，工場で作られたものではなかったために高価だった。そうではなく，ナイキの共同創立者であるビル・バウワーマンが1972年に自分の台所で作ったのだった！

この臭い靴が一軒の家よりも高くついたことはあなたを驚かせるかもしれないが，24歳の骨董品販売者のマット・ディクソンはまったく驚かなかった。「人気のブランド名やデザイナーの名前がついたものは何でも，いつか大金の価値があるようになるかもしれません。このスニーカーのような商品も歴史的に重要です。①そういうわけで，多くの収集家がそれらを買いたがるのです」そしてマットは，1972年のナイキのムーン・シューズはとても数が少ないので，収集家にとってずっと魅力的になるのだと言う。「このような靴を買うことは投資です。つまり，今から20年後に売れれば，それははるかに高価になるでしょう」

ビビアン・フランクは大量の服と靴を集めていて，それはおよそ20万ドルの価値があると考えている。その22歳の人物は10代のときから品物を集めていて，オンライン上で「ハイプビースト，つまり最新のファッションについて知っている人物として知られている。私たちは，ビビアンに古着の売り買いについて助言を求めた。彼が主に勧めるのは，どのような種類のものが元の価格よりも高く売れるかを知ることである。彼は，普通ではない，広まっていない色や型も重要だと言う。例えば，人々が20年前は買いたがらなかったスニーカーは，最も流行っている型よりも珍しい。彼は，もう1つ重要なことは，最も値打ちがあるのだから，「真新しくて一度も身につけられていない」スニーカーや服を見つけることだと言う。「このような品物を長く保管しておくのはよい考えです。ある人がそれを売るまで50年近く，棚に新品のナイキのムーン・シューズを保管していました。これは本当にするのにかしこいことだったと思います」

人々が集めるのは服だけではない。古いテレビゲームや他の電子製品もまた，オークションではとても人気がある。2014年に，1976年に作られたアップル1コンピューターが100万ドル近くで売れた。1976年，アップル1は新品でたった700ドルほどだった。しかし，38年後，それはとても高価になった。それは使われておらず，1976年4月にスティーブ・ジョブズとともにアップル・コンピューター社を始めたビル・ウォズニアックが所有していたために特に価値が高かった。不運にも，スティーブ・ジョブズは2011年に亡くなったが，すべての古い型のアップルの製品は彼が亡くなった後に高くなった。

最後に，ベッドの下にあるかもしれないどんなおもちゃでも，保管しておくのはよい考えだ。珍しくてまだ元の箱に入ったままのおもちゃは大金の値打ちがある可能性がある。あなたは家にスターウォーズのフィギュアか宇宙船をお持ちだろうか。中には，たった1つのスターウォーズのフィギュアに5万ドルを超える額を払う収集家もいるだろう。ロブ・クレイマーはおもちゃの収集家で，私たちは彼に，古いおもちゃからお金を稼ぐ方法についてのアイデアを求めた。彼は，重要なことは箱を取っておいて，それを開けないことだと言う。「クリスマスにおもちゃをもらってそれが気に入らなくても，心配はいりません。そのおもちゃを取っておいて箱を開けないことです。それをベッドの下に置いて，そのことは忘れましょう。20年後，それはあなたが1軒の家か大学の学費を払えるくらいの値打ちになるかもしれません」

問1　全訳を参照。　下線部の直前の「このスニーカーのような商品も歴史的に重要だ」ということが収集家がそうした商品に関心を持つ理由と考えると「理由と結果」というつながりになり，文意も通るので，イが適切。アは「このようにして，歴史的に重要なスニーカーは見つけやすい」，ウは「このようにして，古い型のスニーカーのオークションが行われる」，エは「そういうわけで，人気のある人々がはいたスニーカーは高価になる」という意味。

問2　直後の or は，「つまり」の意味で直前の語句を言いかえる働きをしている。したがって，or の後の内容を日本語でまとめればよい。

問3　advice は数えられない名詞なので，an は不適切。また，ここで初めて advice という名詞が出てきており，すでに出た何か具体的な忠告を指しているのではないので the も不適切。したがって，数えられない名詞にも使える some が適切。

問4　不定詞の用法を問う問題。下線部の to do は，直前の名詞 thing を修飾する形容詞的用法の不定詞。同じ用法は，ウ「彼女は何か温かい飲み物を欲しがっている」の to drink。　ア「ジョンは弟に警察官になってほしいと思っている」の to be は名詞的用法。〈want ＋人＋ to ＋動詞の原形〉「(人)に～してほしい」。　イ「彼は手紙を出しに出ていった」の to mail は目的を表す副詞的用法。　エ「私は多くのよい友達がいてとてもうれしい」の to have は原因・理由を表す副詞的用法。

やや難　問5　(1)　質問は，「ナイキのムーン・シューズはなぜとても高価だったのですか」という意味。第1段落第5文に，ナイキのムーン・シューズが高い値段で売れたことが述べられている。その直後の文が They(＝ Nike sneakers) were expensive で始まり，その後に because が続いてそのシューズが高く売れた理由が述べられているので，その理由の1つであるエ「12足しか作られなかったから」が適切。アは「ナイキのスニーカーは人気があるから」，イは「それらは月で使われたから」，ウは「それらはとても臭いから」という意味。　(2)　質問は，「ビビアン・フランクは何を集めていますか」という意味。ビビアン・フランクについては第3段落を参照。第1文に has a large clothing and shoe collection「大量の服と靴を集めている」とあるので，イ「Tシャツやジーンズや靴のようなもの」が適切。アは「靴やおもちゃや電子機器のようなもの」，ウは「スニーカーや古いコンピューターのようなもの」，エは「おもちゃや古いスニーカーのようなもの」という意味。

問6　ア「将来のある日にまた使いたくなるかもしれないので，古い服やおもちゃやテレビゲームを保管しておくのはよい考えで，それはお金を節約するよい方法である」(×)　本文では，古いスニーカー，服，おもちゃ，電子製品などを保管しておくことの利点を段落ごとに説明しているが，いずれも将来そうした商品の価値が上がるかもしれないことが保管しておくことの理由として説明されているので，不適切。　イ「特に使っていなければ，古いものを保管しておくことは，将来のある日にたくさんのお金でそれらを売ることができるかもしれないのでよい考えだ」(○)　各段落で，取っておいた古いものが後に高い値段で売れた例が示され，それが古いものを取っておくことの利点であるという展開になっている。また，第3段落最後の4文では，まったく使っていないものだとさらに値打ちが高くなることが述べられていることからも，一致していると言える。　ウ「人々は臭い使用済みの服や古いコンピューターやおもちゃにたくさんのお金を使いたくないので，それらを捨てるのはよい考えだ」(×)　各段落の内容とまったく反対の内容である。第1段落第4文でも，筆者は「もし家の棚に古いスニーカーがあったら，捨てない方がよいだろう」と述べている。　エ「古いおもちゃやコンピューターや服を保管しておくことは，10年20年後に高価な新しいものを買う必要がないので，よい考えだ」(×)　将来高く売れるかもしれないから古いものを保管しておくべきだ，というのが本文の要旨。

問7　(会話文の訳)「マーク：ぼくは昨日，(1)ジーンズと靴を(2)1足買ったんだ。／イザベル：本当？　よかったわね。(3)それらはいくらかかったの？／マーク：ジーンズは50ドルで，靴はたったの29ドル99セントだったよ。／イザベル：(4)なんて安いのかしら！　あなたはどこで(5)それらを買ったの？／マーク：フリンダー・ストリート駅の近くのマイヤーデパートだよ」　(1)　マークが買ったものが入る。マークの2番目の発言から，マークが靴以外に買ったものは jeans「ジーンズ」であることがわかる。　(2)　a ~ of の形と，直後の shoes「靴」から，a pair of ~「1足[組]の~」とする。「手袋」，「靴下」など，左右そろって1つのものと考えるものを表すときに使う。　(3)　マークが買ったジーンズと靴を指すので，複数形の代名詞で表す。　(4)　文末の！から，マークが買ったものの安さに驚いていることがわかる。形容詞や副詞を強調する how「何て」を入れる。That's を入れて「それは安い！」としても文は成り立つ。　(5)　buy の目的語が入る。ここもマークが買ったジーンズと靴を指しているので，they の目的格 them を入れる。

第2問　(長文読解問題・会話文：文選択補充，英問英答，内容吟味)

(全訳)　アランとディランが学校で話している。

アラン　：クリスマスの休暇は楽しかった？

ディラン：①よかったと思うよ。大したことはしなかった。

アラン　：どこにも行かなかったの？

ディラン：特にどこにも行かなかったよ。朝は本屋で働かなくてはならなかったんだ。ほとんど毎日働いたよ。新しいスマートフォンのためにお金が必要なんだよ，覚えてる？

アラン　：ああ，うん。いつ買うの？
ディラン：わからない。来月にでもね。きみの休暇はどうだった？
アラン　：かなりよかったよ，ありがとう。
ディラン：それじゃあ，どこかおもしろい所に行ったの？
アラン　：うん，ぼくたちはソープパークへ行ったんだ。ステインの近くだよ。そこに行ったことはあるかい？
ディラン：いいや。よかったね！　②<u>それはどんなところ？</u>
アラン　：すばらしいよ。乗り物はかっこいいし，入るのがあまり高くないんだ。
ディラン：だれと一緒に行ったの？
アラン　：③<u>ダーシーとメリッサだよ。</u>
ディラン：メリッサ？　いつかそこに行きたいな。
アラン　：今度ぼくたちと一緒に行かない？　ぼくはクーポンがあるから，支払う必要がないんだ。ぼくとチケット代を割り勘にしようよ。
ディラン：ありがとう。いつ行こうか？
アラン　：そうだなあ，今月行かないと，クーポンが使えないんだ。土曜日はどう？
ディラン：午前中は働いているんだ。
アラン　：④<u>わかった。では，日曜日だ。</u>
ディラン：日曜日も都合よくないんだ。午前中はラグビーの練習で，その後は宿題をしなくてはならないんだ。
アラン　：大丈夫だよ。ぼくも宿題があるんだ。土曜日の晩に一緒に宿題をやろう。そうすれば日曜日の午後にソープパークに行けるよ。
ディラン：いい考えだね。どこで会おうか。
アラン　：チャートセイ駅だ。⑤<u>そこからソープパークまでバスに乗れるよ。</u>
ディラン：すばらしい！
アラン　：土曜日の6時にうちに来て。宿題はそれほど多くないから，8時にラグビーの国際試合を見ることができるよ。トゥイッケナムでイングランドが南アフリカと試合をするんだ。
ディラン：ああ，そうだね。イングランドが勝つといいな。

問1　全訳を参照。　①　直後でアランが「どこにも行かなかったの？」と言っていることから，ディランは特に楽しい休暇を過ごしたわけではないと考えられる。これに合うのはア。　②　ソープ・パークのことが話題になっており，空所の直後でアランが「すばらしいよ」と感想を述べていることから，ソープ・パークの様子をたずねるウが適切。　③　直前でディランが「だれと一緒に行ったの？」とたずねているので，人名を述べているエが適切。　④　直後でディランが「では，日曜日だ」と言っているので，日曜日に行こうというイが適切。　⑤　直後でディランが「すばらしい」と言っていることから，待ち合わせの駅が2人にとって都合がよいという内容が入ると考えられる。したがって，オが適切。

やや難　問2　(1)　質問は，「ディランはなぜ土曜日にソープ・パークへ行けないのですか」という意味。アランが9番目の発言で土曜日はどうかと提案したのに対して，ディランは「午前中は働いている」と答えている。ディランの2番目の発言から，ディランは本屋で働いていることがわかるので，イ「彼は本屋で働かなくてはならないので」が適切。アは「彼にはしなくてはならない宿題があるので」，ウは「彼は新しいスマートフォンを買っているので」，エは「彼はラグビーの練習があるので」という意味。　(2)　質問は，「アランは土曜日の午後に何をしていますか」という意味。最初にアランが土曜日にソープ・パークに行こうと提案したのに対して，ディランは午前中は働いていると言っているが，午後の予定については何も言っていないので，ア「彼は言っていない」が適切。イは「彼はラグビーをしている」，ウは「彼はサッカーを見ている」，エは「彼は宿題をしている」という意味。

問3 （会話文の訳）「ディラン：お母さん，(1)日曜日にアランと一緒にソープ・パークに行ってもいい？／お母さん：他にだれが(2)行くの？／ディラン：ダーシーとメリッサだよ。／お母さん：本当？　宿題はどうなの？／ディラン：土曜日の晩にアランの家で(3)それをするんだ。／お母さん：日曜日はラグビーの練習があるんじゃないの？／ディラン：(4)うん，でも昼休みまでには終わるよ。／お母さん：(5)そこまでどうやって行くの？／ディラン：バスでだよ」 (1) ディランがアランと一緒にソープ・パークへ行く曜日が入る。 (2) 他に一緒に行く人をたずねている内容にすると次のディランの返答に合う。is があるので going として進行形の文にする。現在進行形は近い予定を表すこともある。 (3) do の目的語が入る。直前の母親の発言に合うよう，your homework を代名詞 it にして入れる。it の代わりに that を用いることもできる。
(4) 直前の母親の問いに対する返答。Don't you ～?「～しないのですか」とう否定疑問だが，練習には出るのだから，Yes で答える。 (5) 直後でディランが「バスで」と答えているので，直前の getting を「着く」の意味で考え，「そこへ行く」となるように there(＝to Thorpe Park)を入れる。

問4 ア「ディランは冬休みの間，出かける時間があまりなかった」(○) ディランの2番目の発言に合う。 イ「アランは一人でソープ・パークへ行った」(×) アランの7番目の発言とその直後のディランの発言から，少なくともアランはメリッサと一緒にソープ・パークへ行ったことがわかる。 ウ「アランは毎週土曜日に働いている」(×) 土曜日に働いているのはディランである。 エ「ソープ・パークのチケットはとても高い」(×) アランの6番目の発言から，ソープ・パークのチケットはあまり高くないことがわかる。 オ「ディランは今，お金を節約している」(○) ディランの2番目の発言から，彼は新しいスマートフォンを買うために働いていることがわかるので，一致していると言える。 カ「2人とも，今週末は宿題がある」(○) ディランの最後から4番目の発言，その直後のアランの発言から，2人とも週末は宿題があることがわかる。キ「ディランは日曜日の午後は時間が空いている」(○) ディランは日曜日の午前中はラグビーの練習があり，午後は宿題をする予定だったが，アランの提案で，宿題は土曜日の晩にアランと一緒に終わらせて，日曜日の午後はソープ・パークに行けることになった。 ク「彼らはディランの家で宿題をする」(×) アランの最後の発言から，2人はアランの家で宿題をすることがわかる。

第3問 (アクセント問題)

1 イは第2音節が最も強いアクセント。他は第1音節が最も強いアクセント。ア「家具」，イ「すでに」，ウ「注意深く」，エ「難しい」

2 アは第3音節が最も強いアクセント。他は第2音節が最も強いアクセント。ア「理解」，イ「不可能な」，ウ「伝達する」，エ「経済」

3 エは第1音節が最も強いアクセント。他は第2音節が最も強いアクセント。ア「間違える」，イ「警察」，ウ「ギター」，エ「コーヒー」

4 ウは第2音節が最も強いアクセント。他は第1音節が最も強いアクセント。ア「システム，仕組み」，イ「鉛筆」，ウ「～なしで」，エ「質問」

5 ウは第2音節が最も強いアクセント。他は第1音節が最も強いアクセント。ア「現代の」，イ「運動選手」，ウ「成功」，エ「タマネギ」

第4問 （同意文書きかえ問題：前置詞，熟語，受動態）

1　上の英文は，「彼女はどこで生まれましたか」という意味。下の文の動詞が is であることから from を入れて，「彼女はどこの出身ですか」という文にする。

2　上の英文は，「ご両親によろしくお伝えください」という意味。remember me to ～ で「～によろしく伝える」という意味を表す。say hello to ～ も同じ意味を表す。hello の代わりに hi を用いるとよりくだけた感じになる。

3　上の英文は，「トムはとてもじょうずにスキーをする」という意味。下の英文では good を用いているので，good at ～「～がじょうずだ」を用いて，「トムはスキーをすることがじょうずだ」という文にする。

4　上の英文は，「あなたの学校は創立してからどれくらいですか」という意味で，学校の古さを尋ねている。下の英文は built があることから，was を入れて「あなたの学校はいつ建てられましたか」という受動態の文にする。

5　上の英文は，「私はその事故について何も知らない」という意味。not ～ anything で「何も～ない」という意味。否定の意味を持つ nothing を使って同じ意味を表すことができる。

重要 第5問 （語句整序問題：不定詞，接続詞，比較，関係代名詞，助動詞）

1　(Tom) likes to take care of children.「～するのが好きだ」は like の後に不定詞〈to ＋動詞の原形〉を置いて表す。「～の世話をする」は take care of ～ で表す。

2　(Let's) go swimming if it is sunny (tomorrow.)　Let's の後に go swimming「泳ぎに行く」を続ける。「～ならば」は接続詞 if の後に〈主語＋動詞〉の形を続けて表す。

3　(Bob) is not so old as John.　as … as ～ を否定文で使うと「～ほど…ない」という意味になる。否定文では最初の as の代わりに so を用いてもよい。

4　(The) book I read yesterday was very interesting.　The book の後に I read yesterday「私が昨日読んだ」を続けて，後ろから The book を修飾する。The book ～ yesterday までが主語になるので，その後に動詞 was がくる。

5　(Lewis) is going to go abroad for the first (time.)　これからの予定を述べているので〈be going to ＋動詞の原形〉を用いて表す。abroad で「外国へ」という意味なので，「外国へ行く」を go to abroad としないよう注意する。「初めて」は for the first time で表す。

基本 第6問 （語彙問題）

1　meat「肉」と meet「会う」は発音が同じで意味が異なる。eight「8(の)」と同じ発音の語は ate「eat(食べる)の過去形」。

2　long「長い」の反意語が short「短い」。wet「湿っている，ぬれている」の反意語は dry「乾いている」。

3　数字とそれに対応する序数の関係。twenty「20(の)」の序数は twentieth。

★ワンポイントアドバイス★

第1問の問7は本文の内容と直接は関係がないので，本文の内容がよく理解できていなくても対応することは可能である。問題をよく読まずにあきらめてしまうと得点のチャンスを失うことになるので注意が必要だ。

<理科解答>

第1問 問1 ア，ウ　問2 12(W)　問3 5.0(Ω)　問4 10(V)　問5 オ

第2問 問1 ウ　問2 (1) イ　(2) ウ　問3 イ，オ　問4 ウ　問5 Na^+

第3問 問1 ア，イ，エ　問2 ウ　問3 オ　問4 運動神経　問5 イ，カ

第4問 問1 ウ　問2 108(km)　問3 46[47](秒)　問4 ア，カ

第5問 問1 32(cm/秒)　問2 (グラフ) ウ　(速さ) b　問3 エ　問4 (A) ア (B) オ

第6問 問1 ア　問2 エ　問3 ④ 4　⑤ 3　⑥ 2　問4 (鉄：酸素＝)7：3 問5 (残る物質) 酸素　(物質の質量) 50(g)

第7問 問1 エ，オ　問2 ① 花粉管　② 胚珠　③ 胚　問3 ウ 問4 2番目 c　4番目 b　問5 3(時間)20(分)

第8問 問1 ① ア　② イ　③ ア　④ ア　⑤ ア　問2 (1) イ　(2) ケ (3) エ　(4) ス　問3 (午後)4(時)50(分)

○配点○

第1問 問1・問3 各1点×2　他 各2点×3　**第2問** 問2(2)・問5 各2点×2 他 各1点×4　**第3問** 問1 2点　他 各1点×5　**第4問** 問2・問3 各2点×2 他 各1点×3　**第5問** 問3・問4 各2点×2(問4完答)　他 各1点×3 **第6問** 問3 2点(完答)　他 各1点×5　**第7問** 問5 2点　他 各1点×6(問1・問4各完答) **第8問** 問3 2点　他 各1点×6(問1①②，③④⑤各完答)　計60点

<理科解説>

第1問 (電流―オームの法則，電流と発熱)

基本 問1 電流計は電流の大きさを測定したい部分に直列につなぐ。

重要 問2 電熱線Bに流れる電流は2.0Aなので，加わる電圧は2.0(A)×3.0(Ω)＝6.0(V)である。よって，消費電力は6.0(V)×2.0(A)＝12(W)

問3 同じ大きさの抵抗を2つ並列につなぐと，抵抗の大きさは半分になるので，電熱線Aを2つ並列につないだ部分の抵抗は4.0(Ω)÷2＝2.0(Ω)となる。また，抵抗を直列につないだときの全体抵抗は，それぞれの抵抗の和に等しいので，回路全体の抵抗は2.0＋3.0＝5.0(Ω)である。

重要 問4 回路全体に流れる電流が2.0A，回路全体の抵抗が5.0Ωなので，電池の電圧は2.0(A)×5.0(Ω)＝10(V)

やや難 問5 回路X全体の抵抗は3.0(Ω)÷2＝1.5(Ω)，回路Y全体の抵抗は3.0＋3.0＝6.0(Ω)なので，回路X全体の抵抗は，回路Y全体の抵抗の1.5(Ω)÷6.0(Ω)＝$\frac{1}{4}$(倍)であることがわかる。電圧が等しいとき，回路に流れる電流は抵抗の大きさに反比例するので，回路X全体に流れる電流は，回路Yに流れる電流の大きさの4倍になることがわかる。回路全体の電圧は等しいので，回路Xの電熱線全体の消費電力は，回路Yの電熱線全体の消費電力の4倍となり，電流を流す時間は同じなので，回路Xの電熱線全体の発熱量は，回路Yの電熱線全体の発熱量の4倍となる。

第2問 (水溶液―もののとけ方・中和とイオン)

基本 問1 グラフより，20℃にとける質量が大きいものから順に，塩化ナトリウム，硝酸カリウム，ミョウバン，硫酸銅であることがわかる。

重要 問2 (1) グラフより，40℃の水100gに硝酸カリウムは約64gまでとけ，同じ温度の水にとける物

質の質量は水の質量に比例するので，40℃の水200gに硝酸カリウムは約128gまでとける。このことから，40℃の水200gに入れた硝酸カリウム60gはすべてとけることがわかる。また，10℃の水100gに硝酸カリウムは約22gまでとけるので，10℃の水200gには約44gまでとけることがわかる。よって，40℃の水200gに硝酸カリウム60gをとかし，10℃まで冷やすと，60－44＝16(g)の結晶が

やや難 出てくる。　(2)　グラフから，水の温度を上げていくと，とける硝酸カリウムの質量が大きくなっていくことがわかる。ただし，水に入れる硝酸カリウムの質量は決まっているので，ある温度をこえると，水に入れた硝酸カリウムのすべてがとけ，とけている硝酸カリウムの質量は一定になる。これらのことから，ある温度までは，水にとける硝酸カリウムの質量が増加するため，質量パーセント濃度は大きくなるが，ある温度をこえると，質量パーセント濃度は一定になる。

基本 問3　水酸化ナトリウム水溶液はアルカリ性の水溶液で，緑色のBTB溶液を加えると，青色に変化する。5種類の水溶液のうちアルカリ性の水溶液はアンモニア水と炭酸ナトリウム水溶液である。炭酸水，レモン水は酸性の水溶液，蒸留水は中性の水溶液である。

問4　水酸化ナトリウム水溶液と塩酸が反応すると，水と塩化ナトリウムができる。塩化ナトリウムの結晶の形は立方体で，水によくとけ，水溶液である食塩水は中性のためリトマス紙の色は変えない。酢の主成分は酢酸である。

やや難 問5　うすい水酸化ナトリウム水溶液に緑色のBTB溶液を加えると青色になり，そこにうすい塩酸を加えていくと中和反応が起こって，しだいにアルカリ性が弱くなり，やがて中性になる。中性になると，BTB溶液は緑色に変化することから，うすい水酸化ナトリウム水溶液10cm^{3}とうすい塩酸20cm^{3}が反応すると，水溶液が中性になることがわかる。また，よって，塩酸10cm^{3}を加えたときは水溶液はアルカリ性であることから，水溶液中には水酸化ナトリウムのほうが多いことがわかる。水酸化ナトリウムは，$NaOH \rightarrow Na^+ + OH^-$のように電離していて，このうち，水酸化物イオン$OH^-$は，塩酸中の水素イオン$H^+$と反応して水となるため，水溶液中に最も多く存在するイオンはナトリウムイオンNa^+となる。

第3問　(生物総合―動物の分類・血液の循環・消化・ヒトのからだ)

基本 問1　アサリは無セキツイ動物の軟体動物，クモは無セキツイ動物のクモ類，ハチは無セキツイ動物の昆虫類に分類される。イモリはセキツイ動物の両生類，ヘビはセキツイ動物のハチュウ類，ウサギはセキツイ動物のホニュウ類に分類される。

重要 問2　酸素を多く含んだ血液を動脈血，二酸化炭素を多く含んだ血液を静脈血という。肺から心臓に戻る血液が流れる血管は肺静脈，肺に向かう血液が流れる血管は肺動脈，心臓から全身に向かう血液が流れる血管は大動脈，全身から心臓に戻る血液が流れる血管は大静脈である。

基本 問3　胃液に含まれ，タンパク質を分解する消化酵素はペプシン，すい液に含まれ，タンパク質を分解する消化酵素はトリプシンである。リパーゼはすい液に含まれ，脂肪を分解する消化酵素である。タンパク質が分解されると，最終的にアミノ酸になる。ブドウ糖はデンプンが分解されたものである。

基本 問4　脳やせきずいからなる中枢神経から筋肉に情報を伝える神経は運動神経である。また，感覚器官から中枢神経に情報を伝える神経は感覚神経である。

問5　実験1で，十二指腸に分布するすべての神経を切断してもすい液が分泌されたことから，神経からの情報ですい液が分泌されたのではないことがわかる。実験2の「しぼった汁」は，組織が入らないようにしていることから，十二指腸で塩酸の刺激によってつくられた物質だけが含まれていると考えられ，「しぼった汁」をすい臓につながる血管に注入するとすい液が分泌されたことから，酸の刺激によって十二指腸でつくられた物質(ホルモン)が血管を通ってすい臓に情報を伝えることで，すい液が分泌されることがわかる。

第4問 （地震―地震の伝わり方）

問1　2011年3月15日に発生した，静岡県東部を震源とした地震は静岡県東部地震と名付けられた。兵庫県南部地震は1995年1月17日に発生し，阪神淡路大震災を引き起こした地震，新潟県中部地震は2004年10月23日に発生した地震，胆振東部地震は2018年9月6日に北海道で発生した地震，東北太平洋沖地震は2011年3月11日に発生し，東日本大震災を引き起こした地震である。

やや難　問2　P波の速さは7.2km/s，S波の速さは3.6km/sなので，震源から新城市までの距離を$x$kmとすると，震源から新城市まで進むのにかかる時間は，P波がx(km)÷7.2(km/s)＝$\frac{x}{7.2}$(s)，S波がx(km)÷3.6(km/s)＝$\frac{x}{3.6}$(s)であることがわかる。新城市では，P波による小さなゆれが観測されてから，S波による大きなゆれが観測されるまでの時間が15秒間あることから，$\frac{x}{3.6}-\frac{x}{7.2}=15$が成り立つ。よって，$\frac{x}{3.6}\times7.2-\frac{x}{7.2}\times7.2=15\times7.2$　$2x-x=108$　$x=108$(km)

重要　問3　問2と同様に考えると，震源から島田市までの距離は72kmであることがわかる。P波の速さは7.2kmだから，P波が震源から島田市に伝わるのにかかった時間は，72(km)÷7.2(km/s)＝10(s)とわかる。よって，地震の発生時刻は，島田市にP波が伝わった22時31分56秒の10秒前の22時31分46秒と考えられる。

［別解］　問2より，新城市と震源の距離は108kmで，P波の速さは7.2kmだから，P波が震源から新城市に伝わるのにかかった時間は，108(km)÷7.2(km/s)＝15(s)とわかる。よって，地震の発生時刻は，新城市にP波が伝わった22時32分2秒の15秒前の22時31分47秒と考えられる。

問4　P波とS波は震源で同時に発生する。津波は水深が浅いほど速度が遅くなる性質がある。

第5問 （運動と力―斜面の運動）

重要　問1　1秒間に50打点する記録タイマーは，1(s)÷50＝$\frac{1}{50}$(s)で1打点するので，区間PQを移動するのにかかった時間は，$\frac{1}{50}\times5=0.1$(s)であることがわかる。よって，台車が区間PQを運動したときの平均の速さは，(4.8－1.6)(cm)÷0.1(s)＝32(cm/s)である。

重要　問2　台車には，台車の進む向きに重力の分力が一定の大きさではたらく。一定の大きさの力が運動している物体にはたらくとき，物体の速さは一定の割合で増加していく。よって，時間と速さの関係は，ウのような比例のグラフとなる。また，台車が運動をはじめる高さが，台①，台②のどちらも20cmで同じなので，台車がレールの下端に達したときの速さは同じになる。

問3　台車にはたらく重力の大きさと斜面に平行な向きの力の大きさの比と，斜面の長さと斜面の高さの比は等しい。よって，12(N)：8(N)＝x(cm)：20(cm)　$x=30$(cm)

問4　斜面の傾きが大きくなると，台車にはたらく重力の台車の進む向きの分力は大きくなる。また，台車にはたらく重力の大きさは一定なので，台車の進む向きにはたらく重力の分力も一定である。

第6問 （電池・化学変化と質量―電池・鉄の酸化）

重要　問1　異なる2種類の金属板と電解質の水溶液を用いると，電池として電気エネルギーを取り出すことができる。エタノールは電解質の水溶液ではないため電池にはならない。

重要　問2　亜鉛イオンZn^{2+}は亜鉛原子が電子を2個放出してできた陽イオンである。電池では，陽イオンになりやすいほうが電子を放出し，放出された電子が導線を通ってもう一方の金属板に向かって移動する。電流の向きは電子の動く向きと逆向きなので，陽イオンになりやすいほうの金属板が負極となる。

問3　化学反応式では，左辺と右辺で原子の種類と数が等しくなるようにする。酸素原子の数に注目すると，係数がすべて1だとすると，左辺が2個，右辺が2個となる。係数を変化させたとき，酸素の個数は，左辺が2の倍数，右辺が3の倍数となるので，O_2とFe_2O_3の酸素の個数が最小公倍数の6となるようにすると，O_2の係数は3，Fe_2O_3の係数は2となる。このとき，右辺の鉄Fe原子の個数は4となり，左辺のFeの係数を4とすると，左辺と右辺で鉄原子も酸素原子も個数が等しくなる。

基本 問4　できた物質の質量と鉄粉の質量の差が，鉄と反応した酸素の質量となる。鉄粉14gが反応すると20gの物質(酸化鉄)ができるので，鉄と酸素の質量の比は，14(g)：(20－14)(g)＝7：3とわかる。

やや難 問5　問4より，鉄と酸素が反応するとき，鉄の質量の比のほうが大きいことがわかる。鉄35gと反応する酸素をxgとすると，35(g)：x(g)＝7：3　x＝15(g)である。よって，反応せずに残るのは酸素で，反応後にできる物質の質量は35＋15＝50(g)である。

第7問 （生殖と遺伝―生殖のようす）

基本 問1　ツツジとアブラナは双子葉類で，根は主根と側根からなる。マツは裸子植物で，同じ木に雄花と雌花がつく。イチョウは裸子植物で，雄花と雌花は別の木につく。

基本 問2　めしべの柱頭についた花粉からは花粉管がのび，その中を精細胞が胚珠の中へと移動し，精細胞の核と卵細胞の核が合体して受精卵になる。やがて，受精卵は胚，子房は果実になる。

重要 問3　精細胞や卵細胞を生殖細胞といい，生殖細胞は減数分裂と呼ばれる特別な細胞分裂でつくられ，染色体の数は体細胞の半分である。また，受精卵の染色体の数は，精細胞の染色体の数と卵細胞の染色体の数の和となり，体細胞と同じになる。

重要 問4　細胞分裂では，はじめに核の中にひものような染色体が見えはじめ(c)，中央に集まる(d)。その後，染色体は細胞の両端に向かって移動していき(b)，やがて中央部にしきりができ(e)，新しい2つの細胞になる。

問5　図の30個の細胞のうち，cの細胞は4個である。各時期の細胞数が細胞周期の各時期の時間の長さに比例するので，cの時期の時間の長さは$25(h)\times\frac{4}{30}=3\frac{1}{3}(h)$，$\frac{1}{3}(h)\times60=20$(分)だから，3時間20分である。

第8問 （気象・天体―フェーン現象・太陽の日周運動）

重要 問1　低気圧の中心の南側で，温暖前線と寒冷前線の間の地域では，南寄りの風が吹き，晴れることが多い。札幌では，午前9時と午後3時の間に寒冷前線が通過していくと考えられ，寒冷前線通過後の午後3時には，気温は下がり，風は西よりに変化する。

問2　(1)　水蒸気が水滴に変わるときの温度を露点という。

(2)　雲があるとき，空気は100mのぼるごとに気温が0.5℃下がり，地点Bと山頂の標高差は1500－500＝1000(m)なので，山頂の気温は，$20(℃)-0.5(℃)\times\frac{1000(m)}{100(m)}=15(℃)$となる。

(3)　15℃の飽和水蒸気量は12.8(g/m^3)なので，17.3－12.8＝4.5(g)の水蒸気が水滴となって雲や雨になったことがわかる。

(4)　雲がないとき，空気は100m下るごとに気温が1℃上がり，山頂と地点Cの標高差は1500mなので，地点Cの気温は，$15(℃)+1(℃)\times\frac{1500(m)}{100(m)}=30(℃)$となる。

やや難 問3　条件1から，透明半球上を太陽は1時間＝60分で6cm動くことがわかる。条件2，3から，11時の位置Cから南中の位置Qまでの長さが4cmなので，11時x分に太陽が南中したとすると，60(分)：6(cm)＝x(分)：4(cm)　x＝40(分)となり，南中時刻が11時40分であることがわかる。また，日の出の位置Pから9時の位置Aまでの長さが15cmなので，日の出から9時までがy分間であったとすると，60(分)：6(cm)＝y(分)：15(cm)　y＝150(分)となり，日の出の時刻は，9時の150分前＝2時間30分前の6時30分とわかる。これらから，日の出から南中までの時間は，6時30分から11時40分までの5時間10分とわかり，日の出から南中までと，南中から日の入りまでの時間が等しいことから，日の入り時刻は，11時40分の5時間10分後の16時50分，つまり午後4時50分となる。

★ワンポイントアドバイス★

標準的な問題が中心だが，問題数がやや多めで，実験結果などを考察した上で解答するような問題もあるので，すばやく正確に解答できるようしっかりと練習を重ねておこう。

＜社会解答＞

第1問　問1　(1)　与那国島　(2)　神戸　問2　フィヨルド　問3　パイプライン
問4　(1)　ウ　(2)　エ　問5　エ　問6　ウ　問7　エ　問8　カ
問9　(1)　イ　(2)　奥羽山脈　問10　ウ　問11　メスチソ　問12　(1)　ハブ
(2)　ア　問13　(1)　ウ　(2)　アルプス・ヒマラヤ　問14　エ　問15　ア

第2問　問1　イ　問2　大山[大仙陵]　問3　ウ　問4　ウ　問5　ア　問6　平清盛
問7　イ　問8　エ　問9　ア　問10　イ　問11　ルネサンス　問12　エ
問13　奇兵隊　問14　オ　問15　ネルー

第3問　問1　イ　問2　イ　問3　エ　問4　集団的自衛権　問5　イ　問6　エ
問7　ア　問8　ウ　問9　ウ　問10　エ

○配点○
第1問　各1点×20　第2問　問2・問6・問11・問13・問15　各2点×5　他　各1点×10
第3問　各2点×10　計60点

＜社会解説＞

第1問　（地理―人々の生活・自然・産業など）

問1　(1)　台湾までわずか100km足らずしかなく晴れた日には島を望むこともできる。　(2)　古くは日宋貿易の港として栄えた大輪田泊。1995年の阪神淡路大震災で大きな被害を受けた。

問2　氷河に削られた高く険しいU字谷は陸地の奥深くまで浸入している。

問3　ポンプの圧力を利用し地上・地中・水中などどこでも大量に低コストで輸送できる。

問4　(1)　小麦の生産は中国・インド・ロシアの順。　(2)　ロサンゼルスとの時差は17時間(255÷15＝17)なので出発は日本時間の10月31日6時。6時＋12時間30分で計算。

問5　オーストラリアは1970年代に白豪主義を放棄し，現在は多文化社会を目指している。

問6　年間を通して気温や降水量の差が小さい西岸海洋性気候。アはイタリア(地中海性気候)，イはアルゼンチン(温暖湿潤気候)，エはロシア(亜寒帯湿潤気候)。

問7　人や物資の輸送に有利な地域性を背景に発達。アは関東内陸，イは京葉，ウは阪神。

問8　菊は愛知県渥美半島の電照菊，鶏卵や豚は南九州や大都市近郊，茶は静岡県牧之原台地。

問9　(1)　東北自動車道沿いにはIC工場が多くシリコンロードとも呼ばれる。養殖はワカメ，ホタテなど，やませは冷たく湿った風，会津塗は福島。　(2)　陸奥と出羽から命名された山脈。

基本

問10　17世紀からフランス，その後イギリスが入植したカナダでは現在も英語とフランス語を公用語として採用，とくにフランス系の人々が多いケベック州では分離独立の動きも見られる。

やや難　問11　アルゼンチンやウルグアイなどを除くほとんどの国では混血の占める割合が大きい。

問12　(1)　車軸の軸受け(ハブ)とスポークのように長距離便を集中させた空港。　(2)　原油に頼ったモノカルチャー経済の国。イはマレーシア，ウはブラジル，エは中国。

問13　(1)　南アメリカでは熱帯が約63%，北アメリカでは冷帯が約43%を占める。　(2)　地中海西部からインドネシアまでユーラシア大陸の南側を東西に走る造山帯。

重要　問14　サハラ砂漠南縁のサヘルでは気候変動と人口増による過放牧などから砂漠化が進行。

問15　東京大都市圏の人口は約3700万人と総人口の約3割を占める。

第2問　(日本と世界の歴史―古代～現代の政治・社会・文化史など)

問1　a　禅の精神を取り入れて完成。　b　千利休に切腹を命じたのは豊臣秀吉。

問2　仁徳天皇の墳墓といわれ，全長486m，三重の濠を巡らせた巨大な古墳。

問3　4世紀末，帝国の弱体化やゲルマン人の侵入によりローマ帝国は分裂した。ムハンマドや唐の成立は7世紀初め，アショーカ王は紀元前3世紀ごろ。

問4　奴国の金印(57年)→卑弥呼の支配(3世紀前半)→仏教伝来(6世紀中ごろ)の順。

問5　a　最澄は法華経に基づきすべての人は仏性を持つと主張し天台教学を確立した。　b　頼通が父・道長の宇治の別荘を寺としたもので，阿弥陀如来の救済を願った阿弥陀堂。

重要　問6　平治の乱でライバルの源義朝(頼朝の父)を破り実権を掌握，初の武家政権を樹立。

問7　a　挙兵に失敗した後鳥羽上皇は配流地の隠岐で没した。　b　北条時宗は元が襲来した時の執権，御成敗式目を制定したのは北条泰時。

問8　4,500首余りの歌の中で大伴家持の歌は1割以上に及び編さんの中心人物と思われる。

問9　武家諸法度寛永令(3代家光)→生類憐みの令(5代綱吉)→公事方御定書(8代吉宗)→異国船打払令(11代家斉)の順。

やや難　問10　十字軍は11世紀末～13世紀後半。キリスト教の成立は1世紀初めのパレスチナ，ザビエルの来日は1549年，革命を起こしたピューリタンはカルヴァン派の人々。

重要　問11　神を中心とするキリスト教的中世社会が近代社会へ転換する起点となった運動。

問12　ポーツマス条約は日露戦争(1904～1905年)の講和条約。

問13　足軽・郷士らの下級武士と農民・町人などから組織された軍隊で正規兵に対する呼び名。

問14　朝鮮戦争(1950年)→国連加盟(1956年)→東京オリンピック(1964年)の順。

問15　ガンディーに協力し反英闘争を指導，戦後は非同盟主義の中心人物として活躍した。

第3問　(公民―憲法・政治のしくみ・日本経済など)

問1　核兵器禁止条約は北朝鮮を含む全核保有国や日本など核の傘に依存する国は不参加。

問2　アメリカの大統領選挙は大統領選挙人を選ぶ間接選挙。

重要　問3　内閣総理大臣は国会議員の中から国会の議決でこれを指名する(憲法67条)。

問4　憲法9条などの制約から否定していた従来の憲法解釈を変更，専守防衛を基本とする日本の安全保障政策の変更を図ったものとして批判する声もある。

問5　円安とは円の価値が下がること。アメリカの企業が100万円の商品を輸入する場合，従来の1万ドルが約8333ドルに値下がりすることになる。

重要　問6　条約の承認，予算の議決，首相の指名においては衆議院が優越。通常国会は1月に会期150日で召集，内閣不信任は衆議院のみ，法律案の審議はどちらの院からでもよい。

問7　参議院の被選挙権は30歳，衆議院は25歳。選挙区は148名，比例代表は100名，鳥取と島根，徳島と高知は2県で1選挙区を構成，重複立候補が認められるのは衆議院。

問8　憲法17条に規定。検閲は禁止，すべての情報が公開されるわけではない，思想・良心の自由は人間の尊厳を支える最も基本的な権利であり強く保護されている。

問9　クーリングオフは一定の期間内であることや書面での通知など無条件ではない。

問10　日本銀行は好景気の際には金利を引き上げるほか，債券などを一般の銀行に売ることで(売りオペ)市中から資金を回収して景気が過熱することを防ぐ。

★ワンポイントアドバイス★

歴史的出来事を並び替えるのは社会が得意の受験生でもなかなか手ごわい問題である。年号を暗記するのではなく，まずは大きな流れをつかむことを考えよう。

＜国語解答＞

第1問　問一　②　いさぎよ　⑤　中枢　⑥　侵略　⑨　湾曲　⑪　展覧

問二　③　エ　⑦　イ　問三　Ⅰ　ウ　Ⅱ　オ　Ⅲ　ア　問四　複雑さや冗長さ，過剰さとの相対において認識される概念　問五　エ

問六　(例)　世界が「力」によって統治され，「力」のせめぎ合いが世界の流動性を作る時代から，人間が等しく幸福に生きる権利を基礎とする近代社会

問七　(例)　機能を満たせばよいという合理主義によって資源と人間の営み，形態と機能の関係が率直に計り直され，資源や労力を最大限に効率よく運用しようとする姿勢から生まれたもの。　問八　ウ

第2問　問一　①　×　②　○　③　○　④　×　⑤　○

第3問　問一　赤眉知㆓孝順㆒　問二　②　すえ　③　とうよう　問三　ア

問四　④　ウ　⑥　イ　問五　(例)　熟した桑の実を母に与えようとしている蔡順の孝行心に感動したから。　問六　エ　問七　イ・オ

○配点○

第1問　問一・問三　各1点×8　問六・問八　各4点×2　問七　6点　他　各2点×4

第2問　各2点×5　第3問　問二　各1点×2　問三・問六　各3点×2　問五　4点

他　各2点×4(問七完答)　計60点

＜国語解説＞

第1問　(論説文―漢字の読み書き，語句の意味，空欄補充，接続語，内容理解，要旨)

問一　②「潔い」は，けがれていない，という意味。　⑤「中枢」は，主要な部分，という意味。⑥「侵略」は，他国に侵入して領土や財物を奪いとること。　⑨「湾曲」は，弓形に曲がること。　⑪「展覧」は，物品・作品などを並べて見ることや，見せること。

問二　③「意匠」は，美術や工芸，工業品などの形・模様・色・構成などについて，工夫を凝らすこと。また，そのデザイン。　⑦「有機的」は，有機体のように，多くの部分が集まって一個の物を作り，部分と全体とが必然的関係を有している様子。

基本　問三　Ⅰ　空欄の前の事柄の具体例を，空欄のあとで述べているので，「たとえば」が入る。

Ⅱ　空欄のあとが「……からである」という理由を表す形になっていることに注目。

Ⅲ　空欄の前の事柄を空欄のあとで説明しているので，説明・補足の接続語が入る。

問四　二つあとの段落に「つまりシンプルとは，複雑さや冗長さ，過剰さとの相対において認識される概念である」とあることに注目。

重要 問五　二つあとの段落に「複雑な青銅器は，その求心力が，目に訴える形象として顕現したものと想像される」とあり，複雑な青銅器が権力者の求心力や統率力の表現であったという筆者の考えが読み取れる。

問六　傍線⑧を含む段落の最後に「人間が等しく幸福に生きる権利を基礎とする社会へと世界は舵を切ったのである」とあることに注目。「舵を切」る前の世界がどのようであったかを含めて解答をまとめる。

やや難 問七　傍線⑨を含む段落全体の内容をふまえて解答をまとめる。

問八　本文中に「偶像を否定するイスラムにおいては，龍のような具象物はない代わりに，幾何学文様や唐草文様が異常なる発達を見せ，王宮やモスクの空間をびっしりと埋め尽くしている」とある。この内容がウに合致している。

第2問 （慣用表現）

① 「うつつを抜かす」は，あることに心を奪われて夢中になること。遊びや道楽に対して使われる表現で，勉強などのよいことには使われない。

② 「しのぎを削る」は，激しく争うこと。

③ 「役不足」は，その人の力量に比べて，役目が軽すぎること。

④ 「的を射た」が正しい。「的を射る」は，物事の肝心な点を確実にとらえる，という意味。

⑤ 「一枚かむ」は，一つの役割を果している，ということ。

第3問 （漢詩と古文―返り点，歴史的仮名遣い，空欄補充，語句の意味，内容理解，文学史）

〈口語訳〉 黒く熟した桑の実を親のいる奥座敷に奉じる
飢えに嘆いて涙は衣に満ちる
赤い眉の盗賊は孝行を知り
牛と米を君に贈って帰らせる

蔡順は，如南という所の人である。王奔という人の時代の末に，世の中がおおいに乱れ，また飢渇して，食事に乏しかったので，母のために，桑の実を拾い，熟したものと熟していないものに分けた。このとき，世の中の乱れによって，人を殺したり，強盗をする者どもがやってきて，蔡順に問うには，「どうして二色に分けているのだ」と言ったので，蔡順は，「一人の母がいるが，この熟したものは，母に与え，まだ熟していないものは，自分のためである」と語ったところ，（盗賊は）思いやりのない，倫理にそむいている者だが，彼の孝行を感じて，米二斗と牛の足一つを与えて去った。その米と牛の腿とを母に与えて，また自分もつねに食べたが，一生の間，尽きることがなかったということだ。これは，孝行のご利益である。

問一　二字以上上に返って読む場合は「一・二点」を使う。

基本 問二　②「ゑ」を「え」に直す。　③「やう」を「よう」に直す。

問三　古文の「天下おほきに乱れ，また飢渇して」に注目。

問四　④「不道」は，道理にそむくこと，人としての道にそむくこと。　⑥「一期」は，生まれてから死ぬまで，という意味。

問五　「一人の母を持てるが，……わがためなり」という蔡順の言葉と，それを聞いた盗賊の反応を読み取る。

重要 問六　蔡順の孝行の心が盗賊を感動させ，食料をもらったばかりか，飢えからずっと解放されたという話の流れをとらえる。

問七　『おくのほそ道』は松尾芭蕉の俳諧紀行文。『東海道中膝栗毛』は十返舎一九作の滑稽本。

★ワンポイントアドバイス★

文字数の多い記述問題があり，説明的文章・古文ともに，時間内に的確に文章を読み取る力が試される。ふだんからいろいろな読解問題に取り組む必要がある。漢字の読み書きや，慣用句などの語句の知識，文学史の知識も必須！

MEMO

大切なことはメモしておこうネ！

T.G

2019年度

★★★★★★★★★★★★★★★★★★★★★★★★

入　試　問　題

2019年度

札幌光星高等学校入試問題

【数　学】（45分）　＜満点：60点＞

第１問　次の問いに答えなさい。

問１　$-3\times(-2^2)-(-108)\div(-6)^2$ を計算しなさい。

問２　$3\sqrt{3}\times\sqrt{6}-\dfrac{16}{\sqrt{2}}$ を計算しなさい。

問３　$48abx^2-3ab$ を因数分解しなさい。

問４　連立方程式 $\begin{cases}5x+4y=14\\-2x+y=-3\end{cases}$ を解きなさい。

問５　２次方程式 $3(x+1)^2=(x+1)(x+3)$ を解きなさい。

問６　$\dfrac{60}{n}$が自然数の２乗になる最小の自然数 n を求めなさい。

問７　水筒に水が入っています。１回目に200mLを飲み，２回目に残りの$\dfrac{1}{3}$を飲むと，水の量は最初の$\dfrac{1}{2}$になりました。最初に水筒に入っていた水の量を求めなさい。

問８　関数 $y=-\dfrac{1}{3}x^2$ について，x の変域が $-3\leqq x\leqq 2$ のとき，y の変域を求めなさい。

問９　下の図のように，平行四辺形ABCDの内部に点Ｐをとります。平行四辺形ABCDの面積が24cm²のとき，△ABPと△CDPの面積の和を求めなさい。

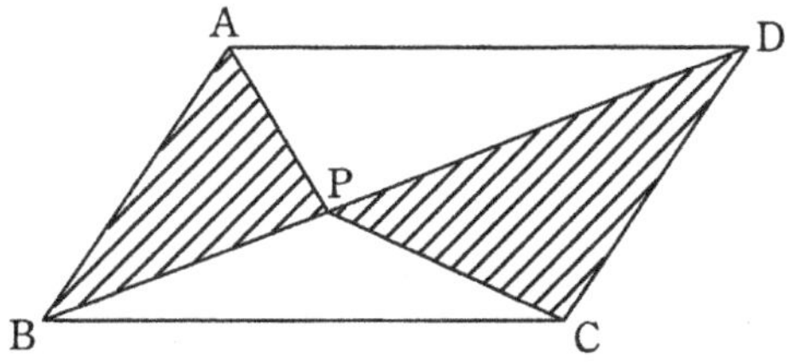

問10　下の図で，∠x の大きさを求めなさい。ただし，点Ｏは円の中心です。

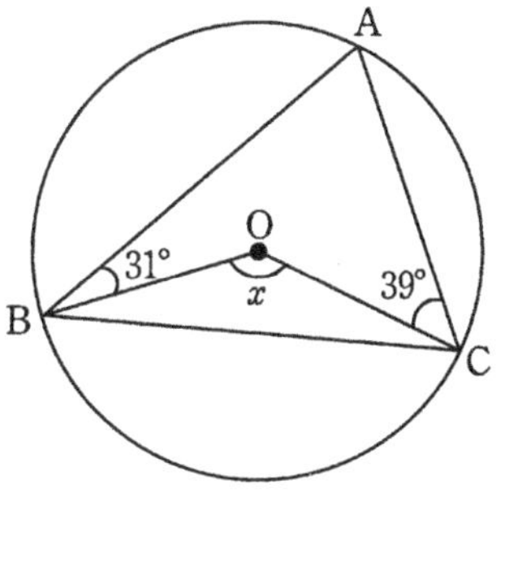

第２問　大小２つのさいころを同時に１回投げ，大きいさいころの出た目の数をa，小さいさいころの出た目の数をbとします。このとき，次の問いに答えなさい。ただし，さいころの目の出方は同様に確からしいとします。

問１　$\dfrac{10}{a+b}$が整数になる確率を求めなさい。

問２　aとbの少なくとも１つが５以上である確率を求めなさい。

問３　２本の対角線の長さがそれぞれa㎝，b㎝のひし形をつくるとき，面積が10㎠以上になる確率を求めなさい。

第３問　xの２次方程式 $x^2-6x+m=0$ の解の１つが $3+\sqrt{2}$ であるとき，次の問いに答えなさい。

問１　mの値を求めなさい。

問２　方程式の２つの解のうち，大きい方をa，小さい方をbとするとき，a^3b+ab^3 の値を求めなさい。

第４問　右の図の四角柱ABCD－EFGHについて，次の問いに答えなさい。

問１　辺ADの長さを求めなさい。

問２　頂点Aから頂点Gまで四角柱の表面に糸をかけます。糸の長さが最も短くなるとき，その長さを求めなさい。

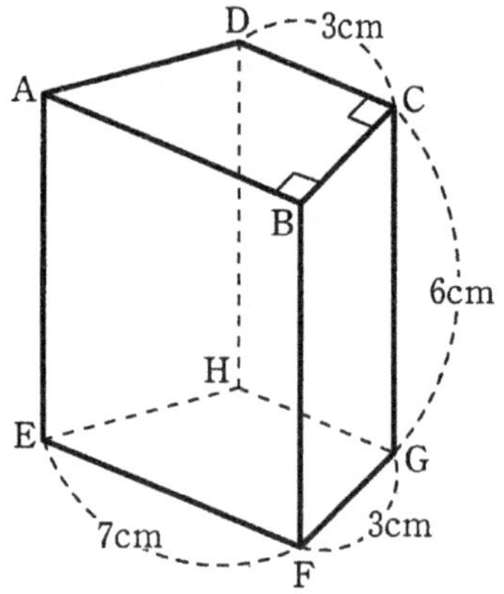

第５問　右の図のように，関数$y=ax^2$ のグラフ上の点A，B，Cを中心とする３つの円があります。直線ℓ，mはx軸に平行で，点Aを中心とする円はx軸，y軸，直線ℓに接し，点Bを中心とする円はy軸，直線ℓ，mに接し，点Cを中心とする円はy軸，直線mに接しています。点Aの座標を（1，1）とするとき，次の問いに答えなさい。

問１　aの値を求めなさい。

問２　点Bを中心とする円の半径を求めなさい。

問３　点Bを通り，△ABCの面積を２等分する直線の式を求めなさい。

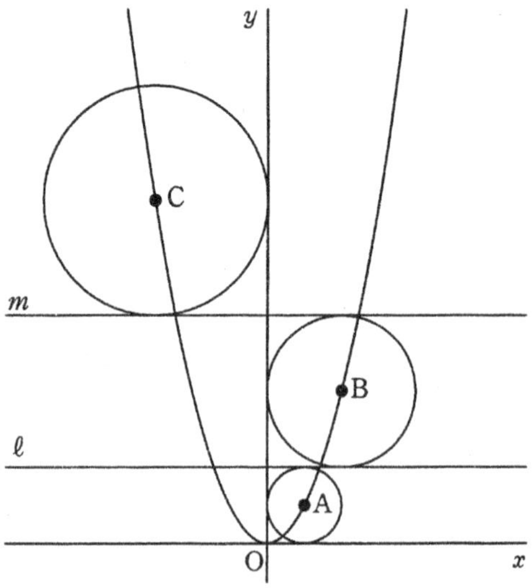

【英　語】（45分）　<満点：60点>

第１問　次の英文を読み，あとの問いに答えなさい。

Marty is a nine-year-old boy and lives with his mother in a small village. One hot day in summer, he thought he heard a strange sound on the road. "What's that?" He stopped to look around and found the pretty face of a small dog. She was *barking and Marty thought that she might need help. He walked over to her and found that her back legs *were stuck in the mud by the river and the dog couldn't get out. "Oh, poor dog! Don't worry, (1)" She barked. Marty felt that maybe she could understand him. He got her out of the mud and washed her in the river. He carried her to the road and gently (2) her on the road. "Now, you are free, pretty dog. Remember, don't go there again! Take it easy!" he said.

When he started walking away, he heard a different sound that came from behind his back. It was not the sound of a dog barking; it was the sound of a dog's footsteps. The dog was following him with a happy look on her face and *wagging her tail. "No. We cannot keep you in our house. Go away, please." Then he started walking down the road, a little faster this time, but he could hear the sound of her footsteps. He turned around and said gently, "I'm asking you. (3)Please. I'm sorry we cannot keep you in our house." She barked again, looked happy and started wagging her tail. He felt she was telling him, "I like you now. So please take me home." So, he started running to his house. When he got home, of course she was there, too. Marty felt tired after running, sat on the ground and looked at her. She also sat by his side with a happier look on her face and wagging her tail. He felt happier, too and wanted to keep her. Then, she barked, and he said to her, "Can you understand me?" and smiled. She kept barking.

Marty's mother came out of the house. She said, "Oh, what a lovely dog! Where did you find the dog, Marty?" He told his mother (4)the story and said, "Mom, can't we keep her?" She just said, "Marty, having a dog isn't an (5) thing. You have to take care of her every day because SHE is living. Life is important. Look, she is wagging her tail. Dogs do that when they are happy. She loves you very much. Can you take good care of her every day? Can you promise me? Then, we'll keep her." "Mom, I promise I'll do it." "Then, you have to choose a name for her. It's your first job." Marty decided to call her Muddy because she was in the mud.

[6] This became a habit for her.

It was a cold day in winter and it was snowing very hard. Muddy was waiting outside. It was already 6:30 but he never came home. His mother started worrying and said to herself, "(7) Why is he so late today? Should I call the police?" Then, Muddy got up and started running down the road. Dogs can hear things that we cannot hear; this time, Muddy could hear Marty's voice that his mother couldn't hear. It was coming from the same place; Marty found Muddy there when they first met. Muddy ran to him. "Muddy!" He shouted. Both of Marty's legs were stuck deep in the snow and he couldn't move or get out. Muddy gently *bit his jacket and tried to get him out, but she couldn't help him. Then, she started running home. (8)<u>As soon as Muddy got home, she ran to Marty's mother.</u> Then, Muddy gently bit her skirt and tried to take her outside. "What are you doing? I have to go outside with you?" Muddy barked and ran down the road, then she followed her. She found Marty and got him out of the snow.

After getting home, he took a hot bath. He was wrapped in a warm blanket in front of the fire and sat on the floor. Of course, Muddy was by his side. He said, "Thank you, Muddy." He started to smile and laughed, and Muddy barked and looked happy.

注） bark：(犬が) ほえる　be stuck in the mud：泥に埋まる　wag her tail：しっぽを振る
bit：かんだ

問１　文中の（１），（７）に入る最も適切なものを，次のア～エの中からそれぞれ１つ選び，記号で答えなさい。

（１）ア I found someone!　イ I'll get you out now!
　　　ウ I take care for you!　エ I don't think I can help you!

（７）ア Where was he?　イ What's the matter?
　　　ウ Why is he in school?　エ How will he leave school?

問２　文中の（２）に入る最も適切なものを次のア～エの中から１つ選び，記号で答えなさい。

ア brought　イ had　ウ put　エ took

問３　下線部(3)のようにマーティが言った時の気持ちとして最も適切なものを，次のア～エの中から１つ選び，記号で答えなさい。

ア 問いかけ　イ 怒り　ウ よろこび　エ お願い

問４　下線部(4)を簡潔に日本語で説明するとどれが最も適切か，次のア～エの中から１つ選び，記号で答えなさい。

ア マーティが犬を見つけて，犬が家までついてきたこと。
イ マーティと犬が追いかけっこをして，マーティが勝ったこと。
ウ マーティが犬を見かけたときに，家で飼いたくなったということ。
エ マーティが楽しく犬を追いかけて走って家に帰ったこと。

問５　文中の（５）に入る最も適切な語を本文から抜き出しなさい。

問６　文中の［６］に次のア～エの英文を正しく並べかえて，記号で答えなさい。

ア After a while, she started to do something that you may not be able to believe.
イ He took good care of her every day and they became true, good friends.

ウ When that time came, she usually went outside and waited for him.

エ He usually came home at around 2:30.

問７ 下線部(8)を日本語になおしなさい。

問８ 本文の内容と一致するものを次のア～オの中から２つ選び，記号で答えなさい。

ア 自分の家で犬を飼えないと思っていたマーティは，犬について来てはいけないと言った。

イ マディは，マーティとお母さんに気に入られるために，しっぽを振ってかわいらしく見えるようにした。

ウ マーティの上着をかんで，助けられなかったマディは，母親の協力を得た。

エ 警察に電話した後，マディに案内された母親はマーティを発見し，助け出すことができた。

オ 片足が雪に深く埋まってしまって，身動きができなくなったマーティを救ったのは母親だった。

第２問 次の会話を読み，1～５の問いに対する答えを，次のページの地図中のＡ～Ｑからそれぞれ１つ選び，記号で答えなさい。

Jenny : Hi, Chris! I'm so happy to hear that you are coming to my birthday party this weekend.

Chris : Thank you for inviting me, but I have a problem. How can I get to your house?

Jenny : Don't worry, I'll help you out.

Jenny takes out a piece of paper and a pen and starts drawing a map for Chris to tell him the way to her house.

Jenny : All right, you use the Circle Line and get off at North Station, here. Then, across the street, you can find a bank on your left and a police box on your right. Walk up to the bank and keep walking along the street. On the next block, you'll find a bookstore on your left.

Chris : All right. Here, right? I see.

Jenny : Then you can see Mulberry Street in front of you. Across Mulberry Street, you can see a post office right in front of you. Cross the street and turn left.

Chris : You mean, after I cross Mulberry Street, I turn left.

Jenny : Right! If you cross Mulberry Street and turn right, you'll get to a CD shop. So don't go that way. When you get to the post office, turn left and you can find a restaurant at the end of the block, then turn right, walk one block and across the street is my house.

Chris : I think I've got it. This is your house, right?

Jenny : Yes! If you get to North Station too early and want to get something to drink, there's a coffee shop ... here! Walk to the police box from the station and keep walking along the street toward Mulberry Street. On the next block, you can find the coffee shop. You can't miss it.

Chris : Thanks! I'm looking forward to the weekend!

Jenny : Me, too!

1 Where is Jenny's house?　　2 Where is the police box?

3 Where is the post office?　　4 Where is the coffee shop?

5 Where is the bookstore?

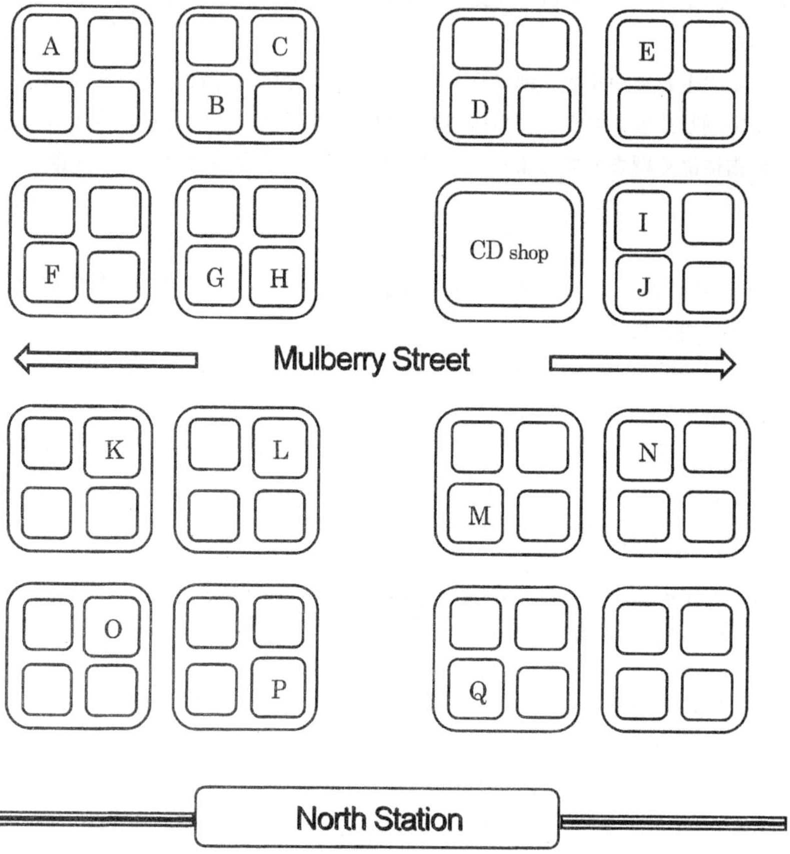

第 3 問 次の各組の中で，下線部の発音が他の 3 つと異なるものを 1 つ選び，記号で答えなさい。

1	ア cows	イ pens	ウ caps	エ girls
2	ア passed	イ stopped	ウ ended	エ watched
3	ア good	イ foot	ウ wool	エ moon
4	ア either	イ south	ウ mouth	エ breath
5	ア coat	イ road	ウ soap	エ abroad

第 4 問 次の各組の英文がほぼ同じ内容になるように，(　) 内に入る適切な語を答えなさい。

1 { The Ishikari River is not as long as the Tone River.
　 The Ishikari River is (　　　) than the Tone River.

2 { Shall we play cards this afternoon?
　 How (　　　) playing cards this afternoon?

3 ｛If you don't walk fast, you'll be late.
　 ｛Walk fast, (　　　) you'll be late.

4 ｛The library is filled with students.
　 ｛The library is (　　　) of students.

5 ｛What color do you like best?
　 ｛What is your (　　　) color?

第５問 次の各文の日本語に合うように，(　) 内の語を並べかえて英文を完成させるとき，(　) 内で３番目と５番目にくる語をそれぞれ記号で答えなさい。

1 あなたのクラスには，生徒は何人いますか。
How (ア in　イ students　ウ have　エ many　オ do　カ you) your class?

2 トムが今夜何時に出発するか知っていますか。
Do you (ア what　イ will　ウ know　エ leave　オ Tom　カ time) this evening?

3 昨年以来，ナオミからの連絡がありません。
We (ア last　イ Naomi　ウ heard　エ from　オ since　カ haven't) year.

4 あなたは，暗くなる前に家に帰ったほうがいい。
You (ア go　イ dark　ウ before　エ better　オ had　カ home).

5 ケンの母親は，学校帰りに，牛乳を買ってくるように頼んだ。
Ken's mother (ア on　イ asked　ウ buy　エ him　オ to　カ milk) his way home from school.

第６問 次の各問いのＡ－Ｂの関係とＣ－Ｄの関係が同じになるように，Ｄに入る適切な語を答えなさい。

	A	—	B	C	—	D
1	child	—	children	tooth	—	(　　)
2	two	—	second	nine	—	(　　)
3	small	—	smallest	big	—	(　　)
4	open	—	close	push	—	(　　)
5	won	—	one	son	—	(　　)

【理　科】（45分）　＜満点：60点＞

【注意】 計算問題は，指定された桁まで数値を求めて答えてください。例えば問題に「小数第１位まで求めなさい」とある場合は，小数第２位を四捨五入して答えます。

第１問 次の文章［Ｉ］・［Ⅱ］を読み，あとの各問いに答えなさい。

［Ｉ］ 重さ60Nのおもりを地面からの高さ4.0mのところへ移動させるために必要な仕事を調べる実験を行いました。はじめに，図１のように何も道具を用いずに，高さ4.0mまで静かにおもりを持ち上げました。このときの仕事の大きさは（　ア　）［J］になります。次に，図２のように30°の角度をもち，摩擦のない斜面を利用して高さ4.0mまで静かにおもりを引き上げました。このとき，おもりを引き上げるために必要な力の大きさは（　イ　）［N］となります。図１と図２からおもりを持ち上げるときの仕事の大きさは，道具を用いたときと用いなかったときで同じになります。このことを（　ウ　）といいます。道具には，斜面のほかに動滑車が日常生活でよく使われています。クレーン車などでは，図３のように大きさが異なり，別々に回転する定滑車に動滑車をつけることでひもを引く力を小さくしています。

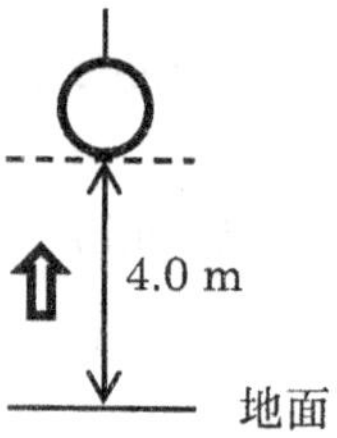

図１

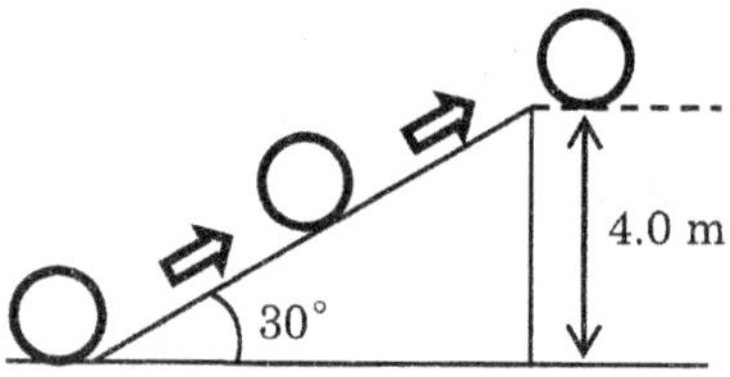

図２

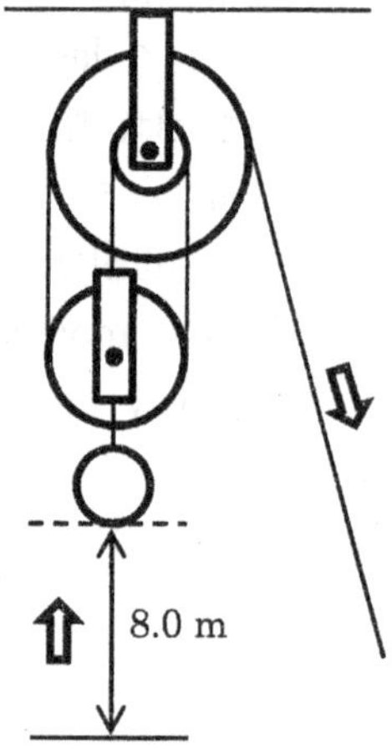

図３

問１　文章中の空欄（ア）～（ウ）に当てはまる数値や語句を答えなさい。

問２　図３について，重さ60Nのおもりを地面から高さ8. 0mまで静かに持ち上げるために20秒かかりました。このとき，ひもを引く力の大きさは何Nですか。また，仕事率は何Wですか。

［Ⅱ］ 軽い糸に様々な重さのおもりをつけた振り子をつくり，振り子の運動の実験を行いました。

【実験１】 重さ2.0Nのおもりと糸の長さ50㎝の振り子を最下点からの高さ20㎝まで持ち上げ，静かに手をはなした。

【実験２】 重さ2.0Nのおもりと糸の長さ100㎝の振り子を最下点からの高さ20㎝まで持ち上げ，静かに手をはなした。

【実験３】 重さ6.0Nのおもりと糸の長さ50㎝の振り子を最下点からの高さ20㎝まで持ち上げ，静かに手をはなした。

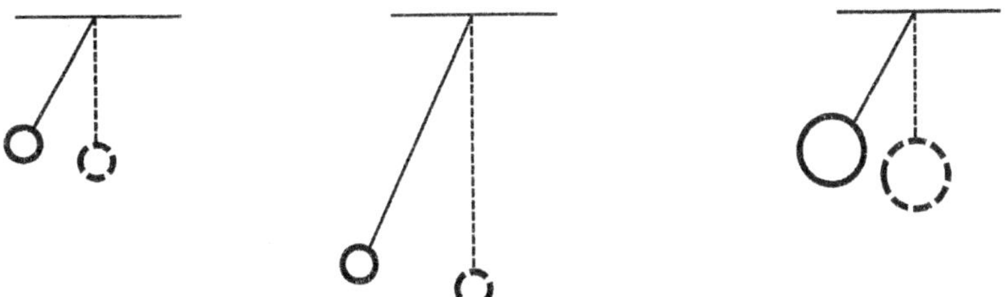

【実験１】　【実験２】　【実験３】

問３　実験１～３のうち，最下点からの高さ20cmの位置で，位置エネルギーが最も大きいのはどれですか。最も適当なものを次のア～カから１つ選び，記号で答えなさい。ただし，位置エネルギーの大きさの基準は最下点とします。

ア．実験１　イ．実験２　ウ．実験３　エ．実験１と２　オ．実験１と３

カ．実験２と３

問４　実験１～３について，最下点での振り子の速さについて述べた文として最も適当なものを次のア～エから１つ選び，記号で答えなさい。ただし，空気抵抗は無視でき，力学的エネルギーは保存するものとします。

ア．速さは移動距離に比例するので，移動距離が最も長い実験２のとき，速さが最も大きくなる。

イ．運動エネルギーは質量に比例するので，最も重い実験３のとき，速さが最も大きくなる。

ウ．速さは振り子の長さに比例するので，実験１と３の速さが等しくなり，実験２の速さが最も大きくなる。

エ．振り子の最下点の速さは振り子の高さのみで決まるので，すべて同じ速さになる。

第２問　次の文章［Ⅰ］・［Ⅱ］を読み，あとの各問いに答えなさい。

［Ⅰ］　ある金属Ｘの粉末をステンレス皿にとり加熱したところ，下の化学反応式のように化学変化が起こり，酸化物XOが得られました。金属Ｘと酸素の反応の量的な関係を調べるために，金属Ｘの質量を変えて実験①～⑤を行ったところ，下の表のような結果が得られました。

$$2X + O_2 \rightarrow 2XO$$

実験	①	②	③	④	⑤
金属Ｘの質量（g）	0	1.6	2.0	3.2	4.8
酸化物XOの質量（g）	0	2.0	2.4	4.0	6.0

また，異なる金属Ｙの粉末を用いて同様の実験を行ったところ，酸化物Y_2O_3が得られました。金属Ｙと酸素の反応の量的な関係を調べるために，金属Ｙの質量を変えて実験⑥～⑩を行ったところ，下の表のような結果が得られました。

実験	⑥	⑦	⑧	⑨	⑩
金属Ｙの質量（g）	0	0.56	1.12	1.68	2.24
酸化物Y_2O_3の質量（g）	0	0.80	1.60	2.40	3.20

問１　実験②～⑤において，加熱が不十分だと考えられるものを１つ選び，記号で答えなさい。

問２　金属Ｘと酸素が反応して酸化物XOができるときの実験の結果をもとに，金属Ｘと酸素の質量の比を最も簡単な整数比で表しなさい。

問３　金属Ｙと酸素が結合して酸化物Y_2O_3ができるときの反応を表した下の化学反応式の係数（ア）～（ウ）を答えなさい。

（　ア　）Ｙ　＋　（　イ　）O_2　→　（　ウ　）Y_2O_3

問４　金属ＸとＹの混合物１ｇを十分に加熱したところ，1.30ｇの酸化物が得られました。反応前の混合物に含まれていた金属Ｘの質量は何ｇですか。ただし，得られた酸化物はXOとY_2O_3のみであったとします。

［Ⅱ］　次の表は，様々な気体の性質と集め方を表したものです。下の各問いに答えなさい。

	色	におい	気体の集め方
酸素	無色	無臭	水上置換法
アンモニア	無色	（　Ｂ　）	（　Ｃ　）
塩素	（　Ａ　）	刺激臭	（　Ｄ　）

問５　上の表中の空欄（Ａ）～（Ｄ）に入る語句の組み合わせとして最も適当なものを次のア～カから１つ選び，記号で答えなさい。

	A	B	C	D
ア	無色	無臭	水上置換法	水上置換法
イ	黄緑色	刺激臭	上方置換法	下方置換法
ウ	無色	刺激臭	上方置換法	下方置換法
エ	黄緑色	無臭	下方置換法	上方置換法
オ	無色	刺激臭	水上置換法	上方置換法
カ	黄緑色	刺激臭	水上置換法	水上置換法

問６　次のア～クの反応において酸素が発生するものを２つ選び，記号で答えなさい.

ア．亜鉛にうすい塩酸を加える
イ．うすい過酸化水素水に二酸化マンガンを加える
ウ．硫化鉄にうすい塩酸を加える
エ．塩化アンモニウムに水酸化カルシウムを加えて加熱する
オ．メタンを燃焼させる
カ．炭酸水素ナトリウムを熱分解する
キ．アンモニア水を加熱する
ク．酸化銀を熱分解する

第３問　次の各問いに答えなさい。

問１　一次消費者にふくまれ，減数分裂を行う生物を次のア～オから２つ選び，記号で答えなさい。

ア．ウサギ　　イ．アメーバ　　ウ．乳酸菌　　エ．アサガオ　　オ．チョウ

問２　恒温動物ではなく，卵生である生物を次のア～オから３つ選び，記号で答えなさい。

ア．フナ　　イ．カブトムシ　　ウ．ニワトリ　　エ．カメ　　オ．イヌ

問３　多細胞生物で栄養生殖により増える生物をあとのア～オからすべて選び，記号で答えなさい。

ア．ミカヅキモ　イ．ミジンコ　ウ．コウボ菌　エ．ジャガイモ　オ．大腸菌

問4　すべての生物に共通することがらを次のア～オから3つ選び，記号で答えなさい。

ア．細胞からできている　イ．細胞膜をもつ　ウ．細胞壁をもつ　エ．光合成を行う

オ．生殖により子孫を残す

問5　次のア～オのうち誤っているものを2つ選び，記号で答えなさい。

ア．節足動物は，トンボやイカなど，体やあしに節があり，外骨格をもつ動物の集まりである。

イ．セキツイ動物は，ガラスやクジラなどの恒温動物であり，セキツイをもつ動物の集まりである。

ウ．軟体動物は，タコやカイなど，内臓が外とう膜に包まれ，節のない柔らかいあしをもつ動物の集まりである。

エ．被子植物は，サクラやタンポポなど，花粉をつくり，花を咲かせる植物の集まりである。

オ．シダ植物は，イヌワラビやゼンマイなど，光合成を行い，胞子で増える植物の集まりである。

問6　地球が誕生して以来，数多くの生物が出現してきました。これらの生物は，その時の環境に応じて，その形態を変化させてきました。この形態が変化していくことを何といいますか。漢字2字で答えなさい。また，次のア～ウの生物を出現した順に並びかえ，記号で答えなさい。

ア．三葉虫　イ．アンモナイト　ウ．ヒト

第4問　次の文章を読み，あとの各問いに答えなさい。

右の図は，平成30年10月10日9時の天気図である。地点Aでは11日から12日にかけて前線X・Yがそれぞれ通過した。

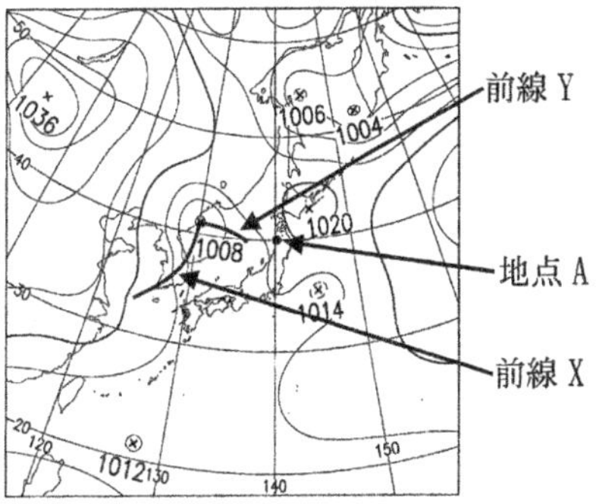

(気象庁HPより引用し一部改変したもの)

問1　次の各問いに答えなさい。

⑴　前線Xの名称を次のア～エから1つ選び，記号で答えなさい。

ア．温暖前線　イ．寒冷前線　ウ．停滞前線

エ．閉塞（へいそく）前線

⑵　前線XとYのうち，移動速度が速いのはどちらですか。XもしくはYのいずれかで答えなさい。

⑶　前線X・Yのうち片方の前線がもう一方の前線に追いついたときに見られる前線の名称を次のア～エから1つ選び，記号で答えなさい。

ア．温暖前線　イ．寒冷前線　ウ．停滞前線　エ．閉塞前線

問2　前線Xが通過するときの地点Aで生じた天気の変化を説明する文として最も適当なものを次のア～エから1つ選び，記号で答えなさい。

ア．前線Xが通過すると，気温が急上昇した。

イ．前線Xが通過すると，南風が強まった。

ウ．前線Xが通過すると，巻雲や高層雲が増え，雨が降った。

エ．前線Xが通過すると，気圧が徐々に増加した。

問3　雲のでき方について述べた次の文章の空欄（1）～（3）に当てはまる語句の組み合わせとして最も適当なものを次のページのア～クから1つ選び，記号で答えなさい。

空気のかたまり（空気塊（くうきかい））が上昇すると，上空にいくほど周囲の気圧が（　1　）くなり，温度が（　2　）がるため，ある高さで（　3　）に達する。さらに上昇すると，水蒸気は空気中の小さなちりを核として無数の細かい水滴や氷の粒となる。これが雲である。

	ア	イ	ウ	エ	オ	カ	キ	ク
（ 1 ）	高	高	高	高	低	低	低	低
（ 2 ）	上	下	上	下	上	下	上	下
（ 3 ）	融点	融点	露点	露点	融点	融点	露点	露点

問４　右の表は気温と飽和水蒸気量との関係を示したものです。水蒸気で飽和していない空気塊が地上から上昇すると，その温度は100mあたり１℃の割合で下がり，ある高さでその空気塊は飽和に達します。さらに，空気塊が上昇すると温度の下がり方は100mあたり0.5℃の割合で下がります。

ここで，温度24℃，相対湿度50％である空気塊Ａと，温度21℃，相対湿度60％である空気塊Ｂとが，それぞれ同じ高度から上昇して，水蒸気が水に変化する状況を考えます。空気塊ＡとＢで水蒸気が水に変化する状況が始まるときの高度または温度について述べた文として適当なものを，次のア～カから２つ選び，記号で答えなさい。ただし，空気塊の水蒸気量は変化しないものとします。また，水蒸気が水に変化するのは，空気塊が飽和に達したときであるものとします。

温度（℃）	飽和水蒸気量（g/m³）
19	16.3
20	17.3
21	18.25
22	19.4
23	20.6
24	21.9
25	23.1
26	24.4

ア．高度は，空気塊Ａと空気塊Ｂとで同じである。
イ．高度は，空気塊Ａの方が空気塊Ｂよりも低い。
ウ．高度は，空気塊Ｂの方が空気塊Ａよりも低い。
エ．温度は，空気塊Ａと空気塊Ｂとで同じである。
オ．温度は，空気塊Ａの方が空気塊Ｂよりも低い。
カ．温度は，空気塊Ｂの方が空気塊Ａよりも低い。

第５問　次の文章を読み，あとの各問いに答えなさい。　（図１～図３は次のページにあります。）

次の図１と図２のような電気回路ⅠとⅡをつくり，電気回路の性質について学習をしました。電気回路Ⅰには，電源に3.0Ωの抵抗Ｘと2.0Ωの抵抗Ｙが接続されています。電気回路Ⅱには2.0Ωの抵抗Ｑと3.0Ωの抵抗Ｒが接続されています。電気回路Ⅰの抵抗Ｘにかかる電圧をはかるためには，電圧計を抵抗Ｘに（　1　）接続をします。電気回路Ⅱの抵抗Ｑに流れる電流をはかるためには，電流計を抵抗Ｑに（　2　）接続をします。電源の電圧と電源に流れる電流の大きさがわかれば，回路全体の抵抗の大きさを求めることができ，図１と図２の電気回路は，図３のような電源と１つの抵抗（合成抵抗）をもつ回路になおすことができます。

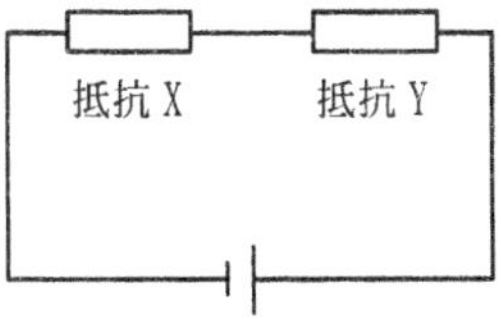

図１（電気回路Ｉ）

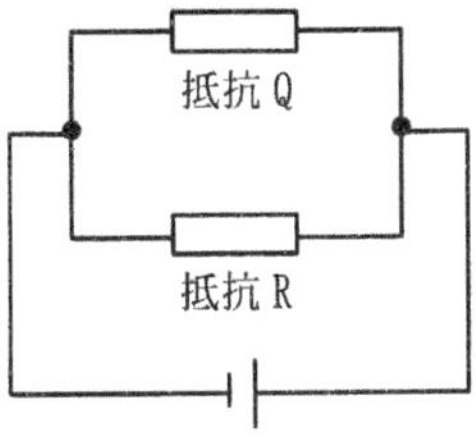

図２（電気回路Ⅱ）

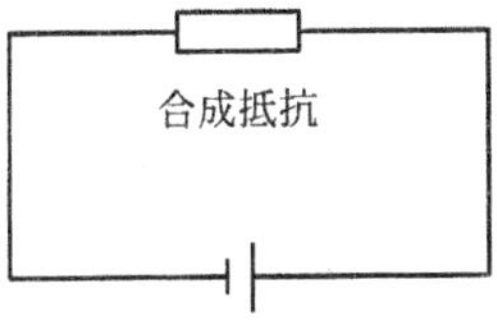

図３

問１　文章中の空欄（１）と（２）に当てはまる語句を答えなさい。

問２　電気回路Ｉの電源の電圧が5.0Vのとき，抵抗Xにかかる電圧の大きさは何Vになりますか。

問３　右の図のように，電気回路Ｉの抵抗Yを電気回路Ⅱの抵抗と置き換えました。この電気回路の合成抵抗の大きさを求めなさい。

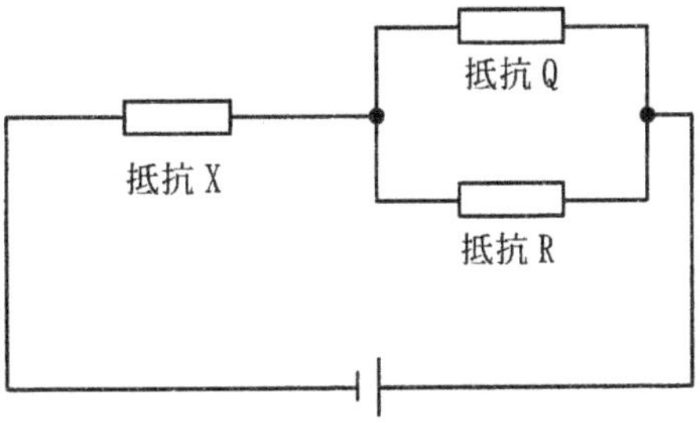

問４　電気回路ＩとⅡに同じ大きさの電圧をかけたとき，電気回路Ｉの全体の消費電力の大きさは電気回路Ⅱの全体の消費電力の大きさの何倍になりますか。

問５　電流の正体は電子の流れです。電子の流れを観察するために右図のような蛍光板を入れたクルックス管を用意しました。クルックス管の電極ＡとＢに大きな電圧を加えたところ，蛍光板に明るい線が観察できました。さらに，電極板ＣとＤに電圧を加えたところ，明るい線はＤの方に曲がりました。その理由として最も適当なものを次のア～エから１つ選び，記号で答えなさい。

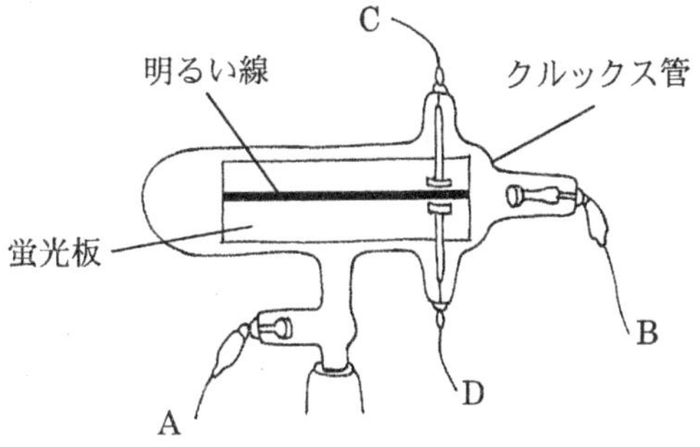

ア．電子はプラスの電気を帯び，電極板Ｄに－極が接続されたため。
イ．電子はマイナスの電気を帯び，電極板Ｄに＋極が接続されたため。
ウ．電子はプラスの電気を帯び，電極板Ｄに＋極が接続されたため。
エ．電子はマイナスの電気を帯び，電極板Ｄに－極が接続されたため。

第６問　次の実験１・２について，あとの各問いに答えなさい。

【実験１】

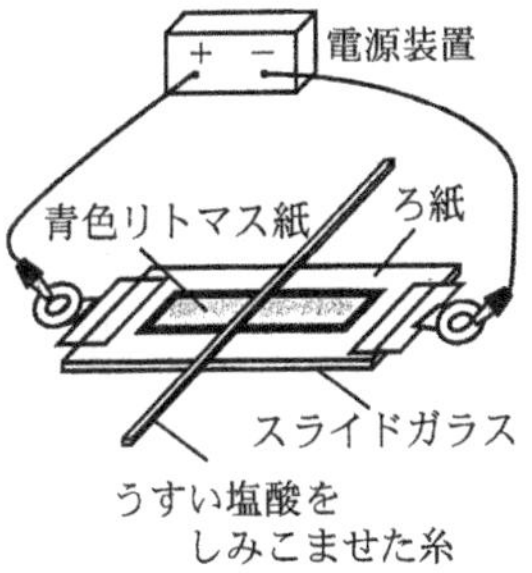

右図のように，スライドガラスに水道水をしみこませたろ紙を置き，その上に青色リトマス紙を置きました。さらに，その青色リトマス紙の中央にうすい塩酸をしみこませた糸を置きました。このとき，青色リトマス紙の中央部分に赤色のしみができました。その後，スライドガラスの両端をクリップでとめて，電源装置につ

ないで電圧をかけたところ，青色リトマス紙の中央部分にできた赤いしみは陰極側に広がっていきました。

問１　実験１では，質量パーセント濃度40％の塩酸に水を加えて，質量パーセント濃度２％のうすい塩酸200ｇを作り，使用しました。２％のうすい塩酸200ｇをつくるために，質量パーセント濃度40％の塩酸は何ｇ必要ですか。

問２　次の文章中の空欄（１）～（３）に当てはまる語句をそれぞれ答えなさい。ただし，空欄（３）はアまたはイのいずれかを選び，記号で答えなさい。

塩酸は塩化水素を水に溶かした水溶液である。塩化水素のように，水に溶けると電気を通す物質を（　１　）という。実験１の結果から，酸性を示すのは（　２　）イオンであることがわかった。

（　２　）イオンは，原子が電子を（３　ア．受け取って，イ．放出して　）イオンになったものである。

【実験２】

３つのビーカーA，B，Cを用意し，それぞれのビーカーに同じ濃度のうすい塩酸を10㎤ずつ入れ，緑色のＢＴＢ溶液を数滴加えました。その後，３つのビーカーに同じ濃度のうすい水酸化ナトリウム水溶液を少しずつ加え，水溶液の色を観察しました。次の表は，観察した結果をまとめたものです。

ビーカー	A	B	C
加えた水酸化ナトリウム水溶液の量（㎤）	0	10	20
水溶液の色	黄色	緑色	青色

問３　ビーカーBから水溶液を少量取って蒸発させたとき，固体となって残る物質の名称を答えなさい。

問４　ビーカーA，B，Cにおいてナトリウムイオンおよび水酸化物イオンの量を正しく示したグラフを，次のア～カからそれぞれ１つずつ選び，記号で答えなさい。

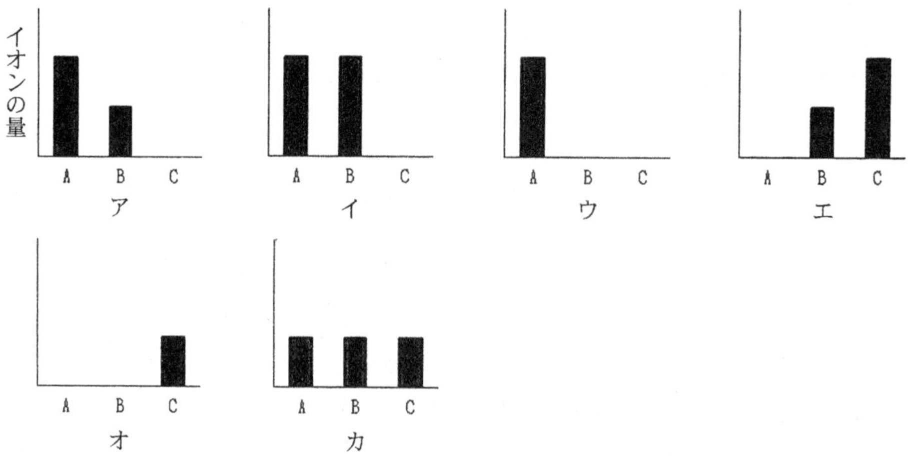

第７問 次の文章を読み，あとの各問いに答えなさい。

19世紀の中頃，メンデルは，双子葉植物に属するエンドウのいくつかの形質を観察することによって遺伝の規則性を発見しました。この規則性を説明すると，次のとおりに表せます。子葉の色には黄色と緑色があり，それぞれの遺伝子をＡとａとします。黄色は緑色に対して優性なので，黄色にはAAとAaという２種類の遺伝子の組み合わせが存在し，緑色にはaaという１種類の遺伝子の組み合わせのみが存在します。そのため，親として黄色と緑色を交配（かけ合わせ）してもその結果は異なります。現在では，この遺伝子の本体は（　①　）という化学物質であり，それは細胞の核の中で凝縮し，（　②　）の形で存在していることがわかっています。核１個の中に存在する（　②　）の本数は生物の種により決まっており，我々ヒトでは46本が存在しています。

問１　文章中の空欄（①）と（②）に当てはまる語句をそれぞれ答えなさい。

問２　エンドウの特徴について述べた次の文ア～オのうち**誤っているもの**を２つ選び，記号で答えなさい。

ア．葉の細胞には核や葉緑体はあるが細胞壁はない

イ．根は主根と側根から構成される

ウ．茎に道管は存在するが師管は存在しない

エ．胚珠は子房に包まれている

オ．花粉から伸張した花粉管の中を精細胞が移動して卵細胞に達する

問３　エンドウについて，次の⑴・⑵の交配をした結果，現れる子の子葉の色の比として最も適当なものを次のア～オからそれぞれ１つずつ選び，記号で答えなさい。

⑴　AA×aa　　⑵　Aa×aa

ア．黄色：緑色＝１：０　　イ．黄色：緑色＝０：１　　ウ．黄色：緑色＝１：１

エ．黄色：緑色＝３：１　　オ．黄色：緑色＝１：３

問４　次の文章を読み，下の各問いに答えなさい。

エンドウは１つの花の中におしべとめしべの両方をもつため，自分のおしべと自分のめしべで交配することができます(これを自家受粉という)。エンドウと同じように自家受粉をする植物Ｑが自家受粉のみで個体を増やしていくと，遺伝子としてどのようなことが起こるのかを考えてみます。いま，ある地域に遺伝子の組み合わせがAA，Aa，aaの個体が１：１：１で存在していたとし，この親世代が自家受粉をしたとします。AAの親から生じる子はすべてAAとなり(表１)，Aaの親から生じる子は AA：Aa：aa＝１：２：１ となり（表２)，aaの親から生じる子はすべてaaとなります（表３)。このとき，AA，Aa，aaそれぞれの親から生じる子の個体数は同じなので，子世代全体の比率は，AA：Aa：aa＝(４＋１)：２：(１＋４)＝５：２：５で生じました。この子世代が自家受粉をして生じた孫世代の遺伝子の組み合わせの比率はAA：Aa：aa＝(　Ｘ　)：(　Ｙ　)：11 となります。このように何代にもわたって自家受粉によってのみ個体を増やしていくと，植物Ｑの集団は（　Ｚ　）となります。

表１

	A	A
A	AA	AA
A	AA	AA

表２

	A	a
A	AA	Aa
a	Aa	aa

表３

	a	a
a	aa	aa
a	aa	aa

⑴　文章中の空欄（X）と（Y）に当てはまる数値を答えなさい。

⑵　文章中の空欄（Z）に当てはまる文として最も適当なものを次のア～エから１つ選び，記号で答えなさい。

ア．遺伝子の組み合わせがAAやaaの個体の割合が増える

イ．遺伝子の組み合わせがAaの個体の割合が増える

ウ．優性形質と劣性形質の割合が３：１の比に近づく

エ．優性形質と劣性形質の割合が１：０の比に近づく

第８問　次の文章を読み，下の各問いに答えなさい。

A火山は，地下にある岩石が高温のために溶けた物質であるBマグマになって上昇し地表に噴き出し，周辺に積み重なってできます。地下深くで生じるマグマには，主に（　1　）やCO_2などの気体になる成分が溶けこんでいますが，上昇するにつれて，溶けきれなくなった気体成分が気泡として出始め，噴火が起こります。このとき，噴き出された物質を火山噴出物といいます。

火成岩をつくるマグマが地下深くでゆっくり冷えて固まると，花こう岩などの（　2　）岩になり，C地表に噴出あるいは地表近くで急冷されると，玄武岩などの（　3　）岩になります。

問１　文章中の空欄（１）に当てはまる化学式，および空欄（２）と（３）に当てはまる語句をそれぞれ答えなさい。

問２　下線部Aについて，火山の形は，マグマの性質や噴火の様式によって異なります。ねばりけが低いマグマについて述べた文として**誤っているもの**を次のア～エから１つ選び，記号で答えなさい。

ア．溶岩はうすく広がって流れる。

イ．気体成分が抜け出しやすく，一般に爆発的噴火になることはない。

ウ．マグマからできた火山灰や岩石は，黒っぽい色になることが多い。

エ．傾斜のきついドーム状の火山になる。

問３　下線部Bについて，マグマは結晶（固体）と液体の混合物であり（下図），あるマグマ中での結晶と液体の割合はそれぞれ20％と80％です。また，結晶と液体とでは含まれる化学物質の割合が異なり，このマグマではMgO（酸化マグネシウム）は，結晶中に20％，液体中に５％の割合で含まれています。このとき，マグマ全体でのMgOの割合（％）を答えなさい。

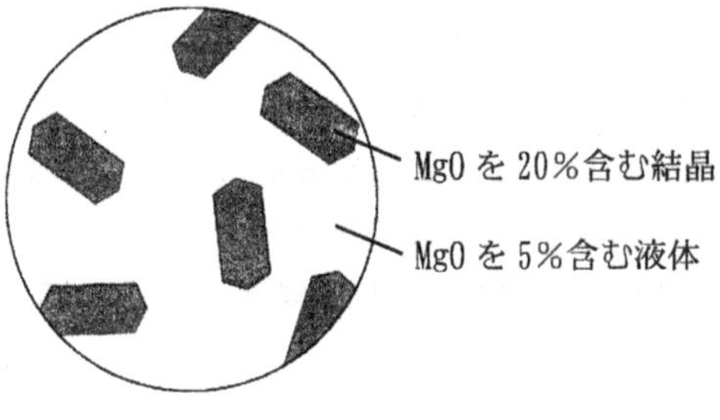

問４　下線部Cについて，地表に噴出あるいは地表近くで急冷されて生じた岩石に見られる組織の名称を答えなさい。また，この岩石について述べた文として**誤っているもの**をあとのア～エから１つ選び，記号で答えなさい。

ア．鉱物がすべて大きい結晶となり，大きさもほぼそろったものになる。

イ．マグマだまりの中ですでに結晶になっていた鉱物を含む。

ウ．マグマが急冷されてできたガラス質を含む。

エ．有色鉱物を多く含んだ黒っぽい岩石になることもある。

問５　火山灰や岩石に含まれる主な鉱物について述べた文として**誤っているもの**を次のア～エから１つ選び，記号で答えなさい。

ア．セキエイは不規則な形状で，透明な無色鉱物である。

イ．チョウ石は柱状・短冊状(たんざくじょう)の形状で，白色～無色・うす桃色の有色鉱物である。

ウ．クロウンモは板状・六角形で，うすくはがれる性質をもつ黒色～褐色(かっしょく)の有色鉱物である。

エ．カンラン石は丸みのある短い柱状で，黄緑色～褐色の有色鉱物である。

【社　会】（45分）　＜満点：60点＞

第１問 光(ひかる)くんは，ニュースで興味をもったジオパークについて，先生に詳しい話を聞くことにしました。光くんと先生の会話文を読んで，あとの問いに答えなさい。

光くん：先生，日高管内の様似(さまに)町で①日本ジオパーク全国大会が開かれたというニュースを見たのですが，ジオパークとはどのようなものか教えてもらえますか？

先　生：ジオパークとは，「地球・大地（ジオ：Ｇｅｏ）」と「公園（パーク：Ｐａｒｋ）」を組み合わせた言葉です。「大地の公園」ともよばれ，美しい景観や科学的に重要な地形や地質をもつ自然公園のことをいいます。地形や地質から地球の成り立ちを学ぶことはもちろん，そこでの②人々の暮らしや③文化などを幅広く学び楽しむことのできる場所になっています。日本には，44のジオパークがあり，そのうち９件がユネスコ世界ジオパークに登録されています。

光くん：④北海道では，様似町にあるアポイ岳の他，洞爺湖有珠山も世界ジオパークに登録されているのですよね？

先　生：その通りです。他にも⑤糸魚川（新潟県），伊豆半島（⑥静岡県），山陰海岸（鳥取県，⑦兵庫県，京都府），隠岐（島根県），室戸（⑧高知県），島原半島（長崎県），⑨阿蘇（熊本県）が世界ジオパークに登録されています。また，世界には140のジオパークがあり，⑩中国37件，スペイン12件，イタリア10件，⑪フランスとイギリスがともに７件あり，アジアや⑫ヨーロッパを中心に現在も世界各地で登録数が増えています。

光くん：⑬地震や火山活動が活発な日本列島には，高山や火山，海岸，河川など，特徴的な地形や美しい景観がたくさんあるので，今後もジオパークは増えていきそうですね。ところで，ジオパークと⑭世界自然遺産は似ていると思ったのですが，違いは何ですか？

先　生：世界自然遺産は登録された自然を未来に向けて保護していくことを目的としています。それに対してジオパークは，自然を保護するだけでなく，教育や科学の振興(しんこう)，⑮観光事業などに活用して地域の活性化を目指す点が異なります。また，４年に一度，見直しがおこなわれる点も世界自然遺産と異なるところです。

光くん：自然を保護するだけでなく，積極的に活用して地域振興にもつなげていくという点が大きな違いなのですね。ジオパークでは，自然とともに生きるということが大切にされているのだなと感じました。登録されるにはどのような条件があるのですか？

先　生：その地域が，貴重な地形や地質に加え，考古学的，生態学的，文化的な価値を持っていることや，観光事業を通して地域の⑯経済発展や持続可能な開発に貢献していることなどの条件があげられます。地球温暖化や大気汚染などの環境問題に加え，異常気象や⑰自然災害などが頻繁(ひんぱん)におこっている中，自然を守り，ともに生きていくという姿勢はとても大切なことですね。

光くん：このような活動が世界中に広がっていくと良いと感じました。私ももっと地球や自然のことに興味を持って生活し，学んでいきたいと思います。

問１　下線部①について，次の⑴・⑵に答えなさい。

⑴　次の表は，日本の工業生産額に占める各工業地帯・地域の割合とその変化をあらわしたものです。京浜工業地帯にあてはまるものを，表中のア～エから１つ選び，記号で答えなさい。なお，それ以外は，北九州工業地域，瀬戸内工業地域，中京工業地帯のものです。

	１９６０年	１９８０年	２０００年	２０１４年
ア	４．１％	２．７％	２．４％	２．７％
イ	２７．０％	２２．０％	１８．１％	１２．５％
ウ	１０．８％	１１．７％	１４．１％	１７．８％
エ	８．０％	９．７％	８．０％	１０．１％

（工業統計表）

⑵　次の表は，日本で栽培されている農作物の都道府県別生産量上位５位までをあらわしたものです。メロンにあてはまるものを，次のア～エから１つ選び，記号で答えなさい。なお，それ以外は，キャベツ，じゃがいも，ぶどうのものです。

ア

都道府県	生産量（千ｔ）
北海道	１９０７
長　崎	９３
鹿児島	７６
茨　城	４５
千　葉	２７

イ

都道府県	生産量（千ｔ）
愛　知	２６２
群　馬	２４４
千　葉	１３３
茨　城	１０６
神奈川	７５

ウ

都道府県	生産量（千ｔ）
山　梨	４１
長　野	２８
山　形	１８
岡　山	１６
福　岡	８

エ

都道府県	生産量（千ｔ）
茨　城	３７
北海道	２５
熊　本	２３
山　形	１３
青　森	１０

（データブック・オブ・ザ・ワールド　２０１８）

問２　下線部②について，地域の自然環境に合わせた住居の説明として誤っているものを，次のア～エから１つ選び，記号で答えなさい。

ア．南アメリカ大陸のアンデス山脈中央部では，気温が低く，住居の材料となる木材を手に入れることが困難であるため，石造りの住居がみられる。

イ．カナダ北部の北極圏では，冬は雪を固めて積み上げたイグルー，夏は狩猟した動物の皮でつくった組み立て式のテントがみられる。

ウ．アフリカ大陸のサヘル地方では，気温が高く，日中の暑さと強い日差しを防ぐため，石灰を塗（ぬ）った白い壁の住居がみられる。

エ．夏と冬の気温差の大きいシベリア東部では，永久凍土が溶（と）けて建物が傾くのを防ぐため，地面と床を離す高床の住居がみられる。

問３　下線部③について，これの形成に大きく影響しているものの１つとして宗教があげられます。中でもキリスト教，イスラム教，仏教は，世界的に広く信仰されることから世界宗教とよばれます。世界宗教以外の宗教が，その国の宗教人口の中でもっとも多くの割合を占めている国を，次のア～エから１つ選び，記号で答えなさい。

ア．インド　　イ．フィリピン　　ウ．インドネシア　　エ．タ　イ

問４　下線部④について，次の⑴・⑵に答えなさい。

⑴　北海道の説明として正しいものを，次のページのア～エから１つ選び，記号で答えなさい。

ア．北海道を訪れる外国人観光客のうち，もっとも多いのはオーストラリアからの観光客である。

イ．日本最長の河川である石狩川は，大きく蛇行していた流路が洪水を防ぐために直線化された。

ウ．農家の経営規模が大きく，最大の畑作地域である根釧台地では，小麦やテンサイの栽培がさかんである。

エ．水温の低い千島海流が南下するため，太平洋沿岸部では海面が冷やされて夏に霧が発生する日が多い。

⑵　北海道では，漁業生産量が減少傾向にある中で，「とる漁業」から「育てる漁業」への転換が図られています。人工的に育てた稚魚などを放流し，自然の中で育った後に漁獲する漁業を何というか答えなさい。

問５　下線部⑤について，糸魚川－静岡構造線を西の縁とし，日本列島の地形や地質を東西にわける大きな溝を何というか答えなさい。

問６　下線部⑥について，この県の説明として誤っているものを，次のア～エから１つ選び，記号で答えなさい。

ア．二輪車や楽器の生産がさかんな東海工業地域に含まれ，工業生産額に占める機械類の割合がもっとも大きい。

イ．水揚げ量が日本第２位の焼津港があり，遠洋漁業の基地としてマグロ漁やカツオ漁がさかんである。

ウ．新幹線や高速道路の沿線に人口が集中し，県庁所在地の静岡市をはじめ，3つの政令指定都市がある。

エ．明治時代に開発された牧ノ原台地などを中心に茶の栽培がさかんであり，都道府県別生産量が第１位である。

問７　下線部⑦について，この県の神戸市の気温と降水量をあらわしたグラフを，次のア～エから１つ選び，記号で答えなさい。なお，それ以外は札幌市，長野市，新潟市のものです。

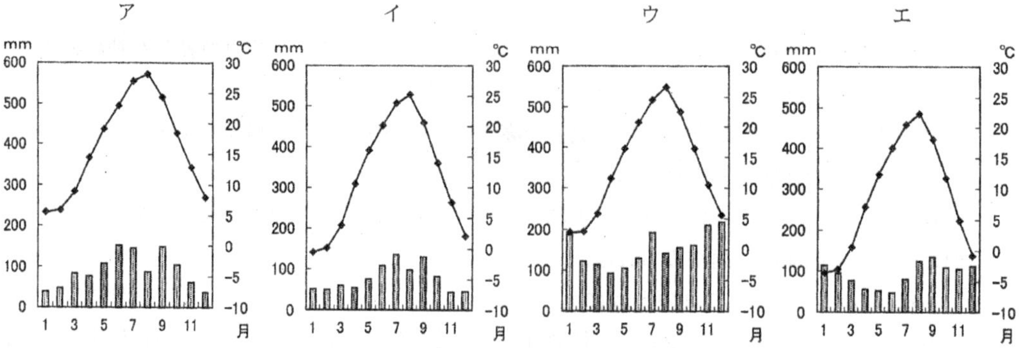

（データブック・オブ・ザ・ワールド　２０１８）

問８　下線部⑧について，次の⑴・⑵に答えなさい。

⑴　高知平野では，温暖な気候を生かした促成栽培による野菜栽培がさかんです。この平野と同様に促成栽培がさかんな平野を，次のア～エから１つ選び，記号で答えなさい。

ア．関東平野　　イ．宮崎平野　　ウ．庄内平野　　エ．濃尾平野

(2) この県は過疎化が進み，高齢者の割合が高く，65歳以上の人口割合が都道府県別で第２位です。特に山間部では，65歳以上の人口が過半数を占める集落もみられます。このような集落を何というか答えなさい。

問９ 下線部⑨について，この地域にみられる地形について説明した，次の文中の空欄（X）にあてはまる語句を答えなさい。

この地域にある阿蘇山には，火山の噴火で火山灰や溶岩が噴出したあとにできた（ X ）とよばれる大きくくぼんだ地形がみられます。火山の多い日本列島では，同じような地形が北海道や東北地方にもみられ，北海道の洞爺湖や屈斜路湖などは，（ X ）に水がたまってできた湖として有名です。

問10 下線部⑩について，この国では，近年の急速な経済成長により，産業別の人口構成が大きく変化しました。次の図表Ⅰ・Ⅱを参考にして，この国の産業別人口構成にあてはまるものを，下の表中のア～エから１つ選び，記号で答えなさい。なお，それ以外はアメリカ合衆国，ドイツ，バングラデシュのものです。

Ⅰ．産業の分類

	各産業の例
第１次産業	農業・林業・漁業
第２次産業	鉱業・建設業・製造業
第３次産業	医療・小売業・金融業

Ⅱ．日本の産業別人口構成の変化

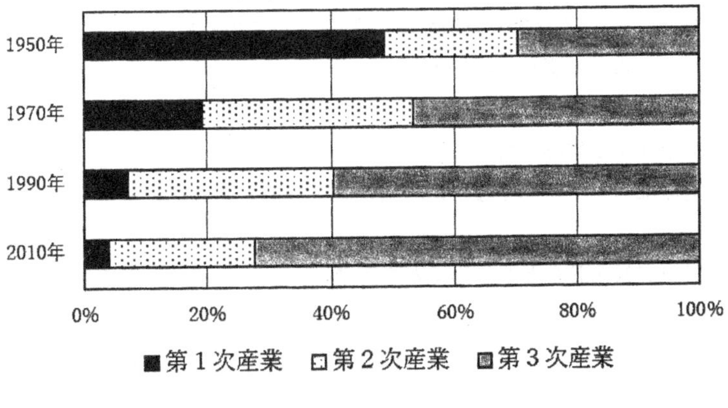

	第１次産業（%）	第２次産業（%）	第３次産業（%）
ア	１．６	１８．４	７７．８
イ	４５．１	２０．８	３４．１
ウ	１．３	２７．４	７１．３
エ	２８．３	２９．３	４２．４

（データブック・オブ・ザ・ワールド　２０１８他）

問11　下線部⑪について，2015年にこの国で結ばれたパリ協定では，温室効果ガスの削減目標の作成・提出が義務づけられました。次の表は，温室効果ガスの排出に大きく影響する発電について，世界の主な国の発電量の内訳（うちわけ）をあらわしたものです。フランスの発電量の内訳にあてはまるものを，表中のア～エから１つ選び，記号で答えなさい。なお，それ以外はカナダ，ドイツ，ロシアのものです。

	火　力（%）	水　力（%）	原子力（%）	その他（%）	総発電量（kWh）
ア	６６．３	１６．６	１７．０	０．１	1兆６４２億
イ	２１．６	５８．３	１６．４	３．７	６５６２億
ウ	６５．６	４．１	１５．５	１４．８	６２７８億
エ	６．０	１２．２	７７．６	４．２	５６２８億

（データブック・オブ・ザ・ワールド　２０１８）

問12　下線部⑫について，ＥＵ（ヨーロッパ連合）に加盟している国を，次のア～エから１つ選び，記号で答えなさい。

ア．ポーランド　　イ．ノルウェー　　ウ．スイス　　エ．ロシア

問13　下線部⑬について，これが属（ぞく）している造山帯を何というか答えなさい。

問14　下線部⑭について，これに登録されている右の地図中のＹ地点の山地にみられる原生林を，次のア～エから１つ選び，記号で答えなさい。

ア．す　ぎ　　イ．ひのき　　ウ．ぶ　な　　エ．ひ　ば

問15　下線部⑮について，自然環境や歴史，文化などを観光資源とし，観光資源を損（そこ）なうことなく，体験したり学んだりする観光の形態を何というか答えなさい。

問16　下線部⑯について，アジアの経済発展の説明として誤っているものを，次のア～エから１つ選び，記号で答えなさい。

ア．インドは，経済の自由化により外国企業が進出したことで，自動車工業や情報技術産業が発展した。

イ．中国は，沿岸部のシャンハイなどに経済特区を設置し，外国企業を受け入れて工業化を進めた。

ウ．韓国は，アジアＮＩＥＳとして早くから工業化が進み，現在は半導体や集積回路の生産がさかんである。

エ．タイは，賃金の安い労働力を求めて外国企業が進出したことで，機械類や自動車が主要な輸出品となった。

問17　下線部⑰について，この被害を最小限に抑（おさ）えるために，自治体ごとに作成される地図を何というか，カタカナで答えなさい。

第２問　次のＡ～Ｇの文を読んで，あとの問いに答えなさい。

Ａ　①聖徳太子の死後，蘇我氏が一層力を強め，権力を独占していました。中大兄皇子は，中臣鎌足らとはかり，蘇我氏をたおして政治改革に着手しました。また，倭国は百済を支援するため朝鮮半島に大軍を送りましたが，②唐と新羅の連合軍の前に大敗し，朝鮮半島から退（しりぞ）きました。

問1　下線部①について，次の史料はこの人物が定めたものの一部です。これについて述べた下の文Ⅰ～Ⅳについて，正しいものの組み合わせを，下のア～エから1つ選び，記号で答えなさい。

> ・一に曰(いわ)く，和をもって貴(たっと)しとなし，さからうことなきを，宗(むね)となせ。
> ・二に曰く，あつく三宝(さんぽう)を敬(うやま)え。三宝とは，仏・法(のり)・僧なり。
> ・三に曰く，詔(みことのり)を承(うけたまわ)りては必ず謹(つつし)め。
>
> （『日本書紀』より，一部要約・抜粋(ばっすい)）

Ⅰ　この史料は，十七条の憲法の一部である。

Ⅱ　この史料は，大宝律令の一部である。

Ⅲ　この史料は，役人に対して心構えを説(と)くためにつくられた。

Ⅳ　この史料は，民衆に対して心構えを説くためにつくられた。

ア．Ⅰ・Ⅲ　　イ．Ⅰ・Ⅳ　　ウ．Ⅱ・Ⅲ　　エ．Ⅱ・Ⅳ

問2　下線部②について，この戦いを何というか答えなさい。

B　平安時代には，シャカの死から2000年がたつと，仏教の力がおとろえる末法の時代がくるという思想が広まりました。1052年がその年とされ，阿弥陀仏にすがって死後に極楽浄土へ生まれ変わることを願う③浄土信仰が広まりました。こうした思想が広がった背景には，各地でおこっていた反乱があります。東北地方では有力者の勢力争いがおこり，④奥州藤原氏が源氏の協力を得て，この地方を統一しました。

問3　下線部③について，これともっとも関係の深いものを，次のア～エから1つ選び，記号で答えなさい。

ア

イ

ウ

エ

問4　下線部④について，この一族が拠点を置き，中尊寺などが建てられた地名を答えなさい。

C　鎌倉時代には，戦乱・ききん・災害があいつぎ，人々は仏教に救いを求めるようになりました。その願いにこたえて，比叡山の延暦寺で学んだ僧侶を中心に，わかりやすく信仰しやすい教えが生み出されました。浄土宗をひらいた法然の弟子によって，自分の罪を自覚した悪人こそが救われる対象であると説く⑤浄土真宗がひらかれました。また，栄西や道元は，⑥中国で繁栄していた禅宗を日本に伝えました。心を落ち着かせることに適した座禅が武士に受け入れられ，鎌倉では禅宗の影響を受けた文化が花開きました。

問５　下線部⑤について，これをひらいた人物を答えなさい。

問６　下線部⑥について，これと日本の関係の説明として誤っているものを，次のア～エから１つ選び，記号で答えなさい。

ア．邪馬台国の女王卑弥呼は中国に使者を送り，王の地位を得ることでほかの国より優位にたとうとした。

イ．菅原道真の提案によって遣唐使の派遣が停止されたのち，日本と中国の一切の行き来が禁じられた。

ウ．鎌倉幕府は蒙古襲来をはねのけたものの，御家人たちに恩賞を十分にあたえることはできなかった。

エ．日明貿易にあたっては，明は朝貢貿易の条件として，倭寇の取りしまりを要求した。

D　⑦江戸時代には，豊臣秀吉のころにおこなわれた兵農分離がさらに進み，武士と百姓・町人の身分を区別する制度がかためられました。全人口の80％以上を占めたのは百姓で，そのうちの大部分は農民であり，自給自足に近い生活をしていました。農民は，農地を持ち⑧年貢を納める本百姓と農地を持たない水呑百姓などに分けられていました。

問７　下線部⑦について，17世紀から19世紀の世界におけるできごとの説明として正しいものを，次のア～エから１つ選び，記号で答えなさい。

ア．ドイツで，ルターが宗教改革を始めた。

イ．イギリスで名誉革命がおこり，人権宣言が発表された。

ウ．アメリカで，リンカンが奴隷の解放を目指した。

エ．フランスで産業革命がおこり，「世界の工場」とよばれた。

問８　下線部⑧について，次のページのグラフは江戸時代の幕府領から幕府に収められた年貢の量を示したものです。グラフ中のⅠ～Ⅳの時期の説明として誤っているものを，下のア～エから１つ選び，記号で答えなさい。

ア．Ⅰの時期には，徳川吉宗が幕府財政を立て直すため，参勤交代を軽減するかわりに大名から米を献上させた。

イ．Ⅱの時期には，田沼意次が幕府財政を立て直すため，長崎での海産物や銅の輸出をおしすすめた。

ウ．Ⅲの時期には，松平定信が幕府財政を立て直すため，江戸に出かせぎに来ていた者を村へ帰らせた。

エ．Ⅳの時期には，水野忠邦が幕府財政を立て直すため，商工業者の株仲間の営業権を認めて税を納めさせた。

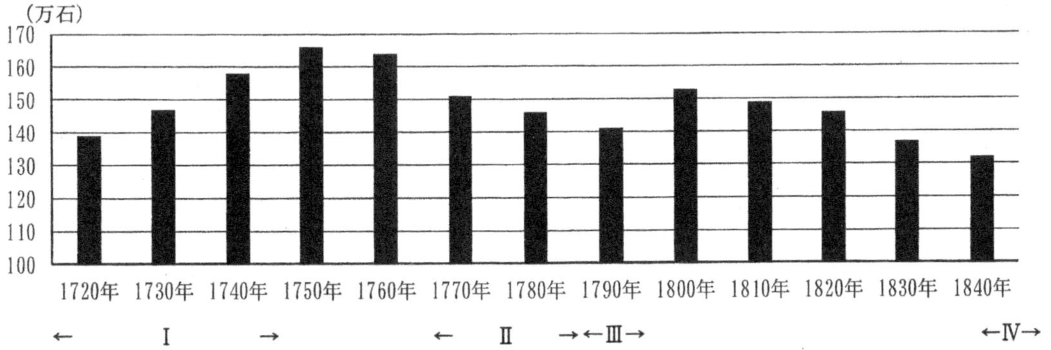

（『史料日本史　上』より作成）

E　日米修好通商条約が結ばれたことによって，アメリカをはじめとする諸国との貿易が始まりました。⑨明治時代になると，欧米の文化や生活様式が取り入れられるようになり，外国と貿易する港や大都市を中心に「文明開化」が進みました。変化は生活スタイルだけではなく，思想や宗教の分野でも見られるようになりました。⑩新政府はキリスト教を含む信教の自由を徐々（じょじょ）に認めていきました。

問９　下線部⑨について，この時代におこったできごとを述べた次の文Ⅰ～Ⅲが，年代の古い順にならべられたものを，下のア～カから１つ選び，記号で答えなさい。

Ⅰ　外務大臣の陸奥宗光が，日英通商航海条約を結んだ。

Ⅱ　欧米人を鹿鳴館に招（まね）いて舞踏会を開くなどの，欧化政策をおこなった。

Ⅲ　岩倉具視を代表とする使節団を，アメリカとヨーロッパに派遣した。

ア．Ⅰ－Ⅱ－Ⅲ　　イ．Ⅰ－Ⅲ－Ⅱ　　ウ．Ⅱ－Ⅰ－Ⅲ　　エ．Ⅱ－Ⅲ－Ⅰ

オ．Ⅲ－Ⅰ－Ⅱ　　カ．Ⅲ－Ⅱ－Ⅰ

問10　下線部⑩について，天皇が神々に誓（ちか）う形で示された，新政府の新たな政治の方針を何というか答えなさい。

F　「平民宰相」とよばれた人物の内閣のあと，政党を無視した内閣が成立すると，二度目の⑪護憲運動がおこり，普通選挙を求める声が高まりました。その後の総選挙では護憲を主張する政党が多数を占め，⑫新たな政党内閣が誕生しました。この内閣のもとで，1925年，25歳以上のすべての男性に衆議院議員の選挙権をあたえる法律ができました。

問11　下線部⑪について，これを理論面で支え，大日本帝国憲法のもとでも，政党や議会を中心とした政治をおこなうことが可能であるとした，吉野作造が示した考え方を何というか答えなさい。

問12　下線部⑫について，これを組織した内閣総理大臣を，次のア～エから１つ選び，記号で答えなさい。

ア．大隈重信　　イ．犬養毅　　ウ．原　敬　　エ．加藤高明

G　初めての世界規模の戦争である第一次世界大戦では，これまでの戦争と様子が一変し，民間人が戦争に協力する総力戦となりました。大きな被害を出した反省から，⑬アメリカ大統領の提唱

によって国際連盟が設置されました。日本は満州事変ののちこれを脱退し，その後，日中戦争，そして⑭太平洋戦争へと歩みを進め，多くの犠牲者を出しました。

問13　下線部⑬について，この人物を答えなさい。

問14　下線部⑭について，太平洋戦争やその頃の日本についての説明として正しいものを，次のア～エから１つ選び，記号で答えなさい。

ア．太平洋戦争は，日本軍がハワイの真珠湾にあるアメリカ海軍基地を攻撃したことから始まった。

イ．激しくなる空襲をさけるために，地方から設備のととのった大都市に疎開（そかい）させることが多くなった。

ウ．世界大戦にともなう好景気がおとずれ，各産業で成金があらわれたほか，文化の洋風化が進んだ。

エ．ポツダム会談では，ソ連の対日参戦の見返りに，千島列島をソ連の領土にする密約が結ばれた。

第３問　次の文章を読んで，下の問いに答えなさい。

2014年，安倍晋三①内閣は「まち・ひと・しごと創生（そうせい）法」を制定し，②人口の減少に歯止めをかけるとともに，東京を中心とした首都圏への人口の過度の集中を是正（ぜせい）し，地域がより活性化することを目指しました。地方の「しごと」が「ひと」をよび，「ひと」が「しごと」をよび込む，その流れがまちの活力を取り戻すというものです。そのためにも「地方で③会社をつくりたい」，「自然豊かな地方で子育てをしたい」，「親の介護をしながら働き続けたい」といった④若者・女性・高齢者などの希望をかなえるための支援が必要になります。また，人口減少にともなう⑤労働力の減少を補（おぎな）うために外国人人材を積極的に活用する考え方があり，実際に⑥地方公共団体の職員として外国人を採用する例も増えています。さらに，地方公共団体の収入が増えることも必要です。2007年に，人々が国へ納める⑦税金を減らすかわりに都道府県や市町村へ納める地方税を増やす税源移譲（いじょう）がおこなわれました。最近では，住民税の一部を，納税者が選択する地方公共団体にまわすことができる「ふるさと納税」制度によって，収入を増やす市町村もあります。収入が増えると，⑧社会保障や教育などの⑨公共サービスを充実させることにつながります。

「地方創生」に向けた取り組みは，地域の活性化のみならず，持続可能な社会を形成していくことにもつながります。これらを⑩日本の新たな魅力として世界に発信していくことが期待されています。

問１　下線部①について，この説明として正しいものを，次のア～エから１つ選び，記号で答えなさい。

ア．裁判官をやめさせる弾劾裁判所を設置できる。

イ．政治全般について調査する国政調査権をもっている。

ウ．衆議院の総選挙がおこなわれたときは必ず総辞職する。

エ．最高裁判所長官とその他の裁判官を任命する。

問２　下線部②について，１人の女性が一生の間に生む子どもの平均人数を示す語句を何というか，漢字７字で答えなさい。

問３　下線部③について，企業の説明として誤っているものを，次のア～エから１つ選び，記号で答えなさい。

ア．日本の事業所数は，大企業よりも中小企業の方が多い。

イ．資本主義経済のもとでは，すべての企業が利潤の追求だけを目的としている。

ウ．独自のアイデアをもとに新たに事業をおこす企業をベンチャー企業という。

エ．教育や文化，環境保全などの社会貢献活動をおこなう企業がある。

問４　下線部④について，若者の政治参加を促すために2016年から選挙権年齢が満18歳以上に引き下げられました。日本の選挙に関する説明として正しいものを，次のア～エから１つ選び，記号で答えなさい。

ア．一定年齢以上のすべての国民が選挙権を得るという原則を平等選挙という。

イ．小選挙区制では，投票率が高ければ高いほど死票が少なくなる。

ウ．選挙の定数を変更する場合，日本国憲法の改正が必要になる。

エ．選挙における「一票の格差」を最高裁判所は違憲状態としたことがある。

問５　下線部⑤について，労働に関する説明として正しいものを，次のア～エから１つ選び，記号で答えなさい。

ア．労働基準法には，労働者と使用者は対等であると定められている。

イ．労働組合法には，ワーク・ライフ・バランスの充実が定められている。

ウ．労働関係調整法には，男女同一賃金が定められている。

エ．育児・介護休業法には，女性だけが育児休業を取得できると定められている。

問６　下線部⑥について，この説明として誤っているものを，次のア～エから１つ選び，記号で答えなさい。

ア．政策の是非を問う住民投票には法的拘束力がある。

イ．議会は首長の不信任決議をおこなうことができる。

ウ．市長の被選挙権は満25歳以上の国民にあたえられる。

エ．条例は，法律の範囲内で自由に制定できる。

問７　下線部⑦について，この説明として誤っているものを，次のア～エから１つ選び，記号で答えなさい。

ア．税金を納めることは日本国民の義務である。

イ．日本は，租税収入に占める間接税の割合が６割を超えている。

ウ．消費税の一部は地方公共団体の収入になる。

エ．所得税は，税を負担する人と納める人が同じである。

問８　下線部⑧について，この説明として正しいものを，次のア～エから１つ選び，記号で答えなさい。

ア．20歳以上のすべての国民が厚生年金に加入する。

イ．日本の制度は，社会保険と公的扶助の２つを基本的な柱としている。

ウ．社会保障給付費の財源の約７割は公費負担である。

エ．国の歳出では，国債費より社会保障関係費の割合が大きい。

問９　下線部⑨について，これを提供する公務員に関する説明として誤っているものを，次のア～

エから１つ選び，記号で答えなさい。

ア．日本国憲法には，憲法を尊重し擁護(ようご)する義務があると定められている。

イ．退職後，在職中の仕事に関連する企業に再就職する問題が指摘(してき)されている。

ウ．公務員を罷免(ひめん)することは，国民固有の権利である。

エ．「小さな政府」の考え方に基(もと)づくと，公務員の許認可権が増える。

問10　下線部⑩について，国際社会における日本の説明として正しいものを，次のア～エから１つ選び，記号で答えなさい。

ア．京都議定書をまもるためにパリ協定から離脱(りだつ)した。

イ．国際連合の安全保障理事会において拒否権をもっている。

ウ．韓国との領土問題を国際司法裁判所に訴えたことがある。

エ．ＯＤＡ（政府開発援助）額は世界で最大である。

⑦「をかしげなる菊」

ア　どこにでもある菊　　イ　散りかけた菊

ウ　変わった菊　　エ　美しい菊

問五　傍線⑤「ふりおちぬべく見えたる」とありますが、何がそのように見えるのですか。適切なものを次の中から一つ選び、記号で答えなさい。

ア　雨　　イ　菊の上の露

ウ　おおっている綿　　エ　菊の花びら

問六　傍線⑥「笑ふ」とありますが、作者はどのようなことにおかしみを感じていますか。適切なものを次の中から一つ選び、記号で答えなさい。

ア　草の名前をたずねた時の、子供たちの反応と「耳無草」という名前が結びついたこと。

イ　見たこともない草であったが、子供たちがとっさに考え「耳無草」と名付けたこと。

ウ　作者は知らない草であったが、子供たちが草の名前をすぐに答えたこと。

エ　「耳無草」という不思議な名前が、その草の姿を本当によく表していたこと。

問七　Aの和歌は、「いくら摘んでも耳無草はかわいそうだ。けれど、たくさん摘んだ中には菊もまじっているなあ」という意味です。この和歌の表現について正しく説明したものを次の中から一つ選び、記号で答えなさい。

ア　この歌の「つめどなほ」は、「耳」を導き出す枕詞になっている。

イ　この歌は二句切れであり、「耳無草」と「菊」が対比されている。

ウ　この歌の「きく」には、「菊」と「聞く」の二つの意味が含まれている。

エ　この歌は三句切れであり、倒置法を用いて「あはれ」を強調している。

問八　傍線⑧「またこれも聞き入るべくもあらず」とありますが、作者はなぜそのように考えたのですか。解答欄に合うように、二十字以内で答えなさい。

第2問 次の①～⑤のことわざの□にあてはまる語をそれぞれ漢数字一字で答えなさい。

① 悪事□里を走る（悪い行いはすぐに世間に知れ渡る）

② 仏の顔も□度（どんなに温厚な人でも、度重なる侮辱には怒りだすものだ）

③ □階から目薬（物事が思うようにいかず、もどかしいさま）

④ 三つ子の魂□まで（幼いときの性質は年をとっても変わるものではない）

⑤ 岡目（おかめ）□目（当事者よりも部外者のほうが、ものの是非や利害得失がよくわかることがある）

第3問 次の文章は『枕草子』の節句に関する章段です。これを読んで、後の問いに答えなさい（出題にあたり本文を一部改めました）。

正月一日、三月三日は、いとうららかなる。

①五月五日は、くもり暮らしたる。

②七月七日は、くもり暮らして、夕がたは晴れたる空に、③月いとあかく、星の数も見えたる。

九月九日[*1]は、あかつきがたより雨すこしふりて、菊の露もこちたく、おほひたる綿などもいたくぬれ、移しの香ももてはやされて、④つとめてはやみにたれど、なほくもりて、ややもせば⑤ふりおちぬべく見えたるもをかし。（八段）

七日[*2]の日の若菜を、六日、人の持て来、さわぎとり散らしなどするに、見も知らぬ草を、子どものとり持て来たるを、「なにとかこれをばいふ」と問へば、とみにもいはず[*3]、「いさ[*4]」など、これかれ見あはせて、「耳無草（みみなぐさ）[*5]となむいふ」といふ者のあれば、「むべなりけり[*6]、聞かぬ顔なるは」と⑥笑ふに、またいと⑦をかしげなる菊の生ひ出でたるを持て来たれば、

A つめどなほ耳無草こそあはれなれあまたしあればきくもありけり

と言はまほしけれど[*7]、⑧またこれも聞き入るべくもあらず。（一二六段）

*1 九月九日……重陽（ちょうよう）の節句。前日に菊に綿をかぶせて、九日に露に濡（ぬ）れた綿で身をぬぐうと、老いを忘れるという風習。
*2 七日……正月七日、七草の若菜を食して災いを払う風習。
*3 とみにもいはず……すぐにも答えないで。
*4 いさ……さあ、どうだか。
*5 耳無草……なでしこ科の野草。
*6 むべなりけり……なるほどね。もっともね。
*7 まほしけれど……～たいけれど。

問一 傍線①「五月五日」は何の節句といいますか。解答欄に合うように漢字で答えなさい。

問二 傍線②「七月」の月の異名を漢字で答えなさい。（例「一月」……睦月）

問三 傍線③「月いとあかく」を現代語に訳しなさい。

問四 傍線④「つとめてはやみにたれど」・⑦「をかしげなる菊」の本文中での意味として適切なものを次の中からそれぞれ一つ選び、記号で答えなさい。

④「つとめてはやみにたれど」

ア 努力してやめたけれども　イ 早朝にはあがってしまったが

ウ できるだけ急いだけれど　エ 朝方病気になってしまったが

いないことはまだまだたくさんあります。しかし、ヒトは生きるうえで必要となる知識を学ぶうえで、教わることを教わるままに学べるわけではなく、⑫進化的に獲得してきた生物学的特徴をふまえて学んでいるのであり、文化的に創られたと思われる教育制度すら、そうした生物学的特徴を⑬反映している可能性があるということを理解してほしいと思います。

（安藤寿康『なぜ人は学ぶのか　教育を生物学的に考える』による）

問一　傍線②・③・⑦・⑨・⑩のカタカナは漢字に、漢字はひらがなに直しなさい。

問二　傍線⑤「洗練させる」・⑬「反映している」の本文中での意味として適切なものを次の中からそれぞれ一つ選び、記号で答えなさい。

⑤「洗練させる」

ア　わかりやすいものにさせる

イ　新鮮なものにさせる

ウ　よりよいものにさせる

エ　自分のものにさせる

⑬「反映している」

ア　現している　　イ　否定している

ウ　際立たせている　　エ　変えている

問三　（Ⅰ）～（Ⅲ）に入る語として適切なものを次の中からそれぞれ一つ選び、記号で答えなさい。

ア　つまり　　イ　あるいは

ウ　ところで　　エ　たとえば

オ　しかし

問四　傍線①「透明性の高いもの」とありますが、「透明性」が「高い」とはどういうことですか。その説明として適切な語句を解答欄に合うように本文中から、五字以内で抜き出しなさい。

問五　傍線④「それが『近代』でした」とありますが、「それ」の内容を解答欄に合うように、八十字以上九十字以内で説明しなさい。

問六　傍線⑥「学校のような教育のための特別の社会的装置が爆発的に普及した」とありますが、「学校」が「普及」したのはなぜですか。その理由として適切なものを次の中から一つ選び、記号で答えなさい。

ア　観察や模倣による教育学習に加え、高度な説明や指導が必要になってきたから。

イ　教育の組織化が求められたことで、自分だけでの学習に限界が見えてきたから。

ウ　複数の子どもが集まり教え合い、難しい問題を解決する場が求められてきたから。

エ　個体学習だけでは習得できない知識が増え、人から学ぶ必要性が出てきたから。

問七　傍線⑧「社会的ルール」とありますが、「社会的ルール」を教育する目的は何であると言っていますか。本文中から三十字前後で抜き出しなさい。

問八　傍線⑪「一次的な知識」とありますが、筆者が考える「一次的な知識」とは異なるものを、本文中の波線a～dの中から全て選び、記号で答えなさい。

問九　傍線⑫「進化的に獲得してきた生物学的特徴」とはどのようなものですか。「生得的」という言葉を用いて七十字以内で説明しなさい。

普遍的な知識領域だったと考えられます。両者はそれ自体は生得的にわれわれがあわせ持ったものです。しかしそれをどこでどう発動するかのルールは社会ごとに異なり、しかもそれは利己的な欲求としばしば競合するために、自分でわからない人や他人の様子を見てもわからない人は、どうしても教育学習が必要となるわけです。

いま人工知能（AI）が脚光を浴びています。ビッグデータから自ら学ぶディープ・ラーニングによって、人間が何万年かかっても処理できないようなパターン認識を行い、適切な解を導き出すことができるようになって、いずれ人類の脳の情報処理能力を超えるとき——シンギュラリティー——が訪れるとすらささやかれています。（　Ｉ　）現在のところ、人間が⑨バクゼンとつかっている「常識的判断」ができるAIを実現できるめどはまだ立っていないという専門家もいます。いずれにせよ人間は表から見ただけではさっぱりわからない膨大な知識を⑩クシして生きており、その知識は人類が滅亡するまで増えつづけてゆきます。

その中には、たとえばこちらに向かってくる物体の軌跡を予想して、c自分に当たりそうだと感じたら即座によける知識、他人があるパターンの表情をすればそれは喜んでいる、（　Ⅱ　）悲しんでいると判断するための知識、草花は生きていて生長しやがて死ぬが、石ころには命がなく何もしなければずっとそのままの状態であるという、あたりまえに誰でも知っている常識的な知識があります。その知識を人工知能のようにすべてゼロから学習によって学んでいるとは到底思えません。むしろもともと生きるために必要となるであろういくつかの領域、たとえばいまあげたようなd物体の動きや他者の心の状態、生き物についての知識、数の多少を判断する素朴な計数能力が、一次的知識領域としてあらかじめ備わっているという人もいます。

文化的知識の少なくともある程度までは、このような⑪一次的な知識をもとにして作り出された二次的知識なのかもしれません。

さて、ここで教育を考えるうえで難しい問題が立ち上がってきます。それはどんな知識が透明で可視的で、教育という手段に依存しなくとも、個体学習や観察学習で学ぶことができ、またどんな知識が不透明で教育によらないと学習できないかという問題です。

たとえば、道徳心は、それこそふつうに友だちや先輩たちと付き合う中で自ずと学べるもので、学校の授業で「人に優しくしましょう」「命を大切にしましょう」などと教わる必要などないと思われがちです。しかし自分の住む世界からは想像のつかない生き方をしている人たち、（　Ⅲ　）日本と大きく異なる文化的・経済的・政治的状況の社会で生きている人々（イスラム世界やアフリカの狩猟採集社会など）や、同じ日本でも異なる生物学的・社会的条件の下で生活している人々については、やはり個人の限られた経験で個体学習や社会学習をするだけではわかりにくいものです。そういう人たちとも直接・間接に結びついているのが社会というものですから、その中で道徳的に適切に考えたりふるまったりするには、やはりきちんとした道徳教育、しかもただ徳目を聞かされるだけでなく、リアリティを持って自分と異なる生き方をしている人たちの置かれた状況や気持ちを想像でき、そのうえで考えることができるようになるための教育が必要であるように思われます。こうした問題はまだ科学的に解明されていない大問題だといえます。

ヒトの学習と教育について生物学的に、特に進化的に考えるという視点は、科学の世界でもまだ一般的とは言えません。ですので解明されて

【国　語】（四五分）〈満点：六〇点〉

第1問　次の文章を読んで、後の問いに答えなさい（出題にあたり本文を一部改めました）。

つい最近まで、子どもの身の回りの文化は、大人の創ったものとはいえ①透明性の高いものでした。基本的な衣食住に関す知識を見ても、食材は自分たちの住む土地にある農地や森林、牧場でとれたもので大部分がまかなえ、あるいは出所のわかりやすい商品を市場で②コウニュウすればよかった。建てられた③家屋や身につけている衣服の素材や技術についても同様です。そこに不透明なものが入り込んできたのが、おそらく産業革命以降に導入された科学技術によって大きく発展した機械的・化学的製品の登場でしょう。それまでも鉄鋼製の農具や手織りの布地などはあったでしょうが、それが大量に生産され、さまざまなものに利用されるようになりました。それが可能になる過程で、多くの力学的・化学的な知識が発見、発明されて、一見しただけではとても子どもが入り込める余地のない仕事の成果物によって、身の回りのものが取って代わられるようになったのです。④それが「近代」でした。

見てわかるもの、つまり透明な知識は、基本的に教育学習を必要としません。それらは観察や模倣といった形式の学習と、自分自身での創意工夫、つまり個体学習で習得し⑤洗練させることができます。しかし難しい知識、観察や模倣では到達できない知識は、それを使えるようになった人からの説明や指導を必要とします。教育が、行動レベルから活動レベル、制度レベルに高度な組織化をもとめられ、いわゆる⑥学校のような教育のための特別の社会的装置が爆発的に普及したのも、特に18世紀以降の産業革命以後のことでした。

考えてみれば、学校が普及する前から教育による学習を必要とされた知識領域として、宗教的知識、そしてa文字や数字など視覚シンボルの知識があります。これらもただそれを使っている人の日常を見ているだけでは学習しづらいものばかりであることに気づかされます。お坊さんや牧師さんは、彼らが頭の中に持つ宗教的知識によってその仕事を行っています。そのためにb多くの経典や聖書の知識の習得がなされていました。官僚たちが国の歴史や納入された税の額などを記録に残すために発明された文字とその使い方は、必ずしも話し言葉と対応しないそれ独自の決まりごとから作られている場合が多いので、やはりまとまって教わる必要がありました。

宗教や言葉の⑦タイケイに準じて教育の対象となるのは⑧社会的ルールでしょう。特に禁止事項や忌避事項は、狩猟採集の社会でも真っ先に「教えるべきこと」として、親から、主として「罰」によって伝えられます。怒鳴られたり、叩（たた）かれたり、わざと苦痛を与えたりといった「罰」が、しかし教育方法としてもっとも古くからの原初的な形としてあったということを意味します。この点をどう考えればよいのかは、教育学的にとても難しい問題をはらみますが、基本的に社会的ルールは、人間ははじめのうちは、己の欲するところに従うと矩（のり）を超えてしまう、つまり利己的なふるまいが他人に迷惑をかけることになるので、自分を律して、他者のためになるようにふるまうことを学ばせることにその主眼があります。

この自己抑制と利他性は、宗教が人々に教える徳目でもある、おそらくヒトという種にとって教育を必要とする、科学的知識以前のもっとも

MEMO

大切なことはメモしておこうネ！

2019年度

解　答　と　解　説

《2019年度の配点は解答欄に掲載してあります。》

＜数学解答＞

第1問　問1　15　問2　$\sqrt{2}$　問3　$3ab(4x+1)(4x-1)$　問4　$x=2,\ y=1$
問5　$x=-1,\ 0$　問6　$n=15$　問7　800mL　問8　$-3\leqq y\leqq 0$　問9　12cm^2
問10　140度

第2問　問1　$\frac{2}{9}$　問2　$\frac{5}{9}$　問3　$\frac{2}{9}$

第3問　問1　$m=7$　問2　154　**第4問**　問1　5cm　問2　10cm

第5問　問1　$a=1$　問2　2　問3　$y=-\frac{1}{3}x+\frac{14}{3}$

○配点○

各3点×20(第1問　問4・問5完答)　計60点

＜数学解説＞

基本 **第1問**　(数の計算，平方根の計算，因数分解，連立方程式，2次方程式，数の性質，方程式の応用問題，2乗に比例する関数，面積，角度)

問1　$-3\times(-2^2)-(-108)\div(-6)^2=-3\times(-4)-(-108)\div36=12+3=15$

問2　$3\sqrt{3}\times\sqrt{6}-\frac{16}{\sqrt{2}}=3\sqrt{18}-\frac{16\sqrt{2}}{2}=9\sqrt{2}-8\sqrt{2}=\sqrt{2}$

問3　$48abx^2-3ab=3ab(16x^2-1)=3ab(4x+1)(4x-1)$

問4　$5x+4y=14$…①　$-2x+y=-3$…②　①－②×4から，$13x=26$　$x=2$　これを②に代入して，$-2\times2+y=-3$　$y=-3+4=1$

問5　$3(x+1)^2=(x+1)(x+3)$　$3(x^2+2x+1)=x^2+4x+3$　$3x^2+6x+3=x^2+4x+3$　$2x^2+2x=0$　$2x(x+1)=0$　$x=-1,\ 0$

問6　$60=2^2\times3\times5$から，求めるnの値は，$n=3\times5=15$

問7　最初に入っていた水の量をxmLとして方程式をたてると，$x-\left\{200+\frac{1}{3}(x-200)\right\}=\frac{1}{2}x$
$x-\left(200+\frac{1}{3}x-\frac{200}{3}\right)=\frac{1}{2}x$　$x-\frac{1}{3}x-\frac{400}{3}-\frac{1}{2}x=0$　$\left(1-\frac{1}{3}-\frac{1}{2}\right)x=\frac{400}{3}$　$\frac{1}{6}x=\frac{400}{3}$
$x=\frac{400}{3}\times6=800$(mL)

問8　-3の絶対値は2の絶対値より大きいから，最小値は，$y=-\frac{1}{3}\times(-3)^2=-3$　xの変域が負から正にまたがっていることから，最大値は，$y=0$　よって，$-3\leqq y\leqq 0$

問9　点Pを通り直線ABと平行な直線を引き，BC，ADとの交点をQ，Rとする。△ABP＋△CDP＝△ABQ＋△CDQ＝$\frac{\text{四角形ABQR}}{2}+\frac{\text{四角形RQCD}}{2}=\frac{1}{2}$(四角形ABQR＋四角形RQCD)＝$\frac{1}{2}$四角形ABCD＝$\frac{1}{2}\times24=12$(cm^2)

問10　△OABと△OACは二等辺三角形だから，$\angle BAC=\angle BAO+\angle CAO=\angle ABO+\angle ACO=31^\circ+39^\circ=70^\circ$　円周角の定理から，$\angle x=2\angle BAC=2\times 70^\circ=140^\circ$

第2問　（数の性質と確率，図形と確率の融合問題）

問1　大小2つのさいころの目の出方は全部で，$6\times 6=36$(通り)　そのうち，$\frac{10}{a+b}$が整数になる場合は，$(a,\ b)=(1,\ 1)$，$(1,\ 4)$，$(2,\ 3)$，$(3,\ 2)$，$(4,\ 1)$，$(4,\ 6)$，$(5,\ 5)$，$(6,\ 4)$の8通り　よって，求める確率は，$\frac{8}{36}=\frac{2}{9}$

問2　aとbが両方とも5未満になる場合は，$(a,\ b)=(1,\ 1)$，$(1,\ 2)$，$(1,\ 3)$，$(1,\ 4)$，$(2,\ 1)$，$(2,\ 2)$，$(2,\ 3)$，$(2,\ 4)$，$(3,\ 1)$，$(3,\ 2)$，$(3,\ 3)$，$(3,\ 4)$，$(4,\ 1)$，$(4,\ 2)$，$(4,\ 3)$，$(4,\ 4)$の16通り　よって，aとbの少なくとも1つが5以上である場合は，$36-16=20$(通り)　したがって，求める確率は，$\frac{20}{36}=\frac{5}{9}$

重要　問3　$\frac{1}{2}ab\geqq 10$から，$ab\geqq 20$　$ab\geqq 20$となる場合は，$(a,\ b)=(4,\ 5)$，$(4,\ 6)$，$(5,\ 4)$，$(5,\ 5)$，$(5,\ 6)$，$(6,\ 4)$，$(6,\ 5)$，$(6,\ 6)$の8通り　よって，求める確率は，$\frac{8}{36}=\frac{2}{9}$

第3問　（2次方程式，式の値）

問1　$x^2-6x+m=0$…①　①に$x=3+\sqrt{2}$を代入すると，$(3+\sqrt{2})^2-6(3+\sqrt{2})+m=0$　$9+6\sqrt{2}+2-18-6\sqrt{2}+m=0$　$m=7$

問2　$x^2-6x+7=0$　2次方程式の解の公式から，$x=\frac{6\pm\sqrt{6^2-4\times 1\times 7}}{2}=\frac{6\pm\sqrt{8}}{2}=\frac{6\pm 2\sqrt{2}}{2}=3\pm\sqrt{2}$　よって，$a=3+\sqrt{2}$，$b=3-\sqrt{2}$　$a+b=3+\sqrt{2}+3-\sqrt{2}=6$　$ab=(3+\sqrt{2})(3-\sqrt{2})=9-2=7$　$a^3b+ab^3=ab(a^2+b^2)=ab\{(a+b)^2-2ab\}=7\times(6^2-2\times 7)=7\times 22=154$

第4問　（空間図形の計量問題－三平方の定理，最短距離）

基本　問1　点DからABへ垂線DIを引くと，$DI=CB=3$　$AI=AB-IB=7-3=4$　△ADIにおいて三平方の定理を用いると，$AD=\sqrt{DI^2+AI^2}=\sqrt{3^2+4^2}=\sqrt{25}=5$(cm)

重要　問2　展開図の一部の長方形AEGC(DHを含む)において，AGの長さが最も短くなる。$AE=6$　$EG=EH+HG=5+3=8$　△AEGにおいて三平方の定理を用いると，$AG=\sqrt{EH^2+HG^2}=\sqrt{6^2+8^2}=\sqrt{100}=10$(cm)

第5問　（図形と関数・グラフの融合問題）

基本　問1　$y=ax^2$に点Aの座標を代入すると，$1=a\times 1^2=a$　$a=1$

問2　点Bを中心とする円の半径をrとすると，点Bの座標は，$(r,\ r^2)$　点Bのy座標は，$2+r$とも表されるから，$r^2=2+r$　$r^2-r-2=0$　$(r+1)(r-2)=0$　$r>0$から，$r=2$

重要　問3　問2より，$B(2,\ 4)$　点Cを中心とする円の半径をpとすると，$C(-p,\ p^2)$　点Cのy座標は，$2+4+p$から，$6+p$とも表されるから，$p^2=6+p$　$p^2-p-6=0$　$(p-3)(p+2)=0$　$p>0$から，$p=3$　よって，$C(-3,\ 9)$　ACの中点をDとすると，直線BDは△ABCを二等分する。$\frac{1-3}{2}=-1$，$\frac{1+9}{2}=5$から，$D(-1,\ 5)$　直線BDの式を$y=px+q$として，点B，Dの座標を代入すると，$4=2p+q$…①　$5=-p+q$…②　②－①から，$1=-3p$　$p=-\frac{1}{3}$　これを②に代入して，$5=-\left(-\frac{1}{3}\right)+q$　$q=5-\frac{1}{3}=\frac{14}{3}$　よって，求める直線の式は，$y=-\frac{1}{3}x+\frac{14}{3}$

★ワンポイントアドバイス★

第4問の問2は，糸がBFを通るときより，DHを通るときの方が，短くなることに気づこう。問1でADの長さを求めていることがヒントになっている。

＜英語解答＞

第1問 問1 (1) イ (7) イ 問2 ウ 問3 エ 問4 ア 問5 easy
問6 イ→ア→エ→ウ 問7 (例) マディは，家に着くとすぐに，マーティのお母さんの所へ行った。 問8 ア，ウ

第2問 1 B 2 Q 3 H 4 M 5 L

第3問 1 ウ 2 ウ 3 エ 4 ア 5 エ

第4問 1 shorter 2 about 3 or 4 full 5 favorite [favourite]

第5問 1 3番目 オ 5番目 ウ 2 3番目 カ 5番目 イ
3 3番目 エ 5番目 オ 4 3番目 ア 5番目 ウ
5 3番目 オ 5番目 カ

第6問 1 teeth 2 ninth 3 biggest 4 pull 5 sun

○配点○
第1問・第2問・第4問・第5問 各2点×25(第5問各完答) 第3問・第6問 各1点×10
計60点

＜英語解説＞

第1問 (長文読解問題：文選択補充，語句選択補充，内容吟味，語句補充，文整序，英文和訳)

(全訳) マーティは9歳の少年で，お母さんと一緒に小さな村に住んでいる。夏のある暑い日，彼は道で変な音が聞こえたと思った。「あれは何だろう？」立ち止まってあたりを見回すと，小さな犬のかわいらしい顔が見えた。彼女はほえていて，マーティは彼女には助けが必要なのかもしれないと思った。彼が彼女のところへ歩いて行くと，彼女の後ろ脚が川沿いの泥に埋まって抜け出せないことがわかった。「ああ，かわいそうな犬だなあ！ 心配しないで，(1)ぼくが今出してあげるよ」彼女がほえた。マーティは彼女が彼の言うことをわかっているのかもしれないと感じた。彼は彼女を泥の中から出してやり，川で彼女を洗ってやった。彼は彼女を道まで運び，やさしく道におろしてやった。「さあ，きみは自由だよ，かわいい犬さん。いいかい，二度とあそこへ行ってはいけないよ！ じゃあね！」と彼は言った。

彼が歩いて行き始めたとき，背後からまた別の音が聞こえた。それは犬のほえる声ではなかった。それは犬が歩く音だった。その犬は，しっぽを振りながら，顔にうれしそうな表情を浮かべて彼の後をついてきていた。「だめだよ。ぼくたちは家できみを飼うことができないんだ。お願いだから行っておくれ」それから彼は，今度は少し速く道を歩いて進み始めたが，彼女の歩く音が聞こえた。彼は振り向いて，やさしく「ぼくはきみに頼んでいるんだよ。どうか。家で君を飼うことができなくてごめんよ」と言った。彼女はまたほえて，うれしそうな表情をして，しっぽを振り始めた。彼は，彼女が「私はもうあなたが好きなんです。だからどうか家に連れて行ってください」と言っているように感じた。そこで，彼は家まで走り始めた。彼が家に着くと，もちろん彼女もそこにいいた。マーティは走ったから疲れを感じ，地面に座って彼女を見た。彼女も顔にうれしそうな表情を

浮かべてしっぽを振りながら彼の横に座った。彼もうれしくなって，彼女を飼いたいと思った。そのとき，彼女がほえ，彼は彼女に「きみはぼくが言うことがわかるのかい？」と言った。彼女はほえ続けた。

マーティのお母さんが家から出て来た。彼女は，「まあ，なんてかわいらしい犬なんでしょう！どこでその犬を見つけたの，マーティ？」と言った。彼はお母さんに説明をして，「お母さん，彼女を飼うことはできないかな？」と言った。彼女はただ，「マーティ，犬を飼うことは(5)簡単なことではないのよ。彼女は生きているのだから，あなたは毎日彼女の世話をしなくてはならないわ。命は大切なのよ。ほら，彼女はしっぽを振っているわ。犬はうれしいときにそうするの。彼女はあなたのことが大好きなのよ。毎日彼女の世話をすることはできるの？　私に約束できる？　それなら彼女を飼うわ。」と言った。「お母さん，そうすると約束するよ」「それでは，彼女のために名前を選んであげなくては。それがあなたの最初の仕事よ」マーティは，彼女が泥の中にいたので，彼女をマディと呼ぶことにした。

[6]イ彼は毎日よく彼女の世話をして，彼らは本当の親友になった。アしばらくして，彼女は信じられないようなことをし始めた。エ彼はふだん，2時半頃に家に帰った。ウその時間になると，彼女はたいてい外に出て彼を待ったのだ。これが彼女の習慣となった。

冬のある寒い日のこと，雪がとても激しく降っていた。マディは外で待っていた。もう6時半だったが，彼は決して家に帰らなかった。彼のお母さんは心配し始めて，「(7)どうしたのかしら？なぜ彼は今日，こんなに遅いのかしら？　警察を呼ぶべきかしら？」と心の中で思った。そのとき，マディが立ち上がって道を走って行き始めた。犬には私たちには聞こえないものが聞こえる。このとき，マディはマーティのお母さんには聞こえない彼の声が聞こえたのだ。それは同じ場所から聞こえてきていた。初めて会ったとき，マーティはそこでマディを見つけたのだ。マディは彼に駆け寄った。「マディ！」彼は叫んだ。マーティの足は両方とも雪に深く埋もれていて，動くことも抜け出すこともできなかった。マディはやさしく彼の上着をかんで，彼を抜き出そうとしたが，彼を助けることはできなかった。それから，彼女は家まで走り始めた。(8)マディは，家に着くとすぐに，マーティのお母さんの所へ行った。それから，マディはやさしく彼女のスカートをかんで彼女を外に出そうとした。「何をしているの？　私はあなたと外に出なくてはならないの？」マディは吠えて道を走って行き，彼女はその後について行った。彼女はマーティを見つけ，彼を雪から抜き出した。

家に帰ってから，彼は熱い風呂に入った。彼は火の前で暖かい毛布にくるまり，床に座った。もちろん，マディが彼の横にいた。彼は，「ありがとう，マディ」と言った。彼はにこにこして笑い出し，マディはほえてうれしそうだった。

問1　全訳を参照。　(1)　マーティが，犬が泥に足をとられて動けなくなっているのを見つけた場面。空所の直前で，マーティは「心配しないで」と言っているので，犬を助けてやろうとしていると考えられる。したがて，具体的にどのようにして助けるかを言っているイが適切。アは「ぼくはだれかを見つけたよ！」，ウは「ぼくはきみの世話をしているよ！」，エは「ぼくはきみを助けられないと思う！」という意味。　(7)　いつもより帰りが遅いマーティを心配して，母親が心の中で言ったことが空所以下に続く。空所の直後の発言から，母親はマーティの帰りが遅い理由を知らないことがわかるので，マーティの居場所も様子のわからずに，ばくぜんと心配な気持ちを表すイが適切。アは「彼はどこにいたのかしら？」，ウは「彼はなぜ学校にいるのかしら？」，エは「彼はどうやって学校を出るのかしら？」という意味。

問2　空所を含む文の前半に，マーティが助けた犬を道まで運んで行ったことが書かれている。その後の行動が，(　　) her on the road「彼女を道(の上)に～」と書かれている。その直後で，マーティは「もうきみは自由だ」と言っていることから，マーティは犬を道に降ろしてやったと考えられる。この動作を表すのに適切な動詞は put(過去形)「置いた」。アは「連れて来た」，イは「持った」，エは「連れて行った」という意味で，いずれも on the road と意味の上でつながらない。

問3　下線部の直前で，マーティは「ぼくはきみに頼んでいるんだよ」と言っていることから，犬について来ないようお願いをする気持ちで言っていると考えるのが適切。

問4　下線部はマーティが母親にどこで犬を見つけたのかを問われ，それに答えて話したこと，つまり，犬が家まで来たいきさつのことである。その具体的な内容として物語の筋に合うのはア。

問5　母親が，犬を飼うことを望むマーティに対して言っていること，直前に an があること，空所を含む文の直後の「彼女は生きているのだから，あなたは毎日彼女の世話をしなくてはならない」という発言内容から，easy を入れて，「犬を飼うことは簡単なことではない」とすると文脈に合う。easy は第1段落最終文のマーティの発言 Take it easy!「じゃあね！」にある。

問6　全訳を参照。　アの something that you may not be able to believe「信じられないようなこと」の具体的な内容，ウの that time がどのような「時」を指しているかなどを考える。

問7　as soon as ~ は「~するとすぐに」，get home は「家に帰る」，run to ~ は「走って~の所まで行く」という意味。

問8　ア　第2段落第4文から始まるマーティの発言内容に一致している。　イ　第3段落にある母親の2番目の発言の第4，5文から，マディがしっぽを振るのは自分がうれしいからであることがわかる。　ウ　第5段落第14文から，マディがマーティを助けられなかったことが，第16文以下から，マディが母親を促して外に連れ出し，マーティを見つけて助けさせたことがわかる。
エ　マーティの母親は，警察に連絡することを考えたが，実際に警察に連絡したということは書かれていない。　オ　最終的にマーティを助け出したのは母親だったが，第5段落第13文から，マーティの片足ではなく両足が雪に埋まっていたことがわかるので，一致しない。

やや難 第2問 （長文読解問題・会話文：内容吟味）

（全訳）ジェニー：こんにちは，クリス！　あなたが今週末に私の誕生パーティーに来ると聞いてとてもうれしいわ。

クリス　：招待してくれてありがとう，でも問題があるんだ。どうやってきみの家に行けばいいのかな？

ジェニー：心配いらないわ，手伝ってあげる。

ジェニーが紙を1枚とペンを取り出して，クリスに自分の家までの道を教えるために地図を書き始める。

ジェニー：よし，サークル線を使って，ここ，ノース駅で降りるのよ。それから，通りを渡って左側に銀行，右側に交番が見えるわ。銀行まで歩いて通りを歩き続けて。次の区画で，左側に本屋が見えるの。

クリス　：わかった。ここかな？　なるほど。

ジェニー：そうしたら，目の前にマルベリー通りが見えるわ。マルベリー通りの向こう側に，正面右側に郵便局が見えるの。通りを渡って左に曲がってね。

クリス　：つまり，マルベリー通りを渡ったら左に曲がるんだね。

ジェニー：その通りよ！　マルベリー通りを渡って右に曲がるとCDショップに着くわ。だからそっちの方に行かないでね。郵便局に着いたら，左に曲がると区画の端にレストランが見えるから，右へ曲がって1区画歩いて，通りの向こう側が私の家よ。

クリス　：わかったと思うよ。ここがきみの家だね？

ジェニー：そうよ！　ノース駅に着くのが早すぎて何か飲み物を買いたかったら，コーヒーショップがあるわ…ここよ！　駅から交番まで歩いてマルベリー通りに向かって通りを歩き続けるの。次の区画にそのコーヒーショップが見つかるわ。簡単に見つかるわよ。

クリス　：ありがとう！　週末を楽しみにしているよ！

ジェニー：私もよ！

全訳と地図を参照。 1 「ジェニーの家はどこですか」 2 「交番はどこですか」 3 「郵便局はどこですか」 4 「コーヒーショップはどこですか」 5 「本屋はどこですか」

第3問　(発音問題)

1 ウの下線部は [s] の発音。他の下線部は [z] の発音。ア「ウシ(複数形)」，イ「ペン(複数形)」，ウ「帽子(複数形)」，エ「少女(複数形)」

2 ウの下線部は [id] の発音。他の下線部は [t] の発音。ア「過ぎる(過去形)」，イ「止まる，やめる(過去形)」，ウ「終わる(過去形)」，エ「見る(過去形)」

3 エの下線部は [uː] の発音。他の下線部は [u] の発音。ア「良い」，イ「足」，ウ「羊毛」，エ「月」

4 アの下線部は [ð] の発音。他の下線部は [θ] の発音。ア「どちらかの」，イ「南」，ウ「口」，エ「呼吸」

5 エの下線部は [ɔː] の発音。他の下線部は [ou] の発音。ア「コート，上着」，イ「道路」，ウ「石けん」，エ「外国へ」

第4問　(同意文書きかえ問題：比較，前置詞，接続詞)

1 上の英文は，「石狩川は利根川ほど長くない」という意味。石狩川の方が短いということなので，比較級 shorter を用いて，「石狩川は利根川よりも短い」という文にする。

2 上の英文は，「今日の午後，トランプをしましょうか」という意味。Shall we ～? は「(一緒に)～しましょうか」と相手を誘う表現。How about ～ing …?「～することはどうですか」は相手を誘ったり，提案したりする表現で，Shall we ～? の文とほぼ同じ内容を表す。

3 上の英文は，「あなたが速く歩かなければ，あなたは遅刻するでしょう」という意味。下の英文は命令文。〈命令文, or ～〉で「…しなさい，さもないと～」という意味を表すので，or を入れればほぼ同じ意味の英文になる。

4 上の英文は，「図書館は学生たちでいっぱいだ」という意味。be filled with ～「～でいっぱいだ」と同じ意味を表す be full of ～ を用いて書きかえる。

5 上の英文は，「あなたは何色がいちばん好きですか」という意味。下の英文の空所に，「いちばん好きな」という意味の形容詞 favorite(イギリスでは favourite とつづる) を入れて，「あなたのいちばん好きな色は何ですか」という英文にする。

重要 第5問　(語句整序問題：間接疑問文，現在完了，助動詞，不定詞)

1 (How) many students do you have in (your class?)　数を尋ねる疑問文なので，〈How many ＋複数形の名詞(students)～?〉の形にする。「(場所・組織など)に～がいる[ある]」は，have を動詞にして表すことができる。「あなたはあなたのクラスに何人の生徒を持っていますか」と考えて，How many students の後に do you have を続ける。

2 (Do you) know what time Tom will leave (this evening?)　「あなたは～を知っていますか」という文なので，Do you know ～? の形にする。「トムが今夜何時に出発するか」は間接疑問〈疑問詞＋主語＋動詞〉で表す。

3 (We) haven't heard from Naomi since last (year.)　「ずっと～していない」と継続を表す内容なので，現在完了の否定文〈haven't ＋過去分詞〉の形にする。「～から連絡[便り]がある」は

hear from ～ で表す。last year「昨年」の前に，「(過去の時)以来」の意味を表す since を置く。

4 (You) had better go home before dark. 「～したほうがいい」は〈had better ＋動詞の原形〉で表す。「家に帰る」は go home,「暗くなる前に」は before dark で表す。

5 (Ken's mother) asked him to buy milk on (his way home from school.) 「(人)に～するように頼む」は〈ask ＋人＋ to ＋動詞の原形〉で表す。on ～'s way … 「…へ行く[帰る]途中で」。

基本 第6問 (語彙問題)

1 単数形と複数形の関係。tooth「歯」の複数形は teeth。

2 数字とそれに対応する序数の関係。nine の序数は ninth。つづりに注意。

3 原級と最上級の関係。big の最上級は g を重ねて biggest となる。

4 反意語の関係。push「押す」の反意語は pull「引く」。

5 won は win「～に勝つ」の過去形・過去分詞で，発音が one と同じ。son「息子」と同じ発音の語は sun「太陽」。

★ワンポイントアドバイス★

第2問は道順を示す英文が比較的長く，慎重に読む必要がある。このような問題では必ず地図と照らし合わせながら英文を読み，問題で問われていないものも含めて，場所を特定できたものを地図に書き込んでいこう。

<理科解答>

第1問 問1 (ア) 240 (イ) 30 (ウ) 仕事の原理 問2 (力の大きさ) 20(N) (仕事率) 24(W) 問3 ウ 問4 エ

第2問 問1 ③ 問2 (金属X：酸素＝) 4：1 問3 (ア) 4 (イ) 3 (ウ) 2 問4 0.72(g) 問5 イ 問6 イ，ク

第3問 問1 ア，オ 問2 ア，イ，エ 問3 エ 問4 ア，イ，オ 問5 ア，イ 問6 (変化していくこと) 進化 (出現した順) ア(→)イ(→)ウ

第4問 問1 (1) イ (2) X (3) エ 問2 エ 問3 ク 問4 ウ，エ

第5問 問1 (1) 並列 (2) 直列 問2 3.0(V) 問3 4.2(Ω) 問4 0.24(倍) 問5 イ

第6問 問1 10(g) 問2 (1) 電解質 (2) 水素 (3) イ 問3 塩化ナトリウム 問4 (ナトリウムイオン) エ (水酸化物イオン) オ

第7問 問1 ① DNA[デオキシリボ核酸] ② 染色体 問2 ア，ウ 問3 (1) ア (2) ウ 問4 (1) (X) 11 (Y) 2 (2) (Z) ア

第8問 問1 (1) H_2O (2) 深成 (3) 火山 問2 エ 問3 8(%) 問4 (名称) 斑状組織 (誤っているもの) ア 問5 イ

○配点○

第1問 問2 各2点×2 他 各1点×4(問1(ア)(イ)は完答)

第2問 問4・問6 各2点×2(問6は完答) 他 各1点×4(問3は完答)

第3問 問6 2点(完答) 他 各1点×5(各完答)

第4問 問2・問4(問4は完答) 各2点×2 他 各1点×3(問1(1)(2)は完答)

第5問　問3・問4　各2点×2　　他　各1点×3(問1は完答)
第6問　問1　2点　　他　各1点×5(問2(2)(3)は完答)
第7問　問4(1)　2点(完答)　　他　各1点×6(問2は完答)
第8問　問3　2点　　他　各1点×6(問1(2)(3)は完答)　　計60点

＜理科解説＞

第1問　(仕事・運動とエネルギー―仕事の原理・振り子と力学的エネルギー)

重要　問1　(ア)　60(N)×4.0(m)＝240(J)　(イ)　図2のような直角三角形では，三平方の定理より斜面の長さは，高さの2倍の8.0mとなるので，おもりを引き上げるのに必要な力の大きさをx(N)とすると，図1と図2で仕事の大きさが等しくなることから，x(N)×8.0(m)＝240(J)　x＝30(N)
(ウ)　道具を使って仕事をしても，仕事の大きさが道具を使わないときと同じになることを仕事の原理という。

重要　問2　図3では，おもりのついた滑車を3本のひもで持ち上げていると考えることができるので，ひもを引く力の大きさは，60(N)÷3＝20(N)である。おもりがされた仕事の大きさは，60(N)×8.0(m)＝480(J)だから，仕事率は，480(J)÷20(s)＝24(W)

基本　問3　位置エネルギーの大きさは，基準からの高さと物体の質量に比例する。実験1～3で，基準からの高さは等しいので，位置エネルギーが最も大きいのは，おもりの重さが最も重い実験3のときであることがわかる。

重要　問4　振り子を動かし始めるときの高さが同じとき，振り子の最下点の速さはおもりの重さに関係なく同じになる。

第2問　(化学変化と質量・気体の性質―金属の酸化と質量・気体の性質)

問1　金属と酸化物の質量の比が，②，④，⑤では4：5になっているが，③では，5：6(＝4：4.8)となっていることから，③では加熱が不十分であることがわかる。

問2　金属Xと酸化物XOの質量の差が化合した酸素の質量となるので，金属X：酸素＝4：(5−4)＝4：1

やや難　問3　化学反応式の左右で，原子の数は等しくなる。$Y+O_2 \rightarrow Y_2O_3$において，左辺のOの数は2，右辺のOの数は3なので，最小公倍数の6に合わせると，$Y+3O_2 \rightarrow 2Y_2O_3$となる。ここで，左辺のYの数は1，右辺のYの数は2×2＝4なので，Yの数を4に合わせると，$4Y+3O_2 \rightarrow 2Y_2O_3$となり，両辺でYとOの数はそれぞれ等しくなり化学反応式は完成する。

やや難　問4　実験から，金属Yと酸化物Y_2O_3の質量の比は，0.56：0.80＝7：10であることがわかる。混合物1gに含まれる金属Xをxg，金属Yをygとすると，$x+y=1$…①と表せる。また，金属X：酸化物XO＝4：5より，xgの金属Xからできる酸化物XOは$\frac{5}{4}x$g，金属Y：酸化物Y_2O_3＝7：10より，ygの金属Yからできる酸化物Y_2O_3は$\frac{10}{7}y$gである。よって，$\frac{5}{4}x+\frac{10}{7}y=1.3$…②と表せる。①と②の連立方程式を解くと，$x=0.72$(g)，$y=0.28$(g)となる。

重要　問5　アンモニアは刺激臭のある気体で，水によくとけて空気より密度が小さいので上方置換法で集める。塩素は黄緑色の気体で，水にとけやすく空気より密度が大きいので下方置換法で集める。

基本　問6　アでは水素，ウでは硫化水素，エとキではアンモニア，オとカでは二酸化炭素が発生する。

第3問　(生物総合―小問集合)

問1　一次消費者に含まれる生物は草食動物で，減数分裂を行うのは有性生殖を行う生物である。アメーバは無性生殖を行う生物，乳酸菌は分解者，アサガオは生産者である。

基本 問2　恒温動物なのは鳥類とホニュウ類の動物で，卵生でないのは胎生のホニュウ類である。よって，鳥類のニワトリ，ホニュウ類のイヌはあてはまらない。

問3　栄養生殖は，植物の根・茎・葉などから新しい個体ができる無性生殖の一種である。ミカヅキモも植物で無性生殖を行うが，栄養生殖ではなく体細胞分裂によってふえる。ジャガイモは種子による有性生殖だけでなく，いもによる無性生殖でもふえる。

基本 問4　動物の細胞には細胞壁はなく，光合成を行うのは葉緑体をもつ植物などの一部の生物のみである。

基本 問5　イカは骨格をもたない軟体動物である。セキツイをもつセキツイ動物は，変温動物と恒温動物に分けることができる。

問6　生物が環境に応じて形態を変化させていくことを進化という。三葉虫は古生代，アンモナイトは中生代に栄えた生物で，ヒトは新生代に登場した。

第4問　(天気の変化―前線と天気・空気中の水蒸気)

基本 問1　低気圧の中心から南西に伸びる前線Xは寒冷前線，南東に伸びる前線Yは温暖前線である。寒冷前線は温暖前線より移動速度が速く，寒冷前線が温暖前線に追いついたときに見られる前線を閉塞前線という。

重要 問2　寒冷前線(前線X)が通過すると，気温は急低下し，北風が強まり，積乱雲からの雨が降る。

重要 問3　空気塊が上昇すると，上空ほど周囲の気圧が低くなり，温度が下がるため，ある高さで露点に達し水蒸気が水滴に変わる。

やや難 問4　空気塊A $1m^3$ に含まれる水蒸気量は，$21.9(g/m^3)\times0.50=10.95(g/m^3)$，空気塊B $1m^3$ に含まれる水蒸気量は，$18.25(g/m^3)\times0.60=10.95(g/m^3)$ である。空気塊AとBで，$1m^3$ に含まれる水蒸気量は等しいので，水蒸気が水に変化する温度(露点)は等しくなる。また，空気塊Aのほうが地上での温度が高いので，露点に達するまでに空気塊Bよりも高いところまで上昇する必要がある。

第5問　(電流回路―回路・電流の正体)

基本 問1　電圧計ははかりたい部分に並列に，電流計は直列につなぐ。

重要 問2　直列回路の合成抵抗は，各抵抗の抵抗値の和に等しいので，$3.0+2.0=5.0(\Omega)$ である。この電源の電圧が5.0Vのとき，回路に流れる電流の大きさは，$5.0(V)\div5.0(\Omega)=1.0(A)$ だから，オームの法則より，抵抗Xにかかる電圧の大きさは，$1.0(A)\times3.0(\Omega)=3.0(V)$

やや難 問3　抵抗QとRの並列部分の合成抵抗をzΩとすると，$\frac{1}{Z}=\frac{1}{2.0(\Omega)}+\frac{1}{3.0(\Omega)}=\frac{5}{6}$ より，$z=\frac{6}{5}(\Omega)$ となる。よって，回路全体の合成抵抗は，$3.0+\frac{6}{5}=3.0+1.2=4.2(\Omega)$

やや難 問4　問1より，電気回路Ⅰの合成抵抗は5.0Ω，電気回路Ⅱの合成抵抗は，問3の並列部分の合成抵抗と等しいので $\frac{6}{5}\Omega$ である。オームの法則より，消費電力(W)＝電流(A)×電圧(V)＝$\frac{電圧(V)}{抵抗(\Omega)}$×電圧(V)より，電圧が等しいとき，消費電力は抵抗の大きさに反比例することがわかる。電気回路Ⅰの合成抵抗は電気回路Ⅱの合成抵抗の $5.0(\Omega)\div\frac{6}{5}(\Omega)=\frac{25}{6}$(倍)なので，消費電力は，$1\div\frac{25}{6}=\frac{6}{25}=0.24$(倍)である。

重要 問5　同じ種類の電気は反発し合い，ちがう種類の電気は引き合う。電子はマイナスの電気をもった粒子で，明るい線がDのほうに曲がったことから，電極板Cは－極，電極板Dは＋極に接続されたことがわかる。

第6問　(酸とアルカリ・中和―塩酸と水酸化ナトリウム水溶液の中和)

問1　2％のうすい塩酸200gに含まれる塩化水素は，$200(g)\times0.02=4(g)$ である。塩化水素4gを含む

40%の塩酸の質量は，4(g)÷0.4=10(g)である。

基本 問2　水に溶けたときに陽イオンと陰イオンに電離し，水溶液が電流を流す物質を電解質という。酸性を示すのは水溶液中に水素イオンが存在するからで，水素イオン(H^+)は，水素原子が電子を1個放出してできた陽イオンである。

基本 問3　BTB溶液を加えたビーカーBの液の色は緑色であることから中性の水溶液であることがわかる。塩酸に水酸化ナトリウム水溶液を加えると，$HCl+NaOH \rightarrow NaCl+H_2O$の反応が起こり，水溶液が中性であるとき，水溶液を少量取って蒸発させると，塩化ナトリウム(NaCl)の個体が残る。

重要 問4　ビーカーAの水溶液は酸性，ビーカーCの水溶液はアルカリ性である。ナトリウムイオンは水酸化ナトリウム水溶液に含まれ，水溶液中では電離しているため，加えた水酸化ナトリウム水溶液の量に比例しているので，エのようなグラフとなる。水酸化物イオンは，水素イオンがある水溶液中では，水素イオンと結びついて水となるため，水溶液が中性になるまではその量は0であるから，オのようなグラフとなる。

第7問　（生殖と遺伝―遺伝の規則性）

基本 問1　遺伝子の本体はDNA(デオキシリボ核酸)という物質で，細胞では，核の中に染色体の形で存在している。

基本 問2　エンドウは被子植物で，細胞に細胞壁は存在し，茎には道管と師管がある。

問3　(1)　右の表より，AA×aaでは，現れる子のもつ遺伝子の組み合わせは，すべてAaとなるので，現れる子の子葉の色はすべて黄色である。

(2)　右の表より，Aa×aaでは，現れる子のもつ遺伝子の組み合わせは，Aa：aa=1：1となるので，現れる子の子葉の色は，黄色：緑色=1：1である。

(1)

	A	A
a	Aa	Aa
a	Aa	Aa

(2)

	A	a
a	Aa	aa
a	Aa	aa

やや難 問4　(1)　AA：Aa：aa=5：2：5より，AAの個体数を5，Aaの個体数を2，aaの個体数を5とする。表1から，AAの自家受粉ではすべてAAが生じるのでその数は，4×5=20となる。表2から，Aaの自家受粉では，AA：Aa：aa=1：2：1の比で生じるので，それぞれの個体数は，AA=1×2=2，Aa=2×2=4，aa=1×2=2となる。表3から，aaの自家受粉ではすべてaaが生じるのでその数は，4×5=20となる。これらのことから，AA：Aa：aa=(20+2)：4：(2+20)=22：4：22=11：2：11となる。

(2)　(1)より，自家受粉をくり返すと，AAとaaの割合が大きくなり，aaの割合が小さくなっていくことがわかる。

第8問　（岩石―火山と岩石）

基本 問1　火山ガスのほとんどは水蒸気である。マグマが地下深くでゆっくり冷えて固まってできる火成岩を火山岩，地表や地表付近で急に冷えて固まってできる火成岩を深成岩という。

基本 問2　ねばりけが低いマグマによってできる火山は，傾斜がゆるやかな形になる。

問3　結晶20%中のMgOは20(%)×0.2=4(%)，液体80%中のMgOは80(%)×0.05=4(%)である。よって，全体としては，4+4=8(%)となる。

重要 問4　火山岩に見られるつくりを斑状組織といい，比較的大きな結晶と細かな粒からなるつくりとなる。アは，深成岩に見られる等粒状組織の特徴である。

問5　チョウ石は，柱状・短冊状の形状で，白色～無色・うす桃色の無色鉱物である。

★ワンポイントアドバイス★
標準的な問題が中心だが，実験や文章を読んだ上で考察する必要がある問題が多く，試験時間に対して問題数がやや厳しめなので，すばやく正確に読み取り，正解を導けるように，実験などを題材にした問題に慣れておこう。

＜社会解答＞

第1問 問1 (1) イ (2) エ 問2 ウ 問3 ア 問4 (1) エ
(2) 栽培(漁業) 問5 フォッサマグナ 問6 ウ 問7 ア 問8 (1) イ
(2) 限界(集落) 問9 カルデラ 問10 エ 問11 エ 問12 ア
問13 環太平洋(造山帯) 問14 ウ 問15 エコツーリズム 問16 イ
問17 ハザードマップ

第2問 問1 ア 問2 白村江(の戦い) 問3 エ 問4 平泉 問5 親鸞
問6 イ 問7 ウ 問8 エ 問9 カ 問10 五箇条の御誓文
問11 民本主義 問12 エ 問13 ウィルソン 問14 ア

第3問 問1 ウ 問2 合計特殊出生率 問3 イ 問4 エ 問5 ア 問6 ア
問7 イ 問8 エ 問9 エ 問10 ウ

○配点○
第1問 各1点×20 第2問 問1・問3・問6～問9・問12・問14 各1点×8 他 各2点×6
第3問 各2点×10 計60点

＜社会解説＞

第1問 (地理―人々の生活・自然・産業など)

問1 (1) 京浜工業地帯は戦後日本最大の工業地帯として発展したが2000年代以降はその地位を中京工業地帯に譲り渡した。アは北九州，ウは中京，エは瀬戸内工業地域。 (2) アはじゃがいも，イはキャベツ，ウはぶどう。

問2 サハラ砂漠の南縁に位置するサヘル地帯では樹木の生育しない乾燥地帯のため天日で乾かした日干しレンガを利用。石灰を塗った白い壁はギリシアなどの地中海沿岸地方。

問3 インドの宗教はバラモン教を基礎に各地の土着信仰を取り入れて成立したヒンドゥー教。国民の約8割と大多数を占めるが少数派であるイスラム教徒も1億人以上存在する。

問4 (1) 北海道東部の中心地である釧路は「霧の町」とも呼ばれる。外国人訪問客は中国などのアジアが中心，河川改修以前の石狩川の長さは全国2位，最大の畑作地帯は十勝平野。
(2) 大きくなるまで管理する養殖に対する言葉。近年はタイやヒラメなど魚種も増えている。

問5 ナウマン象で知られるナウマン博士が命名，日本列島を東西に分ける大地溝帯。

問6 静岡県の政令指定都市は県庁所在地の静岡市と県下最大の人口を擁する浜松市の2つ。

問7 神戸の気候は瀬戸内の気候。イは長野，ウは新潟，エは札幌の雨温図。

重要 問8 (1) 促成栽培はキュウリやナス，ピーマンなどの夏野菜が中心。宮崎はキュウリが第1位，ピーマンは第2位の生産県。 (2) 経済的，社会的な共同体の維持が困難となり，集落としての機能を失いつつある地域が各地で増加している。

問9 阿蘇のカルデラは東西18km，南北24kmにおよび，約5万人もの人々が生活している。

問10　産業が高度化するにつれ第1次産業から2次，3次へと移行していく。アはアメリカ，イはバングラデシュ，ウはドイツの産業別人口構成。

問11　フランスは原子力発電に依存する割合が最も高い。アはロシア，イはカナダ，ウはドイツ。

問12　ポーランドは2004年に加盟。ノルウェーやスイスは国民投票で加盟を拒否。

問13　アンデス山脈からロッキー山脈，日本列島，フィリピンなど太平洋を取り囲む造山帯。活発な火山活動がみられ，大きな地震もほとんどがこの地域で発生している。

問14　落葉高木で日本特産の樹木の一つ。白神山地は日本最大のブナの原生林として知られる。

問15　環境保全と地域住民の利益の両立を狙った観光。当初は途上国の自然保護の資金調達として導入されたが，近年は先進国でも持続可能な観光の在り方として注目されている。

問16　経済特区はシンセン，チューハイ，スワトウ，アモイ，ハイナン島の5か所。

基本　問17　災害予測地図，防災地図とも呼ばれる。過去の災害の解析に基づき危険度を判定。

第2問　(日本と世界の歴史―古代～現代の政治・社会・文化史など)

問1　国家の根本法という現代の憲法とは異なる。詔とは天皇の命令の意味。

問2　錦江河口での海戦。百済は滅亡，日本は半島から撤退し国防の強化と内政の整備に努めた。

問3　現世に浄土を出現させた平等院鳳凰堂。アは金剛力士像，イは弥勒菩薩像，ウは正倉院。

問4　初代清衡が居館を築いて以来奥州藤原氏の本拠地となった北上川中流に栄えた都市。

問5　師である法然とともに様々な弾圧を受け越後に配流。その教えは地方の武士や農民などを中心に深く浸透しその後の歴史に大きな影響を与えた。

問6　唐の衰退が大きな理由であったが，民間の交流も活発に行われるようになってきていた。

問7　南北戦争の結果勝利したリンカン大統領は奴隷解放宣言を発表(1865年)。ルターの宗教改革は16世紀前半，人権宣言はフランス革命，「世界の工場」と呼ばれたのはイギリス。

問8　水野忠邦は株仲間による独占が物価高騰の原因と考え解散を命じた。

重要　問9　岩倉の遣欧使節は1870年代初め，鹿鳴館時代は1880年代，日英通商航海条約は1894年。

問10　庶民向けの五榜の掲示では強訴やキリスト教を禁止するなど旧幕府の政策が踏襲された。

重要　問11　デモクラシーの訳語として採用。天皇主権のもと国民の意思に基づいた政治を主張し，普通選挙や政党内閣の実現を訴えた。

問12　特権的な官僚内閣に対し立憲政友会・憲政会・革新倶楽部の3党は護憲3派として結束，憲政会の加藤高明を首相として連立内閣を組織した。

問13　国際連盟の創設など平和14原則を主張してパリ講和会議の立役者となった大統領。

問14　1914年12月8日未明，日本軍はアメリカ太平洋艦隊への奇襲攻撃を敢行。ソ連の対日参戦の密約がなされたのは1945年2月に行われた米・英・ソによるヤルタ会談。

第3問　(公民―憲法・政治のしくみ・経済生活など)

問1　内閣不信任案が可決され衆議院が解散された時も総選挙後の特別会冒頭で内閣は総辞職する。弾劾裁判と国政調査権は国会，最高裁判所長官の任命は天皇の国事行為。

やや難　問2　人口を維持するには2.07が必要といわれるが日本は1.4前後となっている。

問3　公共の利益を目的に国や地方自治体が参加した様々な形態の企業も存在する。

問4　最高裁判所では違憲状態より一歩進んだ違憲判決も2度出されている。アは普通選挙，死票は投票率とは無関係，選挙の定数は公職選挙法に規定。

問5　労使対等の原則は労働基準法2条，男女同一賃金は同法4条に規定。

問6　憲法や法律に基づく住民投票(特定法の住民投票，直接請求権など)と異なり条例に基づく住民投票には法的拘束力はない。しかし，行政が住民の意思を無視することも難しい。

問7　消費税の導入により間接税が増えてはいるがその割合が4割程度となっている。

重要 問8　高齢社会の進展で社会保障関係費は3割以上と歳出の第1位を占めている。

問9　国防や治安維持など政府の役割をできるだけ小さくしようとする考え。

問10　国際司法裁判所は当事者間での合意が前提。日本は韓国に対し竹島の帰属問題の共同提訴を呼びかけているが韓国はこれを拒否し一向に進展していない。

★ワンポイントアドバイス★

資料を題材にした問題は分野を問わず増える傾向にある。データに関しては最新のものに対応するとともに様々な資料に触れておくことが大切である。

＜国語解答＞

第1問　問一　②　購入　③　かおく　⑦　体系　⑨　漠然　⑩　駆使
問二　⑤　ウ　⑬　ア　問三　Ⅰ　オ　Ⅱ　イ　Ⅲ　エ　問四　見てわかる
問五　(例)　機械的・化学的製品が大量に生産，利用される過程で，多くの力学的・化学的な知識が発見，発明された結果，子どもの入り込めない仕事の成果物で身の回りのものが取って代わられるようになった(89字)　問六　エ　問七　(例)　自分を律して，他者のためになるようにふるまうことを学ばせること(31字)　問八　a・b
問九　(例)　ヒトが，生きていくために必要になるであろう，科学的知識以前の最も普遍的な知識を，教育による学習からではなく生得的に持っているというもの。(68字)

第2問　問一　①　千　②　三　③　二　④　百　⑤　八

第3問　問一　端午　問二　文月　問三　(例)　月がとても明るく　問四　④　イ
⑦　エ　問五　ア　問六　ア　問七　ウ　問八　(例)　子どもたちには和歌の内容がわからない(18字)

○配点○
第1問　問一・問三　各1点×8　問五　4点　問九　6点　他　各2点×6
第2問　各2点×5　第3問　問一・問二　各1点×2　問六・問七　各3点×2　問八　4点
他　各2点×4　計60点

＜国語解説＞

第1問　(論説文―漢字の読み書き，語句の意味，空欄補充，接続語，内容理解，要旨)

問一　②「購入」の「購」，「講義」の「講」，「構造」の「構」，「側溝」の「溝」を区別しておくこと。　③「家屋」は，人が住む建物，という意味。　⑦「タイケイ」には同音異義語が多いので注意する。　⑨「漠然」は，ぼんやりとしてはっきりしない様子を表す。　⑩「駆使」は，思い通りに使いこなす，という意味。

問二　⑤「洗練」は，品質の高いものにみがきあげること。　⑬「反映」はここでは，ある形をとって現われ出ることを意味している。

基本 問三　Ⅰ　空欄の前後が逆の内容になっているので，逆接の接続語が入る。　Ⅱ　空欄の前の「喜んでいる」，空欄のあとの「悲しんでいる」のどちらかを選ばせる形になっているので，選択の接続語が入る。　Ⅲ　空欄の前の事柄の具体例を，空欄のあとで述べているので，「たとえば」が入る。

問四　直後の段落の初めに「見てわかるもの，つまり透明な知識」とあることに注目。

重要 問五　直前の三つの文「そこに不透明なものが入り込んできたのが，おそらく産業革命以降に導入された科学技術によって大きく発展した機械的・化学的製品の登場でしょう。……取って代わられるようになったのです」の内容をふまえて解答をまとめる。

問六　直前の文の「難しい知識，観察や模倣では到達できない知識は，それを使えるようになった人からの説明や指導を必要とします」という内容が，エに合致している。

問七　傍線⑧を含む段落の最後の文に「基本的に社会的ルールは，……を学ばせることにその主眼があります」という表現があるので，この部分から「社会的ルール」を学ばせる目的をとらえる。

問八　波線c・dを含む段落では「一次的知識領域」つまり傍線⑪「一次的な知識」について説明しており，波線c・dは「一次的な知識」にあたる。これに対して波線a・bは，人間にあらかじめ備わっているものではなく教育の対象となるべきものである。よって，波線a・bが正解。

やや難 問九 「生得的」という言葉の出てくる第五段落の内容をふまえて解答をまとめる。

第2問 （ことわざ）

①「千里」はここでは，距離が遠く離れていること，うわさが遠くまで知れわたることを表している。

②「仏の顔も三度なづれば腹立つる」とも言う。

③ 遠回りしていて効果が期待できない，という意味でも使われる。

④「三つ子」は，三歳の子・幼い子，という意味。

⑤「岡目」は，第三者の視点，という意味。「八目」は，囲碁の手を八手先まで読めるということ。

第3問 （古文と解説文―古典知識，口語訳，内容理解）

〈口語訳〉 正月一日，三月三日は，とてもうららかだった。

五月五日は，ずっと曇っていた。

七月七日は，曇っていたが，夕方になると晴れた空に，(夜は)月が明るくて，たくさんの星も見えた。

九月九日は，明け方から雨が少し降って，菊の花に露が多く降りて，(菊を)おおっている綿もひどく濡れており，花の移り香がいっそう強くなっていて，早朝には雨があがってしまったが，まだ曇っていて，ややもすると，また雨が降ってきそうな感じなのは風情がある。

昇進の喜びを天皇に奏上する姿には，きりりとした風情がある。後ろに長く裾を引きながら，帝の御前に向かって立っている姿は魅力的だ。帝に拝礼して喜びを表す動作をしているのはすばらしい。

正月七日の日の若菜を，六日に，人が持ってきて，騒いでとり散らしたりするときに，見も知らぬ草を，子供が取ってきたので，「これは何というのか」と問うと，すぐには答えないで，「さあ，どうだか」などと，互いに顔を見合わせて，「耳無草という」と言う者がいたので，「なるほどね，聞こえない顔をしていたのは」と笑うと，またとても美しい菊の生え出たばかりのを持ってきたので，

いくら摘んでも耳無草はかわいそうだ。けれど，たくさん摘んだ中には菊(聞く)もまじっているなあ

と言いたかったが，またこれも，(子どもに)聞き入れられるはずもない。

基本 問一 「端午の節句」には古くから，ショウブやヨモギを軒に挿して，邪気を払う風習があった。

問二 「文月」は「ふみづき」とも「ふづき」とも読む。

問三 「いと」は，たいそう・とても，という意味。「あかし」は，明るい，という意味。

問四　④「つとめて」は，早朝，という意味。早朝には雨があがってしまったということ。

⑦ 「をかしげなり」はここでは，かわいらしい・美しい，という意味を表している。

問五 直前の「ややくもりて，ややもせば」に注目して考える。

重要 問六 筆者が草の名を子どもたちに問うたときは，すぐに答えずにいた。草の名が「耳無草」だったので，子どもたちの聞いていないような様子に，草の名「耳無」が結びついて面白いと筆者は感じたのである。

問七 「耳無」＝“聞かない”，「菊」＝“聞く”という対応に注意する。

問八 「菊」と「聞く」を掛けた和歌は，まだ子どもには理解できないだろうと思ったのである。

★ワンポイントアドバイス★

説明的文章・古文ともに，記述問題に細かい読み取りを必要とする。選択問題もまぎらわしい誤答を含んでいる。ふだんからいろいろな文章問題に取り組む必要がある。漢字の読み書きや，ことわざなどの語句の知識も必須だ！

MEMO

大切なことはメモしておこうネ！

解答用紙集

○月×日 △曜日　天気（合格日和）

◆ご利用のみなさまへ
＊解答用紙の公表を行っていない学校につきましては、弊社の責任において、解答用紙を制作いたしました。
＊編集上の理由により一部縮小掲載した解答用紙がございます。
＊編集上の理由により一部実物と異なる形式の解答用紙がございます。

人間の最も偉大な力とは、その一番の弱点を克服したところから生まれてくるものである。――カール・ヒルティ――

※データのダウンロードは 2024 年 3 月末日まで。

東京学参株式会社

札幌光星高等学校　2023年度

◇数学◇

※ 159%に拡大していただくと，解答欄は実物大になります。

第１問

問１		問２		問３	
問４				問５	g
問６	$x=$ ，$y=$			問７	$y=$
問８	秒後	問９	度	問10	cm^3

第２問

問１	通り	問２	ア		イ		ウ

第３問

問１		問２	数学		国語							
問３	ア		イ		ウ		エ		オ		カ	

第４問

問１	ア		イ		ウ		エ		オ		カ	
問２	$a=$	問３	$y=$									

第５問

問１	ア		イ		ウ		エ		オ		カ	
	キ		ク		問２	cm						

札幌光星高等学校　2023年度

◇英語◇

※ 182％に拡大していただくと，解答欄は実物大になります。

第１問

問1　A ＿＿＿　B ＿＿＿　C ＿＿＿

問2　1 ＿＿＿　2 ＿＿＿

3 ＿＿＿　4 ＿＿＿

5 ＿＿＿

問3 ＿＿＿

問4 ＿＿＿

問5 ＿＿＿

問6 ＿＿＿

第２問

A ＿＿＿　B ＿＿＿　C ＿＿＿　D ＿＿＿　E ＿＿＿

第３問

1 ＿＿＿　2 ＿＿＿　3 ＿＿＿　4 ＿＿＿　5 ＿＿＿

第４問

1 ＿＿＿　2 ＿＿＿　3 ＿＿＿　4 ＿＿＿　5 ＿＿＿

第５問

1　3番目 ＿＿＿　5番目 ＿＿＿　2　3番目 ＿＿＿　5番目 ＿＿＿

3　3番目 ＿＿＿　5番目 ＿＿＿　4　3番目 ＿＿＿　5番目 ＿＿＿

5　3番目 ＿＿＿　5番目 ＿＿＿

第６問

1 ＿＿＿　2 ＿＿＿　3 ＿＿＿

4 ＿＿＿　5 ＿＿＿

札幌光星高等学校　2023年度

◇理科◇

※ 182%に拡大していただくと，解答欄は実物大になります。

第１問

問１	問２ 仕事	問２ 名称
	J	

問３ 力の大きさ	問３ 距離	問４	問５	問６ a	問６ b	問６ c
N	m					

第２問

問１	問２	問３	問４ 質量	問４ 関係	問５
			g		

第３問

問１	問２	問３

問４ a	問４ b	問４ c	問４ d	問５ (1)	問５ (2)	問５ (3)
					丸：しわ ＝ ：	

第４問

問１ 風	問１ 気圧配置	問２	問３ 札幌	問３ 赤道地域

問４ 図	問４ 雲	問５ a	問５ b	問５ c	問５ d	問５ e

第５問

問１	問２ (1)	問２ (2)	問３
A		Wh	

問４	問５	問６	問７

第６問

問１	問２	問３

問４	問５	問６
mL	mL	

第７問

問１	問２ (1)	問２ (2)	問３

問４	問５
＜ ＜	

第８問

問１ 噴火	問１ 火山	問２	問３ a	問３ b	問３ c

問４	問５ 図	問５ わかること

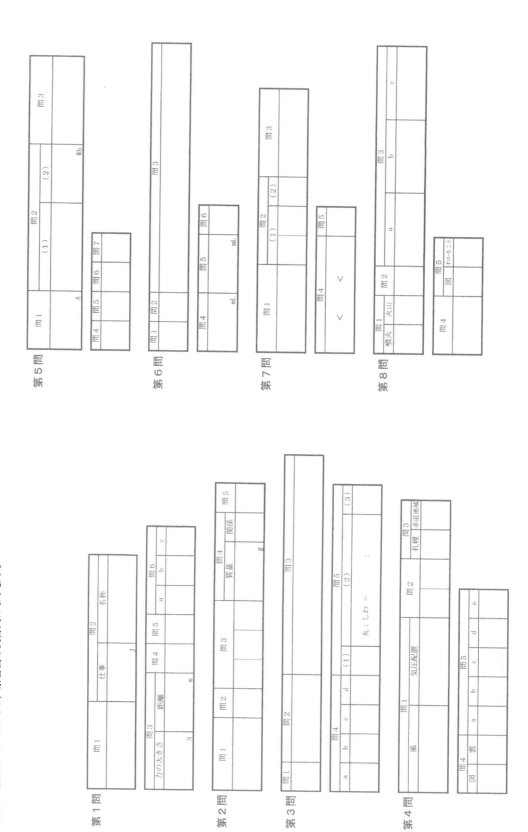

札幌光星高等学校　2023年度

◇社会◇

※ 182％に拡大していただくと，解答欄は実物大になります。

第１問

問１	問２	問３(1)	問３(2)	問４	問５	問６

問７	問８	問９	問10

問11				問12
海岸線		理由		層

問13	問14

問15(1)	問15(2)	問16(1)

問16(2)				問16(3)
国名		場所		

第２問

問１	問２	問３	問４
石器			

問５	問６	問７	問８

問９	問10	問11	問12	問13	問14

問15			
条約	条約	講和	講和

問16	問17	問18

問19	問20

第３問

問１	問２	問３	問４	問５	問６	問７

問８	問９	問10	問11(1)	問11(2)

問12	問13	問14

問15

札幌光星高等学校　2023年度

◇国語◇

※ 175％に拡大していただくと，解答欄は実物大になります。

第1問

問一 ① ② す ③ ④ ⑤ ⑥

問二 ① ② ③

問三 ① ② ③

問四 ① ② ③

第2問

問一 ① ③

問二

問三

問四

問五

問六 1 2 初め 終わり ため。

問七

第3問

問一 X Y Z

問二 ① ④

問三

問四

問五 初め 終わり

問六 不能無為

問七

問八 1 2

問九

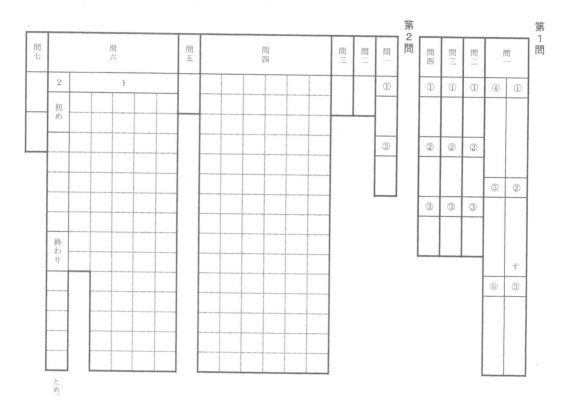

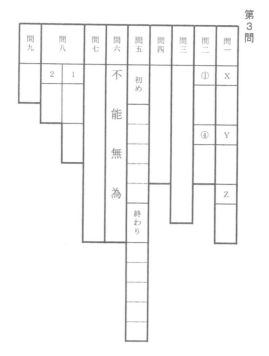

札幌光星高等学校　2022年度

◇数学◇

※ 139%に拡大していただくと，解答欄は実物大になります。

第1問

問1	問2	問3 $x=$ $y=$
問4	問5	問6 通り
問7 ℃	問8 度	問9 cm^3

第2問

問1	問2

第3問

問1 %	問2 g	問3 g

第4問

問1 $a=$	問2	問3

第5問

問1	問2 $x=$	問3 ：

札幌光星高等学校　2022年度

◇英語◇

※ 135%に拡大していただくと，解答欄は実物大になります。

第１問

問１　(1) ______　(2) ______　(3) ______　問２ ______

問３　1 ______　2 ______　3 ______　4 ______　5 ______　問４ ______

問５　... the power that ______________________

問６　不要な語：　　　　直前の語：

第２問

Q1　A ______　B ______　C ______　Q2　(1) ______　(2) ______

第３問

1 ______　2 ______　3 ______　4 ______　5 ______

第４問

1 ______　2 ______　3 ______　4 ______　5 ______

第５問

1　３番目　　５番目　　2　３番目　　５番目

3　３番目　　５番目　　4　３番目　　５番目

5　３番目　　５番目

第６問

1 ______　2 ______　3 ______

4 ______　5 ______

札幌光星高等学校　2022年度

◇理科◇

※ 145％に拡大していただくと，解答欄は実物大になります。

第１問

問１	問２						問３
	（１）		（２）		（３）	（４）	
	速さ	分力	速さ	分力			

第２問

問１	問２	問３	
		（１）	（２）

問４	問５	問６
酸化銀の質量 ： 生じた金属の質量 ＝ ：		L

第３問

問１	問２	問３		問４	問５	
		名称	記号		③	④

第４問

問１	問２	問３	問４	問５	問６

第５問

問１	問２	問３	問４	問５
つなぎ	Ω		W	→ → →

第６問

問１			問２	問３	問４	問５	問６
①	②	③					

第７問

問１	問２	問３		問４	問５	問６
		③	④			

第８問

問１		問２	問３		問４	問５
地質年代	化石		（１）	（２）		
					秒	

札幌光星高等学校　2022年度　◇社会◇

※ 135%に拡大していただくと，解答欄は実物大になります。

第１問

問１(1)	問１(2)	問２(1)	問２(2)	問３(1)

問３(2)	問４	問５	問６
			市

問７	問８	問９(1)	問９(2)	問10
都市				平野

問11	問12(1)	問12(2)

第２問

問１	問２	問３	問４
	大王		

問５	問６	問７	問８	問９	問10(1)	問10(2)

問11	問12	問13	問14	問15	問16

第３問

問１	問２	問３	問４	問５

問６	問７	問８	問９	問10	問11	問12	問13

問14	問15

◇国語◇

札幌光星高等学校　２０２２年度

※１４９％に拡大していただくと、解答欄は実物大になります。

第1問

問一　②　③　⑤　⑦　⑧

問二　①　⑪

問三　Ⅰ　Ⅱ　Ⅲ

問四

問五　ことで成功した。

問六　・初め　終わり
　　　・初め　終わり

問七

問八

第2問

①　②　③　④　⑤

第3問

問一　②　④

問二

問三

問四　初め　終わり　男

問五

問六　1
　　　2　学者如牛毛、得者如麟角。

問七

問八

札幌光星高等学校　2021年度

◇数学◇

※ 149％に拡大していただくと，解答欄は実物大になります。

第１問

問１

問２

問３

問４ $x =$ 　　　, $y =$

問５ $x =$

問６ $a =$

問７ 　　人

問８ $a =$

問９ 　　cm^2

問10 　　cm^2

第２問

問１ 　　通り

問２ 　　通り

問３

第３問

問１ 　　円

問２ 　　円

第４問

問１ 　　cm

問２ 　　度

第５問

問１ $a =$

問２ （　　，　　）

問３ （　　，　　）

札幌光星高等学校　2021年度

◇英語◇

※ 145%に拡大していただくと，解答欄は実物大になります。

第１問

問１ A ______ B ______ C ______ D ______

問２ 1 ______ 2 ______　問３ ______

問４ 誤 ______ 正 ______　誤 ______ 正 ______

問５ ______　問６ ______ ______ ______

問７ 1 ______ 2 ______ 3 ______

4 ______ 5 ______

第２問

1 ______ 2 ______ 3 ______ 4 ______ 5 ______

第３問

1 ______ 2 ______ 3 ______ 4 ______ 5 ______

第４問

1 ______ 2 ______ 3 ______ 4 ______ 5 ______

第５問

1 A ______ B ______　2 A ______ B ______　3 A ______ B ______

4 A ______ B ______　5 A ______ B ______

第６問

1 ______ 2 ______ 3 ______

4 ______ 5 ______

札幌光星高等学校　2021年度

◇理科◇

※ 139％に拡大していただくと，解答欄は実物大になります。

第1問

問1	問2	問3		問4	
		回路	抵抗	沸騰	時間の差
			Ω		秒

第2問

問1	問2	問3			問4
		（1）		（2）	
		x	y		
				g	

第3問

問1	問2	問3	問4	問5
	尾			

第4問

問1	問2		問3	問4	問5		問6
	組織の名称	特徴			2番目	4番目	
							m

第5問

問1	問2		問3		問4	
	仕事	引く長さ	特徴	位置	X	Y
	J	m				

第6問

問1		問2	問3		問4		
					（1）		（2）
物質の最大の量	水溶液		質量	温度	A	C	
			g				

第7問

問1	問2	問3	問4	
			分類	名称
		通り		

問5			問6	
①	②	③	模式図	道管

第8問

問1	問2	問3	問4	問5

札幌光星高等学校　2021年度

◇社会◇

※ 141％に拡大していただくと，解答欄は実物大になります。

第１問

問１	問２	問３	問４
		制度	

問５ (1)	問５ (2)	問６	問７	問８	問９	問10
県					時間	

問11 (1)	問11 (2)	問12	問13 (1)	問13 (2)	問14

問15	問16	問17	問18 (1)	問18 (2)
			山脈	

問18 (3)	問19	問20

第２問

問１ (1)	問１ (2)	問２	問３	問４
	議席			

問５	問６	問７	問８	問９	問10	問11

問12	問13 (1)	問13 (2)	問14	問15

問16	問17	問18	問19	問20
	運動			

◇国語◇

札幌光星高等学校　２０２１年度

※１４５％に拡大していただくと、解答欄は実物大になります。

第1問

問一　①　④　⑤　⑥　⑧

問二　X　Y

問三　Ⅰ　Ⅱ　Ⅲ

問四

問五

問六

問七　気分や感情は

ため、変えようとしないほうがよい。

問八

第2問

①　②　③　④　⑤

第3問

問一　①　②

問二

問三

問四

問五

問六　1　友諒、友多聞

2　人

問七

札幌光星高等学校　2020年度

◇数学◇

※ 147%に拡大していただくと，解答欄は実物大になります。

第1問

問1	
問2	$x =$
問3	
問4	$a =$
問5	
問6	
問7	m
問8	km
問9	個
問10	度

第2問

問1	通り
問2	

第3問

問1	(　　,　　)
問2	$y =$
問3	$a =$

第4問

問1	
問2	回

第5問

問1	cm
問2	cm^2
問3	倍

札幌光星高等学校　2020年度　◇英語◇

※ 153％に拡大していただくと，解答欄は実物大になります。

第１問

問１	問２

問３	問４	問５		問６
		(1)	(2)	

問７				
(1)	(2)	(3)	(4)	(5)

第２問

問１					問２	
①	②	③	④	⑤	(1)	(2)

問３				
(1)	(2)	(3)	(4)	(5)

問４			

第３問

1	2	3	4	5

第４問

1	2	3	4	5

第５問

1		2		3		4		5	
3番目	5番目	3番目	5番目	3番目	5番目	3番目	5番目	3番目	5番目

第６問

1	2	3

札幌光星高等学校　2020年度

◇理科◇

※ 144%に拡大していただくと，解答欄は実物大になります。

第1問

問1	問2	問3	問4	問5
	W	Ω	V	

第2問

問1	問2		問3	問4	問5
	(1)	(2)			

第3問

問1	問2	問3	問4	問5

第4問

問1	問2	問3	問4
	km	秒	

第5問

問1	問2		問3	問4	
	グラフ	速さ		(A)	(B)
cm/秒					

第6問

問1	問2	問3			問4	問5	
		(④)	(⑤)	(⑥)		残る物質	物質の質量
					鉄 ： 酸素 ＝		g

第7問

問1	問2			問3
	(①)	(②)	(③)	

問4		問5
2番目	4番目	
		時間　分

第8問

問1					問2				問3
①	②	③	④	⑤	(1)	(2)	(3)	(4)	
									午後　時　分

札幌光星高等学校　2020年度　　◇社会◇

※ 147%に拡大していただくと，解答欄は実物大になります。

第1問

問1		問2
(1)	(2)	
島		

問3	問4		問5	問6	問7	問8
	(1)	(2)				

問9		問10	問11
(1)	(2)		
	山脈		

問12		問13	
(1)	(2)	(1)	(2)
空港			造山帯

問14	問15

第2問

問1	問2	問3	問4	問5
	古墳			

問6	問7	問8	問9	問10

問11	問12	問13

問14	問15

第3問

問1	問2	問3	問4

問5	問6	問7	問8	問9	問10

◇国語◇

札幌光星高等学校　２０２０年度

※１４７％に拡大していただくと、解答欄は実物大になります。

第1問

問一　②　い　⑤　⑥　⑨　⑪

問二　③　⑦

問三　Ⅰ　Ⅱ　Ⅲ

問四　だと捉えている。

問五

問六　への変化。

問七

問八

第2問

①　②　③　④　⑤

第3問

問一　赤　眉　知　孝　順

問二　②　③

問三

問四　④　⑥

問五

問六

問七

札幌光星高等学校　2019年度　　◇数学◇

※ 147％に拡大していただくと，解答欄は実物大になります。

第1問

問1

問2

問3

問4 $x =$ 　$y =$

問5 $x =$

問6 $n =$

問7 mL

問8 $\leqq y \leqq$

問9 cm^2

問10 度

第2問

問1

問2

問3

第3問

問1 $m =$

問2

第4問

問1 cm

問2 cm

第5問

問1 $a =$

問2

問3

札幌光星高等学校　2019年度　◇英語◇

※ 151％に拡大していただくと，解答欄は実物大になります。

第1問

問1		問2	問3	問4	問5
（1）	（7）				

問6
→ → →

問7

問8	

第2問

1	2	3	4	5

第3問

1	2	3	4	5

第4問

1	2	3	4	5

第5問

1		2		3		4		5	
3番目	5番目	3番目	5番目	3番目	5番目	3番目	5番目	3番目	5番目

第6問

1	2	3	4	5

札幌光星高等学校　2019年度　◇理科◇

※ 143％に拡大していただくと，解答欄は実物大になります。

第1問

問1			問2		問3	問4
（ア）	（イ）	（ウ）	力の大きさ	仕事率		
			N	W		

第2問

問1	問2	問3			問4	問5	問6	
		ア	イ	ウ				
	金属X ： 酸素＝				g			

第3問

問1		問2			問3	問4			問5	

問6	
変化していくこと	出現した順
	→ →

第4問

問1			問2	問3	問4	
（1）	（2）	（3）				

第5問

問1		問2	問3	問4	問5
（1）	（2）				
		V	Ω	倍	

第6問

問1	問2			問3	問4	
	（1）	（2）	（3）		ナトリウムイオン	水酸化物イオン
g						

第7問

問1		問2		問3		問4		
						（1）		（2）
①	②			（1）	（2）	X	Y	Z

第8問

問1			問2	問3	問4		問5
（1）	（2）	（3）			名称	誤っているもの	
				%			

※ 134%に拡大していただくと，解答欄は実物大になります。

第1問

問1		問2	問3	問4	
(1)	(2)			(1)	(2)
					漁業

問5	問6	問7	問8	
			(1)	(2)
				集落

問9	問10	問11	問12	問13
				造山帯

問14	問15	問16	問17

第2問

問1	問2	問3	問4	問5
	の戦い			

問6	問7	問8	問9	問10

問11	問12	問13	問14

第3問

問1	問2	問3	問4

問5	問6	問7	問8	問9	問10

◇国語◇

札幌光星高等学校　２０１９年度

※１５２％に拡大していただくと、解答欄は実物大になります。

第1問

問一	② ③ ⑦ ⑨ ⑩
問二	⑤ ⑬
問三	Ⅰ Ⅱ Ⅲ
問四	ということ。
問五	産業革命以降に発展した ……時代。
問六	
問七	
問八	
問九	

第2問

①	②	③	④	⑤

第3問

問一	の節句
問二	
問三	
問四	④ ⑦
問五	
問六	
問七	
問八	作者は、……と思ったから。

高校別入試過去問題シリーズ

札幌光星高等学校　2024~25年度

ISBN978-4-8141-2692-7

発行所　東京学参株式会社
〒153-0043　東京都目黒区東山2-6-4
URL　https://www.gakusan.co.jp

編集部　E-mail　hensyu@gakusan.co.jp
※本書の編集責任はすべて弊社にあります。内容に関するお問い合わせ等は、編集部まで、メールにてお願い致します。なお、回答にはしばらくお時間をいただく場合がございます。何卒ご了承くださいませ。

営業部　TEL　03 (3794) 3154
FAX　03 (3794) 3164
E-mail　shoten@gakusan.co.jp
※ご注文・出版予定のお問い合わせ等は営業部までお願い致します。

2023年10月6日　初版